ちくま文庫

# 脇役本

## 増補文庫版

濱田研吾



筑摩書房

# はじめに

雑本に人気があるという。ざっぽん。誰が言い出したのか知らないけれど、いかにも古本屋のはしっこでホコリをかぶっている感じで、うまいネーミングだと思う。教科書にあるような文学作品、芥川賞受賞作の初版本、有名作家の限定本、大物画家の版画つき……。ガラスケースに飾られるような古本は、雑本にならない。そもそも、高くないと、雑本ではない。最近は、それなりに値のはる雑本も多いけれど……。

ぼくは、どちらかといえばガラスケースにならぶ古本よりも、二束三文の雑本が好きだ。そのたのしみを教えてくれる雑本エッセイや、雑本研究書はいろいろとある。雑本愛好家もいる。青春をささげたといってもいい徳川夢声《とくがわむせい》は、雑本の魅力を教えてくれたひとりだった。

そんな雑本のいろいろにたのしみを見いだし、雑本愛好家の人たちのエッセイを愛読しているけれど、ひとつもの足りないことがあった。役者やタレントにまつわる雑本への言及が、あまりないのである。役者やタレントは人気稼業だから、いちいち本を書いているヒマがない。ゴーストライターをつかって、粗雑で、あまり中身のない単行本ばかりを連発する。いくら雑本でも、これでは百年の恋も冷めるばかりだ。雑本好きの心をくすぐることは、あまりないのかもしれない。

往年の大スターにまつわる古本が、やたらと高いということはある。赤木圭一郎、市川雷蔵、もっと古くは、阪東妻三郎、大河内傳次郎、嵐寛寿郎といったスターたちの本が、新書本ひとつで五千円も一万円もしてしまう。これでは雑本になれない。そのかわり、タレント本や役者本のなかでも、例外はある。「脇役」と呼ばれた役者たちの古本。これは安い。さがせば均一台に、高くても二千円か三千円も出せば買える。それに種類が多い。玉石混淆。ゴーストライターに書かせた本があれば、安直な企画モノもある。センスのかけらもない装幀があれば、添い寝したくなるようなつくりの本もある。読むのがつらい闘病本があれば、そうそうたるお歴々が推薦する専門書もある。詩集があると思えば、句集もあるし、財界のトップを相手にした対談集もある。故人を偲ぶ非売品のまんじゅう本もあるし、ミニコミ本もあるし、釣りや盆栽、こけしの本まであるくらいだ。

こうした古本たちが、古本屋の棚や店先の均一台で、雑本らしい表情を見せながら、買われていく日を待っている。そうした雑本のいろいろを、古本あさりのたのしみを覚えた高校生のころから蒐《あつ》めるようになった。それも、いまは亡き日本の役者さんばかり。ものごころがついたころから、そうしたシブい脇役俳優が大好きだった。

あれから何年もの月日が流れた。ある程度の冊数がたまって、トレーシングペーパーで白みがかった書棚をながめつつ思う。これだって、れっきとした古本の一ジャンルじゃないか。それがどうして、あまり注目されないんだろう。コレクターがいるという話は聞いたことがない。だったら、こちらでジャンルをつくっちゃえ！　ということで、勝手に命名することにした。

脇役本《わきやくほん》。

命名するだけでは説得力がないので、それをミニコミ本にまとめた。タイトルはそのまま『脇役本』。そしてわかったことは、雑本ファンが多いのとおなじように、脇役本ファンも意外とたくさんいた、ということである。似たような役者本を集めた企画を考えていた。宮口精二から原稿依頼を受けた。彌生書房から出た山本麟一《やまもとりんいち》の回想本は、最初はまんじゅう本だった。さまざまな情報や感想がつづられたお手紙もいただいた。ミニコミ本を献本した某作家さんからは、こんなうれしいお礼状がとどいた。

「脇役本」の名称。なかなかいいですね。これ、流行させましょうよ。

この本では、こうした「脇役本」のいくつかを、ご紹介していく。歌舞伎、新派、新国劇、新劇、商業演劇、軽演劇、映画、テレビ、ラジオなどで活躍した俳優の関係書のなかから、自叙伝、芸談、エッセイ集、句集、詩集、研究書、対談集、書簡集、闘病本、写真集、まんじゅう本、スクラップブック、ミニコミ本、遺族の回想本などなど、独断と偏見でえらんでみた。

ただし、膨大な冊数になってしまうため、故人の日本人俳優に限定した。能、狂言、人形浄瑠璃（文楽）、人形劇、大衆演劇、タカラヅカ、演芸関係、声優、子役の本は省いた。また、ここでいう「脇役」とは、脇役専門の役者をさすわけではなく、ぼく個人が好きな「脇役のうまい役者」「気になるバイプレーヤー」ということである。そのなかには、劇団民藝の滝沢修のように、一国一城の主ともいうべき大スターがふくまれている。

さがしはじめるとキリのない世界であり、書棚にあるすべての脇役本を紹介することはできなかった。小説、艶本、研究者による評伝・聞き書き、ファンがつくったミニコミ誌などをふくめると、ゆうに数百タイトルを超える。佐々木孝丸《ささきたかまる》の翻訳本、金子信雄の料理本、渡辺文雄の旅本、そこに徳川夢声、沢村貞子、殿山泰司、伊丹十三といった、書き手としても知られる人たちの著作をくわえると、それだけで二百冊は超えてしまうくらいだ。ぼくが蒐めた脇役本は、全体から見れば一、二割といったところであろう。

新潮社で出した芥川比呂志のエッセイ集はないのか？「脇役本」と銘うっているのに、花沢徳衛の『脇役誕生』（岩波書店、一九九五）がないのは不自然だ！ 東映のピラニア軍団本も紹介してほしいぞ！　大泉滉の『ポコチン男爵おんな探検記』（青年書館、一九七五）と『ぼく野菜人　自分で種まき、育て、食べようよ！』（光文社、一九八三）が二冊ともないのはさびしい……などなど、読者のなかには、いろいろとご不満はあると思う。なにとぞご堪忍いただきたい。

**文庫追記**　「はじめに」は、平成十七（二〇〇五）年七月刊行の右文書院版に書いたものである。このたびの文庫化にあたっては、右文書院版の「Ⅰ　そして誰もいなくなる」から「Ⅳ　趣味本あれこれ」までをおさめ、見出しと本文の一部を加筆ならびに修正した。掲載内容は執筆当時のままとし、各項目の末尾に「文庫追記」として、平成十七年以降のことを書いた。

「Ⅴ　まだまだ脇役本　文庫版増補」は書き下ろしで、「はじめに」でふれた大泉滉の著作二冊など十九人分をおさめた。脇役本全体から見るとわずかな増補に過ぎず、自叙伝や身辺エッセイが主の脇役女優本は選びきれず、その多くを割愛した。ご了承ねがいたい。

（平成三十〔二〇一八〕年二月記）

# 目次

## Ⅲ

# 脇役本《わきやくぼん》

増補文庫版

今はたゞ、二十年か三十年たったある日、街の古本屋さんの棚の一隅にたゞ一冊、ほこりを浴びているこの本を若い芝居好きの方が見付けて、昔こういう女優が居たのかと、写真をパラ〳〵と繰って居られるところなど、何となく夢のように想像するばかりでございます。

(東山千栄子『新劇女優』學風書院、一九五八)

# I　そして誰もいなくなる

## 二十二歳の日記から　山形勲

脇役本のすべてが、本としてすぐれているわけでは決してない。もともと、本がほしくてさがし求め、買い求めたわけでもない。著者となる、その役者さんが好きだから買うというのが、脇役本のいちばんの購入理由なのである。

伊藤雄之助《いとうゆうのすけ》という、ウマヅラの役者がいた。伊藤は、『大根役者・初代文句いうの助』（朝日書院、一九六八）という、痛烈な毒舌エッセイ集を出している。雄之助は、ぼくのごひいきのバイプレーヤーだから、その本は見つけたときにすぐ買って、読んだ。では、雄之助独唱によるドーナツ盤『四角い函』（ワーナー・パイオニア、一九七七）は買わないのか。もちろん買った。それが本であろうと、レコードであろうと、伊藤雄之助がそこにいれば、なんの問題もないのである。

古本は大好きだけど、床がぬけるほどの蔵書家というわけではない。JR中央線の武蔵小金井にぼくの住むマンションがあるけれど、七畳部屋の壁の片面にしか本棚（新刊・古本ふくめ）はない。押し入れにも、一冊も本は収納されていない。書棚の二列あまりを占有する脇役本をながめつつ、愛情が「本」ではなく、「著者」に向けられていることが自分でよくわかった。

そうした「脇役俳優」への愛情は、大学時代につけていた日記を読むと、いたいほどよくわかる。日記は大学ノート三冊分あって、平成八（一九九六）年二月二十六日から、翌年の十二月三十一日まで、悪筆きわまる文字で書きなぐられている。そのとき以外、一度も日記をつけた習慣はない。ちょうど、徳川夢声で卒論を書こうと思いたったころで、日記好きの夢声を意識したがゆえの新習慣だった。

ひさしぶりに読みかえしてみたら、「誰それの、なんという古本を買った」という記述もさることながら、「誰それが死んでしまった」という記述が、やたらと多いことに気づいた。もちろん、過ぎし青春のころを追憶させるような文章もなくはない。

日本画専攻の○○さんと、電車のなかでばったり会った（その子に恋焦がれていた）。就職先が、なかなか見つからない（というか就職活動をしていなかった）。後輩の○○さんから劇団をやめたいと相談をされた（剣劇専門のサークル芝居にうつつをぬかしていた）。

こうした、いかにも大学生らしい日常と、好きな役者が死んだ悲しみが、なんの脈絡もなくチャンポンにつづられている。以下、「脇役本」に関係してくるであろう記述を、当時の日記より原文ママで抜き書きしてみる。

平成八年

五月二十日（月）晴・曇・雷

俳優の高橋悦史、玉川カルテットのリーダー、玉川ゆたか、それに劇作家の長老、北條秀司が一度に亡くなる。とくに高橋氏の死はいたましい……。ちなみに今日は、私の二十二回目の誕生日である。こんな淋しいバースデーもめずらしい……。

六月七日（金）晴・曇・少雨

新聞で、戦前から活躍し、シブい低音が魅力だった小林重四郎氏の死を知る。この人の自伝『女　酒《きす》ぐれ　泥役者』（三一書房）はおもしろかったが、まだご存命とは思わなかった。八十七歳だった。合掌。

六月十二日（水）曇

朝刊で、フランキー堺の死を知る。享年六十七。急逝である。名優であったが、私としてはテレビの『赤かぶ検事奮戦記』（朝日放送）が印象に残る。晩年は、脇役でもいい仕事をした。まあ、三十年来のライフワークだった『写楽』（松竹）の映画化が実現できて、本人も、本望だったろう。

六月十七日（月）晴
　往年の人気テレビドラマ『事件記者』（NHK）の作者、島田一男氏と、浅草出のコメディアン、杉兵助氏亡くなる。

六月二十九日（土）晴
　夜、ワープロでレジュメ（卒論ゼミ用）をつくる。つくりながら聞いていたKBS京都ラジオ『ハイヤングKYOTO　ウイークエンドスペシャル　青野がゆく』で、山形勲氏の死を知る。ショックである。今朝がた六時に、肺ガンで亡くなる。享年八十。戦後の東映時代劇の名悪役。そのあともテレビで政治家や黒幕を演じていた。私の大好きな役者さんだった。最近、出ないなと思っていたが、昨年の八月、NHKドラマ『されど、わが愛』で、鬼気せまるすさまじい演技を見せていた。結局、あれが遺作となったようだ。日本映画界最後の名悪役と言っても過言ではない。みんな逝ってしまった。先日、小林重四郎も亡くなったが、いまの人はみんな知らないだろう。じつに淋しいことである。山形勲さん……ご冥福を祈りたい。合掌。

七月十二日（金）晴
　タカラヅカ出身の男役スターで、『社長シリーズ』（東宝）の夫人役でもおなじみの久慈あさみさん、亡くなる。享年七十四。

八月十一日（日）晴

『旗本退屈男』『鞍馬天狗』『狸御殿』など、戦前・戦後の時代劇で活躍した、女優の宮城千賀子さんが亡くなる。片岡千恵蔵とのコンビによる『宮本武蔵』（日活）のお通役が映画デビュー。私も何度か見たが、山本薩夫監督の『台風騒動記』（松竹）の女将役が印象に残る。享年七十三。合掌。

八月十九日（月）晴

女優の沢村貞子さんが亡くなったと朝刊にある。八十七歳。

八月三十一日（土）曇・雨

『仮面ライダー』（毎日放送）、『ウルトラマン』（TBS）でおなじみの、小林昭二《こばやしあきじ》氏死去。肺ガンだそうだ……。

十月一日（火）曇

小林重四郎、山形勲とつづいて、名悪役の内田朝雄さんが亡くなってしまった。享年七十六。胃ガンだった。そのふくよかで、あたたかみのある顔だちは善人役にうってつけであるが、やはり悪役ぶりがピカイチ。古くはテレビ『示談屋』（関西テレビ）の病院長、『白い巨塔』（NET　現・テレビ朝日）の義父、また、『仁義なき戦い』『日本の首領』（いずれも東映）における大暴力団の親分や黒幕、『迷走地図』（松竹）における政界の大物など、おびただしい数の映画・テレビに出演。今年は惜しい人がつぎつぎと亡くなる年だ。さる八月二十二日、テレビで見たきり。最近では、『美味しんぼ2』（フジテレビ）で唐山陶人役を演じ、キャラクターとそっくりだったのでよく覚えている。ともかく、ご冥福を祈りたい。合掌。

平成九年
一月二十四日（金）雨
劇団民藝の宮坂将嘉《みやさかまさよし》氏死去。
三月六日（木）晴
『多羅尾伴内』『旗本退屈男』の助演女優であった喜多川千鶴氏死去。六十六歳とは若いものであった。

三月八日（土）晴

シブい脇役だった北村英三氏が亡くなる。

四月四日（金）雨

日本の演劇史・芸能史に名を残す大女優が逝った。杉村春子である……九十一歳。この名優もガンのために『女の一生』に幕を引いた。映画やテレビでもよく見た。生の舞台は結局、観なかったが……。長老の三津田健も淋しいにちがいない。

四月十七日（木）晴

二代目黄門さま（西村晃《にしむらこう》）もついにガンで逝ってしまった。享年七十四。なんといっても少々キザな悪役をやらせるとピカイチであった。山形勲や安部徹のような凶暴性はなくて、どこか人間味ある、憎むに憎めない、それでも憎々しげな悪役役者であった。西村晃さん、冥福を祈る。

六月十六日（月）曇・雨

『七人の刑事』（TBS）の城所英夫《きどころひでお》氏亡くなる。パッとしない、不遇の役者であった。

十一月二十二日（土）雨

原阿佐緒の息子で、『事件記者』のベエさんがウリの原保美《はらやすみ》氏死去。八十二歳。シブい脇役であった。

十一月二十九日（土）雨

三津田健氏亡くなる。九十五歳であった。もう三年前か……滝沢修の『修善寺物語』を三越劇場で観劇したあと、信濃町の文学座アトリエで別役実作『鼻』を観た。シラノ役者の老人が主人公のしみじみとした舞台だった。目の前で熱演していた三津田氏、台詞過剰の新劇のなかで、淡々とした枯淡の味わい。どこか間のぬけた名優でもあった。杉村春子につづき、文学座は大きな道標をまたひとつうしなったことになる。ご冥福を祈りたい。

あらためて読みかえしてみて、根っからの脇役びいき、それもかなり年配の人ばかりに着目していたことがよくわかった。アガサ・クリスティの本ではないけれど、ひとり、またひとりとごひいきの役者さんが亡くなってしまい、心はいたむばかりだった。それでいて古本が好きときたら、古本屋や古書展に買いに走るのは情というもので、一冊、また一冊と、脇役本コレクションはふえていった。

この日記を書いていたころに限定すると、山形勲《やまがたいさお》（一九一五〜九六）の死がいちばんショックだった。そのとき切り抜いた新聞の訃報記事が三片、いまでも手元に残っている。山形の死について思い入れたっぷりに語られた『ハイヤングKYOTO　ウイークエンドスペシャル　青野がゆく』の録音カセットは、捨てずにいまでも取ってある。

山形勲を意識しはじめたのは、小学校の高学年のころ。夕方の再放送でやっていた『水戸黄門』（TBS）がそれで、山形は、水戸のご老公と敵対する側用人の柳沢吉保を演じていた。柳沢吉保はセミレギュラーで、シリーズの最初と最後にほんの少しだけ顔を出す。それも、岡田英次や名和宏《なわひろし》、玉川伊佐男らが演じる、どこかの藩の悪家老の後ろ盾となって、具体的に悪事を働くわけではない。離れの茶室で茶碗をいじくりまわしながら、ご老公暗殺の吉報を心待ちにするばかりだ。

それなのに、イメージに思いえがく悪事はいつも頓挫してしまう。そのたびに歯ぎしりをして、「水戸のジジイめ、またいらざることを」と鋭い目をギョロつかせる。くやしがる吉保の苦悶の表情に、芥川隆行の講談調ナレーションが絶妙のタイミングでかぶる。そんなお決まりのシーンが、いちばんのお気にいりであった。

大正四（一九一五）年、ロンドン生まれ。日本俳優学校、東宝劇団、文化座をへて、東映へ転じ、チャンバラ映画の悪役として頭角をあらわす。戦前からのチャンバラスターを部下に従え、若くして東映城の大悪へと出世するさまは、役柄そのままにエネルギッシュな姿だった。東映城の大悪としては、月形龍之介、進藤英太郎、薄田研二《すすきだけんじ》といったツワモノがそろっていながら、彼らにひけをとるような遠慮はない。のちに映画が斜陽になると、テレビや菊田一夫の東宝ミュージカルスなどに転じ、ホームドラマの父親役にも挑戦する。それでも得意としたのは悪役で、晩年は政財界の黒幕が適材適所だった。佐藤まさあきの劇画をドラマ化した『野望』（テレビ朝日）では、主人公（天知茂）の人生をメチャメチャにしてしまう超巨悪の商事会社社長を演じて、その悪人ぶりは〝美的〟でさえあった。

時代劇の名わき役

山形勲さん死去

時代劇の名わき役で知られる俳優の山形勲（やまがた・いさお＝本名塙勲＝はなわ・いさお）氏が、二十八日午前六時十五分、肺結核のため東京都府中市の病院で死去した。八十歳。英国ロンドン出身。自宅は東京都港区六本木六ノ三ノ一〇、セピトル六本木六階。告別式は三十日午前十時から東京都港区西麻布三ノ二ノ一三、妙善寺で。喪主は長男淳二（じゅんいち）氏。

山形氏は日本俳優学校卒業。一九三六（昭和十一）年、東宝劇団に入団、山村聡さんらと文化座を結成した。映画は四九年の東宝の「斬られの仙太」でデビュー。五三年の大映京都の「地獄門」を出世作に「浮雲」出演から次第に悪役として注目を集め、東映時代劇「旗本退屈男」シリーズや「大菩薩峠」三部作で悪役が定着した。現代劇でも活躍し大学教授、会社重役、高級官僚の役どころが多く、テレビでも数多く出演した。

厚みある俳優だった

映像京都代表で美術監督の西岡善信さんの話　山形さんとは大映京都撮影所時代、出世作の「地獄門」を始め時代劇を中心に三十本以上をご一緒した。俳優としては地味な演技派で悪役、わき役が多かったが、どんな軽い作品に出演されても、堂々とした風ぼうとセリフ回しで「山形勲あり」の存在感がある厚みのある俳優さんだった。一九五〇年代、撮影所に近い京都市右京区嵯峨の旧阪東妻三郎邸跡に隣同士で住んだことがある。ヘコ帯にげたばきで愛犬と散歩していた姿を思い出す。素顔は気さくで、まったく気どりのない温厚な方だった。

当時の新聞の切り抜き（筆者蔵）

声帯模写の桜井長一郎は、悪役を演じる山形の声色を持ち役とした。著書『花王名人劇場選書4　おのおのがた！　声帯模写30年』（レオ企画、一九八四）を読んでみると、《芦田伸介さんなどとは対照的な、鼻にかかった豪快な発声の持ち主》と声色へのアドバイスがあった。自分でやってみたけれど、カゼぎみで、鼻づまりがひどくなると、それっぽい声色にはなる。

声色をマネたくなるほどのファンなので、当然、山形勲の本がほしくなる。自伝、エッセイ集、なんでもいい。『山形勲写真集』のような本があれば、一万円を出しても買っていたはずだ。しかし、まっさきに紹介するべき山形勲の脇役本は、どこにもない。ファンが自費でつくっているミニコミ誌や、遺族が編纂した私家版やまんじゅう本をさがしてみたが、見つからない。脇役本コレクターとしては、なんとかして文献を入手したいところだが、その恩恵には没後十年近くたったいまでも、あずかっていない。わが書棚に山形勲の本が一冊もないというのは、かえすがえすも惜しいことである。

実際のところ、世に出ている山形の文献資料はあまりない。俳優事典や、文化座の劇団史、東映の社史、公演のプログラムの記事、それに週刊誌の記事がいくつかあるのみである。舞台、映画、テレビ、ラジオと、かなりの本数の仕事をこなしていながら、キャリアの全貌はほとんどあきらかにされていない。

亡くなったときのマスコミの扱いは、それほど悪いものではなかった。「時代劇の名わき役」「映画の名わき役」「太く深みのある声と押しの強い演技」。どの新聞も、故人への賛辞を惜しまない。けれども、それをフォローする追悼記事や特集記事のたぐいはお目にかかれない。ぼくの知るかぎりでは、美術監督の西岡善信が、どこかの新聞（25ページ図版）に寄せたコメントがあるだけである。

山形さんとは大映京都撮影所時代、出世作の『地獄門』を始め時代劇を中心に三十本以上をご一緒した。俳優としては地味な演技派で悪役、わき役が多かったが、どんな軽い作品に出演されても、堂々とした風ぼうとセリフ回しで「山形勲あり」の存在感がある厚みのある俳優さんだった。一九五〇年代、撮影所に近い京都市右京区嵯峨の旧阪妻邸跡に隣同士で住んだことがある。ヘコ帯にげたばきで愛犬と散歩していた姿を思い出す。素顔は気さくで、まったくきどりのない温厚な方だった。

（筆者蔵のスクラップ記事より）

たったこれだけの文章でも、貴重な山形証言となっている。それくらい、この名悪役について書かれた文章は数がすくない。

こうなれば、こちらで『山形勲伝』のひとつでも書くしかない。書き上げれば、そのまま掲載していいと言ってくれる映画雑誌の編集長はいるのだが、あまりに満足のゆく資料が見つからず、その企画はそのままになっている。山形勲の、あの押し出しの強さに気おくれしてしまい、いつまでも書けずにいる。

**文庫追記**　この文章を書いて十年以上になるけれど、山形勲の本はいまだ見つからず、出る気配も感じられない。

うれしかったのは、映画評論家の森卓也が匿名で「中日新聞」に連載したコラムが一冊になったこと。『森卓也のコラム・クロニクル1979-2009』（トランスビュー、二〇一六）がそれで、このなかに「名わき役、山形勲の死」という文章があった。

《二十数年前になろうか、山形勲をメーンにしたテレビ番組があり、そのエンディングで「（娘に迫る役も）楽しいですよ。『ヨイデハナイカ』」と、定番のせりふをつぶやいていたのが、おかしかった》

山形勲をメーンにしたテレビ番組!?　そんな番組があったとは。すごく気になる。

このクロニクルには山形勲のほかに、いい役者の追悼文がてんこもり。滝沢修、佐分《さぶ》利信《りしん》、中村翫右衛門《なかむらかんえもん》、片岡千恵蔵、大友柳太朗、宮口精二、中村伸郎、内田朝雄、金子信雄、神田隆、有島一郎、浜村純、伊達三郎、名古屋章、花沢徳衛、須賀不二男、小松方正、天知茂、岸田森、三國一朗……こうして名前をならべるだけでゾクゾクしてくる。

この本の編者である放送作家・文筆家の和田尚久は、おふるい役者好きとみた。

# 福田屋書店の店先で　小林重四郎

山形勲にかぎらず、チャンバラ映画の脇役俳優の本は数がすくない。歌舞伎、新派、新劇、軽演劇の脇役本はそれなりに冊数もあるけれど、こと時代劇に目を向けると、文献のお粗末さにガックリときてしまう。年季のはいったチャンバラ狂いが喜ぶような脇役本、たとえば、原健策、戸上城太郎《とがみじょうたろう》、杉山昌三九《すぎやましょうさく》、瀬川路三郎《せがわみちさぶろう》らの自伝や聞き書きが出なかったことは、時代劇史をひもとくうえでさびしいことである。そうしたファンを当て込んで、スチール集ばかりを出している版元（ワイズ出版）はあるけれど、当事者である役者が没したいま、本の出来としては不満が残ってしまう。

そんななか、小林重四郎《こばやしじゅうしろう》（一九〇九～九六）の著書『女　酒《きす》ぐれ　泥役者』（三一書房、一九八三）は、貴重なチャンバラ脇役本となっている。チャンバラひとすじの役者本だから、その筋のファンが読めば嬉々とするはずである。

小林重四郎は、古い時代劇ファンにはおなじみの名前である。戦前の「唄う二枚目スター」から、大悪に資金援助する「越後屋タイプ」へと転向。『水戸黄門』などに出ても、山形勲よりは格が下で、ドスのきいた低音を生かし、あらゆる作品に出ては斬られ、

（三一書房、1983年）

また出て斬られていた。ひっそりと亡くなり新聞に小さく訃報がのったのは、山形が亡くなる二十二日前のこと。学生時代の日記に書いているけれど、まだご存命だったとは知るよしもなかった。

『女　酒ぐれ　泥役者』は、京都市内にある古本屋「福田屋書店」で買った。通っていた大学が左京区の北白川にあって、京大近辺の古本屋さんには用もなく、よく出かけた。叡山電車（通称「えいでん」）の出町柳《でまちやなぎ》、元田中《もとたなか》、茶《ちゃ》山《やま》、一乗寺《いちじょうじ》の各駅には、文学・芸能・美術の分野に強い古本屋さんがいくつかあって、福田屋書店は叡電元田中と百万遍《ひゃくまんべん》のちょうどあいだにあった。

福田屋書店に立ち寄って、百万遍の交差点を左にまがり、銀閣寺にむかって歩いていくと、向かって右がわに「鯨や」という生活骨董のお店がある。そこを冷やかすのも大好きだったけれど、「鯨や」はいつごろからか店を閉めてしまった。ずっとのちに骨董エッセイストのさえきあすかさんと友だちになったとき、さえきさんの口から、「鯨や」のご主人が若くして病没されたことを聞いた。ご主人とはお知り合いだったとかで、それを知ったときはショックだった。

「鯨や」は消えてしまったが、福田屋書店は、いまでもおなじ場所にある。改装されてしまい、あのころの雑然とした雰囲気はうしなわれてしまったが、帰省するたびに学生時代をなつかしむようについ立ち寄ってしまう。帳場にいるご主人は忘れているだろうが、小林重四郎についてあれこれとおしゃべりしたことは、いまでもよく覚えている。

「小林重四郎。なつかしいねぇ。知ってるの？　京大の学生さん？　若いのにねぇ」

『女　酒ぐれ　泥役者』をレジに差し出したとき、ご主人から、とつぜんそんなことを言われた。京大の学生ではないけれど、「ええ、まあ」と、気のない返事をしたことを覚えている。いまでも古本屋のご主人とおしゃべりするのは苦手で、おそろしく愛想の悪いダンマリの客を決め込んでいる。でもこのときは、すこしだけうれしくて、映画好きらしい福田屋のご主人と、小林重四郎のことでいろいろと盛り上がった。ちょうど徳川夢声の古本をさがしはじめたころで、「夢声の本はないんですか？」と訊いたら、「知恩寺《おんじ》や糺《ただす》の森の古本市で、よく出るよ」と教えてくれた。

そうした思い出のある一冊なのだが、脇役本としてはなかなかの名著で、チャンバラ好きの方にはぜひ一読をすすめたい。なかでも、本書で強烈なインパクトをあたえていたのが、ダミ声の大珍優、上田《うえだ》吉二郎《きちじろう》のエピソードだ。小林も上田も新国劇の役者だった時代があって、ドサまわりの劇団で各地を旅して歩いたこともある。そのときの逸話がバツグンにおもしろい。

伊賀上野から国鉄関西本線で鈴鹿峠をこえ、伊勢を経由して尾鷲《おわせ》まで足をのばしたとき、ちゃんといたはずの女優四人が忽然と消えた。座長格の上田は真っ青、である。興行主である劇場にしてみれば、きれいどころがいなくちゃ客はこないし、契約違反となってしまう。一計を案じた上田は、衣装係のおとよ婆さんに白おしろいを塗りたくり、にわか女優に仕立ててしまった。嫌がる婆さんを、劇団員たちが必死に説得するひと幕は、東宝のコメディ映画を見るような思いだ。

しかし、そんな悪知恵だけでは、客もだまされない。客席の閑古鳥は啼くばかりだ。そこで上田が、さらなるアイデアを出した。「赤毛芝居をやろう!」。でも、西洋芝居のカツラがない。そこで、とうもろこし畑へ盗みに入って「赤毛」を調達し、残飯を糊がわりにしてヅラをこしらえた。決めた演目がまたすごい。シェイクスピアの『ハムレット』。女優は、衣装係のおとよ婆さんしかいない。劇団四季も唖然とするような珍舞台がこうしてはじまる。

まあ皆さん驚きました。上田吉二郎のハムレット、考えても見て下さい。とにかく、吹き出します。彼が王子ハムレット、そのいとしの恋人オフェリア姫に私です。生まれて初めての女形です。これも驚きです。しかもオフェリア姫です。上田吉二郎と私のラブシーン、摩訶不思議な衣裳とズラで名作〝ハムレット〟の名台詞にある〝永ろうか、永ろうべきか、これが疑問だ〟とやるのだ。この有名な台詞とは裏腹に、その翌日の第一回の幕開きからこの珍無類の西洋芝居に、閑古鳥の啼いている客席から罵声が飛び、物が飛び、サンザンな一幕だった。

（『女　酒ぐれ　泥役者』）

福田《ふくだ》恆存《つねあり》訳、芥川比呂志のハムレットという伝説の舞台の三十年近くも前に、三重の海岸町でかような珍『ハムレット』がおこなわれていたのである。

このの ち小林は日活に入社し、上田とはわかれてしまう。しかし、ふたりの関係はそのあともつづき、上田の珍エピソードはおわらない。それは昭和三十年代、鶴田浩二の後援会が企画した二日かぎりの舞台『瞼《まぶた》の母』でのこと。長谷川伸の名作を、村上元三が演出し、番場の忠太郎はもちろん、鶴田浩二。小林が悪玉ヤクザの素盲《すめくら》の金五郎を、金五郎とグルになる浪人の鳥羽田要助を上田が、それぞれ演じた。

芝居は大づめ。母親であるお浜（三《み》益愛子《ますあいこ》）と妹お登世（美空ひばり）の思いをふりきった忠太郎が、土手堤のうえで金五郎と斬りむすぶ。「お前、親はあるか」「ねぇ」「子は」「ねぇ」。その返答があるかないかのところで、忠太郎が金五郎を斬る。すかさず斬りかかる鳥羽田要助も斬りたおす。そして上田が絶叫のひとこと。

「おっかさん!」

うまくオチがついた。上田いわく、「鶴田が挨拶らしい事を忘れたので、一寸遊んでやったんだ」。

このように上田のエピソードがおもしろすぎて、主人公である小林の印象は淡白だ。役者としても、キャラクターの濃すぎる上田にくらべて、どことなく地味な存在だった。悪役として活躍したのは後半生のことで、本人は「唄う二枚目スター」時代のイメージを大切にしたようである。『女　酒ぐれ　泥役者』というタイトルも、読んでみるとオーバーな感じがして、むしろ上田の破天荒ぶりのほうがしっくりとくる。上梓したとき、上田本人はすでに亡く、珍無類の役者へのオマージュという気持ちがあったのであろう。《私が十九歳位の時から共に泣き、共に笑った先輩であり兄貴である上吉よ、もって瞑せよ》と書いたように、全編にただよう故人への想いが胸にせまる。

チャンバラ役者の自伝が、なぜ左翼系のイメージがある三一《さんいち》書房から出たのか謎である。あとがきを読むかぎり、『浅草あれこれ話』(一九七九)という回想本を同社から出した酒井俊が、小林と三一書房の編集者を結びつけたらしい。残念ながら、この本はあまり売れなかったようで、古本屋ではあまり見かけない。テレビ時代劇で、ほそぼそと悪徳商人を演じるぐらいでは、自伝を出したところで話題にならなかったのであろうか。

《一匹狼で押し通して来た役者》と書いた小林は、この本を出したのちも現役をつらぬいた。亡くなる前の年には映画に出演し、息の長い脇役人生であった。

**文庫追記**　小林重四郎のこんなすばらしい自伝があるのだから、ごひいきのチャンバラ悪役スター本がほかにないかさがしてみた。このたび増補した月形龍之介、吉田義夫の本以外は、瀬川路三郎、山本礼三郎《やまもとれいざぶろう》、戸上城太郎、杉山昌三九、江川宇礼雄《えがわうれお》、原健策、菅貫太郎《すがかんたろう》、安部徹らいずれも見つからなかった。例外として、ワイズ出版が上田吉二郎、天津敏《あまつびん》、汐路章、遠藤太津朗《えんどうたつお》の本を出している。

雑誌では、戦前は松竹の二枚目、戦後は東映時代劇で悪役を得意とした徳大寺伸の雑誌『グリーンスター』がある。徳大寺伸後援会「グリーン グループ」の機関誌で、手持ちの創刊号は昭和十（一九三五）年七月十五日に発行されている。手づくり感あふれるガリ版刷りで、エッセイ、詩、短歌など、ファンがそれぞれのかたちで伸への愛をつづった（本人インタビュー「徳大寺伸一問一答」もあり）。朗らかなグループ名（雑誌）にしたいというのが由来で、徳大寺自身、グリーンのネクタイが似合う人だった。何号まで出たのかわからず、増補は見送ったけれど、脇役本にくわえたい一冊である。

# 田舎芝居の紙吹雪　加東大介

ものごころのついたころから、根っからのチャンバラ好き。それがこうじてチャンバラ芝居に片足をつっこんだことがある。

京都市内の美術系大学に進んだとき、学内に「桃色女剣劇団」（通称「ももけん」）というサークル劇団があることを知り、さっそく入部した。大江美智子や不二洋子に代表される女剣劇をメインとした劇団で、女子学生は十人近くいたのに、男はぼくひとりしかいなかった。女剣劇は女性が主役をやるものだから、こちらが演じるのは斬られ役の悪役ばかり。それを卒業までの四年間、文句ひとつついわずにやりつづけた（芸名は「月ヶ瀬梅蔵」。月ヶ瀬梅林は、奈良がほこる梅の名所である）。

「ももけん」の活動は、学外でも多かった。毎年八月には、安芸の宮島で「納涼公演」をやっていて、平成十七（二〇〇五）年の夏で十二年目になる。ぼくが最後に参加したのは、大学四年の夏休みのとき。演目は長谷川伸の股旅モノで『雪の渡り鳥』。主人公である鯉名の銀平が、海岸町を牛耳《ぎゅうじ》る悪徳ヤクザをたおして、惚れた女を幼なじみにゆずって、自分は去っていってしまうストーリー。配役されたのは、丑松《うしまつ》という網元を牛耳る悪い親分だった。

このときの納涼公演では、宮島港のすぐそばに特設ステージをたててもらった。クライマックスの立ちまわりでは、大量の雪も降らした。大きなスノコのなかに、地元の印刷所でもらってきた白い紙きれを仕込ませ、それを左右両方からひもで吊りあげる。それを左右でゆっくり揺らせながら、舞台上に雪を降らしていく。瀬戸内の海に沈む夕日をバックに、大量の紙吹雪が舞う。そのなかで丑松は、鯉名の銀平（先輩の女性が扮した）に斬られてしまう。あわれ大根役者の梅蔵は、ぶざまに斬られておしまいである。

（文藝春秋新社、1961年）

このときふと、加東大介《かとうだいすけ》（一九一一〜七五）のことを想った。ここで、加東の名著『南の島に雪が降る』（文藝春秋新社、一九六一）を思い出していただけると、話は早い。

時代は、太平洋戦争末期にさかのぼる。壮絶な激戦地だったニューギニアに、「マノクワリ歌舞伎座」なる手づくりの劇場があった。手づくりとはいえ、電気はひいたし、花道はあるし、鳳凰の図柄の緞帳もあるし、緑・茶・黒の定式幕もちゃんとそろっている。板ばりの床に、椅子席とさじきが半分ずつ。二百名の定員に、百名ほどの立見席までついていた。前進座の役者をしていた市川莚司《いちかわえんじ》こと加東大介が中心となった「マノクワリ支隊演芸分隊」の、そこが本拠地であった。

そのマノクワリ支隊演芸分隊に、司令官の鈴木大佐から、長谷川伸の『関の弥太っぺ』が上演できないかと依頼があった。しかも、雪景色を兵隊たちに見せたいという。そこで演芸分隊のメンバーたちは、ヒモをはずしたパラシュートを雪にみたてて舞台上に敷き、病院の脱脂綿をかやぶき屋根につもった雪に似せた。そして、ももけん公演の仕掛けとおなじく、切った紙きれをスノコに仕込ませ、舞台の左右から吊りあげた。南の島に雪を降らせる。そんな心にくい演出に、芝居は大評判となる。

『関の弥太っぺ』の初日から、なん日目だったか。さっきまで騒がしかった客席が、なぜか沈んで、静まりかえっている。むかえた本番。幕をあけると、三百余の観客がひとり残らず泣いていた。顔をおおって泣いていた。彼らは、東北からやってきた国武部隊の兵隊たちだった。涙でくれる客席を前に加東は困惑し、ひるんだ。そして、なかばヤケクソな気持ちのまま、舞台に飛び出した。

わたしは夢中でハデな立回りを演じた。いつもよりも激しく、気負って刀をふりまわして、ヤケクソで動きまわった。そうでもしなくては、大声で泣きだしてしまいそうだった。斬り、突き、払いながら、わたしの頰を熱いものが、つぎからつぎへと流れ落ちて、雪の上に落ちた。
　やっと、客席がわきはじめた。が、それはチャンバラへの喚声だった。東北の兵隊にとって、久しぶりの雪の景色は、声をあげるにしては、あまりにも刺戟が強すぎたのだった。

（『南の島に雪が降る』）

脇役本のなかでも不朽の名著とされる『南の島に雪が降る』は、加東大介が、ニューギニアでの芝居体験をつづった実録エッセイである。『文藝春秋』昭和三十六（一九六一）年三月号に寄稿した「南海の芝居に雪が降る」がもとになっていて、これが「第二十回文藝春秋読者賞」を受けるほどの大反響を得た。ときたたずしてＮＨＫがテレビドラマ化して、東宝で映画化され、フジテレビでは連続ドラマ版まで放送された。そのいずれにも、原作者である加東本人が出演している。
　のちにまとめられた単行本もよく売れた。手元にあるのは加東本人による献呈署名本で、《生れてはじめての本が出来上りました。お笑草までにお送りいたします。おひまの時、御高覧いただければ幸いで、御座います》との挨拶状がはさみこまれていた。

意外に思われるかもしれないが、二百六十ページあまりの本文のなかで、「南の島に雪が降る」のエピソードはわずか十ページしかない。反戦文学のひとつにさえあげられるこの逸話は、本当のところは単行本の一割にも満たないのである。それだけ、このエピソードが読者にあたえたインパクトは大きく、谷内六郎が描いた表紙画の印象もまた強かった。

そうした反響の大きさもあり、この作品は、反戦教材としてつかわれることが多いという。初版から四十四年。文藝春秋新社のオリジナル版以降、旺文社文庫、ちくま文庫、光文社知恵の森文庫と何度となく文庫化され、長く読みつがれてきた。けれども、それが激戦地での美談としてだけ読まれているとしたら、どこか残念な気がする。南方の激戦地に雪を降らしたエピソードだけが語りつがれていることは、加東の真意とは思えないふしがある。

マノクワリ支隊演芸分隊の誕生は、所属部隊の上官が芝居好きだったことがきっかけだった。そこに加東をふくめた芝居に心得のある兵隊たちが、七人の侍よろしく、ひとり、またひとりとあつまってくる。そのなかでプロの舞台俳優は、加東ひとりしかいない。あとのメンバーは、三味線弾き、博多仁輪加《はかたにわか》、舞台装置係、カツラ結い、衣装係、浪花節語り、歌手、舞踊家と、まるで梁山泊のようなものだ。こうした仲間たちが、手さぐりで芝居づくりにハマっていくのである。物資や人手不足ゆえの悲喜こもごもや泣き笑い。エノケン劇団の如月寛多《きさらぎかんた》が部隊にいたのでスカウトしたら、とんだニセモノで、分隊ぐるみでニセ役者を押しとおしたという笑い話もある。本書の魅力は、こうした芝居づくりのおもしろさにあって、反戦文学ではないことがわかる。

復員後、加東は原作者である長谷川伸をたずね、作品の無断上演を詫びた。そして「大衆文学の父」の口から、「芸とは、人をたのしませることだよ」と説かれる。しかし、人をたのしませるはずの芝居づくりが、反戦美談としてひとり歩きをはじめてしまう。はたして加東は、そんな反戦美談を思いえがいたのであろうか。この名著を読むたびに、いつもそのことを考えてしまう。

ニューギニアでの体験記執筆を加東にすすめたのは、文藝春秋の編集者ではなく、徳川夢声だった。世評に名高い『週刊朝日』（朝日新聞社）の夢声対談「問答有用」に加東が招かれたさい、ニューギニアでの逸話はすでに語られている。のちにまとめられた『問答有用　夢声対談集Ⅻ』にこの対談はおさめられているが、夢声の私家版として出た最終巻だったため、ほとんど読まれる機会はない。その対談のなかで加東は、こんなコメントを寄せている。

三ヵ月ぐらいのあいだに、パタパタッと人間がへっていくんですね。戦死して……。死ぬまえに、「あの芝居はおもしろかったな。こんどは、なにをみせてくれるだろうか」っていったというんです。

それをきいて、役者に職をえたということのしあわせを、しみじみ感じましてね、終戦後まで芝居をつづけて、終戦後も、帰るまでやってたんです。あすこで芝居をみた連中がいまだに手紙をくれまして、「あのころ、自分たちの唯一の生きがいは芝居だった」っていうんです。あたくし自身も、たのしみながら芝居をして、あんな戦地にいながら、芝居と離れない生活ができたってことは、たいへんしあわせだったと思います。

(『問答有用XII　夢声対談集』徳川夢声、一九六二)

話に興がのったのか、この対談では加東ひとりが、嬉々としてしゃべりまくっている。その対談のあとで夢声が、「忘れないうち、くわしく書いておきなさい」と言ったことが、この作品が生まれるそもそものきっかけとなった。ただ、夢声との対談が発表されたときは、それほど話題にはならなかったようである。

『南の島に雪が降る』が刊行されたころ、加東は東宝の人気俳優として、文芸大作からコメディまで、たくさんの作品に出演していた。映画が斜陽になったあとは、テレビドラマや舞台に活路を見いだし、芝居のおもしろさに身を投じていく。還暦のころにおこなわれた宮口精二との対談(『俳優館』第九号、昭和四十七〔一九七二〕年秋号)では、古巣である前進座に里帰りして、中村翫右衛門《かんえもん》や五代目河原崎国太郎と仕事ができるよろこびを語っている。また、おなじ対談の席で、バイプレーヤーとしての山茶花究《さざんかきゅう》を激賞し、性格俳優にほのかなあこがれを抱くような発言をしていた。

六十四歳の働きざかりで急逝したのは、昭和五十（一九七五）年七月のこと。結腸ガン。役者として、まだまだ活躍が期待されるなかでの悲報だった。

**文庫追記**　『南の島に雪が降る』は平成二十七（二〇一五）年三月にふたたび、ちくま文庫で再刊され、保阪正康と加藤晴之が解説を書いている。加藤は加東大介の長男で、蕎麦店を営み、著書『蕎麦打』はちくま文庫になった（父子そろってのちくま文庫入り）。

同年八月、加東大介にとってゆかりの深い前進座が西川信廣演出で、『南の島に雪が降る』を舞台化した。同月にはさらに、中日劇場と劇団アルファーがそれぞれ舞台化する盛況ぶりであった。南の島に雪が降るあの世界が、戦後七十年のときをへてよみがえった。

# 書斎の未亡人　小沢栄太郎、青山杉作

一度だけ、古本屋さんで住み込みのアルバイトをしたことがある。大学一年の夏休み。そこは、大学の同級生の実家で、鎌倉では有名な老舗の古本屋だった。そもそものきっかけは、作家の石川達三にある。高校時代から石川文学の信奉者だったので、文庫本はすべてそろえていた。でも、新潮社から出ていた全二十五巻組の『石川達三作品集』（一九七二〜七四）だけがどうしても見つからない。それがその店に、しかも普及版（並製）ではなく、愛蔵版（上製函入り）があったのである。売価は三万円。その軍資金を、バイト代でかせごうという魂胆である。結局、お目当ての石川本はいうに及ばず、いろんな古本をタダで頂戴し、分不相応なバイト代までいただいてしまった。いまでも、ご主人のご厚意にはふかく感謝している。

無責任な短期バイトだっただけに、古本屋の仕事は本当にたのしかった。鎌倉という土地柄もあって、大佛次《おさらぎじ》郎《ろう》や高見順、菅原通済らの署名本が店内に何冊もならんでいた。奈良の実家近くにある古本屋では、考えられない光景である。

そんなある日、ご主人が買い入れに連れていってくれた。「どこへ行くんですか？」

「世田谷にある、オザワさんの奥さんのお宅」「オザワさん？」「オザワエイタロウの家だよ」「……あの、小沢栄太郎ですか‼」。

小《お》沢《ざわ》栄《えい》太《た》郎《ろう》（一九〇九～八八）は、心座を皮切りに、左翼劇場、新協劇団、俳優座と、新劇ひとすじに生きた昭和の名優である。生の舞台を観る機会はなかったけれど、とにかくたくさんの映画やテレビに出演して、名バイプレーヤーの称号をほしいままにした。善人もいいけれど、この役者はなんといっても悪役にかぎる。陰湿で、屈折して、脂っぽくて、これほど不快指数をアップさせる悪役はめずらしい。ご存命のあいだからのファンだったので、小沢邸への買い入れは本当にうれしかった。

（講談社、1977年）

小沢邸はもともと、神奈川県の逗子にあった。それが世田谷の閑静な住宅地に引っ越されたとかで、それを機会に蔵書の一部を整理するということだった。鎌倉から車で出かけていくと、夫人の優子さんが出むかえてくれた。聡明な美人だった。なぜこんなにお若くて、素敵な奥様がいらっしゃるのか。その理由は、すでによく知っていた。

小沢には、いくつかの著書がある。パリでの観劇記をつづった『パリの銭湯』（法政大学出版局、一九五九）。ゴルドーニ作『一度に二人の主人を持つと』の演出ノートをまとめた私家版の『演出記録』（小沢栄太郎、一九六二）。自叙伝的エッセイ集『先祖はモリエール』（講談社、一九七七）。そして、演劇仲間である松本克平《まつもとかっぺい》、信欣三《しんきんぞう》、嵯峨善兵《さがぜんぺい》との座談本『四人でしゃべった』（早川書房、一九八七）。なかでも『先祖はモリエール』は、艶福家として知られた老優のタレント本といった趣きで、ぼくの好きな脇役本である。

このエッセイ集が出る三年前。六十四歳の小沢は、三十七歳も年下の女性と再婚をした。老いらくの恋として当時、マスコミでもかなり騒がれた。その相手というのが、小沢邸の玄関先で出むかえてくれた優子夫人なのである。ふたりのなれそめについては、『先祖はモリエール』のなかでもつづられている。「ひと・びと　阿部優子」と題された一文である。

彼女はOという年配の役者に紹介された。

その時彼女はS大学の二年生であった。美術史、特に西洋美術史に興味を持っていたという。それは今でも持っている。

初対面のOは、なんとなくやかまし屋のおやじのような感じで、彼女を子供扱いした。彼女は青っぽい春めいた色のスカートを穿いていた、とOは言っている。それがさわやかに印象的だったともいっている。（『先祖はモリエール』）

ふたりが最初に出会ったのは、テニスコートだった。その出会いから八年のち、めでたくゴールイン。そんな小沢に対して戸板康二《といたやすじ》は、《テニス・コートというのはとかく、いろいろ縁がまとまるもんだね》（『悲劇喜劇』昭和四十九〔一九七四〕年四月号、早川書房）と冷やかしている。いっぽうの当人は、《年の差などということは、はたから見てのことであって、要するに男と女の関係である》（『先祖はモリエール』）と書いている。いずれにしろ、人生の峠をこしてもなおプレイボーイであったことは、書くまでもない。

ああ、この女性が、小沢栄太郎の愛した人なのか……。そんなことをひとりで妄想しながら、さっそく書斎に案内された。

書斎の主は亡くなっていたけれど、優子夫人の手で整理された棚は美しく、それは見事なものだった。大の読書家であった小沢は、めずらしい文献や有名文学の初版本をたくさん所蔵していたという。心ある古本屋がながめれば、ヨダレのひとつやふたつは流すはずだ。

書棚でまず覚えているのは、筑摩書房から出た『里見弴全集《さとみとん》』（一九七七）である。「里見弴の全集はね、あんまり数がないいんだよ」。ご主人が、ひそひそ声で教えてくれた。

小沢が里見弴を読んでいることが、なんとなく不思議に思えた。そして、なぜか強烈に目につき、つい手にとってしまったのが、関係者にくばられた限定五百部のまんじゅう本『青山杉作』(青山杉作追悼記念刊行会、一九五七)だった。

青山杉作《あおやますぎさく》(一八八九〜一九五六)は、新劇界の代表的指導者として慕われ、晩年は俳優座の精神的支柱として生きた。西洋人を思わせる高い鼻としゃくれた顎で、パイプとステッキの似合う紳士である。俳優として、舞台、映画、ラジオにも数多く出演し、シブい社会派ドラマに出演しては、格調の高い芝居を見せていた。

青山を偲んだまんじゅう本『青山杉作』は、青山の回想記、エッセイ、年譜、後輩たちの追悼文、評伝などでまとめられている。小沢にとって青山は、俳優座の大先輩にあたり、新劇俳優としての師匠でもあった。その人の本が棚にあったとしても、なんの不思議もない。そんなことを思いつつまんじゅう本をめくっていると、優子夫人が口をひらいた。

「あら、お若いのに青山先生がお好きなの? 小沢はね、絶対に人のことを先生と呼ばない人だった。でも、青山杉作先生と東山千栄子先生だけは先生と呼んだのよ。それくらい尊敬していたのね。その本、もしよろしければ差し上げますよ」

言葉のはしばしにある「小沢が、小沢が」という響きがほほえましく、ここちよい。

「あなたみたいな若い人が、小沢のことを知っているなんて……。うれしいわ」とも言ってくれた（優子夫人のエッセイを読むと、「小沢」ではなく、「オースケ」と呼んでいたようだが……）。そんな日のことを思い出しながら、ひさしぶりに『先祖はモリエール』を読みかえしてみたら、小沢本人も、そのことを書いていた。

お医者さんや学校の先生、めったにないが、さる偉い方で、儀礼上先生と呼ぶ以外、ほんとに心から先生と呼ぶのは、青山杉作先生だけである。

（前掲書）

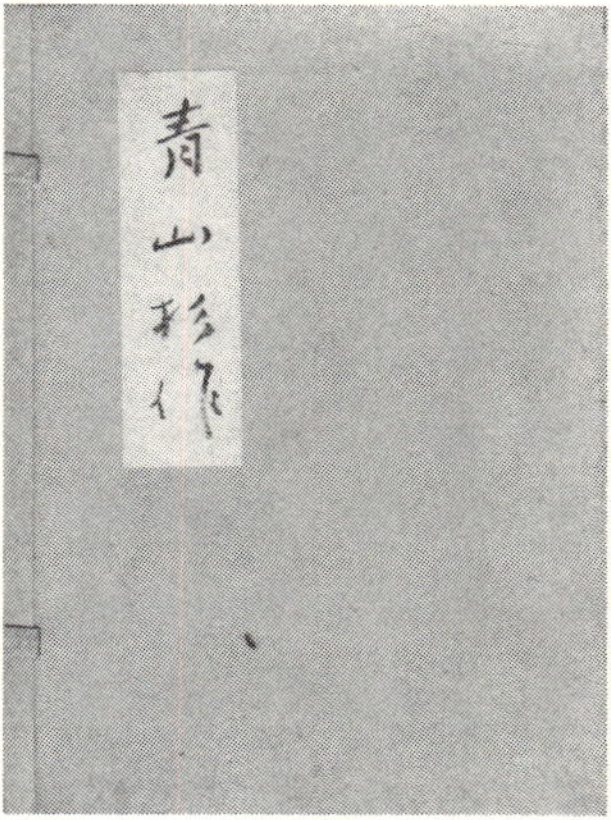

（青山杉作追悼記念刊行会、1957年）

この本では、東山千栄子のことも書かれているが、ここでは「東山先生」ではなく、「東山さん」と書かれている。青山は小沢にとって、それだけ大切な恩師だったのである。「よろしければ差し上げますよ」と言われた『青山杉作』は、もちろん欲しかった。でも、丁重にご遠慮申し上げて、書棚にもどした。バイトとはいえ、勝手に人さまの蔵書に手を出すなど言語道断で、マナー違反なのである。

優子夫人にとっても思い入れのある一冊だったようで、古本として売り払うこともなかった。どう考えても、小沢栄太郎が大切にした青山杉作の本は、亡き主の書棚にあるべきだ。若気のいたりでもらっていたら、きっと後悔していたと思う。いらい、『青山杉作』はどうしても気になる一冊で、上京したのち銀座の奥村書店で見つけて、自分で買った。

小沢の書棚には、三國一朗の大労作『青蛙選書58　徳川夢聲の世界』（青蛙房、一九七九）もあった。これも優子夫人は売らなかった。あまり知られていないけれど、小沢と三國は仲が良かった。夢声評伝の取材協力者一覧には、小沢の名がある。しかも小沢は、『徳川夢聲の世界』が芸術選奨新人賞を受賞したさい、その記念パーティに駆けつけている。そしてその席で、大の甘党だった三國に、おまんじゅうをプレゼントしているのだ（このエピソードは、ちゃんと写真も残されている）。小沢の書棚に、渾身の夢声評伝があったとしても、べつに不思議なことではない。しかもそれは、三國からの献呈署名本であったはずである。

美しく整理された書棚には、ほかにもいろんな本があった。でも、ほかの本については、なぜかあまり覚えていない。『里見弴全集』と『青山杉作』と『徳川夢聲の世界』。それに、遺品と思われる茶色のスーツ。書斎の記憶は、それきりだ。

小沢栄太郎と優子夫人。ふたりの生活は、昭和六十三（一九八八）年四月、小沢の死により終止符を打った。一周忌を機にまとめられた小澤優子編『小澤栄太郎』（みみずくぷれす、一九八九）は、貴重な資料集だが、そのなかに優子夫人がつづった病床日記がおさめられている。

（昭和六十二（一九八七）年）二月十七日
オースケは応接間のいつもの場所に座ってボーッと庭をみている。洗濯の途中でちょっと様子を見に来た優子をみて、
「おまえは、また結婚すると思うよ」と言う。どうしてそう思うのと聞き返すと、
「ただ、なんとなくそう思うの」と言う。

（『小澤栄太郎』）

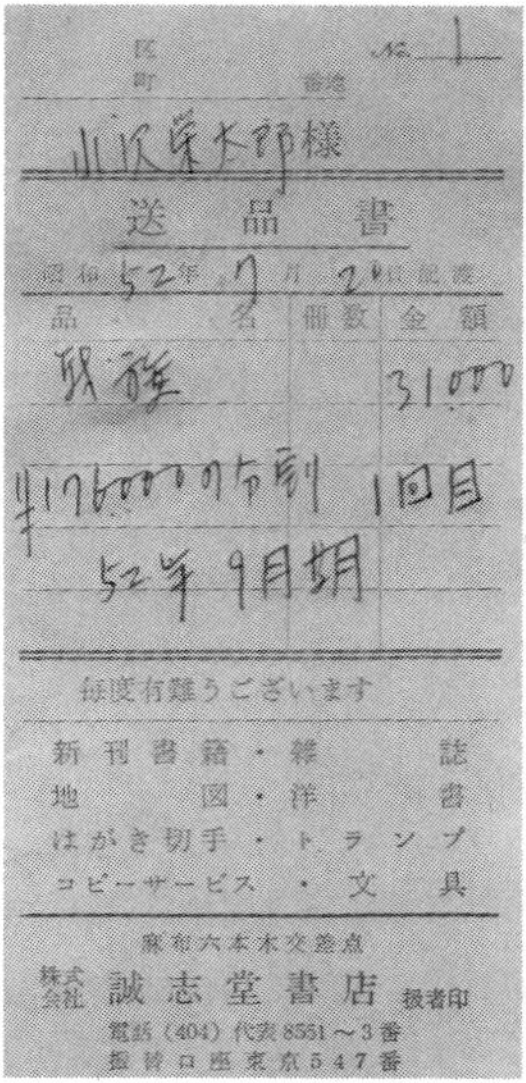
区 町 番地 No. 1
小沢栄太郎様
送品書
昭和 52年 7月 21日 納
| 品名 | 冊数 | 金額 |
|---|---|---|
| 戦旗 | | 31,000 |
| ¥176000の分割 1回目 | | |
| 52年 9月期 | | |

毎度有難うございます
新刊書籍・雑誌
地図・洋書
はがき切手・トランプ
コピーサービス・文具
麻布六本木交差点
株式会社 誠志堂書店 扱者印
電話（404）代表8551～3番
振替口座東京547番

このくだりについて書くと、小沢の目算ちがいということになるのか。小沢の女性遍歴はなかなかドラマチックで、そのあたりの事情は、実子の小澤僥謳《おざわきょう》（劇作家）による『火宅の人　俳優　小澤栄

太郎』（角川書店、一九九六）にくわしい。

優子夫人に見送られ小沢邸を後にした古本屋のご主人は、どんなお宝を買い入れてきたのか？　その記憶はまったくない。はっきり覚えているのは、古本の束にまぎれこんでいた、書店からの送品書だけである。

「小沢栄太郎様」と書かれた伝票は六枚つづりで、「麻布六本木交差点　株式会社　誠志堂書店　昭和52年7月20日配渡　戦旗　￥176、000の分割（1回目〜6回目）」とある。生前の小沢が、伝説のプロレタリア雑誌『戦旗』の復刻版を、その本屋から買ったのだろう。その送品書だけが、買い入れした古本のどこかにはさみこまれていたのである。

その紙きれを目ざとく見つけたぼくに、ご主人が言った。「おもしろいものを見つけたね。ほしかったら、あげるよ」。その伝票は、いまでも大切にファイルにしまってある。亡き名脇役の愛蔵本の一部が、手元にあるような気分か……。ほんのわずかな古本屋バイトの、うれしい思い出の品である。

文庫追記　「脇役本ともだち」である編集者、藤田晋也さんの仲介で、刊行後に優子夫人にふたたびお目にかかった。ご自宅にお邪魔して、おいしい手料理とお酒をふるまっていただき、亡きご主人のことをいろいろとうかがった。緊張していたのか、どんな話題が出たのか、あまり覚えていない。ひとつだけ印象にあるのが、このエピソード。「東條英樹を演じたとき、小沢はとても張り切っていたのよ。軍人としての東條ではなく、家庭人としての東條を演じるのが楽しみだ、と」

それは昭和五十二（一九七七）年の師走に放送された『NHK特集　日本の戦後』第八集「審判の日　極東国際軍事裁判」で、ぼくの好きな小沢ドラマであった。メインは東京裁判だったけれど、東條夫人（北城真記子）とのやりとりは、これまでの紋切り型の東條には見られなかった家庭人の顔があった。このドラマはDVDが出ている。

もうひとつ時効だから書く。文中の《鎌倉では有名な老舗の古本屋》とは、公文堂書店のこと。短期バイトでお世話になったご主人は第一線をしりぞかれ、大学の同級生だった知子さんが後を継いだ。神田神保町や五反田の古書展でときどき顔を合わす。「おじさん、元気？」「元気よ。もう隠居だけどね」。

# 母を歌舞伎に連れてって

三代目河原崎権十郎

六年ほど八丁堀に住んでいたので、東銀座の歌舞伎座には散歩がてらよく出かけた。安くて気軽に入れるので、四階の一幕見席には、よく友人を連れていった。「ねぇ、歌舞伎に連れていってよ」。相手がどういう人であろうと、たのしい休日の過ごしかたである。

「ねぇ、歌舞伎に連れていってよ」。奈良に住んでいた学生時代、母からもそうねだられた。「道頓堀に劇場ができたんでしょ？」「うん。古い映画館を、歌舞伎のできる劇場に新装したのよ」「こけら落としでしょ？　だから、行きたいのよ」。こけら落としの芝居を観ると、縁起がいいとされている。母は、長く膠原病《こうげんびょう》をわずらっていたので、そう頼まれると断るわけにもいかない。これも親孝行のひとつだと思って、新装開場した大阪松竹座に連れていった（代金は母のへそくりだが……）。

松竹座新築開場柿葺落《こけらおとし》「四月大歌舞伎」。平成九（一九九七）年四月二日の夜の部。二階正面のまんなかという、天皇陛下が座るような特等席（ひとり二万二千円）のチケットをとった。こけら落としの大歌舞伎だけに、顔ぶれは華やかだった。中村鴈治郎、片

（演劇出版社、1987年）

岡孝夫（現・仁左衛門）、片岡我當《かたおかがとう》、片岡秀太郎《かたおかひでたろう》、市川團十郎、尾上菊五郎、坂東玉三郎、市川左團次、十七代目市村羽左衛門《いちむらうざえもん》、九代目澤村宗十郎《さわむらそうじゅうろう》、そして、三代目河原崎権十郎《かわらさきごんじゅうろう》（一九一八〜九八）の名前もある。ベテランの羽左衛門や権十郎の芝居を上方で観る機会は、京都南座の顔見世くらいしかない。それだけでも、たのしみな興行である。

むかえた芝居見物の日。老いやつれた権十郎の姿が、母には奇異にうつったらしい。華やかなこけら落としに、なぜ、あんなヨボヨボの老優を出演させるのか。この興行では、権十郎と羽左衛門が長老格の幹部俳優であって、それがひとつのセールスポイントとなっていた。母にはそれが理解できなかったらしい。

夜の部の権十郎は、『伽羅先代萩《めいぼくせんだいはぎ》』の栄御前と『弁天娘女男白浪《べんてんむすめめおのしらなみ》』の浜松屋幸兵衛と、そのふたつに出た。どちらも重要な脇役である。『伽羅先代萩』では、鴈治郎の政岡と團十郎の八汐が、善悪にわかれて濃いやりとりを見せた。そのため、あいだに立つ権十郎の栄御前はどこか精彩に欠けていた。そのかわり、『弁天娘女男白浪』はよかった。「ああ、これぞ権十郎だな」

と思わせる腰を落ち着かせた芝居で、脇の老優らしい味があった。老いや体調の悪さは気になったものの「これも歌舞伎のコクだよ」と母には言った。

『弁天娘女男白浪』は、「白浪五人男」として、よく知られている。菊五郎の弁天小僧、羽左衛門の日本駄右衛門、團十郎の南郷力丸、左團次の忠信利平、宗十郎の赤星十三郎、我當の青砥左衛門、それに権十郎の浜松屋。なんともぜいたくなひと幕で、黙阿弥お得意の「白浪もの」と呼ばれる演目である。

しかもこの顔ぶれは、名優とあがめられた六代目尾上菊五郎を頭目にいただく「菊五郎劇団」の顔見世でもあった。そこで権十郎が、弁天小僧にだまされる浜松屋をやることは、そのままこの役者の生きざまとなっている。浜松屋は貫禄役だから、これといった動きはない。ゆえに風格がためされる。つまらない老優が演じる役どころではない。

権十郎は、三代目市川左團次亡きあと、大番頭として菊五郎劇団を支えた功労者だった。晩年は老け役と敵役ばかりだったけれど、「渋谷の海老さま」と呼ばれた花形役者の時代もある。渋谷東急百貨店の「東横ホール」（のちの「東横劇場」）の名物だった「菊五郎劇団若手歌舞伎」での愛称である。本家の「海老さま」は、市川海老蔵のことで、のちの十一代目市川團十郎である。

歌舞伎界では脇役のイメージが強かった権十郎には、一冊の名著がある。『紫扇《しせん》まくあいばなし』（演劇出版社、一九八七）。雑誌『演劇界』に連載された聞き書きをまとめたもので、「紫扇」とは権十郎の俳号をさす。権十郎が、みずからの足跡をからませて語る昭和歌舞伎のよもやま話で、これが読むほどにおもしろい。岩波現代文庫あたりで復刊をのぞみたいものだ。

名の知れた歌舞伎役者なら、誰でも著書は出している。しかし演劇ライターが良心的にまとめた自伝や聞き書きはすくなく、後述する三代目市川左團次の芸談や、邦枝完二による四代目尾上松助の聞き書き『名人松助藝談』（興亜書院、一九四三）のように、たのしんで読める歌舞伎役者の芸談はあまりない。

『紫扇まくあいばなし』がおもしろく読めるのは、歌舞伎ならではの難解さや説教くささ（古典芸能はすばらしい、みたいな）がなく、あくまでもエピソードを主体にしたところにある。奇をてらわない人柄がにじみ出ているし、菊五郎劇団の大番頭という生きざまも興味ぶかい。スナップ写真を撮るのが趣味で、貴重なプライベートショットが何枚も掲載されていることも魅力のひとつだ。

『紫扇まくあいばなし』を読むうえで、欠かすことのできないのが、代役にまつわるエピソードである。客も、松竹も、高名かつ高齢な役者ほど重宝し、あがめたてまつる。松竹座のこけら落としに出た、権十郎と羽左衛門もおなじことだ。ゆえに休みなしのハードスケジュールとなってしまい、著名な老優ほど体調をこわして休演してしまう。それはいまも昔も変わらないことで、ひんぱんに代役の白羽の矢が立っていたのが、若き日の権十郎だった。六十近くにおよぶ「代役一束」というリストがあって、なかにはシエイクスピアのオセローの名前まである。

昭和五十二（一九七七）年四月、新橋演舞場。オセローをやるはずの二代目尾上松緑《おのえしょうろく》が本番終演後に倒れてしまい、翌日から権十郎が代役に立った。客はそんなことはつゆ知らず、「おとわや！」と松緑にエールをおくる。それから八日間、全十六公演、四時間におよぶ長丁場を、権十郎はオセローでつらぬく。無理がたたって、代役の体調もボロボロになっていた。すかさず「朝日新聞」は、「天声人語」でこの事件をとりあげ、松竹の興行方針を痛烈に批判した。

ことの顚末に興味を示したのは、「天声人語」だけではない。ミニコミ誌『俳優館』の編集長だった宮口精二は、権十郎にエッセイの執筆を依頼。頼まれるがままに書いた「オセローの代役」（『俳優館』第二十六号）には、《オセローの代役とは寝耳に水とは言えないまでも、思いもよらない大事件に「ただ茫然と」という義太夫の文句にある通りでした》とそのときの心境がつづられている。このエピソードは、『紫扇まくあいばなし』にもページを割いて書かれている。権十郎の代役人生での、ひとつのクライマックスといえよう。

代役とは、つらい仕事である。そもそもは脇役の人なので、歌舞伎座や新橋演舞場の大歌舞伎では主役をやらせてもらえない。あくまでも「代役」であって、「穴埋め」である。しかも代役がヘタだと、それ相応の反応がくる。「代役だから仕方がない」。そんないいわけを、観客は甘受しない。「菊五郎劇団の大番頭なら、松緑や梅幸の十八番《おはこ》くらいこなせて当然だ」。観客の多くは、そう思っている。そんなきびしい視線を、権十郎はポジティブに受けとめる。代役でもいい、歌舞伎座で主役がやれるのだ、役者冥利だ、これも精進だ、と。その前向きな明るさも、『紫扇まくあいばなし』の大きな魅力となっている。

そんな前向きで明るい権十郎が、ひとつだけ、怒りにまかせて書いたくだりがある。実父の二代目権十郎の臨終の場面だ。二代目権十郎の末の弟は、前進座を創立した河原崎長十郎である。その創立には、権十郎の腹ちがいの兄である三代目権三郎もからんでいた。そうしたいきさつがあって、前進座の思想が本人と相容れない共産主義であっても、二代目権十郎は黙認するしかなかった。しかし……。

前にいった通り思想はいい。だが役者が共産党へ入って、資金をもらって食っていながら、『寺子屋』『勧進帳』『鳴神』なんかをやるとは何事だ。築地小劇場の連中、また簑助（後の八代目三津五郎）が『源氏物語』をやろうとしてつかまったり、猿翁といえども『アジアの嵐』や『阿片戦争』をやるなど、意欲をもって築地小劇場にたてこもったり春秋座をこさえたりしたのに対して、前進座の役者が党員になるとは何事だ。それだったら『ツーロン港』だの『リンカーン』をやっていればいいものを、売名的に歌舞伎十八番をやってごま化すな。それが気に入らねえ！　と激怒して死んで行ったのですから、あの人達がおやじの死期を早めたようなものです。私はそう思います。とにかくおやじは大変におさまらなかった。

（『紫扇まくあいばなし』）

父親のいまわの言葉とはいえ、ここまではっきり書くのは、権十郎の本音でもあるからだろう。歌舞伎十八番をやることについては、前進座の側にも言い分があるはずだ。にもかかわらず、「前進座の役者たちが親父を殺した」という意味のことを書くには、それだけの怒りがあったとしか考えられない。〝アカ〟嫌いだけとも言えないような義侠心が、そこにはある。根っからの歌舞伎役者である権十郎の、侠気な一面をのぞかせる文章である。

松竹座の舞台に立った権十郎の体調は、決して万全ではなかった。にもかかわらず、その年の南座の顔見世にも出演することになっていた。『菅原伝授手習鑑　車引』での藤原時平《ふじわらのしへい》。敵役である。竹矢来にまねき看板、加茂川の風に幟《のぼり》がゆれる師走の京の風物詩。顔見世には欠かせぬまねきには、河原崎権十郎の名前もあった。

しばらくして南座の前を歩いたら、「河原崎権十郎」だったまねき看板が「片岡芦《かたおかろ》燕《えん》」に代わっていた。病気休演だった。代役のプロも、代役を頼むことがあるのか。そう思ったのもつかのま、年が明けてしばらくして訃報を知った。

平成十（一九九八）年二月、河原崎権十郎死去。享年八十。その名跡は坂東正之助がつぎ、平成十五（二〇〇三）年五月、歌舞伎座の團菊祭で四代目河原崎権十郎が華々しく誕生した。

こけら落としは縁起がいい。そう信じていた母は、権十郎の死から二年後の夏、五十三歳で急逝した。あとで聞いたところによると、息子とふたりで松竹座にいったことを、誰かれかまわず自慢していたらしい。権十郎の舞台を観たのは、それ一度きりのこと。母と歌舞伎にいったのも、それ一度きりのことだった。

# アトリエの鼻　三津田健

映画やテレビドラマでは脇役でも、芝居の世界では看板スターという役者が、昔はたくさんいた。文学座、俳優座、劇団民藝の新劇三大劇団の劇団員たちがまさにそれで、自分たちの活動資金をかせぐため、いくつもの映画やテレビ、ラジオに出演した。なかには、仕出しのようなつまらない役どころも多かった。

そんな名優たちの舞台を、生で観てみたい。そう願うのは情というものながら、いまから十五年前の時点で現役だったのは、文学座の杉村春子と三津田健、あるいは、民藝の滝沢修《たきざわおさむ》と北林谷栄《きたばやしたにえ》くらいしかいなかった。しかも、いずれの役者たちも、なかなか関西までは来てくれない。

滝沢修が日本橋三越劇場に出演すると知り、どうしてもこの目で観たくて、青春18きっぷで上京したことがある。平成六（一九九四）年十二月十四日。演目は、岡本綺堂の新歌舞伎『修善寺物語』だった。滝沢の夜叉王《やしゃおう》、光本幸子《みつもとさちこ》のかえで、嵐圭史の源頼家という顔ぶれで、滝沢の体調の悪さが目立った。脳梗塞で倒れたにもかかわらず、無理をして舞台に立っていたのである。

そうした事情があって、いまひとつ感銘は受けられぬまま、その足で信濃町の文学座アトリエへ寄った。おなじ日の夜、三津田健《みつだけん》（一九〇二～九七）も舞台に立つことを、関東版の『ぴあ』で知ったからである。運よく当日券は手に入った。九十二歳の老優による公演で、せまいアトリエは超満員だった。

演目は、別役実が三津田のために書き下ろした『鼻』。修道院が経営する病院の庭先で、「将軍」と呼ばれる車椅子の老人（三津田）が悠然としている。老人は、『シラノ・ド・ベルジュラック』のシラノ役を得意とした元役者で、三津田本人とだぶらせた設定だ。庭の木にいくつもぶらさがっている「つけ鼻」も、シラノ役者がつける小道具の鼻を意味している。

その将軍の世話をやくのが、亡き高原駿雄の演じる執事で、ふたりのとぼけたやりとりが笑いを誘う。そこへ、ひとりの老婦人が入院してくる。「ロクサーヌ、ロクサーヌ」。老婦人の声に、将軍が身じろぐ。姿なき声の主は杉村春子、である。その声に反応する将軍に、観客の多くが万感の想いを抱いたようだった（ぼくのとなりにいたご婦人は、すすり泣いていた）。

三津田健は、文学座ひとすじに生きた名脇役である。劇団運営費を捻出するため、映画、テレビ、ラジオにも数多く出演している。劇団の女王蜂、杉村春子の陰にかくれた存在ながら、劇団員からは「おとうちゃま」と呼ばれ敬愛されていた。幾度となく分裂をくりかえした文学座にあって、創立時からずっと在籍していた俳優も、当時はこのふたりだけとなっていた。

杉村のありすぎる存在感をさしひいても、三津田の芸風は地味だった。滝沢修に代表されるような新劇調大芝居のなかにあって、その演技はどう思われていたのだろうか。演劇記者の日下令光《ひのしたよしみつ》は、《おおらかな味が全身にまといついている》（『話題の新劇人』集団形星、一九七二）といい、戸板康二は、《いつも一貫して、丹念で、頑固で、若い時も老年に達した今も、つねにペースを崩したことがない》（『百人の舞台俳優』淡交社、一九六九）と書く。そして徳川夢声は、《持ち前の飄々たる味》（『日本演劇』第六号、日本演劇社）と評した。おおらかで、飄々として、丹念で、頑固。すぐ目の前で演じている三津田を観て、なるほどと思った。

芝居がはじまって、三津田の頼りないセリフまわしにものたりなさを覚えた。でも、その頼りないセリフまわしが、少しずつ素敵に思えてくる。心にくい新劇俳優だと思った。杉村との声のやりとりでは、文学座に思い入れのないぼくも、ちょっと泣きそうになった。頑固に文学座にこだわって、古色蒼然たるアトリエでマイペースに芝居をしている。いい意味で、枯れきった名舞台だった。

そんな三津田には、幻の脇役本といっても過言ではない写真集がある。『俳優 三津田健 舞台生活五十年記念写真集』（文学座、一九七九）。喜寿をむかえ、舞台生活半世紀の

「おとうちゃま」に贈った、文学座からのささやかなプレゼントである。奥付の発行日は、昭和五十四（一九七九）年四月二十九日となっており、発行者は「文学座　龍岡晋」とある。発行日の前日には、文学座アトリエで「三津田健　喜寿を祝う会」が催されているので、列席者へのおみやげとしてくばられたのであろう。もちろん、私家版非売品である。

「舞台生活五十年記念写真集」と銘打ちながらも、実際は五十四ページの小冊子にすぎず、古本市場にはなかなか流れてこない。十年近くさがしているのに、いまだに入手できない。国立国会図書館の閲覧室でただ一度、手にしたことがあるのみである。

舞台スチールは古いものがいろいろと掲載され、出演年譜もしっかりしている。編集スタッフの苦心のほどがうかがえる。舞台以外の活動がまったく触れられていないのは不満だが、そこがこの人の写真集らしくもあった。杉村、龍岡、戸板、里見弴、宮口精二、中村伸郎《なかむらのぶお》、戌井《いぬい》市郎《いちろう》の七人が寄せたエッセイ「喜寿に寄せて」にも心がこもる。誰もが「おとうちゃま」の写真集刊行に、よろこびの声をおくったのである。

でも、いちばんうれしかったのは、当の本人だった。巻末に寄せた挨拶文が、素直でほほえましい。

　その喜寿を祝い、芸歴五十年を記念して、此の度文学座で私のために本を出版して

（文学座、1979年）

呉れることになった。誠に望外の喜びで、願ってもない仕合わせに感激し、その過分の厚遇に只々恐縮し、感謝して、一も二もなく甘受した次第である。今の私は、わが子との対面に胸躍らせて、何かせねばと思いながら何も手に付かず、産室の外でうろうろそわそわしている男親の心境その儘だ。仲間の好意に甘え、すべて貴方任せで自らは手出しもせず……。

（『俳優 三津田健　舞台生活五十年記念写真集』）

三津田が保管していた舞台スチールは、そのほとんどが戦災でうしなわれてしまった。それからは資料整理にやる気がおこらず、編集スタッフにも迷惑をかけたらしい。それでも一冊にまとめることができたのは、「おとうちゃま」の人徳であろう。

文学座が分裂し、創立メンバーの中村伸郎も退団したときのことを、戸板康二はこう書いた。《三津田は、創立以来所属したこの劇団に、まだいて、これからも決して動かないだろう》（『百人の舞台俳優』）。その一文を裏づけるように終生、文学座の舞台に立ちつづけた。アトリエの裏に自宅があったので、つねに劇団と同居していたことになる。そしてその胸中には、杉村春子への変わらぬ想いがあった。

平成九（一九九七）年四月、杉村が九十一歳で亡くなる。三津田は、追悼ラジオ番組（NHK）に出演してコメントを述べたけれど、そのショックは大きかった。『悲劇喜劇』の追悼特集（平成九〔一九九七〕年七月号）には、「六十年の友を送る」と題して一文を寄せている。

二年ほど前に別役さんが書いて下さった「鼻」で老残のシラノ役者を演り、ひさしぶりでシラノの科白をしゃべりましたが、杉村さんは声だけですがロクサアヌを演ってくれました。修道院の場です。

「この瞳もて、艶なる君が振舞をひたに看まもる事も、早やかなわぬ願ひとはなり候……」

「今、どうしてお読みになれますの、この夜の暗さに……」

やさしい声でした。共演とはいえなくとも、杉村さんとの舞台はこれが最後になりました。

（『悲劇喜劇』平成九年七月号）

三津田が亡くなったのは、杉村の死から七か月のちのこと。九十五歳の大往生だった。先述したぼくの日記にも、そのことは書いてある。センセーショナルに伝えられた杉村の死にくらべて、その訃報はさびしいものだった。最後の最後まで、大女優の陰にかくれた名優であった。

文庫追記　幻の脇役本だった『俳優　三津田健　舞台生活五十年記念写真集』は二年ほど前、ようやく手に入った。最近では古書目録やネットオークションによくあらわれ、さほど珍本ではなくなった。

（サウンド・テアトル社、1967年）

昭和四十二（一九六七）年に発売されたソノシート『シラノ・ド・ベルジュラック観

劇記念』（サウンド・テアトル社）も見つけた。文学座創立三十周年記念公演を、ライブ録音したものだ。三津田が一世一代の当たり役としたシラノの名ぜりふやロクサーヌ（杉村春子）との愛の語らい、第一幕のド・ヴァルヴェエル子爵（石立鉄男）との決闘などが収録され、往時の〝三津田の芸〟を堪能した。

別役実の『鼻』は、平成二十九（二〇一七）年十月、新宿の紀伊國屋サザンシアターで文学座が再演し、観に行った。初演の三津田健と高原駿雄は没し、江守徹と渡辺徹に代わったが、声の杉村春子は変わらない。杉村ロクサーヌと江守シラノ、時空をこえた共演を橋渡しする栗田桃子に魅せられた。初演にも出ていた栗田は、蟹江敬三のわすれ形見である。

劇場のロビーには、シラノの初演ポスター（イラストは若き日のやなせたかし）や『鼻』の初演ポスターが飾られていた。三津田健はいまも、文学座に生きつづけている。

# ふるほん夫婦愛　滝沢修

三津田健の舞台は、文学座アトリエで観た『鼻』が、最初で最後だった。でも、滝沢《たきざわ》修《おさむ》（一九〇六～二〇〇〇）の舞台は、『修善寺物語』の翌年、ふたたび観ることができた。平成八（一九九六）年三月十九日。場所はおなじく日本橋三越劇場。演目もふたたび岡本綺堂の戯曲で『俳諧師』という小品だった。当時八十九歳の滝沢は、綺堂の作品に傾倒しているようだった。

滝沢が演じたのは、清貧の俳諧師、鬼貫《おにつら》。『修善寺物語』にくらべて地味な作品だったけれど、まずしさに耐えかねた鬼貫が自害する場が忘れられない。短刀を見つめる鬼貫の目が、ものすごい光が放つ。しかし、ひとり娘に阻まれ、死ぬことさえままならない。「滝沢修を観た！」。このとき、そう確信した。でも、劇評はかんばしくなかった。引退勧告にひとしいような文章もある。その翌年、ジェイムス・M・バリイの『あっぱれクライトン』を演出するものの、俳優としては『俳諧師』が最後の舞台となった。

大好きな俳優だった。五年前に滝沢が亡くなったときは、『おもいでの滝沢修』という追悼ミニコミ誌をつくって、関係者や友人にくばった。滝沢の薫陶を受けた女性演出家の方から、「ごらんになった舞台は『修善寺物語』と『俳諧師』という最晩年の二作品だけだったということは本当に残念です」という手紙をもらったこともあった。それでも生の舞台が観られたことは、大きな思い出のひとつになっている。

滝沢の全盛期は、昭和二十年代から四十年代の、戦後新劇の黄金時代にあたる。「新劇の神様」「リアリズム演劇の鬼」との異名をとるだけあって、芝居への欲はハンパではなかった。でも、昭和四十九（一九七四）年生まれのぼくには、まるで縁のない時代である。わずかに残された公演フィルムで、ありし日の面影をたどるしか術はない。

（中内書店、1949年）

その埋め合わせというわけではないが、滝沢が出演している映画やテレビは、つとめて見るように心がけている。そのほとんどが脇役だったけれど、乞われるままに仕事を引き受け、大仰なセリフまわしを駆使しながら、いつも主役以上に目立っていた。そのクサさが脇役好きにはたまらない。アルバイト感覚の仕事であっても、そこに手抜きはなかったという。

芝居への欲もすごかったけれど、読

（劇団民藝、1971年）

書欲がまたすごかった。知識と素養、役づくりのために、かたっぱしから本を読んだ。レーニンを演じるなら、『レーニン全集』を読破する。吉良上野介を演じるなら、忠臣蔵の文献を読みあさる。原爆による白血病の医師に扮したときは、白血病に関する医学書をめくったという。

　そのいっぽうで、あまり文章を書くタイプではなかったようだ。趣味のカメラや油絵はプロ級でありながら、名文家だったという話はあまり聞いたことがない。著作も、自叙伝やエッセイのたぐいはなく、みずからの演技ノートをまとめた『俳優の創造』（青雅社、一九四八）と、妻の文子との書簡集『獄中往復通信　愛は風雪に耐えて』（古谷綱武編、中内書店、一九四九）の二冊しかない。劇団民藝が創立二十周年記念で編んだ『滝沢修舞台写真集』（劇団民藝、一九七一）にも、当人の文章はない。とぼしい滝沢文献のなかでは、いずれも貴重なものである。なかでも『愛は風雪に耐えて』が、本としてはおもしろかったし、感銘も受けた。

　戦時中、治安維持法で投獄された滝沢は、獄中をとおして文子と文通をしていた。

『愛は風雪に耐えて』は、その往復書簡をまとめたもので、戦後の出版ブームのなかで出た仙花紙本《せんかしぼん》のひとつである。この本は、中内書店の初版本につづき、家庭文庫（東洋経済新報社、一九五三）、『愛と真実の記録　第四』（東都書房、一九六四）と復刊を重ね、臼井吉見編『現代教養全集　第四』（筑摩書房、一九五八）と亀井勝一郎編『世界教養全集37　東西日記・書簡集』（平凡社、一九七四）にも抄録として掲載された。そのわりに古本屋では見かけず、滝沢の知名度の高さとくらべると、あまり知られていない（四十年ほど絶版のままなので、どこかの版元で復刊されることを願う）。

獄中の滝沢にとって、文子からの手紙は心の支えとなった。あくまで思想を曲げなかった新劇俳優と、それを支えた妻の愛。文子は子どもたちの元気な姿をつづり、混沌とした社会情勢を許される範囲で書いた。それを編者の古谷綱武は、《明治、大正、昭和を通じて、いくつもない貴重な愛情の記録》として、おおやけにした。にしても、加東大介の『南の島に雪が降る』がそうであったように、『愛は風雪に耐えて』の魅力は「反戦美談」だけではない。滝沢の貪欲な読書欲と、それをサポートする文子の書物愛。物資欠乏の時代であろうと、本は読みたい。その願いを手紙につづり、獄中から妻へとたくす。そんなふたりの本で結ばれた関係がおもしろく、そして泣かせる。

本は十日目に六冊といいましたが間違いで、八日目ごとに六冊あて郵送して下さい。

もうストックがないから早速送って下さい。それのつくまで、大菩薩を読みつないでいますから。写真週報、アルバム不要、辞典もしいていりません。鈴木大拙の禅の本、「西式強健術」を早く欲しいです。大菩薩の続き、明治以降の小説、アンデルセン自伝、Mちゃんに「勘の研究」、「文楽の研究」、「明治座」借りて下さい。絶えぬように送ってくれれば別に注文はありませんからよろしく——（修から文子へ）。

（『愛は風雪に耐えて』）

こうした具体的なタイトルとともに、「東京堂の月報を欠かさずおくってほしい」とも書いている。こうしたリクエストに応えるため、文子は涙ぐましい努力をし、そこに喜びを見いだしていく。獄中に差し入れる本を暗室の棚にならべては、貪欲な夫を惚れなおすこともある。《あなたがこんな本をみんな読んで偉くなって帰ってくるかと思うととても楽しみです》（文子から修へ）。

文子は外交官のお嬢さまで、若くして頭角をあらわした滝沢を愛しぬいた。編者である古谷綱武とニュース解説者の古谷綱正は実兄にあたる。そんなハイソな家庭に育っただけに、文子も滝沢に勝るとも劣らない読書家だった。頼まれるがままに本をおくることに飽きてしまい、その足は古本屋へと向きはじめる。

古本屋のぞきをしだして、生れてはじめてといってもいいくらい、古本屋のぞきのたのしさを一週間ほど味わいました。それは私がもうずっと前、この事件のはじまる前頃かも知れませんが、ほしいほしいと思って、GちゃんやAさんにたのんでも手に入らず、本屋にたのんでも手に入らなかった本を見付けました。それも二日前にあのくびの曲った古本屋ものぞきましたがなかったのに、その日又ちょっと入ってみましたら偶然あったのです。何の本だと思います？　それは泉社から出ているシュヴァイツェルという人の「わが生活と思想より」という本です（文子から修へ）。

（前掲書）

悠長な状況でのやりとりではないけれど、本好きカップルの交換読書日記を読むようで悲壮感はほとんどない。むしろチャーミングでさえある。古本好きがこの書簡集を読めば、風雪に耐えた愛書家の夫婦愛に心うたれ、嫉妬心を覚えるかもしれない（文子へのリクエストがいささか細かすぎて、ちょっと酷使しすぎの印象もあるが……）。

月日がたち、文子のセレクトで本を差し入れることも多くなっていく。《私のいいと思ったものは大抵あなたにもおもしろいだろうと自信つけています。私の鑑賞眼を信頼して下さい》（文子から修へ）。スタンダール、田山花袋、山本有三、壺井栄……気になる本は、かたっぱしから獄中に郵送した。もちろん、手紙も本も検閲を受けてのことである。そんな彼女のセレクトに、滝沢は大きな信頼を寄せた。

借りた本も、あなたが買った本も皆、よみたいものばかりなので、うれしい限りです。手続きの関係で沢山読めなくなったので、今後は、「良書で読みでのある本」を精選して送るようにして下さい。内容の鑑別は絶対信頼しますから（修から文子へ）。

（前掲書）

一年四か月の獄中生活のすえ、滝沢は釈放される。戦時中は晴耕雨読の日々のなか、長谷川一夫の公演を裏でサポートしたりもした。そのあたりの事情は、国際政治学者である長男の滝沢荘一が著した『名優 滝沢修と激動昭和』（新風舎文庫、二〇〇四）にくわしい。

戦争がおわると、精力的に俳優活動を再開し、文子もそれを支えた。昭和二十一（一九四六）年三月には、有楽座の東京芸術劇場第一回公演『人形の家』（イプセン作）に出演。その公演パンフを古本市で見つけて持っているけれど、そこにひまわりのイラストが添えられたメモ書きがはさまっていた。書き手は誰かわからない。

今迄、幾度も幾度も本を読み、感激の深かった戯曲である。七時二十一分の汽車で東京の駅にて待ち合わせ。三ツ越にゆく。たのしい気持で心をふくらませながら、陳列品を見た。憲二さんは私に財布（蛙皮の）赤と黒のを買って下さった。¥30・00！それから二人で外食券食堂で昼食を食べた。十二時頃、有楽座にゆき、中で一度喧嘩したが、二幕目位に仲直りした。はりつめた気持で最初から最後迄、夢中であった。いずれの人も熱演であり、少しつかれた。しんばし迄、送って来てもらい、そこで別れた。たのしい日であった。私は憲二さんが丈夫である事をのみ祈る。私の真実の人。

（当時のメモ書きより）

戦争がおわって、演じ手も、観客も、愛に満ちあふれていたと書くべきか。このメモを滝沢と文子が読んだら、きっとうれしかったと思う。

『人形の家』から五年後には、三好十郎の『炎の人　ヴァン・ゴッホの生涯』が新橋演舞場で初演され、ゴッホを演じた滝沢は大絶賛をあびる。戦後新劇の全盛期をむかえて、その名声は高まるばかりであった。しかし、それを頼もしく見つめた文子は、昭和二十七（一九五二）年の春、四十一歳の若さで他界する。乳ガンだった。大阪での公演中だったため、妻の死に目にも会えなかった。『愛は風雪に耐えて』が刊行されて三年、劇団民藝が創立して二年のちのことである。愛妻の死から三十年のちのインタビューで、滝沢はこう語っている。

借りた畠を耕して飢えをしのいだんですよ。お百姓の手伝いをしていたぼくだけは晩めしにありつけますが、家で待つ妻子には何もない。ノビルね、あれを野で摘んだり、ザリガニを沼でつかまえたり、そうやっている間に、妻はガンに冒されていたんです。日が暮れて、ぼくが鍬をかついで帰ってくると、ぼおっとした畠の向こうの暗がりを妻がいつも迎えにきてくれた。家には家族の食膳が待っていました。ノビルの汁とかね。ぼくは済ませたって言えないから、何か悪いことをした気持で汁をすすり……。

（「とよはた雲に入日さし」『民藝の仲間』第二百十八号、一九八二）

男やもめをつらぬくには若すぎたのか、のちに滝沢は、子どもたちの家庭教師をしていた女性と再婚している。俳優としてもますます脂の乗るころで、昭和三十年代から五十年代にかけての舞台、映画、テレビ、ラジオでの活躍は、よく知られるところである。劇団創立から、俳優としては最後の舞台となる『俳諧師』まで、舞台に立っていない年はわずか一年のみ。つねに第一線をつらぬいた人であった。ただ残念ながら、『愛は風雪に耐えて』を朗読劇にしたいという滝沢本人の願いは、はたすことができなかった。最後の仕事は、『俳諧師』の翌年に上演された『あっぱれクライトン』の演出だった。奇しくもその姿は、『滝沢修90歳　生きて舞台の鬼となる』（NHK）というBSのテレビドキュメンタリーとなり、記録されることになる。このなかで滝沢は、インタビュアーの中村敦夫に対して「これはマル秘ですけどね、これが最後になるんじゃないかと思っているんです」と語っている。番組では、文子とかわした手紙の束が紹介され、その一部を樫山文枝が朗読した。

平成十二（二〇〇〇）年六月死去、享年九十三。その一か月後、川崎市のはずれにある劇団民藝の稽古場で、「滝沢修とお別れする会」がいとなまれた。祭壇には、当たり役としたゴッホと『夜明け前』の青山半蔵をイメージして、ひまわりと杉の木立が飾られた。「忘年会のようににぎやかにしてほしい」という遺志もあって、稽古場にはおでんやケーキの屋台がならんでいた。

ぼくも仕事を休んで、ひまわりを一輪、ささげてきた。いいお葬式だった。と、感傷にひたっていると、そのわずか八日後に実家の母が急逝してしまった。しかもその前日に、「滝沢修とお別れする会」をとりあげた新聞記事（「日本経済新聞」七月二十九日付「名優去り客離れ　新劇改革幕開く」）を読んだばかりだった。大好きな俳優のすぐあとに、自分の母親の葬式を出すことになるとは、夢にも思わなかった。

そうしたことがあって、自分でもそのままにしておく気になれず、ささやかながら滝沢修を追悼するミニコミ（といっても粗悪なコピー冊子だが）をつくったのだった。そのミニコミは、ちま夫人にもお送りした。滝沢と再婚し、稀代の名優の後半生を支えた人である。しばらくしてちま夫人から、ごていねいなお礼状をいただいた。美しい文字でつづられた便箋を手にして、自分でもわからないくらい涙が出た。そして、素敵な女性と二度もめぐりあえて、滝沢修は幸せな人だと思った。

それから数年のちに徳川夢声の本を出したとき、日経新聞の記者さんから著者インタビューを受けた。彼女の名刺を見て驚いた。「滝沢修とお別れする会」の記事を書いた本人だったのである。偶然といえばそれまでだけど、たまらなくうれしいことであった。

**文庫追記** 滝沢修は、小田急沿線の成城学園前にながく暮らした。成城の自宅は、テレビのインタビュー（NHK『訪問インタビュー』）や雑誌グラビア（『婦人公論』「アングル84喜寿を迎えた滝沢修」渡部雄吉撮影）でたびたび登場した。そこがどうなっているのか気になり、半年ほど前、自宅のまわりを散策した。

久松静児の映画に出てきそうな戦前からの住宅は、すでにうしなわれていた。それでも閑静な雰囲気はそのままで、滝沢が何度も踏んだであろうマンホールだけが、変わらず現役であった。この自宅まで、成城学園前駅から歩いて十五分ほどかかる。最寄りのバス停は見当たらない。歩けない距離ではないけれど、徒歩で通勤するにはちょっとつらい。新劇の神様は、自宅と駅のあいだを毎日歩いたのかな。住宅地の切通しを走る小田急ロマンスカーも、地下化されて久しい。

# Ⅱ　文士の愛した個性派たち

# 熱海にて亡友を憶ふ　上山草人

華やかなスターから脇役、端役専門の人となって亡くなった俳優はすくなくない。映画評論家の児玉数夫さんにお会いしたとき、そういう話題になった。児玉さんは、のちにブラジルに移住し、事業に失敗した大日方傳《おびなたでん》の名前を出したうえで、こう言った。

「でも、上山草人ほど、晩年がさびしかったスターはいませんよ。お気の毒な人でした。ぼくは洋画が好きだから、向こうで活躍した日本人俳優には興味があった。だから、草人の出ている映画は、よく観にいきましたよ。『鞍馬天狗　横浜に現る』（大映　現・角川映画）の悪玉ヤコブ、『娘たづねて三千里』（新興キネマ）のポパイみたいなおじいさん、どれも印象ぶかかった。草人が出なかったら、観にいかないけどね（笑）」

　上山草人《かみやまそうじん》（一八八四〜一九五四）は、一九二〇年代のハリウッドで活躍した日本人俳優である。活躍したとはいえ、「名優」のあつかいを受けたわけではなく、容貌魁偉なゲテモノ東洋俳優として、重宝されたにすぎない。しかも英語が苦手なため、トーキー時代のハリウッドからはお払い箱となり、帰国することになる。そののち日本で俳優業をつづけるものの、その強烈な個性を使いこなす監督はおらず、悪役や三枚目に甘んじた

（それはそれでいい味があった）。晩年は、セリフ覚えが悪くて仕事がすくなく、養鶏場をいとなんでいたという。草人の没後におこなわれた、谷崎潤一郎と徳川夢声の対談がある。

**谷崎**　マスクはいいですよ。それに、小説ぐらい書けるほどの文才もあった。「記憶さえよけりゃ、なにか書けるんだが」って、自分で嘆じていました。石井漠がハリウッドへいって、草人のとこでやっかいになった。石井君にきいたんだけれど、ハリウッドには、美人だの美男なんてのはわんさといるから、草人の顔が非常に目だつんですって、ああいう容貌カイイなのがいいんだって。（笑）

**夢声**　一流の料理ばかり食ってると、焼鳥なぞが食いたくなりますからね。（笑）

**谷崎**　焼鳥か、つまり。（笑）なかなかいい顔だったし、しまいには、演技もうまかった。

（実業之日本社、1930年）

（『問答有用Ⅻ　夢声対談集』徳川夢声、一九六二）

草人を「焼鳥」あつかいにする夢声に対して、谷崎がずいぶんとひいきにしていることがわかる。草人にとって谷崎は、よき理解者であった。この対談のなかで「小説ぐらい書けるほどの文才もあった」と語っているけれど、草人には自伝小説『蛇酒』（阿蘭陀書房、一九一七）と『煉獄』（新潮社、一九一八）という著作がある。古本屋ではお目にかかれない大珍本で、いずれも谷崎が序文を書いている。

草人が七十歳で亡くなったのは、昭和二十九（一九五四）年七月のこと。さびしい老後だったとはいえ、あまりに小さい訃報記事だった。それを読んだ谷崎は、同年十一月号の『別冊文藝春秋』に「老俳優の思ひ出」（のちに「上山草人のこと」に改題）と題した追悼文を寄せている。そこには、草人のことを忘れてしまったマスコミへの怒りがあった。

ちやうど私は熱海の家にゐた時だつたから、東京から新聞記者の一人や二人は馳せつけて来て故人の逸話を尋ねるくらゐなことはあるかもしれないと、心待ちにさへしてゐたのだつたが、誰一人そんなことを聞きに来る者もなかつた。それどころか二十歳前後の女子供たちに聞いて見ると、上山草人の名さへ知らない者が多い。それでも映画雑誌には故人を偲ぶ記事が二つ三つ出てゐたさうだけれども、一般の新聞雑誌だつてもう少し草人のことを大きく扱つてやつてもよくはなかつたゞらうか。

（谷崎潤一郎「老俳優の思ひ出」）

そのうえで谷崎は、文藝春秋からの原稿依頼をよろこび、《此れで草人もいくらか浮ばれることであらう》と書いている。

ふたりが出会ったのは大正初期。草人が近代劇協会を主宰していたころで、早稲田派の文士を中心とする会合の席ではじめて対面した。のちにハリウッドからお払い箱になったとはいえ、凱旋帰国する草人への歓迎ぶりは派手なものだった。喝采のなかで返り咲いた姿を、谷崎はよく知っている。それだけに、見る影もない晩年と忘れさられた死について、憤りや悲しみを覚えるのは当然のことだった。

『蛇酒』と『煉獄』とはべつに、草人にはもうひとつの著作がある。ハリウッドから帰国してまもなく刊行された『素顔のハリウッド』（実業之日本社、一九三〇）である。日本での草人がもっとも輝いていたころの本で、そののちの役者人生と重ねて読むと、こちらまで悲しくなる。それくらい豪華で、お腹いっぱいの内容なのである。

「上梓を祝す」と書かれた友人たちの寄せ書きにはじまり、谷崎の「はしがき」、お祝い文は佐藤春夫、栗島《くりしま》すみ子、夏川静江、初代水谷八重子、牛原虚彦、跋に久米正雄、吉井勇というそうそうたる顔ぶれが稿を寄せた。装幀を、明治製菓のPR誌『スキート』を手がけた内田誠が担当しているのは、上山と親交があったからだ。

本編は、草人が口述したハリウッドの思い出ばなしが主となっていて、現地の新聞雑誌に寄せられた草人評やブロマイド集（ほとんど化け物扱い）、アメリカのマンガ家がえがいた似顔絵から出演作一覧まで、なんとも手前味噌なスクラップブックと化している。読みようによっては、ゴッタ煮編集そのものだが、本の刊行を谷崎は素直に祝福している。

此の間、十一年ぶりで大阪へ来た草人が私の家に客となつた時、漫談の予習をすると云つて、家族一同を炉辺にすわらせ、チビリチビリ熱燗の酒を酌みながら「ではもう一席」「ではもう一席」と、ハリウツドの土産話を縷縷としてしやべり出したが、その口を衝いて出る警句、諧謔《かいぎゃく》、諷刺、滑稽に、女子供まで割れ返るようなはしやぎ方で、夜の明けるのも知らなかつた。その時私は、こんな面白い話を自分達だけで聞くのは惜しい気がしたが、今やそれらの漫談に一層の彫琢《ちょうたく》を加へ、材料を豊富にし、「筆」と「口」とを一つにした此の書の、出版されるのは甚だ喜ばしい。

願わくは読者諸君、此れを枕頭《ちんとう》に繙《ひもと》いて私の家族とおなじく愉快な一と夜《や》を明かし給へ。

（「はしがき」『素顔のハリウッド』）

序文でそう期待を寄せたものの、できあがった本を手にして、愉快な夜をふたたび明かすことができたのか。それはわからないけれど、草人のハリウッド漫談が「警句、諧謔、諷刺、滑稽」であるとすれば、この本は成功していない。
漫談調のハリウッド思い出ばなしも、活字にするとアメリカ人への冷めた目線ばかりがきわだってしまう。アメリカ人には、『カリガリ博士』を咀嚼《そしやく》する力がないとの指摘が手きびしい。畳のうえで休息し、茶の湯や生け花に興じるから、女性の下半身がおとろえてダイコン足になったという、支離滅裂な日本人論もある。ユーモアエッセイを期待して読むと、誰もがガッカリするはずだ。草人本人も、口述筆記の出来の悪さにクレームをつけ、ゴーストライターに文句をならべている。

かうして今本になつて見ると、余りの駄弁は流石に活字に対してきまりが悪く、、、惶《あわただ》しい速記はその駄弁のおかしみさへも脱けがちなので、著者の不満とする所が多い。（前掲書）

これが目次前の「著者のことば」として書かれているのだから、読者の興はそがれてしまう。ハリウッドから帰国した日本人俳優の名をかりた、安直なタレント本といったところか。出版の動機も、実業之日本社からの懇請だといい、自著刊行のよろこびはどこにも見あたらない。著名人が寄せたお祝いの言葉との温度差もはげしい。

そんな著者の本音がいちばん出ているのが、本章をしめくくる「性格俳優の悲哀」だった。この一文では、せっかくの凱旋祝いの著書でありながら、みずからの存在をかなり冷ややかに見つめている。ハリウッドでの喝采が、三浦環《みうらたまき》や藤原義江へのそれとはちがうことを書いたうえで、このようにつづけている。

残忍、無道、冷酷、暴慢、好色、是等の諸悪道を、安々と表現するのが敵役《かたきやく》の本領であつて、性格俳優は主として、その敵役が売物だとは情ないではないか。

敵役は憎まれる程うまいものだとは、玄人の間にのみ領かれる言葉である。敵《かたき》が強くなければ芝居が引き立たんとは演出者のみが頷く条理である。単純な観客は憎らしいものを憎む。

（前掲書）

容貌魁偉なゲテモノ役者として人気を得た草人は、かなり悩んでいた。そののちの役者人生を考えると、先見の明がある。日本での歓迎ぶりに、ただおぼれるような単純な人ではなかった。ゴッタ煮でやっつけ編集の自著出版も、手ばなしでよろこんでいない。老いてのち養鶏場をいとなむとは思わずとも、先行きに不安を抱えていたことはたしかだろう。そんな草人の苦悩を、この本からは感じられるし、ある共感をもって読むことができた。そうした苦悩を、友人である谷崎は知っていたのか。「老俳優の思ひ出」を読むかぎりでは、うかがい知れないことだ。

上山草人の名前も、本も、いまでは埋もれてしまっている。サイレント黄金期のハリウッドで活躍し、不遇のなかで消えていった一俳優の半生。『素顔のハリウッド』は、そのことを知るうえでも貴重な映画文献となっているし、愛蔵する脇役本のひとつなのである。

# トウさんの還暦祝い　薄田研二

昭和三十年代。京都太秦にそびえたつ東映城には、四人の大悪がいた。それをバブル景気の大企業にたとえると、月形龍之介の会長、進藤英太郎の社長、薄田研二《すすきだけんじ》（一八九八〜一九七二）の専務、山形勲の常務といったところか。そのなかでも、老獪で妖しいムードをかもしだすのが薄田の魅力だった。痩身、こけた頬、するどい眼光、バリトンの響くセリフまわし……。東映のチャンバラ映画で悪役（善玉もいい）に興じていたのは、昭和二十七（一九五二）年から三十八（一九六三）年までの十一年あまり。意外と短いものの、銀幕での印象はいまなお色濃い。チャンバラファンにはおなじみのバイプレーヤーといえよう。

本職は新劇俳優、そして、演出家である。映画はあくまでアルバイトにすぎない。高山徳右衛門という本名もいかめしいが、ステッキ片手に若い役者を連れてキャバレーをハシゴする、モダンな老人であったらしい（純和風の月形は、キャバレーに行くのも紋付袴だった）。

そんな薄田にも、脇役本はある。還暦のときに編まれた『還暦記念・薄田研二写真

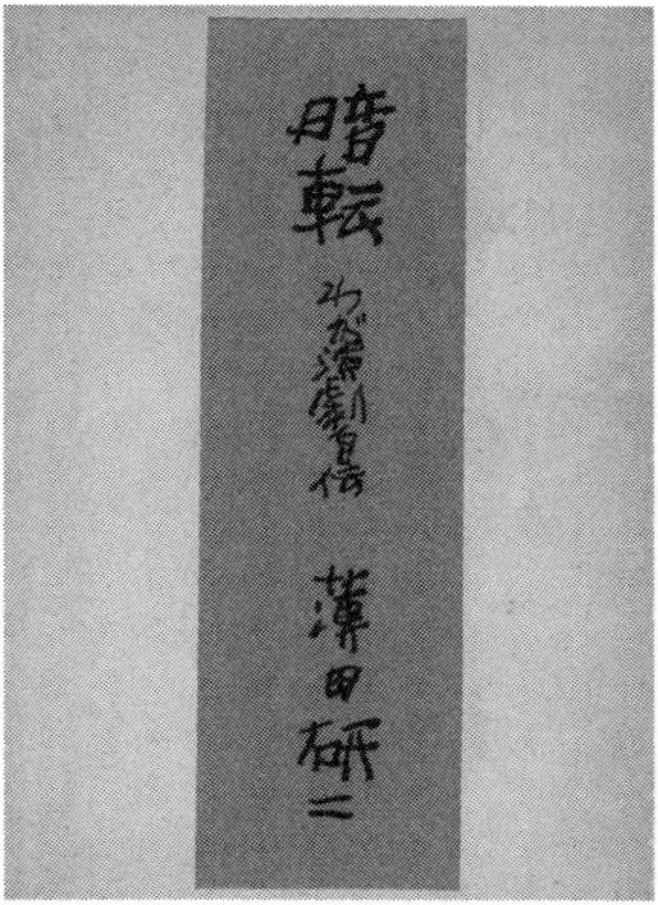


（東峰書院、限定特装本、1960年）

（劇団中芸、1958年）

集』（劇団中芸、一九五八）と、その二年のちに上梓した『暗転　わが演劇自伝』（東峰書院、一九六〇）の二冊である。とくに前者は、先述した『俳優　三津田健舞台生活五十年記念写真集』に勝るとも劣らない稀少本で、チャンバラファンのあいだでもあまり知られていない。古本屋のすみでホコリをかぶっていたのを見つけて、ずいぶんと驚いた記憶がある。

　劇団中芸は、薄田が代表をつとめるマイナーな劇団だった。写真集は、関係者にくばられた私家本で、中央公論社の事業出版部が製作を手がけている。A4判、六十七ページの冊子で、表紙にえがかれた赤い燕尾服とベレー帽のイラストは、薄田本人の手によるもの。よくぞさがしたと思いたくなるめずらしい舞台スチールから、マニアックな映画スチール（老郵便配達夫を演じた全逓PR映画『赤い自転車』もある）まで、とにかく中身が濃い。薄田ファンすいぜんの一冊といえよう。お祝い文を寄せた顔ぶれは、そうそうたるものである。《私は一個の役者として相手役のトウさんから創造力をかきたてられ刺戟されることが、間間あったのです》と賞する片岡千恵蔵をはじめ、お祝いを寄せた顔ぶれは豪華けんらん。「トウさん」と愛された人徳であろうか。とくに惜しみないよろこびを寄せたのが、劇作家の秋田雨雀《あきたうじやく》だった。秋田は、島村抱月による芸術座に参加し、薄田が属していた新協劇団の結成にも事務長としてかかわっている。当時、新劇界を代表する長老のひとりであった。

薄田研二君は我国で、ヒュマニズム的、白樺運動から発足して、「ドホーボル」的信念から、「ナロドニキ」人民解放の熱情を以って、わが国演劇の運動を前進したたった一人の人でした。その薄田君の六十一回の誕生を私は何うして祝わずに居られよう。

三十余年の演劇活動がますます発展することを私は心から希望して止まない！

薄田研二君

万才！

万才！

万才！
薄田研二君及び薄田君の支持者愛好者
万才！
万才！
万才！

（『薄田研二写真集』）

チャンバラ役者のイメージが強く、終生こだわった演劇活動については、あまり知られていない。それを伝える資料はすくなく、そうした意味でもこの写真集は貴重なものとなった。

新劇人の多くが弾圧の辛苦を味わったように、還暦をむかえた薄田の道のりは、平坦なものではなかった。なかでも、長男である高山象三の急逝には大きなショックを受けた。象三は、丸山定夫ひきいる移動演劇桜隊（さくら隊）に参加し、巡業先の広島で非業の原爆死をとげている。その遺骨を手にしたまま、傘を借りるためにおとずれたのが、荻窪の徳川夢声宅だった。愛息の最期をさびしそうに話したというエピソードは、『夢声戦争日記』（中央公論社、一九六〇）につづられている。

戦後は、映画出演で食いぶちをかせぎ、みずから劇団中芸を主宰。演劇活動をつづける姿に、多くの友人たちがエールをおくった。そうして結実した『薄田研二写真集』なのである。その翌年からは、『テアトロ』（カモミール社）誌上で、自伝の連載がスタートしている。二冊目の『暗転』は、その連載をまとめたもので、これもまた還暦祝いのひとつとなった。

この『暗転』には、古本屋でよく見かける函入りの普及版とともに、限定五十五部、天金・肉筆署名・識語入り、クロース製本、二重函仕様の豪華特装版が存在する。こうなると「雑本」とはいえず、ガラスケースのなかに飾りたくもなるくらいだ。ぼくが所持しているのはその「第八番」で、《六十路来てまた峰仰ぐ峠かな》の句が添えられている。個人的にはお宝脇役本のつもりなのだが、自慢しても誰もうらやましそうな顔をしてくれない。薄田研二の限定特装本では、古本トークの肴にならないのか……。

序文を寄せたのは、尾崎士郎と秋田雨雀のふたり。秋田は、長男象三や娘つま子の死を「カタリシス」としたうえで、《私たちは、単に「カタリシス」の世界に満足すべき時代ではない、この著述は、われわれに闘いと前進を暗示しているように思われる。高山徳右衛門君ありがとう！》と書く。写真集とおなじく、ここでも喝采は惜しまない。

『暗転』については、どうしても書いておきたいことがある。装幀が、洋画家の佐野《さの》繁《しげ》次郎《じろう》なのである。パピリオ化粧品の広告や『銀座百点』（銀座百店会）の表紙画を手がけた佐野は、古本愛好家には装幀家としておなじみの名前だ。ちょうどこの原稿を書いているとき、東京ステーションギャラリーで「佐野繁次郎展」が催されていたので、さっそく行ってきた。会場には、油彩画とともに六十冊ほどの装幀本が展示されていた。ただ残念ながら、展示品のなかに『暗転』はなかった。しかも、図録の巻末にある装幀本リストからも、この本にかんするデータはまったく抜け落ちている。

リストには、二百五十点あまりのタイトルがならんでいて、佐野装幀本を知るうえでは重宝するものとなっている。しかし、作家やエッセイストの著作に多くの調査を費やしたのか、役者本については、いささか手ぬかりが見受けられる。七代目市川中車《いちかわちゅうしゃ》の芸談『中車藝話』（築地書店、一九四三）は抜けているし、『アッパさん船長』（中央公論社、一九六二）の著者名を森重久彌と誤記しているのもいただけない。

そもそも佐野は、役者本の装幀を多くは手がけていない。それがなぜ、薄田本のデザインをしたのか。その理由は単純で、古くからのファンだったからである。佐野は、築地小劇場の舞台装置を手がけたこともあり、ふたりのつきあいは古かったようだ。薄田も、《古くから私を支持して下さる佐野繁次郎画伯》と書いている。そういえば展覧会々場には、「男の肖像」（一九五六）と題されたデッサンが展示されていて、目や頬のこけぐあいが、薄田によく似ているのである。もしかするとモデルを……というのは考えすぎだろうか。

佐野が薄田のために装幀を手がけたのは、これがはじめてではない。劇団中芸は「薄田研二還暦祝賀公演」と銘うち『演歌有情　石田《いしだ》一松《いちまつ》の生涯』（阿木翁助作）を上演した。古川緑波を脇にまわして、薄田が「のんき節」の石田一松（演歌師にして国会議員）を熱演した。その公演パンフレットの表紙を、佐野がえがいているのだ。B5判のパンフレットは白地で、『石田一松の生涯　演歌有情　劇団中芸　文部省芸術祭参加　薄田研二還暦祝賀公演』とある。『暗転』の装幀とともに、佐野繁次郎らしい手書き文字がいい味を出している。

さらには、この公演の宣伝美術も担当していて、かなりの薄田ファンだったことがわかる。三百余の著名人が名をつらねる「薄田研二還暦祝賀公演発起人芳名録」にも、佐野の名前はあった。頼みこんでやってもらったというより、佐野のほうから申し出たとも考えられる。パリの街頭で高橋豊子に声をかけたエピソードがあるし、佐野と新劇界のあいだには、ほとんど論じられていないつながりがあるようだ。

還暦公演をおえたのちも薄田は、舞台、映画、テレビといそがしく活躍する。有名劇団に属することなく、新劇界のアウトローをつらぬいた。しかし、還暦をむかえて六年後、病に倒れてしまう。ずいぶんと老けた印象があるけれど、実際にはまだまだ働きざかりで、志なかばでの役者引退となってしまった。

昭和四十七（一九七二）年五月、七十三歳で死去。最晩年は、闘病生活のなかで後進の指導に励み、みずから主宰する研究所によく顔を出していたという。そのころの素顔については、のちに妻となる内田礼子の著書『一女優の歩み　井上正夫・村山知義・薄田研二の時代』（影書房、一九九三）にくわしく書かれている。

還暦記念の写真集、特装本もある自叙伝、佐野繁次郎装幀の公演パンフレット、いずれも存在すら知らないものだった。いくらさがしても手に入らない脇役本があれば、さがしてもいないのに勝手に目につく脇役本もある。これもなにかの縁なのであろう。

**文庫追記**　『一女優の歩み　井上正夫・村山知義・薄田研二の時代』の著者である内田礼子は、薄田研二にとってふたり目の妻となる。最初の妻は高山晴子で、研二とむすばれる前は劇作家・倉田百三《くらたひゃくぞう》の妻であった。研二と晴子は、ふたりの子（高山象三、薄田つま子）をもうけた。

研二と別れ、人形作家となった晴子は、昭和四十一（一九六六）年に亡くなる。その偲ぶ会の記録（スピーチを活字化したもの）をまとめたのが小冊子『ママを偲ぶ』（「ママを偲ぶ会」事務局）で、とても貴重な内容になっている。開会の辞は俳優座の永田靖が述べ、原泉《はらいずみ》、辻伊万里、三島雅夫、浜村純、松本克平、森幹太らバイプレーヤーが〝ママ〟を偲ぶス

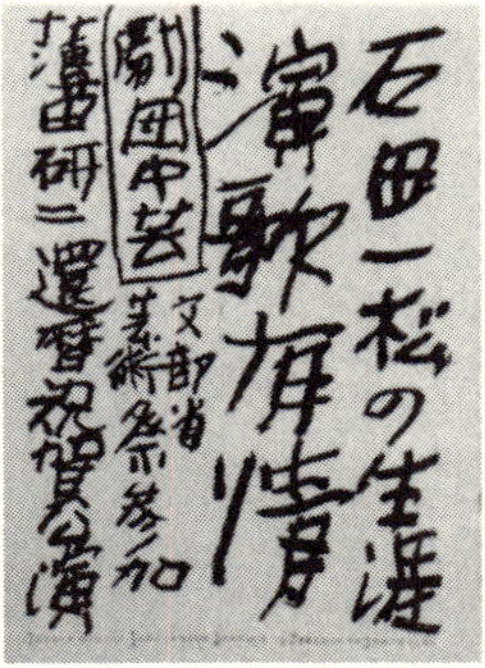

（劇団中芸、1958年）

ピーチをした。これらが全文、この偲ぶ冊子におさめられた（参会者名簿に薄田研二と内田礼子の名はない）。これもある種の脇役本といえるかもしれない。

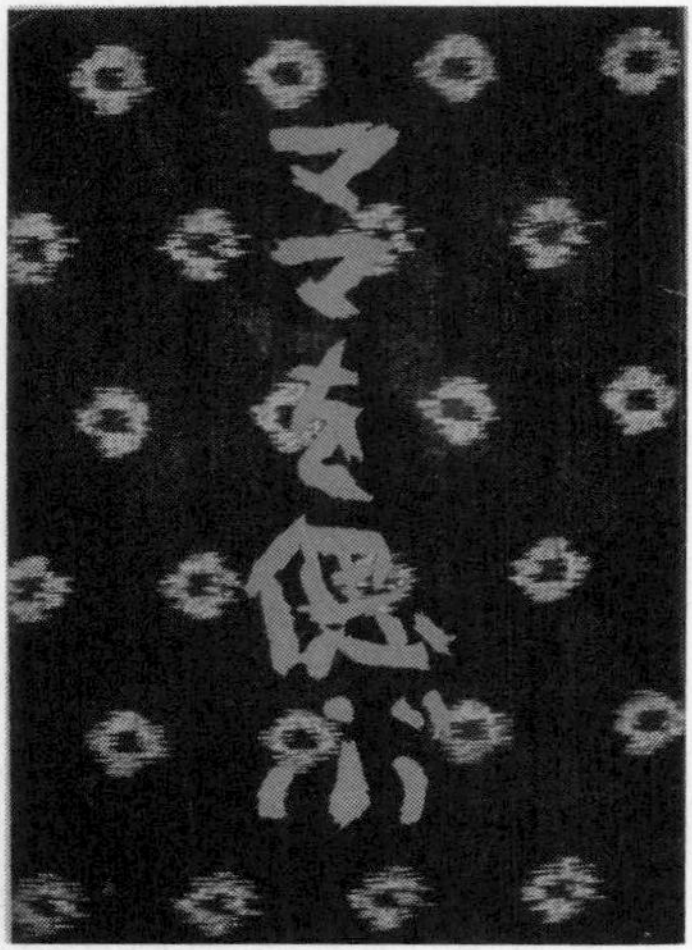

（「ママを偲ぶ会」事務局、1966年）

# 軍靴《ぐんか》の足音ひびく　志村喬

小津安二郎あっての笠智衆《りゅうちしゅう》。黒澤明あっての志村喬《しむらたかし》（一九〇五〜八二）。旧作邦画ファンには、そんなイメージがあるかもしれない。小津＝笠に異論はないけれど、黒澤＝志村については、ひとことモノ申したい。志村のキャリアから、すべての黒澤作品を抹消しても、名優であったと……。昭和の邦画文化と草創期のテレビ文化を語るうえで、志村喬の名前は絶対にはずせないと思う。

そうなると脇役本のひとつくらいはあってもよさそうなものだが、なぜかほとんどないのである。まとまった文献としては、「神戸新聞」に連載された「志村喬　芝居ひとすじに」をおさめた『わが心の自叙伝　映画・演劇編』（神戸新聞総合出版センター、二〇〇〇）と志村夫人の島崎政子のエッセイ『美しく老いたし』（講談社、一九九五）、澤地久枝の評伝エッセイ『男ありて　志村喬の世界』（文藝春秋、一九九四）、それに私家版ミニコミ本『記録　志村喬』（黒澤明研究会、一九八九）があるだけだ。しかも、『わが心の自叙伝』は共著であるうえ、聞き書きなので著作とはいえない。澤地本は、妻政子との夫婦愛がつづられた好著だけど、志村主演の野球映画『男ありて』（東宝）のオチをバラしてしまうような無神経さがあり、ファンとしては不満が残る。資料として手元におくなら、澤地も重宝したはずの『記録志村喬』がオススメだ。

（黒澤明研究会、1989年）

　このミニコミは、黒澤明研究会が「会誌九号」として出したもので、版権がらみで非売品となっている。B５判、二百七十八ページ、まるまる志村喬の大特集という大冊である。神戸新聞の「芝居ひとすじに」の抄録をはじめ、志村の手によるエッセイ、対談・鼎談・座談記事、インタビュー、映画評、訃報記事、関係者（黒澤明、本多猪四郎、熊井啓など）からの寄稿文、同研究会の取材レポート「志村さんの故郷をたずねて」まで、年代順に編纂されたスクラップブックとなっている。

　映画出演リストが不完全だったり、舞台、テレビ、ラジオの出演リストがなかったり、ワープロによる本文組みが素人くさかったり、「記録」と題した資料集にしては、いろいろと問題点がある。黒澤明研究会の会誌ということもあり、黒澤に影響されすぎている編集方針も気になる。それも『七人の侍』と『生きる』にかたよりすぎで、脇役だった『隠し砦の三悪人』『悪い奴ほどよく眠る』『椿三十郎』『天国と地獄』（いずれも東宝）についてては、ただの一行も言及されていない。そうした編集者の偏向ぶりに違和感を感じてしまった。

とはいえ、まとまった文献が残されていないなか、これほどありがたい志村本はない。単行本になっていないめずらしい記事もいろいろとある。脇役好きとしては、柳永二郎《やなぎえいじろう》との対談「今むかし芸談、閑談」（『キネマ旬報』昭和二十九（一九五四）年七月下旬号）がおもしろかった。ふたりとも戦後の邦画を語るうえで欠かせぬ名脇役ながら、それなりに悩みや不満があった。洋画の名作のバイプレーヤーをひきあいに出しながら、こんなことを話している。

**柳**　（前略）お互いに、志村さんでもわれわれでも、持ち場はきまっているわけです。ああいうものを見ると、西洋の監督さんは楽だろうという気がしますね。例えば『ローマの休日』は芝居をしている連中はとにかくとして、女王様について出て来る侍従とか何とかいうところが、やはり裏に生活がありますよ。ああいう役者が使えるということが……。

**志村**　これは失礼ですが、柳さんのような恰幅の人が仕出しに出ております。日本では柳さんが課長、部長をやると、社長になる人が困っちゃいます。重役会議といっても、柳さんが部長で出られると、あとの重役、これはちょっとないです。

（『キネマ旬報』昭和二十九〔一九五四〕年七月下旬号）

名言である。それに両者とも、かならずしも脇役だけで満足しているわけではない。

柳　いま皆さん怖れをなしているのじゃないですか。志村さんを使いこなす点でちょっと……。

志村　そんなことはないですよ。結局そういう本を書く人がいないのです。

柳　そういえばそうです。

志村　私に興味を持つ人がいない。

柳　誠にそうです。われわれの年齢の人が主人公になるという事は、日本映画の常識からいうと外れている。

志村　外れている、お互いにそうですが。そういうものはむずかしいのです。

（前掲書）

このあとふたりは、映画俳優としての小沢栄太郎を論じたり、フランスやイタリアの名バイプレーヤーをたたえあったり、おおいに盛り上がっている。共演の機会はすくなかったものの、ふたりは亡くなるまで第一線で活躍し、舞台、映画、テレビに彩りをそえた。
役者としてのキャリアではないけれど、『記録　志村喬』のなかで、ぜひふれてほしかったことがある。志村が会員として参加していた「三八会」のことである。三八会については、全七巻からなる石川達三の日記『流れゆく日々』（新潮社、一九七一～七七）にいくつかの記述がある。まず、昭和四十五（一九七〇）年十二月二十九日の日記から。

大学の近所の某料亭に行く。三八会の忘年会。明治三十八年出生の仲間というだけで、何の目的もない会。もう十何年も続いている。去年は会員伊藤整を喪い、数年前には天理教真柱の中山正善を喪った。次第に仲間がへって行く。今夜の出席、稲生平八、入江相政、玉川一郎、木村義雄、高木健夫、志村喬、福田久雄、福田蘭童、藤原釜足、馬淵威雄、成瀬正勝と私。寄せ鍋をつつきながら何ということもない歓談。職業も経歴もばらばらであるが、目的のない集りの気楽さからか、忙しい人たちがたのしみにして出て来る。

（『流れゆく日々Ⅰ』）

翌年の十二月十三日の日記には……。

明治三十八年生ればかりの会（三八会）。上野駅ちかくのすっぽん料理屋でひらく。会する者八人。将棋の木村十四世名人、森永重役の稲生平八、東宝映画の馬淵、侍従長の入江相政、鹿島孝二、志村喬、玉川一郎と私。歓談二時間あまり。何の目的もない集いであるが、なかなか楽しい。

（『流れゆく日々Ⅱ』）

さらに翌年の十二月九日の日記にも……。

六時から赤坂山王。三八会。出席八人。福田蘭童、高木健夫、玉川一郎、木村義雄、福田久雄、馬淵威雄、志村喬と私。みな日露戦争の明治三十八年の産れである。何も特別な目的をもたない暢気な会で、十何年も続いているが、今夜の会は始めから終りまで、政情を憤り社会の風潮を歎くような談論ばかりであった。

（『流れゆく日々Ⅲ』）

意外なところで、石川達三と志村喬がからんできた。知人の文壇通に訊いてみると、「三八会？　なにそれ？」といった感じで、満足のゆく答えが得られない。いまひとつ謎めいた会である。

石川の日記を要約すると、日露戦争勃発とともに生まれた老兵たちが、なんの目的もなく参会し、鍋をつつきながら小言をならべ、世情をうれう。「三八会」とはそうした集いであるらしい。それにしてもシブい顔ぶれで、「粋人」とするにはいささか武骨な感じだ。ただし、メンバーである入江相政《いりえすけまさ》の日記（『入江相政日記』朝日新聞社、一九九〇～九二）を読むと、新劇女優の田村秋子《たむらあきこ》の名前もあり、女性会員がいたこともわかる。入江は三八会が好きだったようで、《大変愉快だつた》と書いている。

社会派の巨匠としてあがめられた石川は、公私ともに社交的なタイプではなかった。『流れゆく日々』は、その素顔を知るうえで恰好のテキストで、歯どめのきかないお小言暴走ぶりが信奉者にはたまらない。そんな文壇のアウトローも、三八会には格別の想いがあったようで、破顔一笑する様子がうかがえる。

ならば石川は、志村喬のファンだったのか。そこがはっきりしないところで、手元にある著作や全集をあさってみたものの、それらしき文章は見つけ出せなかった。役者の演技評を書きつらねる人ではなく、志村と親しくしているような逸話もない。いっぽうの志村も、石川や三八会については書いていないようだ。自叙伝「芝居ひとすじに」には、大佛次郎が発案した「初午会」を《実に楽しい会だった》としているだけで、三八会については言及していない。

年に一度のつきあいがあれば、年に一度の「友」もいる。ふたりは気焔をあげて世情を論じあい、一夜を興じた、と思いたい。三八会がふたたび参会したのは、昭和五十一(一九七六)年五月二十七日のこと。この日は海軍記念日(日本海大海戦の記念日)で、石川と志村はそろって出席している。このときの会合では、旅順陥落を祝って、軍歌を合唱したと石川日記にはある。《この顔ぶれが集まると軍国調になる。時代の色あいというものはいつまで経っても消えないものらしい。思想ではない。ムードである》(『流れゆく日々Ⅶ』)。

そんな三八会も、いまや泉下の集いとなった。石川達三と志村喬。平成十七(二〇〇五)年は生誕百年である。

**文庫追記** 生誕百年はとくにイベントらしきものがなかったが、生誕百十年となる平成二十七(二〇一五)年には、東京国立近代美術館フィルムセンター(現・国立映画アーカイブ)で大きなイベントがあった。「生誕110年 映画俳優 志村喬」と題して、特集上映と展覧会が開かれたのである。

特集上映は十五本とすくなかったものの、展覧会は大充実で感激した。展示の中心がクロサワになるのは仕方がないとして、若いころの新劇時代のプログラムや、志村がモデルの「榮太樓飴」ポスターなど初見の資料もあり、うれしい企画展だった。遠いので機会はないけれど、生誕の地である生野（兵庫県朝来市）にある「志村喬記念館」にも一度行ってみたい。

フィルムセンターといえば、平成二十七（二〇一五）年四〜八月の展示企画「シネマブックの秘かな愉しみ The Discreet Charm of Film Books」は無視できない。会場では「ザ・俳優本」というコーナーがもうけられるなど、本文庫で取り上げた脇役本（二十冊以上）もずらっとならんで壮観であった。

関連イベント「映画古書の深淵へ」（五月十六日）では、稲垣書店店主の中山信行さんと、映画本編集者の高崎俊夫さんのトークが至福の時間だった。当日くばられた中山さん手書きのレジュメ『専門古本屋から見た貴重本と面白本』は、永久保存版である。

# 喜劇王亡きあとに　古川緑波

上野公園にある下町風俗資料館に行ってきた。特別展「榎本健一生誕100年記念喜劇王エノケンと浅草の笑い」を見るために、である。おなじ台東区でも「浅草」と「上野」ではずいぶんと色合いがちがうけれど、来館者はたくさんいて、見ごたえのあるイベントだった。あの世のロッパが見たら、きっと嫉妬しているはずである。

榎本健一と古川緑波《ふるかわろっぱ》（一九〇三〜六一）。ふたりの喜劇王は、ひとつちがいである。にもかかわらず、イベントつづきのエノケン生誕百年にくらべると、ひとつ上のロッパの生誕百年はさびしいものだった。イベントどころか、雑誌の特集すらない。エノケンについての研究会（東京喜劇研究会）はあっても、ロッパを専門に論じるあつまりはない。没後四十年以上たったいまでも、ロッパをとりまく環境はつめたくきびしいものがある。

没後に書かれたロッパ論は、枚挙にいとまがない。そのわりに論調は共通していて、とにかく晩年はみじめだった、という内容に終始してしまう。戦前はエノケンと人気を二分したものの、戦後は舞台も映画も脇役ばかり。ラジオやテレビ草創期の生放送ドラマで主役をはっても、昔ほどの喝采は得られない。経済的にも逼迫《ひっぱく》し、若手の台頭に動揺し、なにを演じても精彩がない。悪化する糖尿病で体調はボロボロ。晩年のエピソードは、ほとんどそればかりである。

たしかに一九五〇年代の映画出演は、そのほとんどが脇役だった。新東宝の映画に重要とはいえない役ばかりで出て、その悶々とした日々は、『古川ロッパ昭和日記』（晶文社、一九八八〜八九）の「戦後篇」と「晩年篇」を読むとよくわかる。その落ちぶれようは上山草人と双璧で、喜劇俳優の末路に悲しくなるばかりだ。ラジオドラマ『君の名は』（NHK）では、元陸軍少尉のルンペン役でシブい「声の芝居」を披露しているものの、こちらもそれほどの評価は得なかったときく。

五十七歳の若さで亡くなったのは、昭和三十六（一九六一）年一月のこと。エノケンや柳家金語楼らの大物喜劇人は健在で、大きな芸能ニュースとなった。その年の四月一日には、新宿コマ劇場で「ロッパ追善の夕べ」が催され、菊田一夫の総指揮のもと、ここでは書ききれないほどの芸能文化人が出演。打ち上げ花火のようなにぎやかなイベントで、故人への餞《はなむけ》とした。

そのイベントにあわせて、『ロッパ　古川緑波〝追善の夕べ〟記念』（喜劇人協会、一九六二）というパンフレットが編まれている。これは追悼本をかねたもので、表紙にはロッパ直筆の似顔絵があしらわれている。のちに新宿コマ劇場では、エノケンの追悼イベントが催され、このときも『喜劇王エノケンを偲ぶ』（榎本健一を偲ぶ会、一九七〇）とい

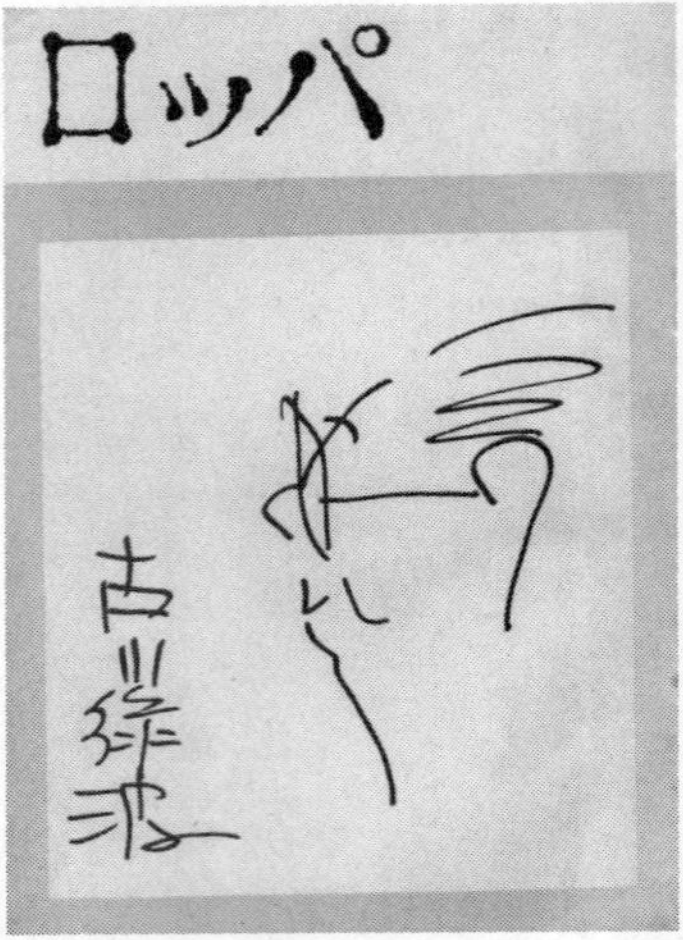

（喜劇人協会、1961年）

う本が編纂されている。しかし、贅をつくしたエノケン本とくらべて、ロッパ本は三十ページあまりの小冊子にすぎない。追悼本に関して書けば、ロッパはエノケンに差をつけられていた。

　追悼本のページをめくると、広告の多さにまず驚く。ロッパの影はうすい。三船敏郎と仲代達矢がツーショットの『用心棒』（東宝）、富士山をバックに大川橋蔵がりりしくたたずむ『富士に立つ若武者』（東映）、はちきれんばかりの笑顔の金語楼がキャラクターの「心臓薬　救心」（救心製薬）、着物姿の松尾和子がほほえむビクターレコード、さらには、和菓子の鶴屋八幡や洋菓子のアマンドの広告まである（美食家のロッパらしい）。

　年譜やロッパの仕事リストはお粗末である。昭和二十五（一九五〇）年以降の映画出演記録は空白になっていて、「以下略」という記述しかない。テレビ出演にいたっては、たったの五作品のみ。ラジオや文献リストは皆無である。資料としては使いものにならないし、これでは泉下の喜劇王も浮かばれまい。それでもロッパ文献はめずらしいので、京王百貨店の古書市で見つけたときは迷わずに買った（古書価千円）。

衝動買いだったかなと思いつつ、読みすすめていくと、未知の発見がいろいろとあって意外とおもしろい。さまざまな追悼文や弔辞は、読みごたえがある。谷崎潤一郎が、エノケンとロッパについて私見をのべた「古川緑波の夢――私の家に初めて遊びに来たころ――」。ロッパが危篤となり、金語楼や菊田一夫と葬式の相談をするエピソードをあかした徳川夢声の「ロッパをいたむ」。ロッパからとどいた傲慢かつ、素直な心境がつづられた書簡を紹介した、渋沢秀雄の「ロッパさんの手紙」。そして、久保田万太郎が詠んだ追悼句。亡き喜劇王の素顔が、さまざまな視点でつづられている。

なかでも興味ぶかいのが、永井龍男によるエッセイ「声帯模写と目・耳・口」（初出は『文藝春秋』）で、ロッパが『映画時代』（文藝春秋社）の編集者だったころの思い出を紹介している。永井が、横光利一らの推挙で文藝春秋社に入社したのは、大正最後の年のこと。社屋は麴町の元有島武郎邸にあり、籍をおいたのは『小学生全集』の編集部だった。そこには、有能かつ知的な、それでいて美しい女性編集者ばかりがいた。そんな香りある雰囲気に赤面してしまった永井は、たった一日で部署の移動を申し出ている（もったいない）。ロッパが『映画時代』編集部で腕をふるっていたのもこのころで、うぶな新米編集者の永井には、威風堂々たる士官に見えたという。

後年、ロッパというたびに私が思い出すのは、夏の編集室風景だった。汗かきで有名な彼が、午後出社すると、部下が早速扇風器を向けるなり団扇で風を送る間に、ネクタイを脱りワイシャツの胸をひろげて、さし出されたおしぼりで顔をぬぐい首から胸をぬぐう。おしぼりは一本では足りない。命ぜられるまでもなく、部下はそれを手順よく代えるのである。

「水だ」と、彼が口に出す時は不機嫌なので、その前にブッカキ入りのジョッキが、デスクの上にのっていなければならなかった。

（永井龍男「声帯模写と目・耳・口」前掲書）

そのころの風貌については、こうも書いている。《新しいゴムマリのように、色白で肥った青年紳士だった。服も立派だったしワイシャツも清潔で、寛闊な雰囲気をただよわせながら、眼鏡をかけた顔のどこかに、好き嫌いのはげしそうな、神経質な処が見えた》。そして、《持ち前のわがままを愛された、育ちのよい青年だった》とも。

追悼本のなかには、エノケン、金語楼、三益愛子、森繁久彌ら、芸能仲間からの弔辞や追悼文がある。いずれも往年の喜劇王の死を嘆き、悲しみ、哀悼の言葉をつづっている。それがかえってしらけるというか、素直に読めないところがある。お山の大将だったロッパに対して、当事者である喜劇人には複雑な想いはあったはずだ。そのかわり、距離をたもって観客に徹した作家たちには、そうした気持ちがない。文壇受けしたのはエノケンではなく、ロッパだったような気もする。

喜劇界でのロッパと、文壇でのロッパ。そのちょうど中間にいたのが徳川夢声で、ふたりの関係はつかず離れずの微妙なものだった。いずれにしても泉下の当人は、歯の浮いたような森繁の弔辞より、《最後の映画青年》と書いた永井龍男の先の一文に愛着を抱いたと思う。

ロッパの編集者時代はわずかで、昭和のはじめには芸能界へ転身している。しかし、活字へのあこがれをうしなうことなく、『劇書ノート』（學風書院、一九五三）をはじめとするいくつかの名著を上梓している。文春との関係は絶つことなく、「文春創刊三十周年記念　東京愛読者大会」が歌舞伎座で催されたときは、余興の司会をつとめた（このとき上演された文士劇は、戦後文壇の名物イベントとなった）。

ロッパ追悼本の編集委員をつとめた岡部龍は、『映画時代』の元編集者で、文春時代のロッパの後輩にあたる。戦後、同誌の編集スタッフにより、「古川ロッパの会」が結成されたといういきさつもある。喜劇人協会の発行物ながら、全体に文春臭がただよっていることにはなっとくだ。そういえば、この冊子の裏表紙は『週刊文春』の広告だった。追悼本のしめくくりが文春の看板雑誌であることは、故人にはうれしい餞となったかもしれない。

**文庫追記**　ロッパブーム、というほどではないにしろ、古川緑波の本とCDが近年たてつづけに発売されている。

本については河出書房新社が熱心で、河出文庫の『ロッパ食談 完全版』（二〇一四）と『ロッパ随筆 苦笑風呂』（二〇一五）、ムック形式の特集本『古川ロッパ 食べた、書いた、笑わせた！ 昭和を日記にした喜劇王』（二〇一五）、単行本未収録の貴重なエッセイ集『ロッパ日記代わり 手当り次第』（二〇一五）の四つのタイトルが出た。講談社からは、初のロッパ評伝となる山本一生著『哀しすぎるぞ、ロッパ 古川緑波日記と消えた昭和』（二〇一四）が刊行された。

CDでは『古川ロッパ傑作集』（ニーチタイム、二〇一〇）と豪華二枚組の『ハリキリ・ボーイ ロッパ歌の都へ行く』（ビクターエンタテインメント、二〇一六）が新譜として出た。いずれも緑波研究者が監修・解説しているもので、クオリティーがすばらしい。後者については同年十月九日、江戸東京博物館で発売記念イベント「秋のぐらもくらぶ祭り『古川ロッパとエロ・グロ・ナンセンス』」が開催されて出かけたが、会場は愉快に大盛り上がりだった。

三大喜劇王（エノケン、ロッパ、金語楼）のなかで、本とCDにかんしては、ロッパがもっとも恵まれた存在といえる。ロッパびいきのぼくとしては、とてもよろこばしい。

# ピエロの幕おりて　有島一郎

石原裕次郎が亡くなった日、もう一人有島一郎も亡くなった。ある新聞では三段抜きで一面に出たりしていて、けっして小さい扱いではなかったが、裕次郎の死の大きさに圧倒されて、訃報でもやっぱり脇役という感じだった。

けれども私としては、裕次郎は私の映画年齢以後の出現で、子供のときから舞台で親しんでいた有島一郎の死のほうが思い入れが大きい。それどころか悼みてもあまりある。

（色川武大「有島一郎への思い入れ」『なつかしい芸人たち』新潮社、一九八九）

小学生のころから演芸通だった色川武大《いろかわたけひろ》は、ムーラン・ルージュ新宿座時代の有島一《ありしまいち》郎《ろう》（一九一六～八七）を目にしている。昭和三十年代に頭角をあらわした裕次郎より、有島に思い入れがあるのは当然のことであった。が、この一文には、かんちがいがある。

裕次郎が亡くなったのは、昭和六十二（一九八七）年七月十七日。有島は、三日後の七月二十日。どうやら、裕次郎の亡くなる前日の十六日にひっそり逝ったトニー谷とゴ

（レオ企画、1985年）

ッチャにしているようだ。裕次郎とトニー谷の訃報は十七日の夕刊におなじく掲載され、ぼくもうろ覚えながら記憶にある。色川は同書に、「アナーキーな芸人トニー谷のこと」という一文を寄せているけれど、そこに裕次郎の文字はない。『なつかしい芸人たち』の初出は『銀座百点』で、のちに新潮社からハードカバーと文庫が出た（南伸坊の似顔絵がステキ！）。しかし、単行本でも文庫本でも、この記述は修正されていない。「慎重社」との異名がある版元にしては、不可解に思えるのだが……。いずれにしろ色川は、そんなかんちがいをするほど有島の死がショックだった。

笑の十字軍、名古屋劇場、ムーラン・ルージュ新宿座、有島一郎一座、新進劇団、劇団新生家族、劇団たんぽぽ、空気座、松竹、東宝ミュージカル……。その足跡は、日本の軽演劇史そのものだった。当初は本名の大島忠雄から「島忠夫」という芸名だったけれど、ムーラン・ルージュ時代に「有島一郎」に改名。心酔していた有島武郎からもじったもので、武郎の実子である森雅之とまちがえられることがたびたびあったという。

そんな有島も晩年は、東宝ミュージカルや芸術座の舞台で脇にまわった。森繁久彌が台頭してきたこともあり、新宿コマ劇場や名鉄ホールでの座長公演はへっていった。森繁によって脇へ追いやられた喜劇人は、この人だけではない。すごみのある悪役がたまらない山茶花究のような好例もある。しかし、有島は良心的な芸風をつらぬき、ファンだった色川をがっかりさせた。《どう見ても森繁の持つインチキ政治力や包容力で劣る。有島一郎は結局最後まで、完成した演技力を示しながら、一方で未完成な芸人でもあったようだ》(『なつかしい芸人たち』)と書く。また、それとおなじようなことを中原弓彦(小林信彦)も、『日本の喜劇人』(晶文社、一九七二)に書いている。

有島には、亡くなる二年前に出した『ピエロの素顔』(レオ企画、一九八五)という自叙伝がある。脇役本で自叙伝のたぐいは多く、この本もそのひとつで、しかもこの本には、ほかの脇役自叙伝にはないユニークな特色があった。《過ぎ去ってしまった数々の思い出は、今の私にとってはまるで他人事のように思われる。そこで私は自分のことを〝彼〟として書くことにした》。つまり有島は、文中で自分のことを「彼」と書いた。自叙伝でありながら、第三者の評伝を読んでいるような感覚におちいってしまうのである。

そんな「彼」が、「ムーラン・ルージュの小劇場演劇の再現」と書いた劇場がある。晩年のホームグラウンドとした「芸術座」である。芸術座は、日比谷の東宝本社ビルの四階にあり、ここで座長になるのは、山田五十鈴や森光子といった女優たちだった。有島は、あくまで脇役にすぎない。けれども、そこに居場所を見つけたことはたしかだった。昭和三十三（一九五八）年の開場から、病にたおれるまで、ここの舞台に立ちつづけたのである。

この劇場で十八番としたのが、有吉佐和子の原作・演出による『香華《こうげ》』での八郎（八らん）役だった。八郎は、奔放な主人公（山田五十鈴）の奉公人で、老いらくの恋のすえ、ふたりはめでたく結ばれる。新婚旅行先のハワイから、アロハスタイルで帰国してくるというチャーミングな喜劇である。初演で八郎を演じたのは、歌舞伎の八代目市川中《いちかわちゅう》車《しゃ》で、有島は再演いらい、これをもち役とした。

ひょうひょうとした芸風で、大女優の相手をつとめる有島を、色川や小林信彦はけっして評価していない。いっぽうで、その持ち味を愛した人はいる。原作と演出を手がけた有吉佐和子である。『香華』での助演ぶりがすっかりお気に召した有吉は、八郎役を有島の持ち役とさせた。そんな彼女に、有島もまた親愛の情を寄せた。

『ピエロの素顔』に、有吉との「ちょっといい話」がある。演出家としては素人の有吉は、稽古でも自分が満足するまではOKを出さない。そんなある日、彼女があわただしく稽古をつけた。そして、けげんに思った有島に、小声でこうささやいた。「今日は有島さんの誕生日でしょ。あんたの誕生祝いをするの……」。相手は、演出家にして文壇の女流スター。かたや、老いた舞台の脇役俳優。そんな気持ちがあったのだろうか、有島は、その心づかいに感激する。

この本が出る前の年、有吉は、五十三歳の若さで急逝している。劇壇を舞台にした有吉の推理小説『開幕ベルは華やかに』（新潮社、一九八二）をもじって、「開幕、そして幕はやがておりる」。そう題した「彼」は、早すぎる死をこう悼んだ。


彼は時々、お座敷で芸者さん達と飲み、歌い、楽しそうにばか話に興じ、踊れない踊りを芸者さんと子供みたいにはしゃぎ回って踊っている有吉さんを見かけた。その度に、あんなりっぱな本を書く才女の有吉さんの女性としてのかわいらしさと無邪気さに接し、やはり有吉さんも普通の女性なんだなあと、彼はほほえましく、好感を抱いたものだった。

彼にとって有吉さんの急死は、尊敬する人と、親しい友人と、そして女性としてのすばらしい恋人とを一度になくしたような悲しさを覚えた。人間である以上、誰でも死の宿命から逃れられぬものと分かっているが、それにしても人の死に直面するのは、なんと残酷なものであろうか。

（『ピエロの素顔』）


有島が七十一歳で亡くなったのは、有吉の死から三年のちのこと。「彼」の愛した芸術座は、東宝本社ビル建てかえのため先ごろ、幕をおろしてしまった。

**文庫追記**　喜劇人が笑いを封印して、なさけ容赦ない殺人鬼を演じると、怖いくらいにハマることがある。有島一郎がまさにそれ。半年ほど前にCSで、昭和五十五（一九八〇）年放送の『土曜ワイド劇場　名探偵雅楽三度登場！幽霊劇場殺人事件』（テレビ朝日）を見た。原作は戸板康二の「中村雅楽シリーズ」で、雅楽を十七代目中村勘三郎がふんした。

戸板康二の原作は、あまり殺伐としていなかったはずだが、本作で有島が演じた芝居小屋の黒子はとにかく凄まじい。次女（高橋洋子）を利用しながら、長女（北川恵）を死に追いやった歌舞伎俳優（林与一、北村総一朗）とそれに群がる女どもへの復讐をたくらむ。雅楽の名推理はすべて後手にまわり、ダイナマイトを身体に巻きつけた有島が、与一を道づれに崖の上で復讐のフィナーレ、となる。

本作で有島は、笑顔をいっさい排した。戸板康二はこのドラマを見たと思われるが、有島の芝居をどう受けとめたのだろうか。

# 名犬シンスケ　芦田伸介

七人の侍はわかっても、七人の刑事を答えられる人はすくない。堀雄二、芦田伸介、菅原謙二、美川洋一郎、城所英夫、佐藤英夫、天田俊明。『七人の刑事』（TBS）は、地味で暗く、主役らしい主役もいなかったから、それぞれの刑事の印象があまりない。強烈な存在感があったのは、沢田部長刑事を演じた芦田《あしだ》伸介《しんすけ》（一九一七〜九九）くらいである。「いいですか奥さん……それではですね……旦那さんのアリバイは成立しないんですよ」。ハンティング帽にトレンチコート、おおぶちの黒メガネ。アンニュイな雰囲気と、シブい低音のセリフ。芦田は、この役をライフワークとした。スペシャルドラマ『七人の刑事　最後の捜査線』（TBS）が主演作としての遺作になったのも、考えてみれば奇妙な縁である。

劇団民藝の中堅俳優だった芦田は、劇団の運営費をかせぐため、映画、テレビ、ラジオといそがしく副業をこなした。そんなとき自動車事故に巻きこまれ、顔に大きな疵がついてしまう。役者稼業はこれまでと、引退を覚悟する芦田。そこへ先輩の宇野重吉が見舞いにやってきた。「片目の役者もなかなかイカすぞ……」。そんな励ましもあって、

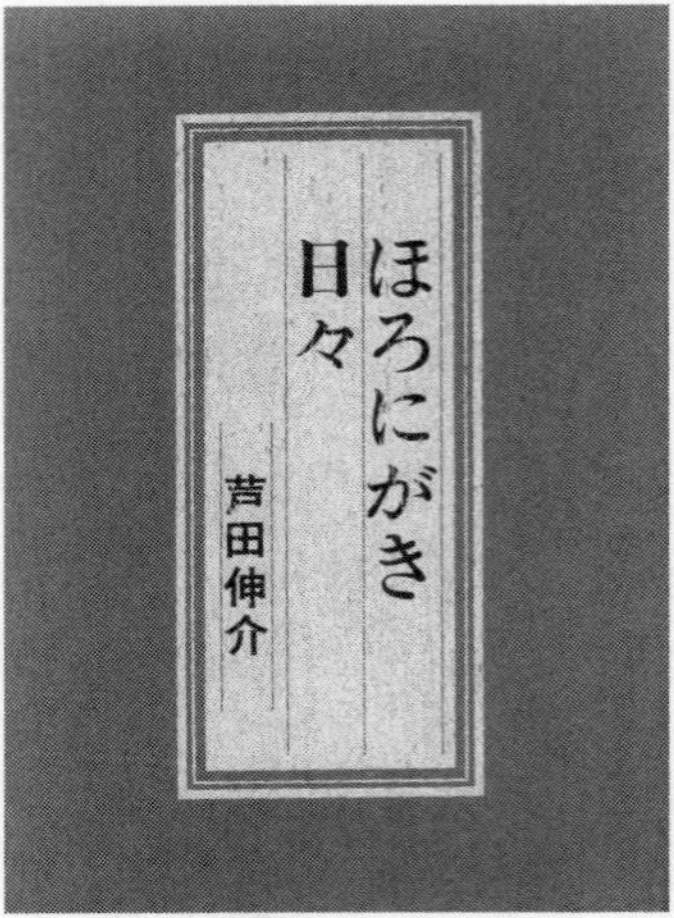

（勁文社、1977年）

見事にカムバック。かえって芸風に風合いが増し、沢田部長刑事というあたり役と出会うことになる。

この前後のいきさつは、自叙伝的エッセイ集『ほろにがき日々』（勁文社、一九七七）にくわしい。ほろにがい芸風と、ほろにがき半生を意識した、ぴったりのタイトルである（いささか安直ではあるが……）。著者みずから語りかけてくるような文体で、ついつい引き込まれていく。ぜひ自作朗読で耳をかたむけたいものだ。

そうかと思うと、なかなかのユーモリストでもある。渋めの味つけの『ほろにがき日々』にも、甘さのひきたつエピソードがある。森永クリープのCM出演をめぐる一節「クリープを入れないコーヒーなんて……」。読者をはぐらかすような末尾の一文にしびれてしまう。

マージャン悪友の阿川弘之とのエピソードは、笑いがとまらない。阿川をめぐる逸話については、本書におさめられた「犬と作家と俳優と」にくわしい。ことの発端は、阿川家の愛犬「ゴン」が逃げたことにはじまる。それを気の毒に思った作家の近藤啓太郎が、阿川に犬を世話した。名づけて「シン」。「シン」はとんだイタズラものだった。「あら、またシンだわ」。シンだわ。死んだわ。これでは語呂が悪すぎる。そこで改名したのが「シンスケ」。マージャンの席で芦田に負けてばかりなので、ちょっとした仕返しをしたわけだ。

それを知って芦田が怒った。「毎日新聞」に寄せたエッセイ「名犬シンスケ」（昭和四十三〔一九六八〕年十二月十三日付）が、『ほろにがき日々』に転載されている。

なにも、シンスケでなくても、シ、ン、タ、ロ、ーとかシ、ン、イ、チ、とか、有名な名前にすりゃあいいじゃないかと思ったが、女性（筆者注・阿川夫人のこと）の電話では仕方がない。改名したシンスケの悪業はいよいよエスカレートするばかりである。「こらッ、シンスケ！」「こんちくしょう、シンスケ！」「ばかっ、シンスケ！」あわれやシンスケは、四六時中叱りとばされる運命となった。

（『ほろにがき日々』）

これにすぐさま応えたのが、阿川だった。自身をモデルにした小説『犬と麻ちゃん』（文藝春秋、一九六九）を連載していた「東京新聞」に、「芦田伸介と犬のシンスケ」と題した一文を冗談まじりにつづっている。

これを聞いて怒ったのは舞台で名優、つき合って珍友という芦田伸介で、

「失敬千万な。おぼえてろ」

と、自分のうちのスピッツの『コロ』を『ヒロユキ』と改名することにしたが、このスピッツは十三歳の老犬で脳軟化症の気味があって、いくら彼が、

「こら、ヒロユキ！」

などと言ってみても振り向いてもくれない。

（昭和四十四（一九六九）年一月二十日付「東京新聞」）

愛犬の「ヒロユキ」改名に失敗した芦田は、おもしろおかしく阿川からの応酬を受けた。こうなると負けは明白である。落ち込むしかない。そんなときスタートしたのが、テレビドラマ『犬と麻ちゃん』（NET）だった。それを見た芦田は、さらに落ち込む。「アオダ・ジンスケ」なるマージャンのヘタな新劇俳優が出てくるからである。しかも、劇中に登場してくるかわいい仔犬の名前が、なんと「ジンスケ」となっていた。すべて、原作者である阿川のさしがねだった。

ところがである。阿川家の名犬「シンスケ」が、ある日忽然と、阿川家の二メートル近い金網をヒラリと飛び越えて逃亡した。こころある名犬シンスケは、多分ヒレツな阿川兄に嫌気がさしたにちがいない。

（エサをケチるような飼主は、犬でも見捨てるな。いや、さすがシンスケは名犬であった……）

（『ほろにがき日々』）

こうなると優勢だったはずの阿川は、ぐうのねも出ない。してやったり芦田伸介か。のちに『ほろにがき日々』は、おなじ版元から『歩いて　走って　止まるとき』（一九九六）として改訂版が出た。しかし、「犬と作家と俳優と」がカットされている。くわしい事情は知らないけれど、編集者のセンスをすこし疑いたくなる。

なお、芦田のおちゃめな素顔は、黒鉄《くろがね》ヒロシのエッセイ集『色いろ花骨牌《カルタ》』（講談社、二〇〇四）のなかでも紹介されている。黒鉄もまた、気ごころの知れたマージャン仲間のひとりだった。ある夜、勝ち逃げする黒鉄を、芦田が甘えた声で追いかけた。「ね、ね、ねねね、クーロちゃん、ね」。見ると、シャツとこけし柄のパンツ姿のまま、そばに立っていた。夏の夜とはいえ、そこは街頭だ。夏の夜の街頭に、こけしのパンツの芦田伸介が立っている……。ぼくの抱いていたイメージがこわれた瞬間であった。

# 黒竹の味　加藤嘉

水上勉《みずかみつとむ》の作品に『わが華燭』（朝日新聞社、一九七一）という中篇がある。売れない作家だったころの貧乏ばなしと愛娘を嫁がせる父親の心境をつづったもので、しみじみとした、それでいて色気のある自伝小説である。

昭和三十年代のはじめ。前妻に逃げられた三十六歳の水上は、本郷富坂の高台にある洋館に間借りしていた。文筆業だけでは食べていけず、業界紙の広告とりや紳士服の行商をしながら辛苦を味わう。そのころ出会ったのが、のちに結ばれる二十一歳の女性で、十一歳になる前妻の娘との共同生活がはじまる。洋館の二階の八畳間。三人ではいささかせまかった。『雁の寺』で直木賞を受賞するのは、それから五年ののちのことである。

そんな貧乏時代に、ひとりの名脇役がからんでくる。加藤嘉《かとうよし》（一九一三〜八八）。洋館の主がその人で、加藤は一階でひとり住まいしていた。飲んだくれた失意の水上とは、よくケンカをしていたという。その水上も、姉妹のような恋人と娘とともに転居。あいた八畳間には、中村雅子という売り出し中の東映女優が住むことになる。雅子は、二十二も若い加藤の恋人だった。間借りというより、同棲と書いてもいい。

若いころから老け顔で、「老バイプレーヤー」として重宝された加藤だが、じつは、かなりのプレイボーイである。そのころすでに三度の離婚経験者で、三人目の奥さんが山田五十鈴という色男ぶりだった。雅子との同棲生活は東映を激怒させ、マスコミにも書きたてられたが、紆余曲折をへて四度目のゴールインをはたす。ふたりの愛の軌跡は、雅子の筆により『トランクいっぱいの恋文』（シネ・フロント社、一九八三）という本になっている。

加藤嘉といえば映画やテレビドラマのイメージが強いが、もとは新劇の役者だった。戦後の山田五十鈴が左傾化したのは、彼に影響されてのことともいわれる。加藤は、昭和二十年代には劇団民藝に、昭和四十年代には文学座に属していた。文学座の舞台をはじめてふんだのは、昭和四十（一九六五）年、五十二歳のとき。古巣の新劇にもどったかたちながら、おそいデビューに本人は不安をかかえた。そんな加藤にエールをおくったのが、すでに作家として大成していた水上だった。文学座デビューとなるチェーホフの『かもめ』の公演パンフに、こんな文章がある。

加藤嘉さんを、樹木にたとえてみると、黒竹かもしれないと思ったことがある。やせていて骨太で、神経質で、頑固である。豊満な猛宗竹の切り口のように艶やかではないが、黒竹のように加藤嘉はしまっている。切り口は繊細である。むかし、といっても八年ほど前だが、加藤家の二階に住んでいた私は、主人の病的なといえるほどの気づかいと、癇性にへきえきして暮した。朝早い富坂の町通りを肩を振り振り大股に消えてゆくこの主人の姿は、家でがなり立てた数分前の面影はなく、仕事に向って突入してゆく気魄が出ていた。左右にゆれる背中も、むしろユーモラスであった。

（「黒竹のような男―加藤嘉―」『かもめ』文学座、一九六五）

『雁の寺』『越前竹人形』『海鳴』といった水上作品は、舞台で上演された。出番はすくなかったけれど、そのすべてに加藤は出演している。国立劇場公演『越前竹人形』で演じた渡し舟の船頭は好評だった。それでも、新劇俳優としてひと花咲かすには、活躍の場がせますぎた。

そののち文学座から去り、映画やテレビに活路を見いだす。役者としては生涯現役で、晩年になっても仕事はへらなかった。水上が《黒竹のように永生きしてほしい》と願ったように、ていねいに仕事をこなす日々。そして出会ったのが、数すくない主演映画『ふるさと』（松竹）だった。ボケ老人にして、川釣りの名手である伝三役で一世一代の芝居を見せ、さまざまな栄誉を受けた。「黒竹」は、ますます黒光りするばかりである。

繊細な切り口で、黒竹のようにしまった加藤嘉の味。そのシブい味に余計な手をくわえず、塩だけで味つけしたような珍書がある。『幼児絵本シリーズ　ぼくのおじいちゃんのかお』(福音館書店、一九八六)。二歳から四歳までを対象にした幼児向けの写真集で、加藤がモデルをつとめている。

この本のことは、カエル造形作家の大橋あかねさんから教えてもらった。「加藤嘉の絵本が、うちの家にあったよ」。脇役本蒐集家としては、衝撃的な情報だった。古書店にも、古書展にも、目録にも、ネットにも出てこない。なんとかして欲しい！　そう念じていたら平成十六(二〇〇四)年二月、「限定出版　復刊絵本」としてよみがえったことを知った。あそこまで興奮して「新刊書店」に走ったことは、それ一度きりしかない。

こうして手に入れた『ぼくのおじいちゃんのかお』は、『加藤嘉のかお』そのものだった。天野祐吉の文章、沼田早苗の写真、奥脇吉光のデザイン、加藤嘉のモデルという顔ぶれで、豪華メンバーによるコラボレーション絵本となっている。そのわりに構成は地味で、ページ数はわずか二十四ページ。詩のような短い文章と、モノクロのポートレートだけがくりかえされる小品である。

この絵本のなかで加藤は、喜哀楽(「怒」はない)さまざまな「かお」を見せていく。ほほえみ、大笑い、寝顔、寝ぼけまなこ、とぼけ顔、泣き顔、見つめ顔、無言……。十五あまりの表情を使いわける顔芸は、さすがにプロといったところだ。幼児向けの絵本ながら、味わいある脇役本として特筆しておきたい。

加藤のモデルぶりもさることながら、その持ち味を引き出した、沼田のポートレート

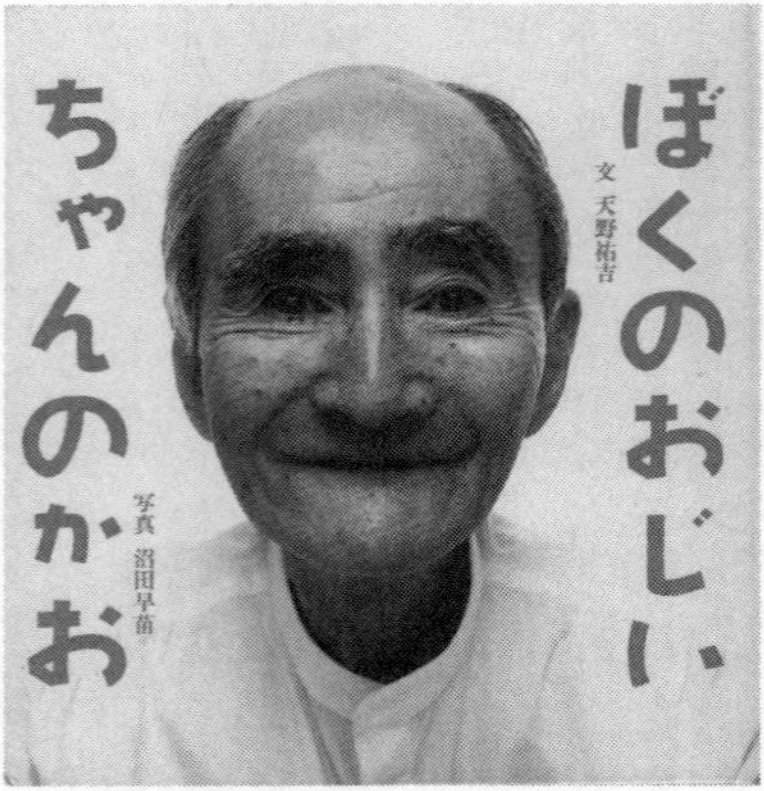


（福音館書店、復刊本、2004年）

が見事なものだった。大竹省二に師事した戦後生まれの沼田は、若いころから年配の男性の肖像写真をライフワークとしていた。小沢栄太郎、志村喬、嵐寛寿郎といった老優たちの「かお」も作品になっている（先述した『記録　志村喬』には、沼田のエッセイ「俳優志村喬」が収録されている）。沼田の写真集はそれほど出ていないだけに、この絵本が、写真家としてのひとつの成果となった。

幼児絵本という性格上、天野と沼田の略歴があるだけで、加藤についてはなんの添え書きや文章もない。それでもユニークなつくりが話題を呼んだのか、絵本ファンのあいだでは、わりと有名なものらしい。復刊されたときも新聞で紹介され、わずか数か月で完売してしまったそうである。

## ダンディたかしまや　三代目市川左團次

名女形の六代目中村歌右衛門が、国立劇場の公演に初出演したのは、昭和四十四（一九六九）年六月のことだった。通し狂言『妹背《いもせ》山婦女庭訓《やまおんなていきん》』。歌右衛門のお三輪、中村芝《し》翫《かん》の橋姫、二代目中村鴈治郎の蘇我蝦夷子、三代目實川延若《じつかわえんじゃく》の蘇我入鹿という好配役のなか、観客の視線は歌右衛門にあつまった。その華やかな「なりこまや」のそばで、さほどの動きもなく、それでいて色気をこぼしたひとりの老優がいた。求女《もとめ》を演じた三代目市川左《いちかわさ》團次《だんじ》（一八九八～一九六九）である。屋号は「たかしまや」。そのときの感動を、橋本治が書いている。

この先代の左團次が何をやってたのかというと、まず、なんにもしない。お三輪と橋姫と、二人の女を両天秤にかけてる。常識的には困ってしかるべき状態にある男が、二人の女の中に入って、なんにも考えてない。ただもう、「ああ、そうなんですか」という感じで、袂に吹き来る風をものうげに振り払っているという、そんな風情。

（『橋本治歌舞伎画文集〈かぶきのよう分からん〉』演劇出版社、一九九二）

（松竹本社演劇部、1969年）

たおやかに咲いた男の艶。その香りにとりつかれたのは、若き日の橋本治だけではない。この舞台を大佛次郎も観ていて、おなじように左團次を賞している。

こぼれるような色気は、若年の人気ざかりの時代にも見ることがなかったろうと思われるほど、事実見ごとな老木の花の艶《あ》でやかさであった。

（「左團次」『今日の雪』光風社書店、一九七〇）

老木の花の艶でやかさ。左團次はそれを置き土産に、わずか四か月後亡くなる。享年七十一。

亡くなる二年前に放送されたスタジオ歌舞伎『慶安太平記』（ＮＨＫ）のカラーＶＴＲが残されている。幕府転覆に加担する丸橋忠弥（十七代目市村羽左衛門）のたくらみを、松平伊豆守（左團次）が見抜き、それとなくカマをかける。忠弥は、敏感にそれに感づく。

伊豆守の出番はワンシーンのみで、番傘をさして、わずかな見得をきるだけ。橋本や大佛の書いた《風情》や《老木の花の艶でやかさ》が、わずかながら理解できたような気がした（妹背山のカラーVTRも現存していて、見たことがある。たしかに美しかった……）。

先代の河原崎権十郎が晩年、菊五郎劇団の大番頭だったことはすでに書いた。それより前、この劇団の役者たちにあたたかく目を光らせていたのが、左團次だった。そして、権十郎に『紫扇まくあいばなし』という名著があるように、左團次にも『市川左團次藝談きき書』（松竹本社演劇部、一九六九）というすばらしい本がある。菊五郎劇団の脇役本の双璧といえようか。左團次の芸談は、劇作家の北條誠が聞き書きしたもので、「読売新聞」日曜版に連載（昭和四十二（一九六七）年七月～四十三年十二月）されたものをまとめている。限定千五百部、和紙装による外函入りで、上製仕様の二百五十ページ。上品かつ豪奢な役者本となっている。

舞台では艶やかな老木は、素顔はべらんめぇな江戸っ子役者だった。東京は日本橋の産である。おなじく日本橋産の八代目市川團蔵が、初代の中村吉右衛門に寄り添ったのに対し、左團次は、そのライバルである六代目菊五郎に心酔した。それが流暢な語り口にかかると、伝説の名優も近所の悪たれ小僧になってしまう。菊五郎にまつわる一文をいくつか引いてみたい。

自動車に乗ると、どこそこへ行けとはなかなかいわない。宮城《きゅうじょう》のまわりをぐるぐるまわっちゃって、しまいにカンシャクおこして、

「おい、清、どこ行こうってんだ」

赤坂に好きな妓《こ》がいて、そこへ気をきかして連れてけってんですね。

この六代目、若え時の悪い病がなかなかおりきらず、冬になると小便の出がわるかった。

「淋消丸」ってのを質屋で買って来て、自分も飲み、家来にも飲ませる。どこも悪くないのにまで飲ませてよろこんでる。大きな腕白小僧みたいなところがありましたよ。

テッポーと並んで六代目の趣味は火事ですよ。こいつは夏冬なしだ。ジャンと鳴ると、まくら元においてあった刺し子を身につけて、

「おい、早くしねえか、バカヤロー」

お伴の連中は眠いしバカバカしいし、そうそう手ばしっこく出来ゃしませんや。

運転手と一緒にいくわけなんだが、あの運転手がよく出来てたね。あれも火事が好きだったのかもしれませんや。

そんなぐあいで火事場にかけつけるから、時にゃ消防ポンプより早いことがあった。
（いずれも『市川左團次藝談きき書』）

この調子のよさは、それをそのまま活字にした北條誠の労作である。タレント本のゴーストライターだと、こうまでは書けない。こぼれるような色気と、江戸っ子らしいきっぷのよさ。この芸談を読んだ多くの歌舞伎ファンが、たかしまやのひいきになったように思う。

市川女寅（のちの六代目市川門之助）の家に、幼い左團次は養子として引きとられた。菊五郎との出会いは、女寅が六代目に惚れこんだことがきっかけで、それが左團次にとっての大きな転機となる。男女蔵《おめぞう》襲名をステップとして、左團次という大名跡をついだのが五十四歳のとき。すでに六代目は故人となっていた。

六代目にかわいがられていた男女蔵時代は、それほど人気のある役者ではなかった。しかも、先代の二代目左團次は「大統領！」と呼ばれた大スターで、はれがましい大名跡はなかなか浸透しなかった。還暦をむかえるころには、脇の仕事が主となり、後進の指導に励んでいる。十一代目市川團十郎をはじめ、二代目尾上松緑、七代目尾上梅幸ら、菊五郎劇団の後継者の面倒をみたのもこの役者である。「渋谷の海老さま」時代の権十郎も、左團次に教えを受けたひとりで、『紫扇まくあいばなし』にも、ひんぱんに登場してくる。それはまるで、六代目の恩義にこたえるかのようだった。

「たかしまや！」と声がかかるほど人気が出たのは、脇の老優となったころで、根強いファンもふえていった。若いころ、女形として舞台に立っていたこともあり、老け役や敵役をやっても色気があった。「老木の花の艶でやかさ」の味がうすく、男っぷりのよさが魅力の権十郎には、晩年の左團次ほどの人気がなかったともいえる。

そうした老境のさなか、北條誠による芸談の聞き書きが持ちこまれる。大新聞での連載と知った左團次は、「夢のようでござんす」と頰を染めた。もちろん、それが本になることを手ばなしでよろこんだ。

《だってこいつァ、たった一つあとにのこりますんでね。役者なんて死んじまえば埒もない、何にも残りゃしませんや。ただ先生に書いていただいた私の本は、のこるんだ》

そう口にした左團次も、亡くなるひと月前に入院したときは、みずからの死期をさとっていた。病室にゲラ（校正紙）をとどけた北條が、あとがきにそのことを書いている。

私の顔をみると、

「参ったよ」

ふりしぼるような声で言った。

「先生、こんどは、いけねえや」

なぐさめやはげましの言葉は耳に入らないらしく、

「市川左團次の遺稿になるねえ。でもこの本が出て、うれしゅうござんすよ」

と、枯れた掌を胸のところにあわせて、拝むようにした。

（『市川左團次藝談きき書』）

『市川左團次藝談きき書』は、当人が亡くなった十月に発行された。序文は、この役者を愛してやまなかった大佛次郎がつづっている。

お洒落でハイカラなのも師匠譲りだろうが、いつまでも若くて、地味で品がいい、と言えば賞め過ぎるようだが、そう言ってこちらが極り悪くないのだから、不思議なひとである。粋とは、極限の品のよいこと、きらきらしたり、雄弁多弁なことではない。私は左團次君がこの言葉に当る稀れな一人だったと思うが、皆さんの御意見はどうですか？

（前掲書）

大佛は、りゅうとした洋服の似合う、文壇きってのおしゃれ紳士だった。そのおしゃれ文士の着ていた洋服の生地をさわって、左團次がニッコリ笑ったというエピソードを、大佛はほかのエッセイ(「左團次」『今日の雪』)に書いている。べらんめぇな江戸っ子役者は洋装を好み、横浜のホテルニューグランドで食事をするようなダンディな男であった。『市川左團次藝談きき書』の口絵に、歌舞伎座の前にたたずむポートレートがある。三つボタンスーツ、ワイドカラーのシャツ、小紋のネクタイ、わずかにのぞかせた胸元のポケットチーフ。スーツは、上ボタンふたつがけで、この着こなしは簡単に真似のできるファッションではない。ねたましいくらいに、いい役者でござんすよ。

**文庫追記**　テレビの追悼番組『市川左團次さんをしのぶ』(NHK、昭和四十四〔一九六九〕年十月六日放送)の音源を最近聴いた。NHKには映像が残っていないようで、音だけでも貴重である。菊五郎劇団でともに舞台に立った三代目尾上多賀之丞、十七代目市村羽左衛門、戸板康二の鼎談で、たかしまやの芸と人をふりかえる。

文中で紹介した『慶安太平記』や最後の舞台『妹背山婦女庭訓』の映像(音だけなのが残念)を見ながらのおしゃべり。しめっぽくならず、さりとて盛り上がるわけでもなく、しみじみとしたいい番組だった。モダンなおしゃれ紳士だったことにもふれられた。羽左衛門は「りゅうとした服装で、かんかん帽をかぶって」と語り、戸板は「おしゃれなだけではなく、たしなみのよさを感じた」と話していた。

# ムセイクサル　徳川夢声

徳川夢声《とくがわむせい》（一八九四～一九七一）について書かれた小説、エッセイ、評論、新聞・雑誌記事は、どのくらいあるのか？　興味本位にリストづくりをはじめて、いまのところ五百件ほどの記事が見つかった。これらの記事を読んでみると、いくつかのことがわかる。夢声に対する誹謗中傷や批判がすくないこと。タレント業だけではなく、文筆業への言及が多いこと。「話芸の神様」とあがめられながら、話芸への考察が満足になされていないこと。そして、俳優としての夢声があまり評価されていないこと。

活動弁士、漫談家、俳優、放送タレント、エッセイスト、俳人、団体役員……。本人が〝雑〟と語ったキャリアのなかで、うしなわれた記録はすくなくない。かろうじて目にできるのは、百冊をこえる著作と、夢声が出演した映画のフィルムくらいだ。夢声本は、昨今の雑本ブームもあって、古書価が高騰してきた。いっぽうで、ほとんど語られていないのが映画俳優業で、「動いて、しゃべる夢声」をたのしむイベントがないのは惜しい。

俳優業（映画、演劇をふくめ）が評価されていないのは、いまも昔もかわらない。文壇では、エノケンやロッパほどの人気がありながら、俳優として評価する文士はほとんどいなかった。友人の川口松太郎は、「うまくねぇのは役者だよ」と前置きしたうえで、こうつづける。

（世界社、1948年）

夢声のもってる教養、人間としての立派さ、これと比較してだね、してることがくだらねえということなんだ。夢声の教養とつりあう仕事のときに、はじめて安心するんだよ。役者のほうは、あんたの人間より下なんだ。こういう役者がよくいるだろう、脚本の解釈ばかりしてやがって、演技はヘタクソだってのがさ。それと逆なんだよ、夢声は。

（『問答有用Ⅳ　夢声対談集』朝日新聞社、一九五三）

川口のこの発言は、夢声そのものを褒めつつ、俳優としてはぜんぜん褒めていない。三十九歳で映画俳優デビューをはたした夢声は、文学座の創立に参加している。抜群の知名度があっただけに、主演・準主演作品は目白押しだった。しかし、その多くは評判がいまひとつで、夢声をおおいにクサらせた。

夢声その人を評価しても、俳優として評価しない人は枚挙にいとまがない。悪友といえる間柄だった獅子文六（岩田豊雄）はそのひとりで、文学座創立に参加させた張本人でありながら、俳優夢声には苦言を呈しつづけた。戦時中、藤原釜足とともに夢声宅をおとずれたときは、酔っぱらって悪態をつきまくっている。

「要するにだねエ、お前さんは、今日まで俺がツブサに鑑定した結果、どうも俳優としては見込みがないね」

と文六がズケズケ云つた。

「賛成！　僕も岩田先生の、その御意見には絶対賛成です。そう申してはナンですが、俳優としてのトクガワさんは、僕としてもゼンゼン戴けません」

と、釜さんが忽ち絶対賛成である。

（徳川夢声「獅子文六行状記」『親馬鹿十年』創元社、一九五〇）

せっかくお酒をご馳走してあげたのに、こうまで言われては立つ瀬がない。さすがの夢声も憤慨するものの、顔では笑って、ふたりの意見に同調してしまう。この日のことは忘れられなかったようで、川口との対談でも口にしていた。すかさず川口は、獅子や藤原の意見に共鳴し、こうなると夢声は引っこみがつかない。六代目菊五郎と自分とをくらべて、ささやかな弁解をこころみる。それでも相手は、「俳優不適格論」を撤回しなかった。

獅子と川口は、夢声にとってはよき理解者だった。彼らの俳優批判には、それなりの愛情がこもっている。でも、当人にとってはそれなりに傷つくもので、ただ笑って受けながしたとは思えない。このあたりの心情を、夢声研究者の三國一朗はどう考えているのか。訊いてみたいところだ。

結果として夢声は、舞台俳優をやめている。昭和二十六（一九五一）年一〜二月、新宿地球座公演『自由学校』（獅子文六作）に羽根田博士役で助演したさい、酷評が続出した。憤慨した夢声は、劇評家への挑戦状のような反論を「朝日新聞」や『芸術新潮』に寄せた。相手が高名な人物であるだけに、それを受けた劇評家たちはだまっていない。尾崎宏次《おざきひろつぐ》が《彼は俳優ではない》（『テアトロ』同年六月号）と断じるなど、収拾のつかない確執がおきてしまい、これが舞台俳優をやめるきっかけとなった（例外的に特別出演として舞台に立つことはあった）。演技力うんぬんはべつとして、各界で著名すぎた夢声を、劇壇が異端視していたことは否めない。

いっぽうでやめなかったのが、映画俳優だった。戦前の粗悪なオペレッタ喜劇にはじまり、文芸大作、時代劇、戦意高揚映画、戦後のプログラムピクチャーと、乞われるままに仕事をこなす。働きざかりの四十代だけで約五十本、生涯を通じて百本ちかい作品に出演している。悲しいかな、戦前は主演作もあったものの、出る映画の多くがヒットせず、脇役俳優へとシフトしていった。一般的な印象としても、俳優というより放送タレントのイメージが色濃い。

そこで紹介したいのが、「夢声の脇役本」というべき雑文集『あかるみ十五年』（世界社、一九四八）である。戦後の仙花紙雑本のひとつで、おもしろい本だった。あまりのおもしろさに、読みながら乗っていた京阪電車が終点の京都出町柳まで行ってしまい、気づくと大阪淀屋橋行きになっていたくらいである。

この本は、戦前の出演映画記録（P.C.L.と東宝）をまとめたもので、弁士時代の逸話集『くらがり二十年』（アオイ書房、一九三四）を意識したタイトルとなっている。エノケンの『孫悟空』にワニの仙人で出て、出演シーンがすべてカットされたこと。原節子の純愛映画『大いなる感情』の軍国調ラストシーンに、唖然としたこと。オペレッタ喜劇『すみれ娘』で、タカラジェンヌのマネごとをさせられたこと。自嘲とグチがチャンポンになっていて、しかもユーモア小説風の味つけなので、笑いがとまらない。俳優業をたのしむ素直さが、テンポよくつづられてここちよい。初期のP.C.L.映画は、ミュージカルまがいの音楽喜劇を連発していて、それを知るうえでも貴重な文献である。

そのなかで一箇所だけ、気になる文章があった。

> ムセイはまづ、若き映画批評家たちに、俳優としての価値を疑われてゐた。観衆もまた映俳としての私には、信用を置かなかつた。
> そして東宝なる会社がまた、他社の大スタアにばかり魅力を感じて、ＰＣＬ時代から働いてる自社生えぬきの俳優を、概ね認めないところなのだ。
> また、東宝としては、その方が商業主義的に正しいのであつて、自社生えぬきを、これから掛つて大宣伝するより、他社で宣伝して売り出してる商品を買つて来て、それを手早く商つて、サヤをとつた方が勝ちであるのだ。が、ギリ貧的に、悪い条件を一筋ずつ着けられて了つては、俳優としては段々クサルより仕方がない。
> （『あかるみ十五年』）

ここまで書くには理由《わけ》がある。夢声は、昭和十四（一九三九）年公開の『はたらく一家』に、石村という職工役で主演した。《最も自信ある作品の一つだ》と書くほどの入れこみようだった。しかし、あまり評判にならず、先に引いた一文となるのである。この映画は、徳永直《とくながすなお》の短篇小説集『八年制』（新潮社、一九三九）を、成瀬巳喜男が脚色、監督したもので、「産めよ、はたらけよ」のいわゆる戦意高揚映画のひとつだった。そんな企画意図にこだわらない成瀬は、それをまずしい庶民の哀歓にしてしまった。成瀬は、この作品をふかく愛したといわれている。

この映画は、ラピュタ阿佐ヶ谷が再上映したときに観た。七人の子どもをかかえる石村家はまずしい。にもかかわらず、子どもたちは進学して勉強したいと言い出す。長男は頭がいい。でも、そんなお金はない。不甲斐ない自分を、沈黙のなかにおさえこむ石村。夢声の名演だった。「いい映画だった」という感激のなか、ふらふらと中央線に乗った記憶がある。判官びいきかもしれないけれど、夢声はかならずしもダイコン役者ではない。新劇やテレビドラマの仕事は、映像がうしなわれているため、くわしくはわからない。すくなくとも映画にかんしては、映画説明やラジオ物語での語り口を引きずってはいたが、それなりの味を出していたように思う。

獅子文六がもっと「俳優夢声」を評価していたら、もうすこし舞台で活躍できたかもしれない。戦後も、岩田豊雄の名で文学座の活動をつづけていたし、そこで夢声を復帰させる気があったなら、事情は変わっていたはずである。新派や商業演劇に顔のきいた川口松太郎にも、それとおなじことがいえる。いっぽうで映画俳優としての夢声を、黒澤明の師である山本嘉次郎《やまもとかじろう》はそれなりに評価し、自作に積極的に出演させた。戦後の山本が、監督として不発におわったことは、夢声にとって不幸なことだった。

『あかるみ十五年』を出したあとも、映画への出演はつづく。ただ戦前・戦中にくらべると、老タレントのお道楽といった趣きさえあった。パチンコ批判の文化人、講釈師、紙芝居屋、活動弁士、なかには、徳川家康（『野武士と女』松竹）や、スピーチ指導の徳川夢声先生（『続・社長三代記』東宝）という役までやったくらいだ。

友の忠告に動揺し、心ない評論に傷つき、グチをならべて、おおいにクサル。そのうえで〝雑の人〟は、たのしみながら役者をつづけたのだった。


文庫追記　平成二十二（二〇一〇）年、映画本編集者の高崎俊夫さんの尽力で、映画説明者時代の貴重な記録『くらがり二十年』と『あかるみ十五年』が「徳川夢声の」と前タイトルをつけて、清流出版より同時に復刻された（解説を書かせていただいた）。さらに同年、阿川佐和子編『問答有用　徳川夢声対談集』がちくま文庫で発売された。

これだけでも夢声ファンとしてはじゅうぶんなのに、平成二十三（二〇一一）年一～二月には、都内名画座のラピュタ阿佐ヶ谷にて「元祖マルチ・タレント　徳川夢声のほろよひ映画人生」が実現する。夢声が住んだ荻窪のすぐそばで、出演作（一部ナレーション）およそ二十本が一挙上映された。ラピュタ阿佐ヶ谷の石井紫支配人にお聞きしたところ、夢声のお孫さんたちも来られたとのこと。今後おそらく、これだけの規模の特集上映が実現することはないと思う。泉下の夢声翁も、満足このうえないのでは。

ここまでの夢声バブルはないものの、今日にいたるまで夢声の名はほそぼそと語りつがれている。一過性のブームとならず、さりとて完全にはわすれられていない。夢声にはこれくらいのあんばいが、ちょうどいいのかもしれない。

# 演舞場のだんご鼻　三國一朗

平成十二（二〇〇〇）年六月に滝沢修が亡くなり、七月にぼくの母が急逝し、九月に亡くなったのが三國一朗《みくにいちろう》（一九二二〜二〇〇〇）だった。享年七十九。平成十八（二〇〇六）年は、三人の七回忌がいっぺんにおとずれる。卒論で徳川夢声のことを調べはじめたとき、三國が書いた二冊の評伝（『青蛙選書58　徳川夢聲の世界』青蛙房、一九七九／『もんじゅ選書23　徳川夢声とその時代』講談社、一九八六）には、本当に助けてもらった。

それから五年たって、あらためて夢声と向きあったときも、家庭教師のようにつきまとってきた。三國への想いが、夢声への想いに勝るようになっていた。夢声との出会いが「縁」ならば、そばにいた三國一朗との出会いも「縁」だった。

ふたりを結びつけるうえで、おもしろいテレビ番組がある。昭和四十三（一九六八）年九月放送の『人に歴史あり　徳川夢声　おしゃべり五十年史』（東京12チャンネル　現・テレビ東京）。このなかに夢声をたたえる座談会があって、三國、ロイ・ジェームス、前田武彦、一龍斎貞鳳《いちりゅうさいていほう》の四人が出席している。司会の八木治郎が、三國に訊ねた。「夢声さんを、ひとことで言うと？」。すかさず三國。「俳優、だと思います」。

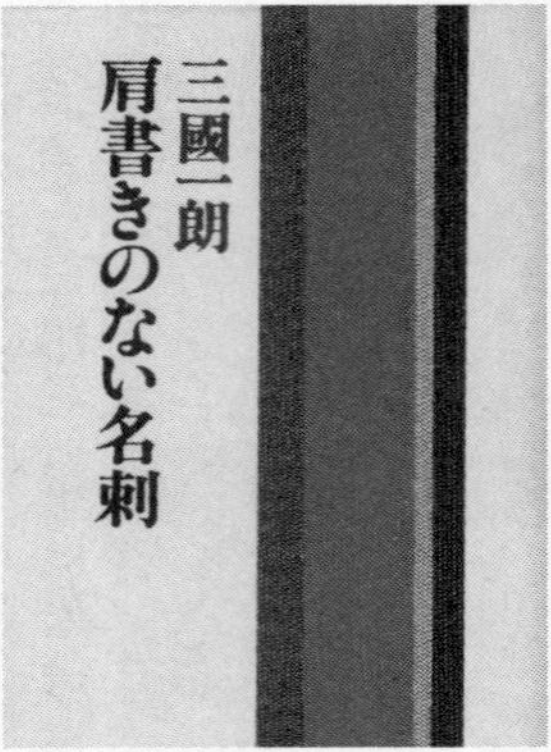

（自由現代社、1980年）

俳優としては評価されず、あわい印象しか残せなかった夢声。おなじように三國一朗も、俳優としては評価されず、あわい印象しか残せていない。「三國さんを、ひとことで言うと？」「俳優、だと思います」。そう即答する人は、おそらくいないはず。司会者、タレント、ラジオパーソナリティ、エッセイスト。そうしたイメージがいまでも強い。

夢声ほどではないにしろ、三國も、さまざまな舞台、映画、テレビに俳優として出演している。そのほとんどが脇役で、うまい人ではなかった。身体が大きく、しかも肥満体（「私はデブである」と自嘲している）で、キャラクターとしては三枚目。きまじめで、マヌケで、ワンテンポずれたようなムードがあった。演技派にはほど遠く、素のままの喜劇性が魅力の役者である。

そうした素の持ち味を愛し、機会があるたびに自作のテレビドラマや舞台に出演させたのが、劇作家の飯沢匡《いいざわただす》だった。三國は、飯沢の洒落た風刺世界にオトボケ風味をつけた、得がたい常連役者だったといえる。東宝現代劇『危ない季節』で演じた芸能マネージャー役は、配役をイメージして戯曲を読むだけでたのしい。

飯沢が、つくりものではない素のままの喜劇性を愛したとすれば、ちがったところで俳優としての三國を愛した人がいる。芥川賞作家の古山高麗雄《ふるやまこまお》である。『わが愛する芸人《たれんと》たち』（北洋社、一九七七）という共著本のなかに、「三國一朗　鋭い知性と豊かな人間性」という一文を見つけて、ぼくとしてはかなり興奮した。この文章は、情報誌『ＴＶファン』に掲載されたものだが、古山は、それほどのテレビ通、タレント通、役者通ではない。そのことを断ったうえで、こうつづけている。

> どうしても誰かを挙げなければならないのなら、私は、三國一朗さんを挙げたい。三國一朗は、ＮＨＫの『元禄太平記』で大野九郎兵衛《おおのくろべえ》を演じたが、この人は、醒めた鋭い知性と、素朴に涙を流す人間性を併せ持っている人である。そのどちらかの強い人は、それを生《なま》に露呈しがちである。そのどちらも脆弱《ぜいじゃく》な人は、誇張して表現しがちである。そのどちらも内に豊かで、抑えた出し方をする三國一朗の演技はいわゆる縁の下の力持ちになりがちであるが、それだけに貴重であり、私は共感を覚える。
>
> 私はこういう人があるときは大野九郎兵衛で登場し、あるときは主役で登場するようなことがあれば、日本のテレビドラマは、ぐっと面白いものになるだろうと思っているが、そういうことも場合によってはあり得るのではないか。
>
> （『わが愛する芸人たち』）

『元禄太平記』は、NHK大河ドラマとして、昭和五十（一九七五）年に放送された。赤穂藩家老の大野九郎兵衛に目をつけるとは、古山もなかなかシブい人だ。大河ドラマならではのオールスターキャストのなかで、三國一朗をえらんだところがシブい。ただ、古山が期待するような主演ドラマが放送されることはこののちなかった。

存在そのものが地味だっただけに、三國について書かれたものは、あまり見かけない。俳優業について言及している文章は、古山の一文と、小林信彦の「三國一朗さんのこと」（『週刊文春』平成十二（二〇〇〇）年十月十二日号）、それに《幕切れでミクニッとかけ声を出してやろうか、と思ったほどで嬉しかった》と書いた淀川長治の言及（『映画の友』昭和三十三（一九五八）年一月号）しか読んだことがない。それだけに古山の一文は、三國の俳優としてのキャリアをひもとくうえで興味ぶかい発言となっている。

夢声がそうであったように、三國もまた、演じることの好きな人だった。脇役、端役にかかわらず、うれしがって俳優業にいそしんでいる。『元禄太平記』とおなじ年には、『新　坊っちゃん』（NHK）でタヌキ校長を演じた。大野九郎兵衛とタヌキ校長は、かつて夢声が演じた役である。これもひとつの奇縁であろう。「放送タレント、エッセイスト」を自称するなか、税務署に提出する申告書の職業欄には「俳優」と書いた。「俳優」のほうが、税金が安くなるからである。三國本人にしてみれば、「俳優」とするには抵抗があったし、夢声のように〝雑〟とするわけにもいかない。中途半端な〝雑の人〟として、先人の道をなぞっているところがおもしろい。夢声の足跡をたどり、その研究をライフワークとしたのは、必然的なことだった。

日本エッセイスト・クラブ賞を受けた随筆集『肩書きのない名刺』（自由現代社、一九八〇）に、「俳優　三國一朗」をほうふつとさせる名文がおさめられている。「水谷八重子と越路吹雪」と「『花の生涯』から『国盗り物語』まで　大型ドラマ私観」の二編である。これを読むだけで、いかに芝居好きな人であったかがよくわかる。

「水谷八重子と越路吹雪」は、『文藝春秋漫画讀本』昭和三十三（一九五八）年六月号が初出で、新派の公演に参加したときの体験談をつづっている。昭和三十二（一九五七）年の晩秋。放送タレントとして名前が売れはじめていた三國に、飯沢から新派参加の打診がくる。新橋演舞場での劇団新派十二月公演。中野実の『第二の家庭』と、飯沢の『2対1』への出演依頼で、役どころはいずれも脇役だった。でも相手役は、初代の水谷八重子と越路吹雪というふたりの大女優だ。ただもう、ミーハーに舞いあがるのみである。そんななかで巻き起こる出来事のいろいろを、三國はユーモアをまじえてつづっていく。三國版『ちょっといい話』と書くべきか。

初日をひかえて、稽古ははじまる。右も左もわからぬ新派の世界。芝居といえば、学芸会でやった『花咲爺』のお殿様と、東大時代にやったエキストラのインド人しかない。

緊張したまま新派の主事である川口松太郎に挨拶をしたら、いきなりこう言われた。

「君、前に芝居したことあるの？」

ある日の稽古では、なんと遅刻をしてしまった。天下の水谷八重子が、あろうことか「三國一朗マチ」である。スタッフはおおさわぎだ。「すみません。おまたせしました」。平身低頭の三國に、八重子がひとこと。

「いいえ、ほんの七分ぐらい」

飯沢の『2対1』では、越路吹雪とのラブシーンがあった。泣きながら抱きしめ合い、愛をたしかめ合う感動の場面。客席にいた秋山安三郎（劇評家）が、そばにいた飯沢に訊ねた。

「きみ、あの鼻の丸い役者は誰かね？」

そんな夢のような新派出演は、あっという間に幕をおろした。このエッセイは、こんな一文でしめくくられている。

一月公演を大阪で行なった新派は、また次の二月に新橋演舞場で公演をもった。しかしもう私は一観客でしかなかった。「病気で学校を休んだ子供が、家の窓から、遠く校庭で遊ぶ友達の姿を見る気持だ」といって、友人に失笑されたりした。

しかし、その頃ある雑誌からきたアンケートに、「生まれかわったら何になりたいと思うか」という問があるのを見て、私は躊躇なく次のように書いた。

「新派の俳優」

（「水谷八重子と越路吹雪」『肩書きのない名刺』）

飯沢や古山のようなファンが劇壇にいれば、幸《さち》よもう一度、となったかもしれない。しかし、ふたたび新派に参加する機会はおとずれなかった。劇評ではほとんど言及されず、本人はそれなりに落ち込んだはずだ。そんなとき『映画の友』にある淀川長治の編集後記を読んで、おおいに感激することになる。三國のファンだった淀川が、野口久光に観劇をすすめたのである。もっとも演舞場に出かけた野口は、「あんなのを感心しちゃダメだ」と言っているけれど……。

こののち「俳優　三國一朗」のホームグラウンドは、テレビが中心となっていく。NHK大河ドラマはそのひとつで、『肩書きのない名刺』におさめられた「『花の生涯』から『国盗り物語』まで」は、そのときの出演体験をもとに書かれている。このなかにはおもしろい話がある。

大河ドラマに初出演したのは、昭和四十（一九六五）年放送の『太閤記』で、役柄は今川義元だった。この配役は、悪役になりがちの義元をユーモラスなキャラクターにしようとした吉田直哉（演出家）のアイデアだという。しかし、話題をさらったのは義元ではなく、高橋幸治ふんする織田信長だった。「信長を殺さないで！」との投書がNHKに殺到し、それを知った三國は、『太閤記』の演出助手にこんな電話をかけた。

「ときに三國義元を殺すなという投書はどうでした？」

演出助手が答えた。

「来ませんでしたね、それは。一枚も。第一、義元はすぐ死んじゃいましたものね、あっけなく」

（『花の生涯』から『国盗り物語』まで」前掲書）

**文庫追記**　三國一朗の俳優業については、拙著『三國一朗の世界　あるマルチ放送タレントの昭和史』（清流出版、二〇〇八）第五章「体験的俳優史」にくわしく書いた。興味のある方はお読みいただきたく。

# 家中みんなで　浪花千栄子

ぼくが心酔しきっている人に、エッセイストの和多田勝《わただまさる》（一九四二〜九四）がいる。母方の祖父に五代目笑福亭松鶴《しょうふくていしょかく》、伯父に六代目松鶴（仁鶴や鶴瓶の師匠）という落語家の家に生まれ、イラストレーター、放送タレント、上方芸能研究者として幅ひろく活躍した。あたたかい画風、文体、語り口で人気をあつめるものの、平成六（一九九四）年一月、五十二歳の若さで亡くなった。

終生、大阪を愛し、大阪から出なかった。ゆえに東京ではほとんど知られていないけれど、いまでも関西にはたくさんのファンがいる。「和多田さん……ええ人やったねえ」などと……。

半年ほど前、テレビの紀行番組『真珠の小箱　ぶらり大和五條』（毎日放送）を見た。五條は、和歌山県境にちかい奈良の城下町で、いいあんばいに古びた町並みである。そのかいわいを、スケッチブックを手にした和多田さんが、気ままに散歩するという内容だった。亡くなる二年前の映像で、なつかしくて、なつかしくて……。そのとき、画面のなかの和多田さんがふと足をとめた。

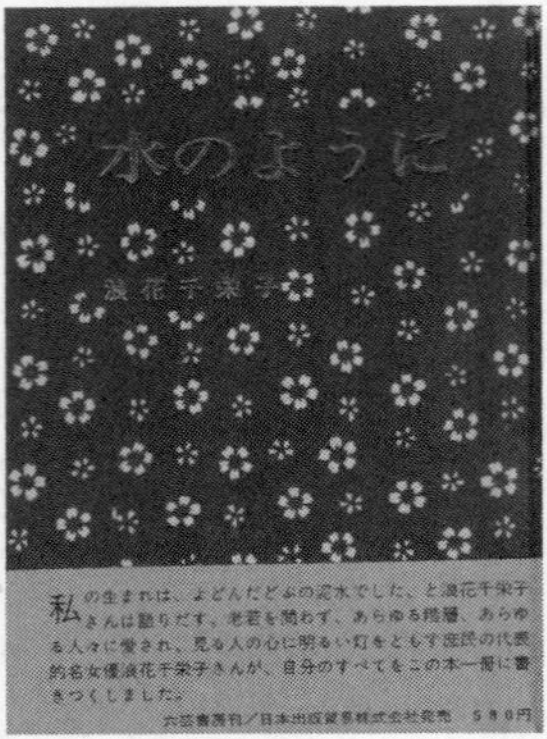

（六芸書房、1965年）

「わぁ……浪花千栄子さん。なつかしいデスぅ。ぼくの家の前に住んでいたんデスぅ」

　商店の軒下にぶらさがっていた、オロナイン軟膏のホーロー看板だった。大阪生まれの名女優、浪花《なにわ》千栄子《ちえこ》（一九〇七〜七三）は、本名を「南口菊野《なんこうきくの》（キクノ）」という。なんこうきくの。軟膏効くの。オロナインの「顔」となった彼女のホーロー看板は、いまでも田舎を歩くとたまに見かける。キャッチコピーは「家中みんなで」。

　大阪に生きた和多田さんは、大阪の芸人や役者をふかく愛した。忘れられた漫談家、花月亭九里《かげつていくり》丸《まる》の足跡をたどった『笑芸人生劇場　花月亭九里丸伝』（少年社、一九八一）という名著もある。浪花千栄子は、そんな大阪の役者のひとりだった。大阪の一日一史をつづった『大阪三六五日事典』（少年社、一九八四）のなかで、十一月十九日を浪花の誕生日に、十二月十三日を『お父さんはお人好し』（NHKラジオ）の放送開始日にしているところからも、彼女への想いがよく伝わる。

　この名女優については、あべの近鉄百貨店で催されたトークショーでも話していた。亡くなる十か月前。大好きだった和多田さんに会えた、たった一度きりの思い出である。

「子どものころ好きだったラジオドラマは、滝沢修の『銭形平次捕物控』（ラジオ東京）と花菱アチャコと浪花千栄子の『お父さんはお人好し』でした」。そう語っていたことを、はっきり覚えている。そんな浪花ファンが、自叙伝『水のように』（六芸書房、一九六五）を読んでいないわけがない。大の読書家で、古本好きでもある和多田さんの書棚に、きっとならんでいたはずだ。

『水のように』は、「おんな脇役本」のなかで三指に入れたい名著だ。しかもよく売れて、関西テレビでドラマ化もされた。

私の半生は、人に、かえり見もされないどぶ川の泥水でございました。
自分から求めたわけではありませんが、私という水の運命は、物心つく前から不幸な方向をたどらされておりました。
しかし私は、子供のときから、泥水の中にでも、美しいはすの花が咲くことを信じていましたし、赤い灯青い灯、と、たくさんの人に歌われ、大阪の代名詞のように有名な道頓堀の川底が、どんなにきたないかもよく知っていましたから、不幸などぶ川の泥水の運命に、従順でした。

（『水のように』）

浪花千栄子は、南河内の山里に生まれた。金剛、葛城《かつらぎ》、信貴《しぎ》、生駒《いこま》の山脈をのぞむ、風光明媚なところだった。父は、にわとりの行商人。まずしかった。五歳のとき、産後の日だちが悪かった母をうしない、転落の日々がはじまる。おさない弟、のち添えにきた自堕落な女、その女におぼれる父。小学校にも通わせてもらえず、しつけとは名ばかりの折檻を父から受けた。

道頓堀の仕出し弁当屋に身売りしたのは、九歳のとき。華やぐ劇場の街で、五百や千の注文はあたり前だった。弁当箱洗いにはじまり、鍋釜洗いから、めし炊きまで、情《なさけ》ようしゃなくコキ使われる。釜にこびりつく米粒を流してしまうと、配水口からすくって、無理やり食べさせられた。かよわい手がアカギレになっても、オロナインはつけてもらえない。

コンプレックスもあった。文字が書けない。漢字も読めない。古新聞の切れはしを手に、トイレにこもって勉強をした。劇場にしのびこみ、こっそりと芝居も観た。喜多村《きたむら》緑郎《ろくろう》や若き日の花柳章太郎《はなやぎしょうたろう》の艶姿には、心をうばわれた。そうした日々が十七歳までつづく。そののち、京都でカフェーの女給をやり、わが身の不幸にしたがう考えに変化がおとずれる。私だって、こうしてよそおい身づくろいをすれば、少しはかわいいのよ、と。みずからの可能性を見いだした彼女は、女優になる決意をかためる。無理がとおれば道理もひっこむ芸能界。若き女優は、道理をまげることなく、劇団や映画界を転々と流浪していく。仕事もプライベートも、すべてがその調子だった。

自分でも知らなかったそんな力が、私のどこにひそんでいたのでしょうか。幼年期に抑圧されつづけて成長してきたその底辺に、いつの間にか何かが根をおろして、いつの間にか芽ばえて育っていたのかもしれません。

（前掲書）

おしつけがましくないけれど、ある意味でショッキングな内容ではある。《おこがましくも、装丁も、めくらへびで、自分の考えでやらせていただきました。千代紙を使いましたのは、みじめだった子供のころへのせめてもの贈り物、という意味からでございます》。そんなコメントも悲しげだ。しかし後半生は、仕事にも人間にもめぐまれた。きっかけは、二十年連れ添った渋谷《しぶや》天外《てんがい》（先代）との離婚（原因は天外の浮気）と、それにつづく松竹新喜劇からの脱退だった。いささか気落ちしてしまう物語だった『水のように』は、このあたりから明るさが増していく。

一九五〇年代をむかえて、活躍の場は舞台、映画、テレビ、ラジオと大きく広がっていく。長谷川一夫や花柳章太郎との舞台共演。映画では脇役ばかりでありながら、監督の顔ぶれは巨匠、名匠、そうそうたるものだ。『ひばり　チエミ　いずみのジャンケン娘』（東宝）で演じた美空ひばりの母親役や、『宮本武蔵』（東映）でのお杉婆さんなどなど、印象ぶかい役どころは数多い。なかでも『悪名』（大映）における八尾の朝吉（勝新太郎）も頭のあがらない女親分は、北野武がテレビで「こわかった」と絶賛するほどの名演であった。

なかでも「浪花千栄子」の人気を不動のものにしたのが、ラジオだった。BK（NHK大阪放送局）のディレクターだった富久進次郎が、花菱アチャコの母親役に起用するため、行方知れずだった彼女をさがしまわった。さんざんさがしても見つからず、飲み屋で酒をあおっていたら、そばの銭湯にいたというエピソードがある。

渋谷天外との破婚から、一時は再起できるかどうか自分でも全く自信を失っておりましたが、常々、アチャコさんの芸風を存じ上げていましたので、もしアチャコさんの相手役になれたら、女優としてカムバックできるのではないか、と、おぼろ気に、そう感じていたわけで、少々、生活が苦しくても、アチャコさんと共演できるまではがんばろう、と他の話を断わりつづけてまいったのです。（前掲書）

アチャコとの出会いが、浪花にとっての好機となった。こうして生まれたのがラジオドラマ『アチャコ青春手帖』で、それが『お父さんはお人好し』の人気へとつながっていく。浪花の「はんなり」とした大阪弁は、こうして全国に知られていくのである。『大阪三六五日事典』のなかで、和多田さんが書いている。

ラジオから流れる彼女の声は、この上なく優しい大阪のみんなの母の声であった。もしやすると、心に描く五歳の時になくした彼女自身の母を演じていたのかも知れない。

（『大阪三六五日事典』）

長沖一《ながおきまこと》作『お父さんはお人好し』は、昭和二十九（一九五四）年十二月にスタートした。焼き芋屋のアチャコ、妻の浪花、ちょうど一ダースの子どもたち。ラジオを「家中みんなで」かこんだ時代の人気ホームドラマで、足かけ十年、五百回という長寿番組となる（映画化、テレビ化もされた）。ふたりが夫婦を演じたのは、これがはじめてではない。長沖の作で『アチャコほろにが物語　波を枕に』という作品が、『お父さんはお人好し』の前に放送されていた。まずしい水上での生活をえがいたもので、暗い世界観に聴取者の評判はいまひとつで、半年で打ち切りになってしまう。NHK大阪放送局に訊ねたところ、わずかに録音が残る「お人好し」に対して、録音や資料は残っていないとの

和多田勝画「浪花千栄子」（『懐しき大阪の人々　和多田勝イラストレーション集』より）

ことだった。みずからの半生を「水のように」と書いた浪花が、波を枕に、どんな声を聴かせたのか。いまとなっては想像するほかない。

ぼくは和多田さんの没後十年を機に、『はんなり。和多田勝』というミニコミ本をつくった。まったく面識のないひとり娘の敏子さんにおおくりしたら、『懐しき大阪の人々　和多田勝イラストレーション集』（和多田勝、一九七二）が、あたたかいお礼状とともにとどいた。それは、若き日の和多田さんが自費で出したイラスト集だった。そのなかに、「あんな人　こんな人」と題された似顔絵のページがある。アチャコもいる、渋谷天外もいる、もちろん、浪花千栄子も……。

文庫追記　NHKラジオ『アチャコほろにが物語　波を枕に』の音源は現存せず、『アチャコ青春手帖』と『お父さんはお人好し』のように映画化もされていないので、残念ながら作品のイメージがつかみにくい。

（三島書房、1954年頃）

さいわいにも、長沖一の原作を東山こまへい（駒平）が漫画化した『アチャコまんがほろにが物語』（三島書房、一九五四年頃）がある。書棚にあるのは第四巻「優等生の巻」で、貸本漫画としてシリーズ化されたらしく、奥付には刊行年月日がない。おそらく放送されていた昭和二十九（一九五四）年から翌年にかけてのものと思う。

笑いとペーソスと書くには、なかなかビターな人情ホームドラマである。赤ん坊をふくめて一家六人、船上での暮らしはまずしく、子どもたちの進路をめぐって、里子に出すというエピソードが泣かせる。花菱アチャコと浪花千栄子のコンビによるラジオドラマは、貸本漫画が何冊も出版されている。読者である子どもたちは、アチャコ一家の日常に、かぎりない共感を寄せたのであろう。

# ある老優の死

## 八代目市川團蔵

役者として評価されることはなかったものの、多くの作家たちが筆をとったひとりの脇役がいる。歌舞伎俳優の八代目市川團蔵《いちかわだんぞう》（一八八二〜一九六六）。屋号は「みかわや」。戦後歌舞伎界の最長老というあがめられる立場にいながら、あらゆる批評家や歌舞伎通から「地味、暗い、陰湿、型どおり、華がない」といわれ、人気がなかった。たしかに年配の歌舞伎ファンから「團蔵（以下、團蔵で表記）が好きだった」ということは聞いたことがないし、彼を褒めたたえる歌舞伎エッセイも読んだことがない。戦後歌舞伎界のなかで、地味な芸で生きた脇の老優だった。

それが團蔵の死後、さまざまな作家や批評家が筆をとり、それぞれの想いを寄せて彼について書いた。團蔵みずから劇的な幕ひきをおこなったからである。昭和四十一（一九六六）年六月五日付「読売新聞」の社会面に、十二段ぶちぬきのトップニュースとして、以下のような記事がある。

老優〝旅路の果て〟——市川團蔵さん投身自殺

瀬戸内海で船上から　四国の霊場めぐり終え

カブキ界を引退後、四国八十八か所の巡礼をしていた八代目市川團蔵さん（八四）（本名銀蔵）が四日、小豆島から大阪へ向かう連絡船から姿を消した。多数の遺品が船中に残され、投身自殺とみられている。遺書めいた走り書きもあり、引退をまえに〝長生きは損じゃ　月々いやなこと　見聞くうき世にあきてしまった〟と狂歌をよんでおり、また三日広子夫人あてに届いたはがきに〝父母の五十年忌も済せし上　無縁の人までともらいにけり〟と書かれているところから、舞台の勤め、人生の義理を果たした團蔵さんが、旅路の果てを瀬戸の海にもとめたものらしい。

（昭和四十一〔一九六六〕年六月五日付「読売新聞」）

新聞各紙は、いずれも社会面トップでこの事件を報じた。このニュースは劇壇だけではなく、歌舞伎に興味のない人間にもショッキングなものとなった。しかも、海上保安庁の必死の捜索にかかわらず、ついに遺体は発見されなかった。引用した見出しにある〝旅路の果て〟とは、老優のわびしい末路をえがいたフランス映画（ジュリアン・デュヴィヴィエ監督）のタイトルからもじったもので、《あんまり適切すぎて、かえって効果が薄かった》と戸板康二はのちに書いている。

八代目團蔵は、明治十五（一八八二）年五月、東京日本橋久松町に生まれた。

父親の七代目團蔵は、「近代歌舞伎の祖」と呼ばれる九代目市川團十郎も意識した、脇の名優であった。團蔵という名跡は大きいものだが、この人はかなりの偏屈モノだったそうで、歌舞伎座のような一流の大舞台にはあまり立たなかった。のちに團蔵となる銀蔵（二男）は、すでに一歳（数えで二歳）にして芝居の番附に名前があり、八十年以上にもおよぶ役者生活がここにはじまる。

しかし銀蔵は、いまひとつ芝居が好きではなかった。父の團蔵はスパルタ教育で息子を仕込んだものの、それも裏目に出てしまった。《『踊りがなってないと怒って、冬のさなかに裸にされて、庭の松の木にゆわえられて頭から水をぶッかけられました。芝居の折檻を地で行ったようなものです。弟子たちがいくら止めても背かないのです』》（『文藝春秋』昭和四十一〔一九六六〕年八月号）。演劇評論家の利倉幸一のインタビューを受けて、そんなコメントをのちに口にしている。こうした生来の芝居ぎらいが、入水自殺のひとつの要因になったといわれている。

梨園《りえん》の御曹司でありながら、歌舞伎をやめた役者はすくなくない。中村獅童の父親である小川三喜雄（弟が萬屋錦之介、中村嘉葎雄《なかむらかつお》）は、梨園の出でありながら歌舞伎とは無縁の人であり、大川橋蔵、市川雷蔵、中村錦之助（萬屋錦之介）といったチャンバラスターは、もともとは歌舞伎の世界の人たちだった。

銀蔵もまた、役者をやめるつもりでいた（やめたかった）。それが、やめる好機をのがして九蔵の名を襲名し、まもなく父は亡くなってしまう。無欲な彼は、初代中村吉右衛門の傘下に入って、細々と脇役として生きる決意をする。そしてまた、九蔵の存在は劇評家から批判され、相手にされなかった。こうして四十代、五十代の働きざかりを淡々と過ごし、月日はすぎていった。

九蔵が父の名跡をついだのは、昭和十八（一九四三）年、敗戦へのカウントダウンがそろそろはじまるころだった。父親の面影と名跡の大きさに躊躇するものの、大谷竹次郎《おおたにたけじろう》からの申し出でもあり、襲名を辞退することは許してもらえなかった。そこで「團蔵をついだら、すぐに引退する」との条件を出して、還暦をすぎての八代目襲名となった。ちょうどおなじころ、父親をテーマにした評伝『七世市川團蔵』（求龍堂、一九四三）を團蔵は上梓している（これは脇役本の名著でもある）。

歌舞伎の世界に「引退」はない。死ぬまで役者だ。仕方がなく團蔵は、吉右衛門の脇で生きることをつづけるが、その吉右衛門も團蔵の襲名から十一年後に亡くなってしまう。相も変わらず客席からの評判は悪く、フラストレーションはたまるばかりだった。のちに利倉幸一がこう書いている。

八世團蔵という輝かしい芸名を襲いでも、團蔵には殆んど変化はなかった。頑固な腰の据えかたと、謙虚な生きかたが、九蔵から團蔵になったところで、町名表示変更ぐらいにしか思わなかったのである。名前が変ったからとて、にわかに役者がよくなるものではない。しかも、自分は巧い役者ではないという感懐。そういう考えかたが團蔵にあったのだ。

（『文藝春秋』昭和四十一（一九六六）年八月号）

利倉がある老優をさして「こけの生えた役者」と賞したとき、團蔵は、「私は生涯そういう役者になれそうにありません」と語ったそうだ。しかも、主役がヘタくそなのに「團蔵のせいで、芝居が悪くなった」という濡れぎぬまで着せられたという。こうした心ない言動により、老いた團蔵はさらに傷つくことになる。誤解のないようにいっておくと、團蔵は決して端役の老優ではない。脇役でもそれなりに目立つ、うまくやればファンがつく立場の人だったのである。しかし、昭和三十年代の歌舞伎界は名優のオンパレードで、團蔵の影は薄くなるばかりだった。

実際のところ、團蔵はどんな役者だったのか。押し入れにあるビデオテープをひっくりかえしてみると、『元禄忠臣蔵　御浜御殿綱豊卿』（真山青果作）のモノクロ映像を録画したテープがあった。昭和三十六（一九六一）年五月の歌舞伎座公演である。

主人公は、のちに六代将軍となる徳川綱豊（十一代目市川團十郎）で、そこへ四十七士のひとりとなる富森助右衛門《とみのもりすけえもん》（八代目坂東三津五郎）がやってくる。綱豊は大の赤穂びいきなので、吉良邸討ち入りをたのしみにしている。だから、助右衛門から真意を訊き出したい。しかし助右衛門は、そうたやすく本心を語れない。その丁々発止のやりとりが見せどころだ。

この公演で團蔵は、新井白石を演じた。白石は、見せ場のやりとりの直前に出てきて、綱豊から相談を受ける。「浅野家を再興させるべきか。旧臣に討ち入りをさせるべきか」。ハムレットよろしく悩む綱豊に、白石は感動してもらい泣きをする。この役は名優が演じるものなので、三代目市川左團次や八代目市川中車、前進座の中村翫右衛門がやったこともある。

團蔵の白石はどうか。地味な役柄であるし、淡白な風貌なので舞台ばえはしない。これは本人のせいではない。團蔵に難ありとすれば、セリフまわしに味がなかった。しかも相手にしているのは、セリフまわしが魅力の先代の「なりたや」（当時は海老蔵。当代海老蔵の祖父）だ。これは致命的である。

歌舞伎の魅力のひとつに、それぞれの役者のセリフまわしがある。好きな役者には、声色を覚えたくなるような持ち味がある。左團次しかり、中車しかり、翫右衛門しかりである。そんな気をおこさせないところが、この役者への低い評価につながっているのではないか。フィルムだけでは良し悪しは語れないけれど、モノマネをする気になれない役者であることはたしかだ。

そうした老境の日々をおくりながら、團蔵にとって待ちに待った日がついにやってくる。引退興行、である。苦渋の老優は八十歳をすぎて、ようやく舞台から去ることになった。その公演を前にした取材で、こんなコメントを寄せている。

わたし自身は、團蔵の名をつぐのがイヤでした。それに、わたしは、こんなに目も小さい、声もよくない、体も小さい、セリフが流れるように言えない、二歳のときから舞台にでていましたが、役者としては不適格だと、その時考えたのでございます。でも、人さまに励まされてつづけてまいりましたが、本当に引退を決意したのは戦争の終る年でしたから、二十一年前でございました。

（『朝日ジャーナル』昭和四十一〔一九六六〕年四月十日号）

そう心境を吐露する團蔵はすでにこのとき、四国巡礼の計画を口にしている。なにはともあれ引退興行の幕はあく。昭和四十一（一九六六）年四月、ところは歌舞伎座。「四月興行　歌舞伎祭大合同――八代目市川團蔵舞台生活八十二年引退披露」。銀座の春風に幟がゆれた。

この引退興行では、三代目市川寿海、三代目市川左團次、六代目中村歌右衛門の三芸術院会員にくわえ、七代目尾上梅幸、十七代目中村勘三郎、十四代目守田勘弥、八代目坂東三津五郎らの幹部クラスや、尾上菊之助（現・菊五郎）、中村福助（七代目芝翫）、坂東八十助（十代目三津五郎）といった若手、ベテランの三代目尾上多賀之丞、八代目澤村宗十郎まで、人気役者が競演する大顔合わせが実現した。團蔵は昼の部の『鬼一法眼三略巻《きいちほうげんさんりゃくのまき》（書写山・弁慶出立・菊畑）』と、夜の部の『助六曲輪菊《すけろくくるわのももよぐさ》』に、それぞれ大役で出ている。不遇の老優にとっての引退の花道は、立派すぎるくらい豪華版となった。

『鬼一法眼三略巻』は源平合戦モノで、團蔵の演じた鬼一法眼は「菊畑」の主役である。また「書写山」はみずからプロデュースした六十年ぶりの復活上演で、愛孫の銀之助も出演した。この演目に対してはかなりの熱の入れようで、この年の『演劇界』五月号で特集が組まれ、團蔵は芸談を寄せている。

『助六曲輪菊』は、曽我兄弟のあだ討ちを題材にしたおなじみの大芝居だ。意休は敵役であるけれど、助六（勘三郎）、揚巻（歌右衛門）につづく大役である。人気のなかった老優にしては、分不相応な役柄といってもいい。ただ、この芝居はちょっとヘンだった。意休は助六に殺されてしまうが、その場面（水入りの場）はふつう上演されない。それがこの興行では上演された。引退する老優が、惨めに殺されて幕となるのである。

この陰惨なシーンを目にし、心をいためた作家に、志賀直哉の薫陶をうけた網野菊がいる。なぜ、引退する老優のラストステージが、殺されて幕なのか。しかも歌舞伎座のロビーには、花輪やお祝いの品がすくない。そこに不満を感じていた網野は、水入りで殺された團蔵が入水したことを知ってふかいショックを受け、それがひとつの作品へと結実していく。

この興行での團蔵の芝居は、賛否両論であった。『助六曲輪菊』の劇評では《古怪なマスクの見得をみせて、芸に年をとらせていない。まことにいさぎよく、さわやかな引退の舞台である》(安藤鶴夫「読売新聞」)という好意的なものと、《陰気であるというより、存在を感じさせないような無味無嗅の感じで、いかにも淋しい。これが役者嫌いの團蔵の最後の抵抗なのかもしれぬ》(郡司正勝『演劇界』)という批判との両方があって、それなりに注目された舞台であった。

いずれにしても團蔵の肩の荷はおりた。済んだ芝居の劇評を気にすることはない。千秋楽を済ませてわずか数日後、さっさと四国巡礼の旅に出てしまった。その途中、お遍路姿をスクープされ、記者に追いまわされる不都合はあったものの、巡礼は無事におえた。そして、船上から瀬戸内の海に身を投じるのである。

團蔵入水の報は、演劇界ならびにジャーナリズムに衝撃をあたえた。「歌舞伎界への批判」「現世からの逃避」「美しき人生の幕引き」……マスコミは無責任に書きたてた。いっぽうで、「いさぎよい幕引きに感動した」との新聞投書が載ると、「美談にすると高齢者自殺を誘発しかねない」との反論が出るなど、歌舞伎に興味のない人たちのあいだでも大きな話題となった。

こうした騒ぎのなかで、身近にいた遺族や役者たちは、入水の報を冷静に受けとめている。長男である市川敏雄は、《自殺らしい、という知らせをきいたとき、あ、やったなという気持がして、別に不思議とは思いませんでした》と言った。二代目尾上松緑は、《まさかと思うより、ああ、とうとう、という感じ》（いずれも『週刊文春』昭和四十一〔一九六六〕年六月二十日号）と語っている。

とき経たずして著名な作家や劇評家たちが、團蔵について口を開き、筆をとりはじめる。引退したまま隠居老人になってしまえば、まず忘れさられた人だ。それも、芝居がうまいだの、ヘタだの、そうした次元の話ではない。あつかう題材は「自殺」である。生前、ほとんど相手にされなかった役者が、皮肉にも脚光をあびることになってしまった。團蔵の死について、作家や評論家が寄せた談話や文章のいくつかを引用する。

團蔵さん自身にとっては、そう快な、さわやかな死だったのではないでしょうか。引退興行を終わると、すぐに四国の巡礼に出かけた。わたしは思うんですよ。毎日、毎日、たくさんの仏さんを拝み、たくさんお経をあげて、身も心もきれいになった。そして、念願のお参りをすませて、夢のような小豆島に渡った。そのとき、つきあいたい人もいないきたない東京に、帰る気がしなくなったのじゃありませんか。美しい気持ちのまま、きれいに消えたいと思ったのでしょうね。

（安藤鶴夫「劇界に溥れた敬老」昭和四十一（一九六六）年六月五日付「読売新聞」）

最後に会ったとき、今後は絶対に芝居はみない、役者にも会いませんといってました。よくよく嫌気がさしていたんでしょうねえ。大長老が、絶望して自殺した。これは、いまの歌舞伎界にとって、鉄槌ですよ。

（尾崎宏次『週刊文春』昭和四十一（一九六六）年六月二十日号）

その死をかぶきの封建制に対《むか》っての闘いのような釈りかたは、ぼくにはできないのだ。たしかに陽の当らない場所に終始し、それは不当と言える評価であるかも知れないが、不平憤懣といった感情はあまり抱いていなかったと思う。

繰返すが、生涯を消極的にひっそりと生きた人だったのだ。

（利倉幸一「ある歌舞伎俳優の自殺」『文藝春秋』昭和四十一（一九六六）年八月号）

ちかごろ八代目市川團蔵の死ほど、感動的な死に方はなかつた。（略）團蔵の死は、強烈、壮烈、そしてその死自体が、雷の如き批評であつた。批評といふ行為は、安全で高飛車なもののやうに世間から思はれてゐるが、本当に人の心を打つのは、ごく稀ながら、このやうな命を賭けた批評である。

（三島由紀夫「團蔵・藝道・再軍備」『荒野より』中央公論社、一九六七）

生え抜きの舞台人であった團蔵は、舞台の世界に安息することなく、高齢の身を入水という痛ましい方法によって、自ら消散した。実に男々しい、確信のもとに行われた求道であった。その死を痛ましいと感じたのは世の人であって、團蔵の心に陰惨なものは微塵もなかった。

（永井龍男「九蔵の團蔵」『灰皿抄』講談社、一九六九）

團蔵の死がさっぱりといさぎよく見えるのは、やはり老人だからもっともと感じる錯覚で、どこかに無理があるのを見のがしてはならぬ。気負って始末してしまったように見える。（略）われわれは、いさぎよい死に対して感傷的になり過ぎる。市川團蔵が残った小さい幸福を手でかこって世間にめだたず生きていてくれても、ずっと自然でよかった。きれいには違いないが、きれい過ぎた。

（大佛次郎「團蔵の死」『石の言葉』光風社書店、一九六六）

その死を、どこかロマンチックにとらえている安藤鶴夫。覚悟の入水を激賞し、「芸道」と「武士道」を説いた三島由紀夫。その劇的な幕ぎれに、苦言を呈した大佛次郎。こうして読みくらべてみると、この事件については、それぞれの文士によって見解がわかれていることがわかる。

こうした團蔵がらみの文章のなかで、網野菊による中篇「一期一会」（『一期一会』講談社、一九六七）は、高い評価を得た作品である。網野は、冷たい声を浴びつづけた團蔵と自分とを重ねあわせ、入水の一報をきいてひとり泣きした。知り合いでも、熱烈なファンでもない。ただただ團蔵に対して、ふかい親近感を抱いただけである。

私は、二十代そこそこの最初の頃から、「上手でない。」「作家として生活出来まい。」「魅力のない作家。」とか「香りが無い。」とか云う評を、他人や友人から受けて居た。「香りが無い。」ということは、つまり、「花」が無いことである。私は團蔵を見ると、同病相憐れむ、とでも云ったような感じを持たずに居られなかった。（「一期一会」）

そんな彼女は、不評の役者の長所をさがそうと劇場へ通いつづける。そのなかでいくつかの適役を見いだす。そのひとつが『井伊大老』（北條秀司作）で演じた仙英禅師だった。井伊下屋敷の奥座敷に、「一期一会」と書いた古笠を置いてひとり立ち去る仙英禅師。その場面に感銘を受けた彼女は、團蔵の没後、その想いを切々とつづった「一期一会」を書き上げる。この作品は昭和四十一（一九六六）年十一月号『群像』（講談社）に発表され、翌年には講談社から単行本が出た。読売文学賞に輝き、いくつかの團蔵エッセイのなかでも秀でたものとなる。

歌舞伎ファンの多くが、役者としての團蔵を否定的に捉えた。そんな老優に自己投影させたからこそ、せめて自分ひとりくらい、素直に偲んでみたいと網野は考えたのであろう。そうした故人への素直な想いがこもったこの作品は、多くの読者に感銘をあたえ、いまなお読みつがれている。

こうした團蔵がらみの文章がたてつづけに発表されて数年のち、あらためて事件と向かいあったのが戸板康二だった。昭和四十六（一九七一）年十月号『小説現代』（講談社）に発表した「団蔵入水《じゅすい》」（『団蔵入水』講談社、一九八〇）がそれで、この作品は九十枚ほどの中篇である。「團蔵文学」というジャンルをつくるとすれば、「一期一会」と「団蔵入水」は双璧であろうか。

戸板は、入水の報を受けてまもなく文章を書いている。短文「ある遍路の死」（『劇場歳時記』読売新聞社、一九七〇）はそのひとつで、《そうした行為をあえてした團蔵の心境の中には、いきどおりの表情がひそんでいるような気がしてならない》と書き、《不幸

（講談社、1980年）

な余生でなく、みずから演出して、いさぎよく浮き世に訣別していった團蔵を見送る者の心に残るのは、じつはたいへん痛烈な現代の劇壇にたいする批評だともいえそうである》とした。そこには戸板なりの「推測」があった。

それから五年のちに「団蔵入水」を発表するまで、「團蔵について書いてみたい」という気持ちがあったのか、なかったのか、寡聞にしてぼくは知らない。ただ、網野の「一期一会」を意識して読んだのはたしかで、「団蔵入水」のなかでもひんぱんに言及されている（先述した作家たちの文章には、まったくふれていない）。そこで差別化をはかりたいと考えたのか、この作品には、そのほか多くの團蔵モノとは決定的に異なるところがある。戸板が、故人の歩いた足跡をたどり、疑似体験していることだ。入水の真相をもとめて、四国への取材旅行に出たのである（本人は《調べて書いたノン・フィクション》だとしている）。

編集者とともに小豆島まで足をのばし、團蔵が最後に泊まった旅館「たちばな荘」に宿泊し、故人が眺めたおなじ景色を共有している。宿の女性にも取材をし、夕食でさわらの刺身を肴に特級酒を飲んだことをつきとめる。さらにフェリーの出港前、べつの旅館では一級酒を飲んでいたことをつきとめる。それは本人が「一級酒でいい」と言ったからではないか。巡礼者に特級酒はそぐわない。それがなぜ、最後に泊まった宿では特級酒を飲んだのか。気分は歌舞伎界のシャーロック・ホームズ、中村雅楽《なかむらがらく》である。こうした旅での名推理は、作品の後半でたっぷりとつづられる。

じつは、私は、團蔵は自分の死を、初代吉右衛門が死んだ直後から考えていたと思っているのだが、小豆島に来たのが、ここを死に場所にえらぶつもりでは、かならずしもなかったと見ている。

また仮に自殺を考えたとして、その手段を入水《じゅすい》と決定していたわけではないと思う。瀬戸内海をたちばな荘の松の間で眺めているあいだ、まだほんとうの決心はなかったはずである。決心は、坂手に行ってから、ついたのだ。

（「団蔵入水」）

ではなぜ、瀬戸内の海を死に場所にえらび、船上からの入水を決意したのか。戸板は、ある有名詩人の詩碑を確認して、ひとつの答えを見つける。つまり、詩碑を前にした團蔵が、自分の飛び込む未知の世界をそこでさとり、入水という人生の幕ひきを導きだしたと。
先行する「ある遍路の死」では、《團蔵の心境の中には、いきどおりの表情がひそんでいる》とし、《痛烈な現代の劇壇にたいする批評》だと書いた。しかし、「団蔵入水」には、「いきどおりの表情」や「劇壇にたいする批評」といった言葉が見あたらない。そのかわり、フェリーから海に身を投じる姿を想って、こんなふうに書いている。

みんなが寝しずまった山水丸の甲板で、雨に打たれながら、手すりをゆっくりまたいで、船を蹴った時に、團蔵は、自分の過去の中のいやなもの一切を、同時に蹴り、まっしぐらに、平安の待っている浄土へ走って行ったのだった。（前掲書）

故人の足跡をたどらないと、ここまで想像では書けない。あとがきにも《こういう時に、現地に行くことに、やはり深い意味があるのが、よくわかった》との一文がある。もちろん、戸板ほどの才人なら、小豆島まで行かずとも原稿は書けたはず。取材旅行のきっかけは編集者からの誘いだったけれど、実際に旅をしてみると、いろいろとイメージも湧いてきた。ないまぜになる史実と推理。「団蔵入水」の魅力がそこにある。欲をいえば、父子の團蔵二代をテーマに、まるまる一冊書きおろしてほしかった。そこまで書く気がなかったのは、題材への愛情不足か、ネタ不足か。『六代目菊五郎』（演劇出版社、一九五六）、『久保田万太郎』（文藝春秋、一九六七）、『折口信夫《しのぶ》坐談』（中央公論社、一九七二）といった名評伝を著した人が、團蔵だけで伝記文学を書いていたら……。もはやかなわぬ夢である。

戸板は「団蔵入水」ののちも、「わき役の名舞台　百姓十作・八世市川団蔵」（『演劇走馬燈』三月書房、一九八四）や、「八代目團蔵」（『忘れじの美女』三月書房、一九八八）といったエッセイで、この役者のことをつづっている。後者では、《小手の利かない、この役者には、やはり独得の味があったと思っている》と書き、「名優」と評することはなかった。そのうえで、劇評家の立場をはなれた、あたたかい目線を感じる。そのやさしさが、いまなお多くの愛読者をもつゆえんであろう。

昭和六十二（一九八七）年五月、歌舞伎座。團蔵の孫である銀之助が、九代目團蔵を襲名した。その姿を客席から眺めながら、戸板の胸に去来したものはなにか。團蔵の歩いた最期の道をたどった作家としては、感慨ぶかいものがあったはずである。

# Ⅲ　ふるほんに読むバイプレーヤー

# 銀幕小杉劇場　小杉勇

杉並区荻窪のささま書店でおもしろい新書本を見つけた。滝川和巳著『往年のスターたち　消えた歌手・俳優を追って』（三田書房、一九六九）。『週刊アサヒ芸能』（徳間書店）の記者である著者が、引退したスターや、不遇の死をとげた俳優の消息をたどった労作である。読み物としてはもちろんのこと、資料として重宝する。そのなかの「引退した老優」という章に、小《こ》杉《すぎ》勇《いさむ》（一九〇四～八三）の名前があった。

某週刊誌で「故人」と書かれ、「いつ亡くなったのだ」という電話やら手紙が殺到したらしい。東京・世田谷でもちろんまだ健在である。

（『往年のスターたち　消えた歌手・俳優を追って』）

当時、六十五歳。映画界から引退し、隠居生活をおくるにはまだ若すぎる。戦前の日活多摩川撮影所で活躍し、内田《うちだ》吐夢《とむ》や田《た》坂《さか》具隆《ともたか》の作品で名演を見せた人も、晩年はさびしい日々を過ごしていた。《若い連中に仕事をまわしてやってるんだ》（前掲書）と言いつつ、どこか負け惜しみのように読める。「戦前の名優」も、「戦後の名脇役」にはなれなかった。

宮城県は石巻の生まれで、端麗甘口な二枚目というより、土くさく野生味のある性格俳優であった。それがかえって小杉の名声を高め、悪くいえば「天狗」になった。むかえた日中戦争と太平洋戦争。国のため、映画界のため、さらには日本文化向上のため、鼻息はますます荒くなる。

そんなとき上梓したのが、著書『随想　銀幕劇場』（昭和書房、一九四一）だった。太平洋戦争開戦の三か月前に刊行された本書は、俳優としての生活記録をつづった第一部、映画演技についてさまざまな角度から論じた第二部、国家非常時における映画人の公的立場について説いた第三部と、三部構成になっている。時代は風雲急をつげるころ。だとしても、この役者の自意識過剰ぶりにはいささか閉口する。自分のことを褒めちぎった映画評を引用したうえで、こう結論した。

（昭和書房、1941年）

私と云ふ俳優は断じてインテレクテュアルな役者でない。愚正にすぎる程、真摯な演技をする役者である。映画俳優らしくない映画俳優、ヒューマニスティックな味のある俳優。それでゐて、どこかに茶目っ気があり、好人物で腹を隠すことの出来ない俳優である。平凡な人間、然も底の方にはどうしても人間的誠実を与へないやうな平凡人を演ずるに長じた俳優。以上が銀幕から観察された小杉勇といふ映画俳優の全貌といふことになるらしい。

（『随想　銀幕劇場』）

そこまで書くのは、いかがなものか。《俳優ことに映画俳優は、ともすれば己惚れが強く、自分自身を知らなすぎる》といった文章もある。そうまで書いた「映画俳優」が戦後、週刊誌上で勝手に殺され、六十代で隠居したのだから、これでは説得力がない。まさか本人も、そんな後半生になるとは思わなかっただろう。

映画界のなかでも国策には協力的で、「映画産業報國運動」を提唱した人物である。《高度国防国家の建設と云ひ、国家総力戦と云ふ以上は、吾々にも均しく国難に応召せる軍人魂を己が魂とし、日常の労作総て、国に捧げた軍務と心得るべきである》。俳優が書いた文章とは、とても思えない。「映画俳優の新体制ユニフォームをつくる」というアイデアがまたすごい。

戦争がおわった途端に、鼻息の荒かった小杉は萎《な》えてしまう。仕事も、どちらかといえば脇役が目立つ。軍刀をふりまわした陸軍中将が、行き場をなくして焼け跡をふらつき、ガード下でカストリ焼酎をあおる。そんな感じである。

『随想　銀幕劇場』のなかに、東野英治郎（当時、本庄克二）と自分とをくらべて、《舞台俳優に要求される演技と、映画俳優に要求されるそれとは、余りに厳然と異なつてゐる》という一文がある。その「舞台俳優」である東野が戦後、小杉の「映画俳優」という縄張りを荒らしてしまった。東野のほかにも、小杉の縄張りを荒らした舞台俳優はすくなくない。古巣の日活に活路を見いだし、裕次郎や旭やジョーの映画につきあうのは、本人としてはいい気がしなかったかもしれない。

そもそも脇役としては器用な人ではなかった。風格と存在感、重々しさとツブの悪いセリフまわし。佐分利信《さぶりしん》と似た芸風である。でも、サブリダイコンには、甘さがあったし、土の風味もあった。コスギダイコンは、煮つまりのあんばいが濃すぎて大味だった。映画人としてのキャリアはユニークで、なんとなく気になる、好きな役者ではあった。

『随想　銀幕劇場』も、自意識過剰ぶりが鼻につきつつ、興味ぶかいエピソードがいろいろとあって、愛蔵している（高岡徳太郎の装幀がまたすばらしい！）。画家を夢みたこと。白木屋《しろきや》のサラリーマン時代、新国劇の澤田正二郎に感化され、その幻影に悩まされたこと。内田吐夢にお茶菓子を出しても、絶対に食べてくれなかったこと。そんな吐夢に、監督としての美学を見いだしたこと。

なかでもユニークなのが、自作の戯曲「瓢吉・次野・勘次と私」である。小杉と、『土』の勘次と、『路傍の石』の次野と、『人生劇場』の青成瓢吉が、小杉家のサロンでビールを飲みながら雑談に興じる芝居である。瓢吉、次野、勘次、いずれも小杉が得意とした役どころで、発想はおもしろいけれど、戯曲としてはいささか陳腐であった。

芝居だけではなく、演出にも興味のあった人で、本書に寄せた演技指導や撮影技法へのうんちくがすごい。昭和三十年代には俳優業をつづけながら、映画監督に転身。第二の人生が、ここからスタートするはずだった。しかし、メガホンをとるのは併映用のC級モノばかり。六十本ほどの作品を手がけながら、これといった代表作はなかった。「ポルノ映画を撮らないか」と乞われて腹を立て、六十代はじめで引退したらしい。

ぼくの知るかぎり、引退後の小杉が出演した作品はただひとつ。三船敏郎が精魂こめてつくった大作『大忠臣蔵』（NET、現・テレビ朝日）にゲスト出演して、内蔵助（三船）が心酔する老住職を演じただけである。ヒューマニスティックで味のある演技とは思えなかったけれど、世界のミフネが厚遇していることだけはわかった。

亡くなったのは、それから十二年後。七十九歳だった。その四日前には、往年のハリウッド女優であるグロリア・スワンソンが死去し、ときおなじくして戦前の日米の大スターが逝ったと、当時の週刊誌には報じられている。

**文庫追記**　あらためて読みなおし、ずいぶんひどい書きっぷりに閉口した。小杉勇のファンなのです。愛情の証、だと思ってください。戦前日活の名作群はもちろん、戦後日活の脇役もイイ味わい。菅井一郎の初監督作『泥だらけの青春』にちょっと出てくる浴衣姿の大物映画監督は、いかにもな感じでうれしかった。

　昭和三十年代の小杉監督の作品にも、あらためて見ると佳品がすくなくない。『名寄岩　涙の敢斗賞』（日活）は、名寄岩のチャーミングな芝居と、監督の相撲愛が化学反応を起こして芸道物の名編に。同作を上映した神保町シアターの客席では、すすり泣く声があちこちに聞こえた。『刑事物語　東京の迷路』『同　殺人者《ころし》を挙げろ』（日活）では、歌舞伎の初代松本染升《まつもとそめしょう》をタイプの異なる役でキャスティングした。後者のクライマックスは『第三の男』を思わせる地下水道が舞台で、日活版フィルムノワールで見ごたえあり。ホントに小杉勇が撮ったのか、疑いたくなった。小杉が監督をつづけたのは、撮影所仲間の生活のためという事情があったらしい。

　小杉勇関係の古本もいくつか書棚に増えた。田坂具隆の原作を菊池寛が校閲した『五人の斥候兵《せっこうへい》』（モダン日本社、一九三八）は、同名映画を題材にした青少年向けのノベライズで、表紙とカバーには小杉ふんする岡田部隊長の似顔絵があしらわれた。『日活多摩川誌』（日活多摩川撮影所、一九四二）は、フィルムがうしなわれた作品も多いだけに、戦前日活時代の小杉を知るうえで、得がたい一冊である。雑誌では『映画朝日』昭和十四（一九三九）年九月号に「小杉勇さんの住居拝見」という記事を見つけた。小杉邸はおしゃれな洋館で、愛犬のグレートデンを「ジャイン」と名づけてかわいがる姿が紹介されている。

さらに最近、石巻出身の縁から、ふるさととの復興支援をかねて発売されたポストカードセット『俳優小杉勇の描いた花』をよろこんで購入した。息子で作曲家の小杉太一郎（故人）への評価も高まり、アルバムが出されている。これからも小杉勇から目が離せない。

# チャンバラオペラ　秋月正夫

「島田ッ！」「新国劇ッ！」「たぁっぷり！」

平成十三（二〇〇一）年七月十四日、日本橋の三越劇場。ステッキを手にした袴姿の島田正吾に、客席から声がとんだ。盟友、辰巳柳太郎の十三回忌追善として上演された「『国定忠治』芝居読み」でのひとコマで、国定忠治は辰巳が生涯の当たり役としたものだ。「辰巳があの世で、ヘソをまげていると思います」。ボルテージが上がりっぱなしの客席に、島田は、はにかんでそう言った。悠然たる艶姿。それがぼくにとって、最後の舞台姿となってしまった（島田は平成十六〔二〇〇四〕年十一月、九十八歳で亡くなった）。

「新国劇ッ！」。そんな声がかかることは、もうない。そう思うとさびしいけれど、新国劇そのものは、いまから十八年前に幕をおろしている。ファンの高齢化、育たないスター、劇団を支える脇役の不足。新国劇は、いつしか時代錯誤なものとなっていた。

華やかなりし黄金時代には、新橋演舞場や明治座に幟《のぼり》がゆれた、島田と辰巳の脇には、いい役者がたくさんいた。「新国劇の母」と敬われた久松喜世子《ひさまつきよこ》、悪役を一手に引き受

（堀田金星の私家版、1956年）

けた石山健二郎、すごみのある俠客が絶品だった河村憲一郎、そして、線の細い枯れた、それでいて色気のある芸風が魅力の秋《あき》月正夫《づきまさお》（一八九六〜一九六八）。いずれも亡い。

なかでも秋月は、男っぽさが売りものの劇団のなかで、地味に、淡白に、堅実に生きた。新書判の『随筆集　蛙の寝言』（堀田金星／山ノ手書房、一九五六）は、そんなバイプレーヤーが、還暦と芸能生活四十年を記念してまとめた自叙伝である。若干は販売されたものの、ほとんどは私家版として関係者にくばられた。玉石混淆とした脇役本のなかでも、超A級のレアモノである。

序文を寄せた顔ぶれはそうそうたるもの。長谷川伸、北條秀司、谷屋充といった劇作家から、島田、辰巳、久松ら劇団の盟友まで、ゆかりある十一人がお祝いを寄せた。そのなかには、田谷力三《たやりきぞう》と篠原正雄の名前がある。かたや往年のオペラスター、かたやオペラの名指揮者。いささか浮いている存在に思える。

じつは若き日の秋月は、堀田金星と名乗るオペラ歌劇の俳優だった。二十歳のとき、赤坂ローヤル館の「ローシー・オペラ学校」に入門。オペラ俳優としてのキャリアをスタートさせ、ローヤル館が閉館したのちは、日本のオペラの本場だった浅草に進出する。甘いマスクの二枚目ながら、老け役や三枚目を得意として、それなりに人気があったらしい。

それでも半生をともにする劇団とはなかなか出会えず、浅草、奈良、大阪、九州と各地を転々としていく。流浪のオペラ俳優はここで、「歌劇」の「歌」を捨て、「劇」に生きる決意をする。松竹蒲田撮影所でチャンバラスターとなったのは、そののちのこと。主演映画もあり、そのころの映画スチールを見ると、水もしたたる白塗りスターだったことがよくわかる。

しかし、京都の下加茂撮影所で林長二郎（長谷川一夫）が鮮烈なデビューをかざり、行き場をなくした金星は、ふたたび流浪の身の上となった。『蛙の寝言』では、デビューからここまでの道のりが、淡々とした文体でつづられていく。むかえた三十代。それなりの脚光を浴びつつも、腰の落ち着かないそのキャリアに、金星は疑問を抱きはじめる。

主役でなくともよい、もっと良い配役で、良い舞台装置や、照明機構のある劇場で、良い脚本で芝居がしたい。……と考えるようになりました。演劇の世界から見たら自分などは誠に小さな存在かも知れませんが……しかし、たとえ小さな星の光りであっても、「もっと良識の揃っている輝く星座の中に身を投げ出して苦しみたい。希望ある新たな発足がしたい！」と、念願する心が、日に日に強烈に働いてきました。

（『随筆集　蛙の寝言』）

新国劇へ誘われたのは、ちょうどそのころ。創立者の澤田正二郎をうしない、劇団が青息吐息のときだった。流浪の日々に別れをつげた金星はここで、「秋月正夫」になる。劇団理事の俵藤丈夫は、《黒地上布の着流しで、一見歌舞伎の二枚目か女形かと思われる優姿《やさすがた》、新国劇座員のタイプとひどく掛けはなれたものが感じられて》と書いている。キャリアはある。夢もある。オペラ仕立ての『勧進帳』で、弁慶を演じたこともある。見た目はやさ男でも、チャンバラの心得は知っている。主役でなくていい。澤田先生の末席を汚したい。このめぐりあわせが、役者としての後半生を決めた。右に芸術、左に大衆、柳にとびつく蛙のマーク。以後、頑固なまでに新国劇に心血をそそぎ、島田と辰巳のふたりを支えつづけた。

そうした脇役人生を歩むなか、一度だけ、華のある主役を演じたことがあった。ラジオ全盛時代の物語放送で、大佛次郎の『鞍馬天狗』（ラジオ東京）。「声の鞍馬天狗」といえば、島田正吾が子ども向けに放送したシリーズに、圧倒的な人気があつまっていた。「声」に自信がもてず、「歌」を捨てた秋月には、いささか荷の重い仕事となった。

……面白いことに、いや正直なもので……セリフ廻しで「鞍馬天狗」が「木葉天狗」のように、「近藤勇」が「遠藤勇」になったりするが、僕の役どころの脇役の「長七」や「吉兵衛」になると俄然生彩が出てくるということ……（略）やはり餅は餅屋、「語り」は徳川さん（筆者注・徳川夢声のこと）にお任せして、徒《いたず》らに間口を拡げまいと思っている。

（前掲書）

「天狗のおじさん」を演じることができて、本当はうれしかった。《苦しい仕事だったが面白い仕事でもあった。僕の貧しい芸歴に、一頁を加えてくれた》。そうよろこびをつづった秋月は、このあとも新国劇にいて、亡くなる前の年まで舞台に立った。

谷中の墓地に、澤田正二郎のお墓がある。そこにお参りした帰り、秋月は、かつて住んだ根津のかいわいをなつかしく歩いてみた。そこから都電に乗って、浅草のオペラ劇場に通ったころをしみじみと追憶する。都電のそばを、トロリーバスが走りぬけていく。都電にはレールがあって、トロリーバスにはそれがない。

《ハテ自分のこしかたは無軌道だったかしら》

還暦のころに書かれた日記の一節である。

**文庫追記**　『蛙の寝言』を《超A級のレアモノ》と自慢げに書いたけれど、古書展や古本屋、インターネット「日本の古本屋」でちょくちょく見かけるようになった。脇役本の品ぞろえでは定評のある南池袋の古書往来座（フリーペーパー『名画座かんぺ』の発行人であるのむみちさんが働くお店）の棚では、ずっと売れ残っていた。秋月正夫のペン署名入りで、杉寛（浅草オペラ時代の盟友で、映画・テレビにも出演）へ宛てた献呈本である。たしか二千円で、往来座に行くたびに気になっていたので、持っていたけれど買った。

前から所持している版とくらべると、表紙のタイトル書体が微妙にちがっている。右文書院版で紹介したのは山ノ手書房が少部数のみ販売した普及版で、タイトルの書体が活版印刷の活字を使っている。古書往来座で買ったものは純粋な秋月正夫の私家版非売品（書影参照）で、書体が手書きの文字になっている。奥付を確認すると、前者の発行人は出井晴治《いでいせいじ》（山ノ手書房）の名義で、後者は堀田金星の名義になっている。堀田金星は、浅草オペラ時代の秋月の芸名である。

# 酔《よい》の人　大矢市次郎

昭和四十二（一九六七）年、文学座が創立三十周年を記念して、久保田万太郎の代表作『大寺《おおでら》学校』を上演した。記念公演ということもあり、劇団新派から大矢《おおや》市次《いちじ》郎《ろう》（一八九四～一九七二）を招いたことが話題になった。

新派でなじみのある久保田戯曲とはいえ、大矢が客演するのは新劇の舞台だ。しかも演じるのは主人公の大寺三平（大寺学校の校長）役で、古稀をすぎたベテラン俳優も緊張していた。稽古の初日にはセリフをすっかり覚えていて、慣れていないはずの立ち稽古はスムーズにすすんだ。むしろ緊張して驚いたのは、招いたはずの文学座の劇団員たちだった。

最終幕。大寺と同僚の光長（三津田健）のふたりが、延々と三十分あまり、酒をくみかわす場面がある。ここで大矢は、微妙に少しずつ酔っていく「酔演」を披露し、それを目の当たりにした若い役者たちは言葉をうしなった。じっくりと時間をかけ、シラフからほろ酔い、泥酔へ。おちょこひと口も飲めない下戸役者の「芸」が、そこにある。

大矢の芸については、杉良太郎の『これこそわが人生』（読売新聞社、一九九一）にこん

（六芸書房、1965年）

な逸話がある。杉主演のテレビ時代劇『文五捕物絵図』（NHK）でのひと幕。屋台で老人（大矢）が飲んでいる。老岡っ引き（東野英治郎）が、熱弁をふっかける。老人は黙々と飲み、泣き、はなみずを垂らすだけ。収録後、その芝居に打ちのめされ、こうべを垂れる東野。無視する大矢。東野は傷心のまま帰宅し、ひと晩じゅう泣いたとのことである。

花柳章太郎や初代の水谷八重子を支えた名脇役で、古武士か老侠客を思わせる風貌だった。そんな新派の名脇役が、古稀を記念してエッセイ集を出した。『日々願うこと』（六芸書房、一九六五）。自著の刊行を鼓吹するような人でなく、実の息子の死に感じるところがあって出版を決めた。装幀と造本は美しく、つくり手の愛情が感じられる。ただひとつの心残りは、刊行をたのしみにしていた花柳の急逝だった。新派に生きたふたりは、おない年であった。

生まれは浅草。大阪でランプの卸し問屋をしていた父親が、事業に失敗して東京で再起をかけた。しかし、東京での商売はうまくいかず、家計を助けるべく十三歳の大矢は舞台俳優となる。最初は藤井六輔の弟子となり、「藤川宗六」と名乗った。この本を読むまで知らなかったけれど、「大矢市次郎」は本名である。一度は藤川宗六を芸名としたものの、先輩に藤川金雄という役者がいて、本名を芸名にしたという事情があったらしい。

大矢は、中堅の役者として頭角をあらわしつつ、こなす仕事は老け役や悪役ばかりだった。十八歳にして白ヒゲの老人を演じ、血気さかんな若者には気にくわない日々だ。でも、役の研究はおこたらなかった。奮発してカメラを購入し、酔っぱらい老人や役所のつとめ人を写しては、役をぬすんだ。上野駅に半日いついて、改札口や待合室のあらゆる階層の老人をぬすみ撮りしたこともある（屋内での撮影に失敗し、現像すると一枚も写っていなかった）。そうした努力が、のちの「渋さ」を培養していくことになる。

若いころの秋月正夫が流浪したように、大矢もいくつかの劇団を渡り歩いている。ただ秋月の場合は、心酔した澤田正二郎はすでに亡く、弱っていた新国劇にみずから活路を見いだした。大矢はちがう。心酔していた芸の師匠からじきじきに、新派への復帰をうながされたのである。その師匠というのが、「いい容貌」に引っかけた名優、伊井蓉峰《いいようほう》だった。明治後期から昭和初期にかけての劇壇に君臨した、新派の大御所である。地方で田舎役者をしていた大矢を、東京にもどそうとする伊井の言葉が泣かせる。

君は名のある樹《き》だが野性の樹で、のほうずに打っちゃっておくと変な枝葉がふえてどうにもならなくなる。今が一番その手当てを必要とする時期なのだ。

そこで私が植え木屋になってハサミを入れようというのだ。クセを直し、枝をはらって、りっぱな邸宅の玄関先か、庭先へ移し植えても、一きわ目だつ樹に育ててみようと思うのだ。

どうしてこういうことを君にいうかと問われれば、どうやら我々の手で花を開かせた新派を、こんどは実らせて良種をとってくれる人を育てることが急務だと私は思っているからだ。それは私たちの責任だとも思っているのだ。どうだい、君の素質にほれ込んだために、君に与えるチャンスだ。

(『日々願うこと』)

そのうえで伊井は、母親の生活費の援助まで申し出てくれた。こうまで言われて固辞する理由はない。大矢、三十歳のとき。義理がたい明治の役者は、その恩義をわすれることができなかった。伊井が亡くなったのは、昭和七(一九三二)年八月十五日のこと。いらい祥月命日はもとより、毎月十五日のお墓参りも欠かさなかった。大矢といい、秋月正夫といい、文学座の龍岡晋といい、劇団と師への愛しかたには頭が下がる。

敗戦の日。大矢は、やはり伊井の墓の前にいた。叫び、泣き、懇願した。「どうか新派を守ってください。お願いです」。そして、決然と墓参を絶つことを心に決めた。月に一度のお願いが、毎日のお願いになったからだ。「日々願うこと」。タイトルの由来は、そこにある。

戦後、劇団新派はふたたびスタートをきった。喜多村緑郎を長老に、花柳、八重子、伊志井寛《いしいかん》、初代 英太郎《はなぶさたろう》、三代目市川翠扇《いちかわすいせん》（当時は紅梅）と役者はそろい、大矢の名声はますます高まっていく。年齢より二十、三十と若い役どころを演じる機会もふえてきた。ただ、老境をむかえる彼には、大きな悩みがあった。

「声」である。シブい役者は、声もまたシブかった。それが魅力ではあったけれど、本人は声量の乏しさをうれえ、ノドに対して神経質になった。「新派を守ってください」。ついでに、私のノドも守ってください」。亡き師にお願いするには、いささか欲ばりすぎか……。そこでご加護を願ったのが、巣鴨のとげぬき地蔵だった。「ノドのとげを抜く」という意味である。もちろん、毎月四日の御縁日参りは欠かさず、十年以上、それをつづけたという。

昭和四十七（一九七二）年の春。英、伊志井、大矢が相ついで亡くなり、新派の存続があやぶまれた。それでも、大矢の願いが通じているのか、新派は細々と今日にいたっている。

# 脇役わずらい　浦辺粂子、菅井一郎、河津清三郎

先に書いた大矢市次郎は、舞台だけではなく、テレビやラジオでも活躍した。それなのに、映画にはほとんど出演していない。その理由らしきことを、菅井《すがい》一郎《いちろう》（一九〇七～七三）が書いている。昭和三十（一九五五）年公開の大映映画『新・平家物語』。原作は吉川英治、監督に溝口健二、大矢は平清盛（市川雷蔵）の父忠盛を演じた。

「大矢君、それだけしかやれませんか。駄目ですね――」

と、溝口さんの罵声が追い討をかける。

もう、そうなると、大矢さんだってだれだって駄目である。まして、私たちと違って、封建の匂のする権威の座に坐っている人には、やり直しとか、駄目ですね、というような言葉は耐えられないに違いない。

私は、大矢市次郎さんの眼に、涙が光るのをこの眼で見た。

（菅井一郎「映画深なさけの記」『映画わずらい』）

溝口のスパルタ演出は有名で、菅井もさんざん罵声をあびた。たとえ相手が不馴れな舞台人であろうと、それはおなじことだ。溝口に泣かされた大矢は、傷ついたのか、ヘソをまげたのか、映画ぎらいになってしまったという（大矢の著書『日々願うこと』には、この件はふれられていない）。

このエピソードは、脇役共著本『映画わずらい』（六芸書房、一九六六）におさめられている。著者は、若いころから老け役をやった浦辺《うらべ》粂子《くめこ》（一九〇二〜八九）、日活のアクションもので活躍した菅井一郎、東映任俠映画で大悪親分を得意とした河津《かわづ》清三郎《せいざぶろう》（一九〇八〜八三）の三人。浦辺の「映画こそ我がいのち」、菅井の「映画深なさけの記」、河津の「夢は映画をかけめぐる」の三部構成からなり、それぞれがみずからの映画人生をつづった。戦後の日本映画には欠かせない脇役たちの、カツキチ青春・壮年、熟年回想録である。

それにしてもシブい顔ぶれだ。なぜ、この三人の共著なのか。河津の言によると、「水曜会」という仲間うちの勉強会があり、それがフリーの俳優集団「第一協団」へと成長していった。浦辺、菅井、河津は水曜会時代からの仲間で、その三人の友情を軸にして本書が生まれた。装画と本文カットは、絵画が趣味だった菅井が腕をふるっている。第一協団には、菅井、河津のほか、藤原釜足、田中春男、本郷秀雄、清水元、山本礼三郎、植村謙二郎、河野《こうの》秋武《あきたけ》、三島雅夫、清水将夫、山村聰《やまむらそう》らが名をつらねた。脇役好きにはたまらない梁山泊といったところか。わすれられたグループながら、映画界に果たした役割は大きく、この本はその意味でも貴重な一冊といえる。

三人のなかでは、菅井の書いた「映画深なさけの記」をおもしろく読んだ。監督を夢みた映画俳優は多くて、彼はそのひとりだった。フランキー堺がひとりで十四役をこなした奇想天外で無味乾燥な空想おバカ映画『フランキーの宇宙人』(日活)を撮ったのはこの人だ。ゆえに映画監督への目線も、三人のなかではいちばん厳しく、がんちくがあった。

アル中の名匠にして、映画界では奇人の類ともいえる中平康《なかひらこう》。その中平の作品に、菅井が脇の弁護士役で出た(タイトルの公表は避けている)。いくつかのシーンを撮りおえて、中平が言った。「イメージにあわない」。すぐさま役をおろされた。引きさがれないのは菅井だ。役者としてのプライドがある。監督の心得もある。ふたりの対立は平行線のまま、結局、役をおろされた。菅井は、よほど腹にすえかねたようで、五ページにわたって中平批判を書きなぐっている。

映画の監督というものは、役者を、虫けらかなんかを踏みつぶすような仕方で、侮辱してよいものなのか。私は、四十年だ五十年だということの、無意味さを、中平君によっていやという程、思い知らされた。

「死のう」なんてことは、この時は夢にも考えなかった。無法者のオートバイにひっかけられたも同然だから、そんな死に方はごめんである。

ただ、腹が立った。無性に腹が立った。

（前掲書）

重要な役ではないにしろ、脇役にだってこだわりがある。映画にわずらい、いながらも、スターへの夢が絶たれたバイプレーヤーたちは、小さい役にこだわりを見いだすしかない。実名をあげて中平康を断罪したその怒りは、大人げないにしろ、もっともな言い分であった。

　晩年の菅井は、それほどうまい脇役とは思えなかった。滝沢修や小沢栄太郎の穴うめはこなせても、彼らほどの印象は残せなかった。この本が出てすぐ、盟友の河津は東映に乞われ、花田秀次郎（高倉健）やお竜さん（藤純子）の正義の刃にたおれた。

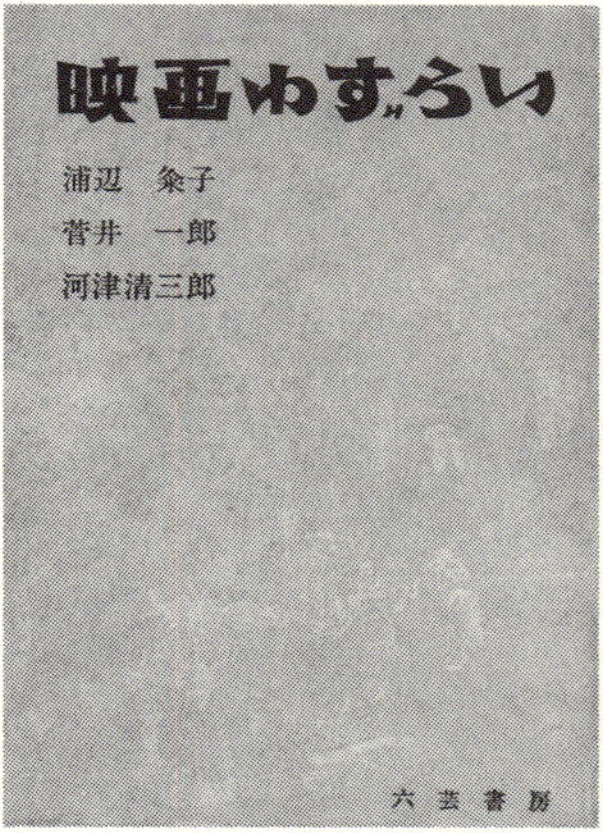

（六芸書房、1966年）

しかし、そこに菅井の姿はない。テレビ時代劇に出て、往年のなまぐさい味を見せたくらいである。悪役の世界もシビアだった。

最後に、版元の「六芸書房《りくげいしょぼう》」について書いておきたい。浪花千栄子の『水のように』、大矢市次郎の『日々願うこと』、共著本の『映画わずらい』、いずれも六芸書房の本である。ほかにもこの版元は、三代目市川翠扇の『九代目團十郎と私』(一九六六)、曽我廼家桃蝶《そがのやももちょう》の『芸に生き、愛に生き』(一九六六)、益田喜頓《ますだきいとん》(キートン)の『乞食のナポ』(一九六七)、杉村春子の『自分で選んだ道』(一九六九)といった役者本(脇役本)を出している。浪花、翠扇、杉村、水谷八重子、山田五十鈴、東山千栄子、久松喜世子による『七人の女優の生活と意見』という無性にほしくなる共著本の近刊案内も残っている(未刊におわった)。商業出版としては、なんともシブいラインナップだ。

社長は岩田卓介といい、美術書や日本文化本を多く出している。ここにあげた脇役本も、判型、装幀、造本ともに彩りゆたかで、ぜいたくな本づくりが魅力だった。昭和四十年代だけで三十点ほどしか出版物がなく、そのなかに画家の高光一也の作品集が何点かある。この高光の後輩に、マキノ映画の脚本部にいた瀬川芳郎がいて、瀬川の知人に大矢市次郎や河津清三郎がいた。

さらに、翠扇の『九代目團十郎と私』には「原稿の整理・補筆」として瀬川の名があり、彼がゴーストライターだった可能性は否めない(大矢本と翠扇本の装幀は高光が手がけた）。この版元が多くの役者本を出したのは、そうした人脈があってのことだったのかもしれない。

**文庫追記**　十年ちかく前、都内名画座のラピュタ阿佐ヶ谷で中平康監督の『その壁を砕け』（日活）が上映され、出かけた。冤罪を晴らすまでを描くサスペンスで、劇団民藝の役者がぞろぞろ出てくる。冤罪の若者（小高雄二）を救う弁護士を芦田伸介が好演し、「菅井一郎が中平に降ろされた役はこれかな」と思った。ただ、菅井本人は『映画わずらい』のなかで信欣三《しんきんぞう》が代役をしたと書いているので、根拠はない。あくまで推測である。

# 隔離病棟の怪優　伊藤雄之助

東京・本駒込にある三百人劇場が、渋谷実の回顧特集をやったことがある。あまり観ることのない『気違い部落』（松竹）が上映されるというので、さっそく出かけた。八王子の山村が舞台の、きだみのるの原作で、タイトルに問題があるのかビデオやＤＶＤになっていない。因習にとらわれた風変わりな村の物語で、とりたてて差別的な内容をふくんでいるわけではない。タイトルだけで封印されるのは、もったいないと思った。

それにしても疲れる映画だった。部落を牛耳る金貸し夫婦に山形勲と三好栄子、駐在さんに伴淳三郎、村人に伊藤雄之助《いとうゆうのすけ》（一九一九～八〇）、三井弘次、藤原釜足、中村是好《なかむらぜこう》などなど、クセのある脇役の見本市のようだ。村八分にされる木こり（伊藤）と、金貸し（山形）とのケンカシーンは、どちらもはげしい攻めの芝居を見せるので、さすがにクドかった。

この作品では主演だったものの、伊藤はもともと脇の人である。冷酷無比な悪役から不器用な善人、とぼけた三枚目まで、なんでもござれの人だった。なが～いウマヅラはもちろんのこと、やる気のないような、バカにしたような、かったるいセリフまわしがたまらない。

名脇役は多い。脇役本も多い。でも、名脇役の本が「名著」となり、「ベストセラー」になることは稀である。『大根役者・初代文句いうの助』（朝日書院、一九六八）は、そんなめずらしい例のひとつとなる。「ゴテ男」「文句いうの助」の異名をもつ性格俳優の楽屋や放送局での発言をまとめたもので、帯には《社会派俳優伊藤雄之助が俳優生命を賭してブチ撒けた芸能界への告発状　痛快無比　八方破れの文明批評　ご存知――伊藤流舌法の見事な冴え！》とある。けっして大げさなコピーではなく、それ以上のはげしい内容をもっている。

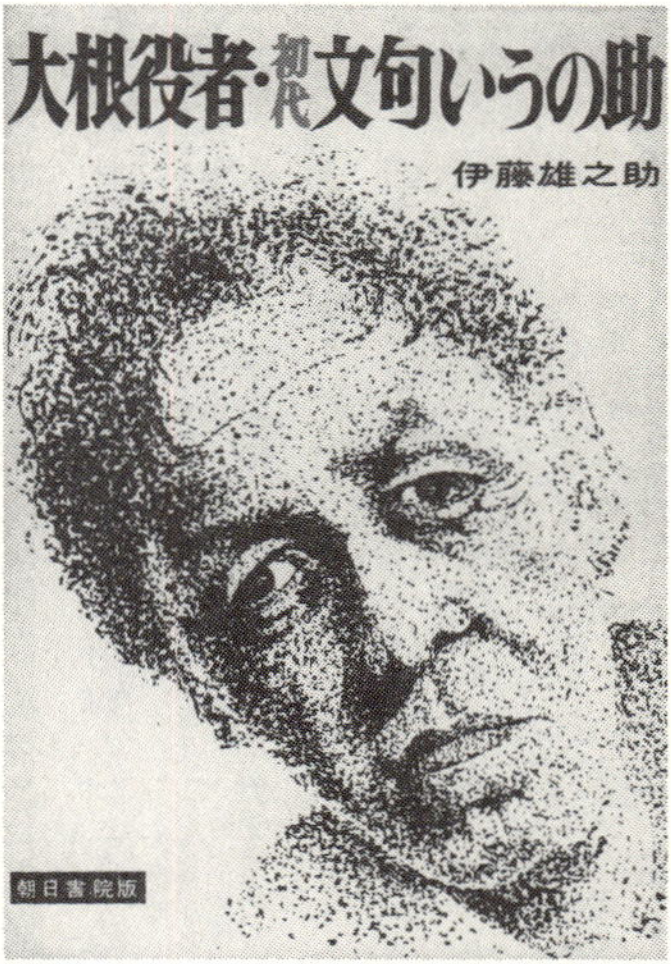

（朝日書院、1968年）

伊藤はまず、映画界を《気違い部落》と書き、そこに生きるものたちを《（精神病院の）隔離病棟の住民たち》とした。これが本書の基本コンセプトだった。それにのっとり、具体的な実例をあげながら、いかに芸能界が《気違い天国》であるかをあきらかにしていく。

ちかごろの映画やテレビを見ると、企画の方向や、シナリオ、演出の設定で、すでに、性器だけはあるが、知性はかけらもない女子大生、サラリーガール、人妻などが登場してきます。役者が白痴化していては白痴の役も演じられない、といったのはむかしのこと、いまは、役者が生地のままで、あるいはちょっとソースをふりかければ、ピッタリ白痴役にはまるのですから、

「千両！」

と、大むこうから声もかかろうもの。

（『大根役者・初代文句いうの助』）

顔だけのニューフェイスを《包装紙はピラピラときらびやかで、中のアメはちっともおいしくないキャンディ》と言い放ち、テレビ番組を《即席ラーメン》と断じる。映画会社、放送局、新人俳優、ベテラン役者、スタッフ、放送作家、広告代理店……「文句いうの助」の対象はあちこちに飛び火して、気持ちよく引火する。

そのほこ先は、役者の組合である映画俳優協会（映俳協）や、学校を休んで撮影所に押しかけ、石原裕次郎に黄色い声をあげるハイティーンにも向けられた（「文化大革命」について説き、女子高生からバカにされる伊藤がおもしろくも悲しい）。モーゼの十戒をパロディにした「映画界の十怪」という文章もある。

有名性格俳優の、ゆがんだお小言エッセイ。そんな先入観をもって読んでもいい。いずれもまっとうな正論なので、反論はむずかしいはずだ。得がたい存在のバイプレーヤーだっただけに、芸能界から完全に干されることもなかった。この本が出てすぐに脳梗塞で倒れるものの、執念のリハビリのすえ、数年のちにはカムバックしている。

父親は初代澤村宗之助で、歌舞伎の家に生まれた。その父が早世したため、伊藤は幼い身空でさまざまな艱難辛苦を味わう。十四歳のとき、坂東簑助（八代目三津五郎）から受けた仕打ちがすごい。本番中にもかかわらず、まったく芝居の相手をしてくれず、「大根、大根」と小声でつぶやくという陰湿なイジメだった。楽屋で涙にくれる劇壇の孤児は、梨園の御曹司に殺意を覚えたと書いている。

おそらく、俊才の名が高い同氏にしてみれば、同じ歌舞伎一門の中からわたしのような鈍才が生れたのが、目ざわりでもあり、腹立たしくもあったのではないでしょうか。「愛の鞭」という考え方にこだわれば、いじめていじめていじめ抜いて、わたしがこらえきれずに役者をやめれば、そのほうがわたしのためにも、歌舞伎のためにもよい、と思っていたのかもしれません。

（前掲書）

（ワーナー・パイオニア、1977年）

不条理な劇壇でつちかわれた反骨精神。それは、映画界に転じたのちも変わることがなかった。それが「気違い部落」で生きぬく糧《かて》となり、役者としての個性となった。『大根役者・初代文句いうの助』の魅力はそこにある。

　この本は高校生のときに読んだ。いちばん最初に買った脇役本である。映画好きの友人にすすめたら、わざわざ古本屋でさがしてきて、彼もすっかり雄之助信奉者と化していた。惜しむらくは、復刊を名乗り出る勇気ある版元がないことだ。ちくま文庫あたりで出せば、話題になると思うのだが。なお本書は、元版と別の版元から出たバージョンとで装幀がぜんぜんちがう。別バージョンは勘亭流のタイトル文字だけなのに、元版（書影参照）では伊藤のウマヅラが全面にフィーチャーされている。

　伊藤には「脇役本」ならぬ「脇役レコード」もある。題して『四角い函』（ワーナー・パイオニア、一九七七／作詞・ほむら遙、作曲・原田良一、編曲・小野崎孝輔）。着物姿で縁台に腰をかけ、アンニュイにたたずむ姿が、ジャケットになっている。♪あした〜が　あるな〜ら　生きて〜もいける〜さ♪　ものすごいオンチ声でしみじみと歌いあげ、鶴田浩二っぽい長々としたセリフがつづく。《そりゃあねえあんた　甘いんじゃないかな　世の中　そう楽なことばっかり　ありゃしませんよ》。ちなみにB面は『彼岸花』というタイトルで、こちらも哀愁ただよう名曲だった。

「四角い函の気違い部落」にくたびれたのか、プライベートでは書画や読書を愛する素朴な人柄だった。「のんびり本でも読んでくるよ」。そう言ってふらっと出かけた熱海で急逝したのは、還暦のとき。それから今年で、四半世紀になる。

**文庫追記**　平成二十三（二〇一一）年十〜十二月、ラピュタ阿佐ヶ谷で雄之助の出演作三十本を一挙上映する「世紀の大怪優　ＦＡＮＴＡＳＴＩＣ　伊藤雄之助」が開催された。同館スタッフの方が『四角い函』をデジタル化してくれて、特集の期間中、館内には雄之助の歌声と語りがエンドレスで流れた。かなりシュールな光景だったけれど、ＳＮＳなどの反応を読むかぎり、来場者の評判は上々だったらしい。

　ほかにも雄之助出演作はたくさんある。東京都の防犯啓蒙映画『あき巣―ある泥棒の告白―』（朝日テレビニュース）、原爆裁判を題材にした『人間であるために』（新映画協会）のような雄之助主演作もあるので、特集の第二弾をぜひ！

# タレント漫遊記　東野英治郎

「脇役本」の著者はややマニアックな存在なので、出した本が「タレント本」になることはすくない。ただ、脇役からメジャーな主役スターになってしまうと、たちまち安直なタレント本になってしまう。こうした脇役本は概しておもしろくないし、「名著」になりにくい。その一例として、東野《とうの》英治《えいじ》郎《ろう》（一九〇七〜九四）のエッセイ集『漫遊無限「水戸黄門」とともに14年』（講談社、一九八二）がある。この本は大学時代、神保町の豊田書房の目録で見つけた。かなり期待して注文したので、とどいたときはうれしかった。さっそく読んだら、期待はずれも大きかった。

タイトル、表紙、帯、本文図版、なにからなにまで黄門さまづくしだ。奥付を見ると、初版は昭和五十七（一九八二）年十月二十五日となっている。これがじつにきわどい時期で、その一週間前には東野黄門にとって最後のシリーズとなる『水戸黄門　第十三部』（TBS）が鳴り物入りでスタートしていた。「最後の東野黄門」という話題性に乗ったタレント本で、推薦文を松下幸之助が書いているのは、「ナショナル劇場」という縁があったからだ。

弊社提供のテレビ番組『水戸黄門』が、十四年間もの長きにわたって、幼いお子さんからお年寄りまで幅広く支えられた秘密の裏には、黄門さまを演じられた東野さんの並々ならぬご努力と熱意があったればこそと思います。

この本は、俳優東野英治郎さんのすべてを語るもので、演劇人として一筋に打ちこまれてきたそのお人柄がにじみ出ていて、読むものに感動を与えます。

（『漫遊無限　「水戸黄門」とともに14年』）

（講談社、1982年）

『水戸黄門』の人気の秘密に、《東野さんの並々ならぬご努力と熱意があった》ことはたしかだ。ただし、《俳優東野英治郎さんのすべてを語るもの》とは、お世辞にもいえない。四六判、百九十二ページ、よくも悪くも四十五分あれば読了できる内容しかない。夜の八時から読みはじめると、格さんが印籠を出すあたりで済んでしまうはずだ。

どうやら引退発表を受けて、放送開始までのあいだにいそいで編集したらしい。本書は、「読売新聞」日曜版に連載されたエッセイを土台にしているものの、それだけではページ数が足りず、未來社から出た二冊の著書『私の俳優修業』（一九六四）、『じゃが芋の皮のむけるまで』（一九七四）のなかから、いくつかのエピソードを採録している。黄門づくしの本に思えるけれど、読んでみると三十ページほどしか黄門ネタはない。『漫遊無限「水戸黄門」とともに14年』の構成は以下のようになっている。Ⅰ「僕にとっての黄門さま」、Ⅱ「故郷、そして少年期」、Ⅲ「新劇を志す……」、Ⅳ「映画――なつかしき人々」、Ⅴ「テレビ――それは失敗からはじまった」、Ⅵ「つれづれに想う」、Ⅶ「ヨーロッパ、中国、そして満州」。黄門、生い立ち、新劇、映画、テレビ、身辺雑記、旅行記……。ある意味では「俳優東野英治郎のすべて」を語っているけれど、いくらなんでもつめこみすぎた。このへんがタレント本の悲しいところか。

しかも本文の内容などおかまいなしに、やたらと黄門さまの写真ばかりが挿入されている。歌舞伎座に通っていた青年時代を追想しているのに、黄門さまがどじょうすくいをしていたり。松竹映画の名脇役の思い出をつづっているのに、酒樽に入ってご満悦のショットがあったり。つっこみどころは満載である。そうした粗雑なつくりが災いしたのか、それほど売れなかったようで、古本屋ではあまり見かけない。あっても安い。

東野黄門さまは、平日夕方の再放送でよくやっている。ぼくとしては、柳沢吉保（山形勲）にしか興味がないし、あのカッカッカッな高笑いは、あまり好きではない。東野英治郎といえば、やっぱり銀幕のバイプレーヤーだと思いたい。

創立いらい、亡くなるまで俳優座に属した。劇団の運営費を捻出するため、数百本におよぶ映画、テレビ、ラジオに出演している。そのほとんどが脇役で、映画ではアクの強い悪役を得意とした。東映時代劇でも、日活アクションでも、いつもすごんで、殺されるばかりである。東映のオールスター映画『任俠清水港』で演じた猿屋の勘助のように、紋切り型ではない悪役を演じるとうまかった。進藤英太郎や吉田義夫よりもずっとリアルだったように思える。でも本人は、そのころのアクの強さが気になっていたようで、「映画――なつかしき人々」のなかで、こんな一文を書いていた。

　旧作映画がよくテレビで放映され、僕の出演した作品にぶつかる。いつだったか、若尾文子さんと共演した作品で、これでもかといった芝居をやっているのです。いま、ながめて、そのいやらしいこと。

　人によっては、自分の出演した旧作映画のテレビ放映を嫌うようですが、こうした機会に、かつてのおのれの姿が確認でき、反省もできるわけですから、いい教訓材料なのでしょう。そういう臭い芝居でも、当時は「流石」とか「達者だ」とかの評価をもらった演技ではあるのです。

ケチな自尊心とでもいうのでしょうか、どんな役でも持ってこい、の時代があったのです。万々可能などという自負心は、いま考えれば恐れ入るばかりです。（前掲書）

しかし、黄門さまで諸国漫遊の旅に出たため、脇役や悪役ができなくなった。ファンとしては、なんともさびしいことである。もともとナショナル劇場のシリーズで黄門さまを演じるのは、森繁久彌のはずだった。それが森繁黄門で映画化をすすめていた東宝とTBS（制作協力・東映）のあいだでトラブルがおき、森繁黄門は幻になってしまう。そこで舞台以外では主役に縁のなかった東野に、白羽の矢が立った。以来十三年、水戸光圀は生涯の当たり役となる。

「カッカッカッ、の高笑いがもうできない」。黄門さまからの引退を決意した東野は、この本の冒頭に《夢中ですごした反動は大きい。もう少しぼんやりとしていたいと思う》と書いた。テレビ局や映画会社も、いまさら悪役で使うわけにはいかず、さりとて主演作を企画するわけにもいかない。それからは俳優座の精神的支柱となり、役者稼業はときおり特別出演するのにとどまった。

なお、このエッセイ集とおなじころ、『悲劇喜劇』が「特集　東野英治郎」（同年十一月号）を組んでいる。小沢栄太郎のエッセイや、本人へのインタビューなど、東野文献としてはこちらもおすすめである。

**文庫追記**　演劇・演芸評論家でエッセイストの矢野誠一は、名優の素顔に数多く接し、その印象をたくさんのエッセイに書いた。矢野のエッセイ集『舞台人走馬燈』（早川書房、二〇〇九）に、中村伸郎が亡くなったとき、東野英治郎が夫人に付き添われて弔問におとずれたエピソードがある。

《ステッキに両手をささえたまま、じっと眠りつづける中村伸郎に見入っていた。やがて口をひらいた東野英治郎は、しきりになにか語りかけるのだが、ほとんど言葉になっていない。思いがけず老優ふたりの別れに立ち会ったわけだが、身のひきしまる思いがした》

『舞台人走馬燈』は、好きな役者の名前がずらりとならぶぼくの愛蔵本で、この脇役本でとりあげた人では、東野英治郎、滝沢修、中村伸郎、宮口精二、龍岡晋が登場する。ほかにも、文野朋子、宮阪将嘉（宮坂将嘉）、清水将夫、一の宮あつ子、須賀不二男、井上孝雄、小鹿番《こじかばん》、仲谷昇《なかやのぼる》、高原駿雄など、舞台、映画、テレビ、ラジオで活躍したバイプレーヤーの素顔がつづられている。ほんとうにすばらしい本です。

# サロンの女主人　細川ちか子

雑誌対談の名インタビュアーといえばまず、『週刊朝日』の「問答有用」での徳川夢声をあげたい。もうひとり、平成十七（二〇〇五）年で生誕百年をむかえる細川《ほそかわ》ちか子（一九〇五～七六）を、名うてのインタビュアーとして特筆しておきたい。雑誌『評』（のちの『新評』）に「細川ちか子対談」を長く連載していて、そうそうたる財界トップの聞き手となった。かたや百万の読者をもつ週刊誌、かたやエグゼクティブを相手にした経済誌。連載の知名度では夢声に劣るものの、インタビュアーとしての話術に遜色はない。

この連載は、昭和三十三（一九五八）年のスタートから、足かけ十年つづいた。連載対談の女性ホストとしては越路吹雪（『旬刊ラジオ東京』「ごめんあそばせ」）のほうが古いものの、長くつづいた点では細川に分がある。「問答有用」より二年ほど長くつづき、女性による連載対談の先鞭をつけた人だった。

ぼくはどちらかというと男優びいきなので、思い入れのある脇役女優はそれほどいない。でも、細川ちか子は好きだった。築地小劇場出身の新劇人で、黒ずくめの衣装の似合う正統派美人である。あまたの男性ファンにかこまれ、丸山定夫や嵯峨善兵といった役者とは浮き名を流した。その美しさは、熟女になっても変わりがない。後半生は劇団民藝の看板女優となり、映画やテレビに出演した。戦前はP．C．L．戦後は日活映画によく顔を出している。

悪役や憎まれ役をやらしても、うまかった。日本の熟女優が底意地の悪い上流階級夫人をやると、コメディになってしまう。でも、細川には「品」があったし、老婆になってもネグリジェ姿の似合う女性だった。ひんぱんに芝居の相手をした吉永小百合に、イモっぽいかわいらしさが増したのは、この人が格調高く引き立てたからであろう。そのことは、小池朝雄の名演もわすれられない日活映画『泥だらけの純情』を見ればよくわかる。

（評論新社、1963年）

そんな艶のある女優さんに招かれたら、海千山千の財界トップも鼻の下をのばすはずだ。そんな下心をもって相手にしたら、とんだ大やけどは必至である。衆議院議員を父にもち、丸山定夫、嵯峨善兵、それに自民党の派閥トップにまでのぼりつめた藤山愛一郎とのロマンスもある。

恋多き女優だった(藤山とはのちに結婚)。

この対談は、長尾みのるが挿絵を手がけた非売品豪華本の『社長への招待　細川ちか子の財界インタヴュー』(評論新社、一九六三)がまず発行され、普及版の『こんちわァ社長さん　細川ちか子・財界50人対談』(同、一九六七)がのちに出た。『社長への招待』に、細川はこう書く。

実に私は呑気に、どこの社長さんのお部屋にも、「こんにちわァ」と入って行きました。貴女は誰の前に出ても物怖しませんねと、いつか附添われた記者の方にいわれた事がありましたけれど、それは私の年の功かな？　と思ってみたり、おや、年増女の図々しさなんて感じられてるといやだな、などと考えたりもしましたけれど、も一つには私が全く専門外の世界に住む人間で、いくらハッタリで見せかけてみたって、とうてい追いつけるものでないと、頭から割り切っていたせいでもありましょう。

(『社長への招待　細川ちか子の財界インタヴュー』)

相手がどんな大物だろうと、物怖じしない。《電車でもうけて宝塚に注ぎ込む……》(阪急電鉄の小林米三)。《PHP運動というのはつきつめると共産主義と同じことになりませんか》(ナショナルの松下幸之助)。《社長さんみたいにいろいろと機械を考え出される方たちは、私どもが人間を考える考え方と、人間というものの概念が違いやしませんか》（ソニーの井深大）。《私たちなんか、やはり郵便局の窓口なんかが一番気安くていいんですけれどもね》（三菱銀行の宇佐美洵）。

いずれも手きびしい。戸板康二はこの対談について、《サロンの女主人が、客をもてなしながら、優雅な手つきで、お茶をついでいるような感じ》（『百人の舞台俳優』）と書いたけれど、銀座の高級クラブのママが、なじみの社長さんをちょっといじめているようにも思える。

五十編ある対談のなかでは、東急電鉄社長の五島昇とのやりとりがケッサクだった。伊豆半島に新路線を走らせたいと語る五島に、無礼にも難癖をつけたのである。いわく、伊豆半島に電車を敷くより、房総半島に走らせたほうがビジネスとしていいだろうと。相手は私鉄経営のプロだ。五島もかるく受け流せばいいものを、本気になって相手をするから、ちょっとした論争になってしまった。

**細川**　そうすると、売ってしまった稲村ヶ崎の代替品としていいところを見つけているのですが、もう湘南地方なんかは飽和状態であふれているでしょう。これから目をつけるのは房総だと思うのです。

**五島**　伊豆半島にして下さいよ（笑）。あすこに鉄道作りますから（笑）。いま、準急にのって、伊東まで一時間五十五分で行くでしょう。あれを電車を作ると、五十キロ一時間で行くのです。そうすると、三時間で下田まで行きます。房総半島ですと、千葉を回って行ったら館山まで五時間ぐらいかかりますね。それからフェリーで横須賀から向うへ渡って、東京から自動車で三時間以上かかるかな。

**細川**　房総はいいと思うのですよ。

**五島**　頑固ですね。それはやはり伊豆半島の方がいいと思いますよ。

（前掲書）

それでも細川は、引きさがらない。《奈良へ行くとか、和歌山へ行くとかいうことが、簡単に行かれちゃいましょう。どうして房総半島にぱっと行かれるようにして下さらないのですか。忘れてはしませんか、といいたくなる》。関西の大手私鉄をたとえに出して、乗客のサービス向上のためにも、房総半島に鉄道を敷くべきだと力説する。ただの飾りもののインタビュアーではなく、持論を遠慮なく口にするところが、この対談の醍醐味であった。この対談集は、豪華本と普及版ともに、あまり古本屋でみかけない。どこかの版元で新装版を出してくれたらうれしいのだが……。

細川は亡くなるまで、その艶やかさをうしなうことがなかった。死の前の年には民藝の舞台に立ち、アーサー・ミラーの『セールスマンの死』でリンダ役を演じ、大役を見事にこなした。享年七十。大女優にふさわしい幕ぎれだった。

**文庫追記**　最初に出た大判の豪華本『社長への招待』は、長尾みのるの挿絵がふんだんに入っていてたのしい一冊となった。その四年後に普及版として出た『こんちわァ社長さん』は、漫画家のおおば比呂司のイラストがとてもいい。おおばがカバーイラスト、題字、挿絵のすべてを手がけ、カバーにはかわいい細川ちか子の似顔絵が描かれている。

この対談集に関しては、豪華版と普及版の両方を入手するのがオススメです。

（評論新社、1967年）

# 病床でみた夢　木暮実千代

ある日の松竹大船撮影所。京都からとりよせた小道具用のまんじゅう三個が、忽然と姿を消した。激怒する監督。困惑するスタッフ。その顛末を、たまたま現場にいた木暮《こぐれ》実千代《みちよ》（一九一八〜九〇）が目撃していた。甘いものには目のない女優Aが、三個ともぬすみぐいしていたのである。しばらくして、女優Aが緊急入院した。見舞いにおとずれた木暮に、彼女が言った。

「わたし、糖尿病なの。トイレが近くって、お水ばかり飲んで、甘党狂いでしょ。とうとう倒れちゃって検査をしたら血糖値が六〇〇にもなってて……。あの時、食べた大福が最後になっちゃったけど……」

やせ細ってしまった女優Aは、まんじゅうをぬすみぐいしたことを告白した。そして、大粒の涙を流した。それを聞いて木暮は驚愕する。「わたしの症状とそっくりではないか」。著書『生きているって素晴らしい　笑いと涙の闘病記』（アイペック、一九八九）に紹介されている悲劇である。

テレビワイドショーが定着し、俳優の私生活がおおやけにされることで、「脇役闘病本」というジャンルが生まれた。ぼくの書棚には、千秋実の『生きるなり　脳卒中から奇跡の生還』（文藝春秋、一九七九）、高橋悦史の『生と死の隣合わせに』（近代映画社、一九九六）、小松方正の『俺は元気な大病人　役者人生50年、笑って祈って闘って』（第三文明社、二〇〇〇）などのタイトルがならぶ。たまたま病室をともにした一教師が、竜崎勝《りゅうざきかつ》の闘病生活をつづった峰尾静彦著『役者の戦死』（講談社、一九八六）という異色作もある。

こうした闘病本は、タレント本としても売れ線の企画だった。

『生きているって素晴らしい』は、そうした「脇役闘病本」のひとつである。初版から半年で十四刷とあるから、売れた本だった。木暮の女優人生は病歴にむしばまれ、後半生は病院と現場を行き来するばかりだった。本書では《まるで病気のデパート》と悲しく自嘲する名女優が、ポジティブに生きるための処方箋をつづっていく。

（アイペック、1989年）

　汽船会社の重役令嬢として生まれ、玄界灘の荒波にもまれ、水泳と陸上が得意なスポーツ少女だった。デビューは、戦前の松竹映画。戦争中は、満洲に渡って生死をさまよう体験をしながら、満洲新聞社理事長の和田日出吉と出会い、のちに結ばれる。戦後は、映画雑誌のアンケートで上位をしめる人気女優となり、マダムジュジュ化粧品やサンヨー洗濯機の広告モデルとして活躍。結婚して十年のちには子宝にめぐまれ、いそがしくも順風満帆な日々をおくった。

しかし、妻として、母として、女優として、華やかに奮戦するなかで、過信と生活の乱れが若い身体をむしばんでいった。糖分たっぷりの清涼飲料水をガブ飲みし、脂肪分たっぷりの揚げ物を食し、いそがしさのあまり睡眠もろくにできない。身体の変調には気づいていたものの、そのまま家族にも相談をせず、手おくれとなってしまった。

変調に耐えきれず、大学病院で精密検査を受けたのが四十代のころ。その結果に木暮は言葉をうしなう。①糖尿病、②高血圧症、③動脈硬化症、④肝硬変、⑤痛風、⑥慢性膀胱炎、⑦甲状腺腫、⑧腎結石。それでも仕事はつづけた。休息を知らない人気女優の病状は、さらに悪化の一途をたどっていく。本人の過信や油断に原因があるとしても、それからの後半生はあまりに酷なものだった。

わたしの場合は、ひとつの病気が治っても、いつまでも病人のままである。

（『生きているって素晴らしい　笑いと涙の闘病記』）

入退院をくりかえすことで、映画の仕事はへっていった。戦後の人気女優は、いつしか脇の中年女優となっていく。むしろそちらのほうが、女優としては魅力的だったように思える。細川ちか子と似て、熟女になっても艶気はうしなわない。田坂具隆や内田吐夢作品での助演、あるいは、東映の大奥ものでの好演を思い出す。晩年は活躍の場をテレビや舞台にうつし、映画出演の機会にはあまりめぐまれていない。五十代、六十代の二十年間で出演した作品は、たったの十本のみ。そのほとんどが脇役だった。

ただ、木暮の足跡をたどってみたとき、人一倍みのりのある人生をおくっていることに気づく。銀座にスター養成学校「スター・メーカーズ・スクール」を開校し、みずからのプロダクション「木の実会」の代表にもなった。児童施設に舞台活動の収益金をすべて寄付したり、保護司となって少年犯罪者の更生の手だすけをしたり、中国人留学生をホームステイさせたり、熱心にボランティアもこなした。いちばんの理解者である夫に先立たれたのちは、入退院をくりかえしながら、実業や女優業をつづけている。

本文のラストは、病床でみた夢の話でしめくくられる。笛や太鼓の音色で、にぎやかに奏でられるお寺の本堂。それは本人が喪主となった、木暮実千代のお葬式だった。

驚いたことに、故人になりかわって葬儀のお礼を述べているのは、このわたし自身だから、なんとも不思議な夢だった。

「皆様、生前はたいへんお世話になりました。本当にありがとうございました。ではさようなら」

会葬者の拍手に送られて、わたしは笑顔をうかべながら、パパのいる天国への階段を登っていく――。

目覚めると、すがすがしい朝の陽射しがキラキラと輝いていた。今日はまた、どんなおもしろいことに出会えるかしら。（前掲書）

前向きな言葉ながら、死期をさとった遺言のようにも読める。長男には、「お棺のなかに電話機を入れてほしい」とことづけた。亡き夫の居場所がわからないとき、１０４にダイヤルするという気持ちからだった。この本が出てわずか半年のち、木暮は息をひきとる。

《わたしの場合は、ひとつの病気が治っても、いつまでも病人のままである》。たくましく生きた名女優の、悲しい本音であろうか。

文庫追記　木暮の著書『おしゃれ学入門―身も心も10歳若返るための本』（佼成出版社、

一九七三）を後日、見つけた。

　木暮は昭和三十年代、日本ではまだ珍しかったチャーム・スクール「スター・メーカーズ・スクール」の主宰となった。『おしゃれ学入門』は、スクールでの経験と専門家から得た知見を通して木暮が説く、心身美容学の本である（文章を読むかぎり、ゴーストライターが書いたものだろう）。「〝結婚は人生の始まり〟と心得ましょう」「二五歳が皮膚の美しさのピーク」「いつも人の目を意識しましょう」「顔は作品、髪は額ブチ」「現代の『かわいい女』」といった見出しでわかるように、良妻賢母と女らしさ、お肌のハリとツヤをベースにした内容となっている。いまとなっては各方面からの反発も予想されるが、昭和四十年代の心身美容学の資料・記録として読むと、これはこれで社会文化のひとつの記録である。

　こうした自己啓発本や実用書は、古本では二束三文の均一本なれど、見つけるとなると見つからない。それなりに貴重な脇役本である。

（佼成出版社、1973年）

# チンケイウォー、シャオ、シャオ　草野大悟

老舗の劇団から小劇場へと転身した役者のなかには、うまいバイプレーヤーがたくさんいる（個人的には蟹江敬三が大好き）。五十代のはじめで亡くなった草野大悟《くさのだいご》（一九三九〜九二）が生きていれば、映画やテレビドラマもずっとおもしろいものになったと思う。あがらない風采、ひょうひょうとしたユーモア、とらえどころのない渋み。変質者や犯罪者もうまかったけれど、むしろ善人役の似合うバイプレーヤーだった。

生まれは台湾。終戦ののち、両親の故郷である鹿児島に引き揚げ、明治大学の演劇科（除籍）、文学座をへて、芝居仲間とともに六月劇場および演劇センター68／69を結成。それからはマイペースなフリーの立場となり、芝居と酒と女におぼれる無頼派役者としてまっとうした。

その草野が終生の師としてあがめたのが、芥川比呂志だった。その師が、稀代の名エッセイストであったように、彼もまた文筆を愛した。死の翌年には、遺品のなかの百枚ちかいメモや『アサヒ芸能』に寄せたエッセイが、『俳優論』（晶文社、一九九二）としてまとめられている。編集を担当した津野《つの》海太郎《かいたろう》は《大悟は演技だけではなく文章にも凝

りぬくたちだった》と編集後記に書いている。芸風と似たひょうひょうとした文体ではあるものの、周囲が無頼派エッセイを期待するばかりに、思うように書けず悩むことが多かったそうだ。

草野にはもうひとつ、生前に出した名エッセイ集がある。『同志《トンディ》‼ 僕に冷たいビールをくれ「天平の甍《いらか》」中国ロケはみだし記』（講談社、一九八〇）と題された長いタイトルで、カバー写真は中村嘉葎雄《なかむらかつお》の撮影、ふたつの著作とも平野甲賀が装幀を手がけている。

（講談社、1980年）

井上靖原作の『天平の甍』（東宝）は、熊井啓がメガホンをとった大作映画だった。このなかで草野は、中国に渡る留学僧のひとりを演じた。この本は、その中国ロケでのエピソードをつづったもので、妻や友人への手紙、日記、メモをもとに草野本人の手でまとめている。芝居を百本こなすほどのエネルギーを費やしたと、巻末にはつづっていた。

タイトルも奇妙ながら、本文も軽妙洒脱なもので、ゆる〜い内容である。つづられるエピソードは、どうでもいいような身辺雑記ばかりで、ちゃんと仕事をしていたのか疑いたくなる。かといって、現地の人とのふれあいをとおして、中国のいまを伝えるというテーマでもない。この内容で一冊にまとめるには、エネルギーを費やしそうだ。

本書には、ふたりの主人公がいる。ひとりは草野。もうひとりは、僧侶の役で共演した鶴田忍である。草野は書く。《ダボ、体重八十キロ、食通にしてダンディ、シャイ、洒落好き、滑らかな発声、好奇心強し、妻あり、美形、優秀的俳優、本名、鶴田忍》。「ダボ」と呼ぶ草野と、「大ちゃん」と呼ぶ鶴田。このふたりのさしあたってなんの目的もないお散歩点描が、この本のほとんどを占めている。

ダボと大ちゃんは、とにかく仲がいい。ロケ先での余暇とは思えないほど、ひまさえあれば街のあちこちを歩いている。たとえば、「日本的俳優の肉饅的演技論」という一文がある。不思議なタイトルに惹かれて読んでみると、なんのことはない。肉まんやあんまんを買うために、ジェスチャーをするだけのことだった。そのうえで、「肉饅をむさぼるダボと俺」と題されたツーショット写真が添えられる。ふたりともこの旅行（ロケ）のために、そろってカメラを購入。ページのいたるところにスナップ写真が掲載されていて、これがまたヘタクソすぎて笑える。

紀行エッセイとしてはチャーミングなもので、ふたりの擬似体験がたのしめるのがこの本の魅力だ。ウィンドーショッピングにいそしみ、酒を飲み、かわいい婦警さんと記念写真を撮り、釣りに興じ、路上でアイスキャンデーをなめ、パンダのいない動物園にガッカリする。この本のゆるさの秘密は、それだけではない。ふたりのやくたいもない会話が、バツグンにおもしろい。それもどういうわけか、ですます調でのやりとりなのである。

「避孕套《ビーユンタオ》」と題された一文では、北京の百貨商店へコンドームを買いに出かけるエピソードがつづられる。これがもう、とんでもなくバカバカしい会話なのだ。


「ダボ‼　ちょっと、ちょっと、あれじゃないかい？」

「え？　何ですか、孕みを避ける、えーと外套の套ですか？　そうか、なるほど、正確な表現ですね」

「しかも、ほら、隣にあるのはピルだよ」

「そうだ、中国はピル解禁ですものね」

「ダボ、しっかり頼むぞ」

「大ちゃん‼　僕が言うんですか？」


（『同志‼　僕に冷たいビールをくれ』）

意を決したダボは、薬品売り場の女子店員を呼んだ。「同志《トンヂィ》‼」。中国語が通じないので、パントマイムをまじえながら、なんとか購入に成功。ホテルにもどって戦利品を確認し、息を吹きこんでふくらます。言葉をうしなう大ちゃん。おなじくダボ。ふたりの目線があって、しばしの沈黙が流れる。


「少しだけよ……これ……大きすぎないか？」

「大ちゃんも、そう思いますか？」

「思いますよ、俺なんか、いちはやくそう思ったね……うん、ダボも？」

「ええ、こりゃ、だって……」

（前掲書）


説明書をちゃんと読むと、「大、中、小、特少号」とある。知らずにいちばん大きいサイズ（直径三十五ミリ）を買っていたのだった。憔悴しきったふたりは、中と小をあらためて買うことを決意する。《トンヂイ《同志》……これこれ（と指さす）……ター《大きい》、ター《大きい》、……チンケイウォー《我は欲する》……シャオ《小》、シャオ《小》、……。大ちゃん、これでいいでしょう？》。ベッドをショーケースに見立てて、リハーサルをこころみた。翌日のふたりの運命やいかに。それは秘密にしておく。

# 母恋しズウズウ弁　田崎潤

河津清三郎が亡くなったとき、感慨ぶかくそれを受けとめたのが、田崎潤《たざきじゅん》（一九一三～八五）だった。ふたりは戦後の東宝映画のバイプレーヤーとして、ともに演じた盟友である。しかも、顔がそっくりという愛すべき間柄であった。田崎にまちがえられる河津と、河津にまちがえられた田崎。ふたりにこんなエピソードがある。河津ファンの校長先生が、本人だと思い込んで田崎に声をかけた。おもしろがって田崎が訊いた。

「このごろ売り出している田崎潤はどうですか？」

「田崎？　ありゃ駄目だ。ありゃ河津のニセものだよ。ありゃ河津のさしみのつまだよ」

「そうですね。田崎、ありゃつまらんです。ありゃ大根ですよ」

田崎の著書『ズウズウ弁の初舞台　悔いなし、役者人生』（サイマル出版会、一九八三）のなかに、このことは紹介されている。《何年か先に、三途の川の向うの茶屋で、また間違えられるかな》。そう書いた本人も、河津が没して二年のち、あとを追うようにして亡くなった。

（サイマル出版会、1983年）

悪役を得意とした河津にくらべて、田崎は悪役がいまひとつだった。しゃがれた声、かっぷくのよさ、ゲジゲジまゆげ。ヒールの要素はたっぷりなのに、いつもあたたかい人柄がにじんでしまう。対して不器用な純情オヤジをやらせると、これはもう河津の出る幕ではない。そのさいたる例が、マキノ雅弘の『次郎長三国志』（東宝）シリーズだった。

田崎が演じたのは、桶屋の鬼吉。涙もろくて、女好き。名古屋訛りのひどいお人好しで、棺桶かついで喧嘩《でいり》へ出向き、法印大五郎（田中春男）や張子の虎三（二代目広沢虎造）とのやりとりが秀逸だった。次郎長（小堀明男）の愛妻お蝶（若山セツ子）が死んでしまうシーンでの、子どもみたいに泣きじゃくる芝居は、シリーズの見せ場のひとつであった。それにくらべて、河津が演じた茫洋とした大政は、桶屋人気におよばない。

本人も、涙もろい純朴な人だった。『ズウズウ弁の初舞台』をひさしぶりに読みかえしてみて、あらためてそれがよくわかった。なかでも、亡くなった母親への切なる追憶は、感情移入したくなるような名場面がいくつもある。

青森生まれ。本名、田中実。五歳のとき、農水省の仕事をしていた父が、任地先のロシアで亡くなる。五人の子どもをかかえた母は、三男の実を養子に出す。そこは函館の印刷屋だった。母恋しさから、泣いて、泣いて、泣きじゃくった。困りはてた養親は、あきらめて青森の実家へと帰した。それでも生活の苦しさには代えられず、小学校一年のとき、今度は叔父の家へあずけられた。でも、また逃げ出した。汽車に乗らず、吹雪のなかを走りに走って、凍死まぎわのところで救助されたという逸話もある。ズウズウ弁の東北人は軟弱なマザコンながら、さすがの母も心がいたんだ。

そんな大好きな母と、ついに別れのときがおとずれる。役者を夢みての上京、である。十九歳のときだった。ホームシックになるであろう息子に、母はこう言い聞かせた。

「母さん本当に銭《ぜに》コねえはんで、東京の叔父さんの家へいくまでの旅費しかあげられねえよ。悪いけどな、もう帰ってきたくても帰りの汽車賃はねえんだよ。ええが。だども病気か何かでどうしても困った時は、母さんの着物を作り替えた、このセルの着物の左の襟のなかに、十円札一枚縫い込んであるから、それを出して使うんだよ。本当に死ぬか生きるかの困った時だけだよ。ほかの時、襟ほどいて使えばまえね（だめだ）よ」

（『ズウズウ弁の初舞台　悔いなし、役者人生』）

こうして役者になるものの、芸名はなく、本名の「田中実」を名乗った。ズウズウ弁をバカにされ、悲しくなって星空を見上げながら、母恋しさに故郷を想う。東京の風は冷たかった。映画でのイメージが強い人だが、それまでの下積み生活は長かった。ドサまわりの田舎芝居を皮切りに、富国映画、羅門光三郎《らもんみつさぶろう》一座、伊村義雄一座などをへて、上海レビューへ転身。太平洋戦争下で、死線をさまようような体験をしている。この前後、森川信《もりかわしん》、エノケン、清水金一（シミキン）、水の江瀧子らの一座に、脇役として参加していたこともあった。

下積みをかさね、その名がようやく知られるようになるのは、戦後になってから。田村泰次郎の舞台『肉体の門』でメジャーとなり、映画『細雪』（新東宝）で俳優としての地位を確立させた。このときに名前を「田崎潤」に改名している。改名のきっかけは、『細雪』に田中春男も出演していて、「W田中」だと都合が悪いという会社からの指示だった。そこで、田中実と田村泰次郎に敬意を表して「田」を残し、『細雪』の原作者である谷崎潤一郎から「崎」と「潤」をもらいうけ、田崎潤になった。

そののち主演スターにまでのぼりつめることはなかったものの、マキノ雅弘、伊藤大輔、渡辺邦男など、田崎を重宝した監督は多かった。その渡辺の代表作に、嵐寛寿郎が明治天皇を演じた『明治天皇と日露大戦争』（新東宝）がある。「天皇」と呼ばれた渡辺から、田崎にも声がかかった。役どころは東郷平八郎。さすがにおそれ多いとお断りすると、激怒された。《わしがお前ができるように書いて、わしが監督するんだ》。
この映画の撮影中だった。いちばん大好きで、いちばん大切だった母親が亡くなったのは……。まさか東郷大将が涙を見せて、撮影所から飛びだすわけにはいかない。それを知った渡辺は心をいため、撮影を中断させて、田崎を青森へと帰した。しかし、もう遅かった。駆けつけたのは火葬場。愛しい母は、灰となっていた。

あの母がこんな姿にと思うと、かわいそうで、恋しくて、いっしょに死んでやりたい気持ちだった。遺骨をはしで摘んでじいっと見つめていたが、もうたまらなくなって、小さな骨を母を抱きしめるように手でしっかり握りしめた。離したくないので、口のなかにいれ、そのまま呑みこんでしまいました。そうしたら母がずっと私の身体のなかにいるような気がして、何となく落ち着いてきました。今でも母は私の身体のなかにいるようです。いや、います、いつまでも、いつまでも……。

（前掲書）

『明治天皇と日露大戦争』は、空前の大ヒットを記録する。ズウズウ弁の役者にとっても、一世一代の大役となった。

# ノンシャラン　佐分利信

遺族や友人たちが編み、法要の席などでくばる私家本を「まんじゅう本」と呼ぶ。脇役本にも、まんじゅう本はある。小沢栄太郎の書棚にあった『青山杉作』、新派の名女形への追想録『想い出の英太郎』（英つや子、一九七三）、ピーター・フォークの吹き替えで知られる小池朝雄の遺稿集『断想』（小池朝雄文集編集委員会、一九八六）、若くして世を去ったマダムキラーのスクラップブック『写真集　天知茂五十年の光芒』（臼井薫写真の店、一九八七）、新劇人にして古本マニアの故人をしのぶ『安曇野　松本克平追悼文集』（朝日書林、一九九八）、新劇の名おばちゃん女優の十三回忌本『明日に向ってねる　賀原夏子が書いたこと、語ったこと』（劇団NLT、二〇〇四）……いずれも古本屋ではあまり見かけない。

佐分利信《さぶりしん》（一九〇九〜八二）の子どもたちが一周忌に編んだ『写真集　佐分利信』（石崎二郎／石崎三郎／関岡ユリ、一九八三）は、ぜひ紹介しておきたい「脇役まんじゅう本」のひとつだ。

まんじゅう本は、もともとシブいつくりながら、『写真集　佐分利信』はなおのことシブい。Ｂ５判の上製本、六十四ページという体裁で、ブラックの無地で統一された表紙まわりに、小さくえがかれた似顔絵と、「佐分利　信」というタイトルが白抜きで印刷されている。ありし日のキャラクターをほうふつとさせる、愛すべき「塩まんじゅう本」となっている。甘さひかえめのこしあん、といった感じだろうか。

父の死後、古いアルバムや、いろいろな箱に入ってセピア色に変色したブロマイド、スチール写真等を整理しているうちに、その一枚一枚からそれぞれの時代の持つ歴史や文化の重味、移ろいといったものを、しみじみと感じさせられました。そして、これをこのまま死蔵させるのは何かもったいないような気持になり、何とか一冊のアルバムにまとめ、父が生前お世話になった方々にもぜひ見て頂きたいと思い立ち、このような小冊子をつくりあげた次第です。

（石崎二郎「あとがき」『写真集　佐分利信』）

（石崎二郎／石崎三郎／関岡ユリ、1983年）

長男の石崎二郎は、そう書く。この役者については、著書や評伝はなく、まんじゅう本といえども、貴重な文献であることに変わりはない（出演映画リストも完備）。

戦前は、上原謙や佐野周二とともに「松竹三羽烏」のひとりとして活躍した。三羽烏のなかでは上原や佐野ほど二枚目ではないものの、人気はあった。戦後も小津作品をはじめ主演映画は目白押しで、四十代には十三本の監督作品を撮り、秀作はすくなくない。しかし、五十二歳からの十年間は、テレビドラマに専念し、ただの一本も映画出演はなかった。このあたりから、脇役もこなすようになる。スクリーンに復帰したのち、亡くなるまでに出演したのは十九本。うち十三本が、トメや中トメの脇役（配役紹介のとき、いちばん最後や真んなかに紹介される）だった。

とはいえ、佐分利信を脇の人と書くと、読者からクレームを受けそうな気がする。ありすぎる存在感で、共演する二枚目スターの味を殺し、晩年の仕事はどれもおなじにしか見えなかった。おかしな息づかいと、重々しいセリフまわし。かたくななまでに笑わない芝居、そして声。うまい役者ではない。でも、好きなバイプレーヤーとしては五指に入れたくなる。向田邦子の『阿修羅のごとく』（ＮＨＫテレビ）で演じた浮気をする老いた父親役は、最晩年の傑作のひとつだった（浮気相手の年下の子持ち女性にフラれてしまい、ヤケ酒をあおって泥酔するさまは必見！）。

この写真集では、主役も脇役も関係なく、映画のスチールが主となっている。関係者からの寄稿はなく、レイアウトはすっきりしていて、シブい風貌がたっぷりと満喫できる。ページをめくりつつ、いい意味でのワンパターンな映画人だったことがよくわかった。佐分利本人による「のんしゃらん人生　小自叙伝」の一部が、本書におさめられている。

他人《ひと》は、私のことをノンシャランという。ノンシャランとは、フランス語で無頓着のこと。宜しい、ノンシャランを私の演技のスタイルとしよう。意識して得たスタイルではないが、演技のスタイルを身につけることが出来たというのは幸運である。

（前掲書）

北海道の炭鉱町に生まれ、小学校を卒業ののち、夜学に通いながら中学教師をめざす。映画界入りを意識したのはそのころで、職を転々としたのち、日本映画俳優学校に入る。映画デビューは日活で、当時の芸名は「島津元」。風貌にあったいかめしい名前ながら、のちに松竹に移籍して「佐分利信」に名をあらためている。若いころから武骨なキャラクターだったけれど、本当にやりたかったのはメガホンをとることだった。

そんな武骨な役者のライバルが、東大出の山村聰だったというのがおもしろい。山村は佐分利のひとつ年下で、役者として、監督として、まさに好敵手の関係にあった。そのふたりの貴重なツーショットが、写真集のなかにおさめられている。昭和三十八（一九六三）年放送の『対決』（日本テレビ）でのひとコマで、おたがいにジャケットとマフラー姿で、たまらなくお洒落だ。

『対決』は三話完結のテレビドラマで、佐分利が検事を、山村が弁護士を演じ、ふたりが法廷で対決するという内容だった。しかも、交代で監督をつとめるという心にくい趣向でもある。山村は自伝『迷走千里　年々歳々　今を尊く生きる』（廣済堂出版、一九九七）のなかで、「ぼくは冷たいが、聰さんは温かいから」という理由で、佐分利が検事役を引き受けたと書いている。

このドラマの撮影中、佐分利は、最愛の奥さん（元日活女優の黒木しのぶ）をガンでうしなっている。芸能界きってのおしどり夫婦として知られ、その悲嘆ぶりは、そばにいた山村も《涙を禁じ得なかった》（『迷走千里』）という。子どもたちが反対しても、床の間に遺骨をおくことをやめなかったという逸話もある。

写真集のラストをかざるのは、そんなおしどり夫婦の仲むつまじきプライベートショットだった。《父・佐分利信にとって、母こそ〝永遠のひと〟であった。撮影が終わると、芝居の衣裳を着たまま、そそくさと帰宅することもあったとか……》（石崎二郎）。老境での活躍が期待されるなか、佐分利もまたガンに倒れ、七十三歳で亡くなる。その前の年には、「現役72歳　監督の準備は怠らず」（昭和五十六〔一九八一〕年四月十六日付「朝日新聞」）としてインタビューを受け、ふたたびメガホンをとる意欲を見せていた。スウェーデンの名画『野いちご』に感銘を受け、《演出者（ベルイマン監督）の精神的な若さに改めて打たれました》と語っている。

告別式は無宗教で、戒名もなく、会葬者には若いころのブロマイドがくばられた。

**文庫追記**　このたびの文庫化にさいし、文中で挙げた天知茂と小池朝雄のまんじゅう本にくわえ、杉狂児、青野平義のまんじゅう本を増補した。ほかに、「和製ロイド」と呼ばれた正邦宏の一周忌本『オレンヂのかほり　故正邦宏追悼録』（金子英子、一九二八）、若き日の徳川夢声とのロマンスが残る伊澤蘭奢の一周忌本『素裸な自画像　伊澤蘭奢遺稿』（世界社、一九二九）、三代目尾上多賀之丞の十七回忌本『役者余技　尾上多賀之丞写生帖』（尾上菊蔵、一九九五）などがある。まだまだほかにも、世間に埋もれた脇役まんじゅう本があるはずである。

# ミニコミ狂時代　岸田森

まんじゅう本より、もっとさがしにくい脇役本がある。ファンがつくった「ミニコミ脇役本」である。タレントや人気アイドルを主題にしたミニコミは数が多いものの、亡き日本のバイプレーヤーをとりあげたものとなると、なかなかお目にかかれない。神保町の書肆アクセスや中野ブロードウェイのタコシェにもなく、まんだらけの同人誌コーナーにもなかった。まんだらけの店員に「山形勲や山茶花究のミニコミはありますか？」と訊いたら、困惑の表情をされてしまった。

ただし、ひとりだけ例外がいる。岸田《きしだ》森《しん》（一九三九〜八二）。二十年以上前に亡くなっていながら、一部の若者からカルト的な支持を集める性格俳優で、『不死蝶　岸田森』（ワイズ出版、二〇〇〇）というスクラップブックがあるし、ネットの「2ちゃんねる」には「岸田森を語る掲示板」があるし、フィギュアまで売られているくらいだ。

文学座の三幹事のひとりである岸田《きしだ》國士《くにお》を伯父にもち、岸田今日子はいとこにあたる。本人もデビューは文学座からで、芥川比呂志を終生の師と仰いだ。そののち文学座を去り、悠木《ゆうき》千《ち》帆《ほ》（のちの樹木希林、岸田の最初の妻）や草野大悟と「六月劇場」を創立。新劇一辺倒だった役者人生は、大きく変わっていく。

そんな文学座出身の俳優を、なぜ一部の若者たちはあがめるのか？　それは、『帰ってきたウルトラマン』（ＴＢＳ）の坂田健（ウルトラマンはＭＧ５の団次郎）、『太陽戦隊サンバルカン』（テレビ朝日）の嵐山長官をはじめ、昭和四十年代、五十年代の子ども向け特撮ヒーローモノに登板したからである。しかも、狂人や吸血鬼、冷徹な悪役や神経質な男をやらせるとうまい役者で、四十三歳で夭折したのち、俄然人気が高くなっていった。

（STUDIO28、1999年）

そうした事情があって、岸田森をテーマにしたミニコミが続出するという時代が、平成になっておとずれた。『特集岸田森』（東大特撮映像研究会、一九八九）、『吸血鬼は死なず』（坂本真奈、一九九〇）、『岸田森大作戦　ｖｏｌ．１』（日本野獣の会、一九九九）／同『ｖｏｌ．２』（二〇〇二）、なかでも極めつきが、武井崇著『岸田森全仕事　１９６２～１９８３』（ＳＴＵＤＩＯ28、一九九九）というミニコミ本だ。Ａ４判、三百六十八ページの大冊で、コミケ（ミニコミ誌の大規模頒布会）などで販売（頒価二千五百円）されるや、特撮専門誌『宇宙船』（朝日ソノラマ）やウェブ上で話題騒然となり、たちまち完売してしまった。神保町の某古書店では一万円の値をつけていた。あまたある脇役本のなかでも、万単位の値がつくものは稀で、限定本でもまんじゅう本でもなく、ミニコミというところがまたすごい。著者の武井崇はＳＦやホラーの研究者だそうで、このミニコミの刊行動機として、次のように書いている。

俳優岸田森の魅力を、一言で言うことは非常に難しい。私も自分が何故岸田森という俳優が好きなのかがはっきりと人に伝えられなかった。いつも人には、個別の作品での岸田森の活躍を話すに留まってしまう。それしか人に伝えることが出来ない自分が非常にはがゆかった。だったら全部の作品での活躍を語ったら、もしかしたら何かが判るかもしれない……。

（『岸田森全仕事　１９６２〜１９８３』）

小手先だけの小細工はせず、岸田がこなしたすべての仕事を編年体で紹介していく。企画としては単純だが、「全仕事」を網羅することは簡単なことではない。雑本探求家の河内《かわち》紀《かなめ》さんから、「作家の書誌づくりは、一生かけてやる仕事ですよ」と言われたことがあるけれど、ひとりの俳優のすべての出演作をひろいあげるのもおなじことだ。しかもミニコミだとお金がかかるし、出演作を追加することはできない。でも、それをファンサイトにはせず、あえてミニコミにした気持ちはよくわかる。だから、この本を手にしたときは正直いってショックだったし、感銘も受けた。

《全部の作品での活躍を語ったら、もしかしたら何かが判るかもしれない》。そう書いた著者の動機に偽りはない。岸田が出演する演劇、映画、テレビ、ラジオなどの声の仕事、エッセイやインタビュー記事、追悼記事などなど、あらゆるものを発掘してきて、そのひとつずつに詳細なコメントを寄せている。難をいえば、本文が三段組の横書きで、いささか読みにくい。すべての仕事を年代別、ジャンル別にならべているから、どういう役者だったのか、かえってわかりにくいという弊害もある。もちろん、一役者の資料として、これほど重宝するものはない。

ひとりの俳優の全業績をひろいあげるとはいえ、すべてのジャンルを平等にあつかうことは意外とむずかしい。先に書いた『記録　志村喬』が黒澤明一色であったように、ファンがつくったミニコミには、偏りがついてまわってしまう。岸田森の場合は、テレビの特撮番組や映画への傾倒ぶりがすさまじく、文学座の舞台や昼のよろめきドラマの仕事は、ほとんど語られていない。それがこのミニコミでは、思い入れの強弱はあるにしろ、すべてのジャンルを同列にあつかっている。これは立派な成果だと思った。

たとえば、昭和三十九（一九六四）年十二月に文学座アトリエで上演された樋口一葉研究公演『大つごもり』（久保田万太郎脚色、戌井市郎演出）では、龍岡晋が父を、岸田が放蕩息子を演じている。この俳優の魅力を語るうえでは、たとえ無視したところで、岸田ファンを怒らすことのない小さな仕事だ。でも、そうしたていねいにひろいあげた記録が、むしろおもしろかったりする。一葉、万太郎、戌井、龍岡という顔ぶれに、このカルト系バイプレーヤーがからんでいたという事実も興味ぶかい。

俳優にしろ、作家にしろ、ファンがこしらえたミニコミには、著作権や肖像権など、いろいろややこしい制約もからんでくる。それが故人であれば、遺族感情も考慮しなければならない。「損得勘定抜きで、本当に好きだからつくりました」という愛情は、かならずしも遺族に伝わるものではない。これが岸田の遺族や親族に、どう受けとられたのか。個人的には興味がある。いずれにしても、ここまでファンに愛された岸田森。もって瞑すべし、である。

文庫追記　『岸田森全仕事』が刊行されて十八年、武井崇著『岸田森　夭逝の天才俳優・全記録』（洋泉社、二〇一七）が出版された。七百二十ページにおよぶ堂々たる大冊である。前半（第一章「役者を目指して」～第六章「夢のあとに」）は、佐藤慶、寺田農《てらだみのり》をはじめ関係者の貴重な証言をまじえた評伝で、実兄の岸田蕃《ばん》（故人）のインタビュー「〝岸田森　その生い立ち〟」がつく。

　後半は『岸田森全仕事』の大増補改訂版で、「岸田森出演作品　データと解説」「岸田森出演作品年表」「岸田森年表」をおさめる。ミニコミ版の内容を完全収録したうえで、あらたに発見されたり、上演・上映・放送データが揃った出演作と文献を大幅に加筆した。たとえば、昭和四十一（一九六六）年から放送された『真田幸村』（TBS）だけで九ページを割き、詳細なキャスト表とともに全五十二話のあらすじが紹介されている。岸田は海野国三役で出演しているが、TBSにはおそらく映像は残っていないはずだ。

（洋泉社、2017年）

　岸田森というひとりの俳優を軸にした、六〇〜八〇年代の演劇・映画・放送史料として貴重である。ひとりのバイプレーヤーに特化した資料集として、これに勝るものはないのでは、とさえ思う。

　ここまでファンに愛された岸田森、やはりもって瞑すべし、である。

## あゝ紅《くれない》の旗なびく　佐々木孝丸、永井智雄、坂東調右衛門

鎌倉のはずれにある農家。与党幹事長（河津清三郎）から電話がかかる。うすぐらい部屋で、白髪の老人がしゃべっている。「ああ、そっちの火は私が消しておく」。受話器をおく。メガネをとる。ふりむく。顔がアップになる。「総理を呼び出してくれ」。

山本薩夫の大作映画『華麗なる一族』（東宝）でのワンシーンである。「鎌倉の男」と恐れられる黒幕が一度だけ姿を見せる場面で、演じるのは佐々木孝丸《ささきたかまる》（一八九八〜一九八六）だった。リアルな政財界の古老、知的な右翼の大ボス、冷酷無比なヤクザの親分。いずれを演じても、ドスをきかせて画面をひきしめる。その風格ある面構えは、アナーキストとして風雪に耐えた演劇人の勲章であった。

本職は、プロレタリア演劇の闘士である。僧侶の家に生まれ、若くして「アカ芝居」に目ざめ、郵便局や電信局につとめながら、語学や演劇史の勉強に邁進した。俳優、演出家、劇作家、小説家、翻訳家、編集者……さまざまな顔をもち、ペンネームをもつ男。そんな情熱の演劇人が、還暦をむかえてみずからの足跡をふりかえった。『風雪新劇志

わが半生の記』（現代社、一九五九）。生い立ち、芝居と文学にあけくれた青春時代、そして、マルクス主義から転向するまでをつづった、さわやかな回想録である。

当時としては、非合法すれすれの演劇活動だった。上演、中止、逮捕、拷問、投獄、釈放、また上演。警察との息づまる攻防戦や、離合集散をくりかえすプロレタリア組織の内幕が、生々しくドラマチックにえがかれる。小林多喜二が築地警察署で拷問死したときは、劇団の用事で警察署にいた佐々木が遺体安置所にかけつけ、小林の自宅に遺体を搬送している。とはいえ、やっていることは、昨今の演劇青年と変わらない。仲間と芝居をし、ミニコミを出し、アルバイトをし、先輩から影響を受け、友人に裏切られ、恋もする。青臭い使命感、悲壮感、絶望と挫折。そこにこめられた演じることのよろこび。内容のアカっぽさに最初は躊躇したものの、思ったよりもおもしろく、好ましく読むことができた。

（現代社、1959年）

　舞台の人というより、活字の人と思いたくなるようなキャリアも意外だった。いくつもの出版社を転々とし、落合三郎のペンネームで、スタンダールやモーパッサンの訳書をたくさん手がけている。昭和五（一九三〇）年には、自作の戯曲集を二冊出しているくらいで、いずれも古本屋では高値がついている（昨年、落合三郎の戯曲集『慶安太平記後日譚』が、ゆまに書房の『新・プロレタリア文学精選集11』として復刻された）。なかでも有名なのが、革命後のロシアで愛唱された「インターナショナルの歌」の訳詞だろう。

《いざ戦はんいざ　奮い立ていざ　ああインタナショナル　我等がもの》

佐野碩《さのせき》との共訳によるこの革命歌は、若いころにアカにかぶれた安保世代、団塊の世代なら、誰でも口ずさめるものだった。『風雪新劇志』のなかには、映画のロケ先でこの歌に遭遇したエピソードが紹介されている。

かなり大勢の元気の良い青年男女の一隊がピクニックに来ていて、つぎつぎといろんな歌を合唱していた。「ははあ歌ごえ運動という奴だな」と思いながら、撮影の合間に、何気なく彼等の様子を見ていると、今度は「インタ」を歌いだしたので、一種の感慨を抱いてその場に佇んでいると、ロケ隊の中の若い裏方数人も声を合わせて歌い出し、そのうちの一人が、私の姿を見付けて、

「佐々木さん、一緒に歌いませんか。歌詞は教えてあげますよ」

といわれたので、挨拶に困り、
「いや僕は……」
と言葉を濁してその場を立ち去ったことがある。

（『風雪新劇志　わが半生の記』）

訳者、劇作家、編集者時代の回想だけではなく、ミニコミ演劇誌や文芸同人誌づくりに興じていたころの話は興味ぶかい。たとえば、大正時代に仲間と出した『種蒔く人』（種蒔き社）では、ヨーロッパの思想的平和運動「グループ・クラルテ」の誌上輸入をたくらんだ。創刊号には、有島武郎や長谷川如是閑《はせがわにょぜかん》などそうそうたる執筆陣が名をつらねた。この雑誌に若いプロレタリアアーティストたちは、それぞれの青春を賭けていたのである。

そして、創刊号の発売をいよいよ翌日にひかえた。この時点で、資金は底をついていた。駆け込んだのが新宿中村屋。パトロンとして知られる中村屋の相馬愛蔵は、なんと従業員の給料をそのまま佐々木たちに渡してしまった。むかえた発売日！　すぐさま発禁！　新聞広告の目次紹介をすべてカットして、大見出しでこう書いた。「発売禁止！　次号すぐ出る！」。このハッタリが利いて、事務所には直接注文が殺到する。

創刊号の表紙画をえがいたのは、同人である柳瀬正夢だった。口火をつけた爆弾がバクハツ寸前という図柄で、当時としてはめずらしい帯をつけた。コピーは「世界主義文芸雑誌」。佐々木は、本に帯をつけたのは『種蒔く人』がいちばん最初だった、と書いている。検閲にひっかかり、逮捕すれすれでの雑誌づくりながら、かなり好き放題にあそんでいるように読める。このあたりの佐々木の文章は、たのしげでここちよい。「インターナショナルの歌」を日本に広めようとしたのは、『種蒔く人』のころだった。

しかし、プロレタリア運動の肥大化と弊害、それにともなう弾圧に、佐々木は疲れはて、新国劇や前進座の演出を手がけるようになる。マルクス主義と絶縁したのは、太平洋戦争勃発の前年のことで、特高警察の取り調べ室で手記を書かされ、それが「転向」となった。

何に限らず、逃げる姿というものは、あまり見っとも良いものではない。で、見っともよくない不様な姿を、わざわざ人様の前に御披露するにも及ばんと思うので、私の半生記もこの辺で幕を下ろすこととする。（前掲書）

戦後の佐々木は、映画やテレビのバイプレーヤーとして地道に生きた。息をふきかえした新劇の黄金時代。名門三大劇団のなかに、佐々木孝丸の名前はなかった。劇団の運営費をかせぐため、撮影所やスタジオを行き来する滝沢修や小沢栄太郎の姿を、どんな想いで見つめていたのか。佐々木は、なにも語らない。

新劇・舞台俳優の脇役本は、佐々木孝丸の著作だけではなく数かぎりなくある。とてもすべては挙げられないので、新日本出版社から出た永井智雄の『レポート　俳優』（一九七三）と、坂東調右衛門の『脇役一代』（一九七七）の二冊をつづけて紹介する。

永井智雄《ながいともお》（一九一四〜九一）は、俳優座の幹部として長く在籍した俳優である。ドラマ『事件記者』（ＮＨＫ）の相沢キャップ役で一世を風靡した、草創期のテレビスターでもある。黒電話の受話器を肩ではさみ、手にはメモとエンピツ。団塊の世代のテレビっ子なら、誰もがキャップの勇姿を思い出すはずだ。そんな往年の新劇スターの言葉として、こんな一文がある。

先日亡くなった民衆の芸術家ピカソが、すばらしいメッセージを書いている。その一節はこうだ――「わたしは、勝利と自由の日まで獅子のように勇敢にたたかっている、インドシナ人民とともにある」。あまりカッコいいことはいえないけど、ぼくも、生活と政治をよくするために、ものをいい、行動する俳優でありたいと願っている。

俳優の仕事と政治は、ほんとに切りはなすことのできないものだからである――
（『レポート　俳優』）

新劇人のなかで永井は、尖鋭的な俳優かつ論客であった。俳優座の先輩で、シブいバイプレーヤーだった永田靖が亡くなり、遺志をついで「安保体制打破新劇人会議」の書記長をつとめたのはこの人だった。

永井には数冊の著作があり、『レポート　俳優』は代表作のひとつである。あらゆる雑文を寄せあつめたバラエティブックとなっていて、山田五十鈴からダイエット法を訊ねられる「体重コントロール」、ペットのオノロケをつづった「愛犬チャッピイ」、洋酒にまつわるウンチクをかたむけた「酒について」、スキー場での失敗談「リフトに御用心」、俳優座の先輩についてつづった人物素描など、新劇界きってのエッセイストであったことがうかがえる。

かといって、草野大悟のように、ひょうひょうたる持ち味で終始するエッセイストではない。『文化評論』『赤旗』『新劇』『わかもの』『民主文学』……書き手としての本領を発揮したのは、一連の共産主義系のエッセイだった。レーニンや蜷川虎三の京都府政を礼賛し、都議会選挙で議席をのばした共産党にエールをおくる。いっぽうで、田中角栄の日本列島改造論や佐藤栄作の訪米、三島由紀夫の自決、横井庄一の政治的発言を批判し、ときには皮肉った。なかでも「紅《くれない》」に染まっているのが、「雪の中の白い馬——僕の中の実感的天皇制——」（『文化評論』昭和四十六〔一九七一〕年二月号）と題された一文だった。いろんな脇役本を読んできたけれど、ここまで正面きって昭和天皇を糾弾した俳優をぼくは知らない。

カン高い声音。妙に調子のある口調。うつろな眼つき。猫背。菊のカーテンの中での、七十年の歴史を背負って、天皇はよたよたと、足取りもあぶなげに外国へと旅立った……。

今度の外遊は、天皇を象徴的生物学者、象徴的慈善家から、何とか元首にひき上げようとする支配者とマスコミの異常な努力のもとに行なわれた——

（前掲書）

（新日本出版社、1973年）

ただ悲しいかな、尖鋭的な役者にはなれても、論客にはなれなかった。

《天皇が戦争やファシズムを引きずって歩いている》という論旨を読むだけで、そこに目新しさは感じられない。思想に裏づけされた芯はあったものの、論客としてはいまひとつ淡いイメージしか残せなかった。それが、この人の限界を意味しているといえる。

キャラクターとしては、ずんぐりむっくりとした肥満型で、不敵に浮かべる薄笑いがたまらない悪役の人だった。佐々木孝丸が政界の黒幕や右翼の大物を得意としたように、永井もまた、それについてまわる代議士や顧問弁護士をやらせるとうまかった。それも、ヒールの表情を憎々しくつくりこむタイプではなく、新劇の人らしい余裕があった。

ぼくが脇役びいきになったころ、その姿はメディアから消えていた。どうしたのかなと思っていると、新聞に小さく訃報が載った。八〇年代なかばに引退したのち、病気療養のためにアメリカへ移住。そのまま現地に住みつづけ、ひっそりと亡くなったそうである。そのまま日本で活躍していれば、岡田英次のような知的な悪の味を見せたと思えるだけに、異国の地での死が惜しまれる。

永井智雄の『レポート　俳優』から四年のち、新日本出版社はふたたび脇役本を世に問う。題して『脇役一代』（一九七七）。著者の坂東調右衛門《ばんどうちょうえもん》（一八九六～一九八二）は、前進座（本拠地は吉祥寺）の歌舞伎役者である。屋号は「やまとや」。前進座とともに歩んだ名脇役で、劇団には欠かせぬ存在だった。その調右衛門が八十歳をこえ、引退記念として出したのが、聞き書き『脇役一代』だった。かなりの部数を刷ったのか、古書展やデパートの古書市でよく見かける本だ（ゾッキで流れたのか？）。

　調右衛門も思想的には左翼なのかと問われると、そうでもない。マルクス、レーニン、毛沢東。共産主義に翻弄された前進座が、芝居好きの支持を得られたのは、この人のような昔かたぎの「役者」がいたからである。

　父親は仙台の興行師である。「坊っちゃん、若旦那」と呼ばれ、「腹に晒布《さらし》巻いて、匕首《どす》を呑んでるあんちゃんのあつかいの呼吸《いき》も一人前」という若者だった。そんな仙台の不良青年が、人気役者を夢みて歌舞伎の世界へ飛びこんだ。門閥《もんばつ》、伝統、家柄、そこにはめんどうな因習がいろいろとある。東北の一興行師のせがれだと、幹部クラスにはまずなれない。下っぱの下っぱだ。調右衛門はそこから、持ち前の負けん気でちょっとずつ出世していく。

　大正から昭和にかけての歌舞伎界は、いまとちがって野趣にあふれていた。フグの肝を食わせてたがいの結束をふかめあう、下関の興行師のこと。野球のうまい調右衛門を自分のチームにスカウトし、野球ばかりをやらせた六代目菊五郎のこと。たのしい思い出がある。しかし、歌舞伎界の隠然たる因習に、血気さかんな彼は感化されなかった。

　そんなとき、次世代をになう役者たちが、松竹に反旗をひるがえし劇団をつくった。それが離合集散して創立されたのが、河原崎長十郎、中村翫右衛門、五代目河原崎国太

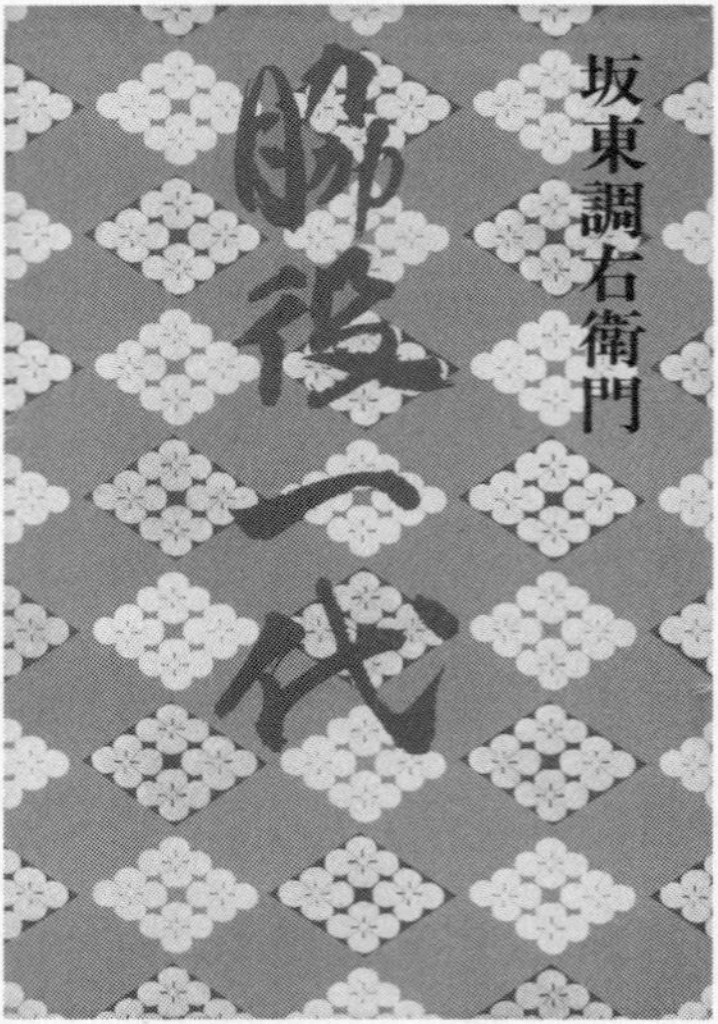

（新日本出版社、1977年）

郎を中心とする前進座だった。根っからの歌舞伎役者である調右衛門も、この劇団に参じた。「左翼の一般使用人組合のオルグが楽屋にきた」という前進座に、である。演目のなかには、佐々木孝丸が書いた『慶安太平記後日譚』があったし、舞台上で「インターナショナルの歌」を合唱したこともあった。民主的な雰囲気と、それなりの大役で芝居ができるうれしさ。調右衛門はここに居場所を見いだしていくのである。

ぼくが前進座の舞台にでたっていう話はすぐ歌舞伎のほうに伝わって、「あの気狂いのことだから、一日か二日いりゃやめるよ」って噂の花が咲いてたらしい。前進座は、〝赤〟にかぶれたおそろしい集りだって思われていた。（中略）

でも実際は、「芝居やりたい、いい芝居やりたい」って、みんな集った。ぼくでいえば、歌舞伎にいて、そればっかり思ってて、水が流れるような自然のなりゆきでここにきた。

（『脇役一代』）

調右衛門は、永井智雄のような論客ではない。稲田一作というペンネームで二度、『劇場裏表』という雑誌に雑文を寄せたのみである。とはいえ、「おおなりこまや」というやまわれた五代目中村歌右衛門を名指しで批判したのは、前代未聞のことだった。「大きな木が一本あるだけじゃ絵にならない」と下っぱ役者の本音を代弁したつもりだった。つづけて寄せた文章では、幹部俳優夫人の横暴ぶりを小説仕立てにして誌面に暴いた。こうした問題があり、松竹の大歌舞伎にはついにもどれなくなる。ちょうどそのとき、前進座ができた。覚悟はきまった。それから五十年、つねに劇団を支え、一本気な脇役人生をおくることになる。でっぷり貫禄づいた芸風で、脇の悪役をやらせると先代の瀬川菊之丞と双璧だった。

前進座の歌舞伎を批判したのは、二代目河原崎権十郎だった。しかし、この劇団が歌舞伎をやめていたら、とっくの昔に解散していたはずだ。調右衛門も、おそらく居場所をうしなったことであろう。調右衛門や菊之丞といった脇役がいたればこそ、翫右衛門や国太郎も活きたわけだし、前進座の歌舞伎に人気があつまったのである。

前進座の座付き演出家で、『脇役一代』の編集に参加した高瀬精一郎は、調右衛門の忘れ形見にあたる。高瀬は、劇団民藝に招かれて滝沢修の舞台を手がけたり、木下順二の『子午線の祀り』の演出メンバーにくわわったり、劇団外でも精力的に活躍している。捨て身の思いで前進座に参じた父のことを考えると、親孝行な息子だった。

この本が出て五年のちに、調右衛門は亡くなる。劇団の第一世代はすべて姿を消したものの、前進座はいまなおゆっくりと前進しつづけている。

文庫追記　一昨年、砂古口《さこぐち》早苗《さなえ》の評伝『起て、飢えたる者よ〈インターナショナル〉を訳詞した怪優・佐々木孝丸』（現代書館、二〇一六）が刊行された。戦前の演劇時代のエピソードだけではなく、戦後の映画バイプレーヤー時代のことにもふれ、旧作邦画好きにも楽しめる一冊となった。佐々木孝丸の評伝を書きあげた著者（高松市在住のノンフィクション作家。宮武外骨、笠置シヅ子の評伝もあり）のみならず、この渋い題材で出版を英断した版元にも拍手！

永井智雄のくだりでひとつ補足したい。永井が引き継ぐまで「安保体制打破新劇人会議」の書記長をつとめた永田《ながた》靖《やすし》（一九〇七〜七二）は俳優座の渋い役者で、映画、テレビ、ラジオでも数多く出演した。新築地劇団、東宝劇団、苦楽座、新協劇団（第二次）をへて俳優座の一員となり、亡くなる直前まで舞台に立った。ぼくの好きなバイプレーヤーで、脇役本をさがしたものの、見つからなかった。

本ではないものの、安保体制打破新劇人会議の機関誌『新劇人』第七号（昭和四十八年夏）（一九七三）「永田靖追悼号」が、故人をふりかえるのに役に立つ。同号には永井智雄が「これまでとこれから――新しい書記長として――」と題し抱負をのべた。俳優座の松本克平は、みじかいながらも心のこもった「永田靖君の仕事」を寄せた。《終始、正攻法で力一杯ぶっつかって行く彼の力強い演技は、多くの新劇ファンに愛されておりました》と松本はふりかえる。

俳優座と東宝が提携した熊井啓監督『忍ぶ川』で加藤剛の父親を演じたのが、永田にとって映画での遺作となった。

（安保体制打破新劇人会議、1973年）

# 脇役の妻《おんな》と夫《おとこ》　木村功、左卜全、山本麟一、若水ヤヱ子

役者本人が著者ではなく、その家族が愛情をこめてつづった「脇役本」がいくつかある。なかでも目立つのが、連れ添った妻が著者となったものだ。妻の立場でつづられた脇役本のなかから、ぼくの好きな三冊を紹介したい。

## 木村功

まずは、木村梢の『功《いさお》、大好き　俳優木村功の愛と死と』（講談社、一九八二）。《日本版『ラヴストーリー』》と帯にうたわれ、読者の紅涙をしぼった名著である。著者の木村梢は、邦枝完二の娘にして、木村功《きむらいさお》（一九二三〜八一）の妻である。抑えた芸風が持ち味の木村は、戦後映画界きっての二枚目バイプレーヤーだった。しかし、食道ガンに倒れ、老境での活躍が期待されるなか五十八歳で亡くなる。

この本では、その最期の姿を記録しながら、ふたりのなれそめや私生活をつづった。流行作家の娘にして、二枚目をつらぬいた名優の妻。その彼女が、万感の想いをこめて

世に問う本書は話題となり、よく売れた。

　ふたりは、文化学院の先輩後輩どうしで、ほどなく両想いとなった。しかし、夫婦げんかのたえない作家の家に、彼氏を招くことはできない。厳格な父の目も光る。功は毎日、そんな彼女に手紙をおくりつづけた。プロポーズしたのは、戦地におもむくことが決まったとき。度胸づけで酒を飲んで、邦枝家をたずねたものの、結婚の敷居は高かった。ふたりが結ばれるのは、それから五年のちのこと。そのあいだに功は、広島の原爆で父をうしない、まもなく母も亡くしている。

　戦後、俳優座の若手として頭角をあらわし、映画界へ進出。黒澤明の作品をはじめ会心の作に出会えたものの、あくまでこだわったのは演劇だった。俳優座を去ったのちは、岡田英次らと劇団「青年俳優クラブ」（のちの劇団青俳）を立ちあげ、資金捻出のために映画、テレビ、ラジオといそがしく活躍する。子どもが生まれ、ささやかではあるけれど、幸せな日々だった。『功、大好き』では、ここまでの流れがつつましく、甘くつづられていく。

　暗雲がたちこめるのは、四十代のとき。劇団運営というやっかいな立場にいるなか、些

（講談社、1982年）

細なことから誤解を生み、劇団は分裂する。盟友である岡田とも袂をわかってしまった。劇団員ではない梢は、なにも口出しすることができず、さびしくそれを見つめた。それでも木村は青俳を守りつづけ、五十四歳のとき、倒産という幕ひきを決断する。病に倒れたのは、その直後のことだった。

死の床にいる夫を前に、妻は絶交したままの岡田英次に電話をかけた。「功はきっと、岡田さんに会いたがっている」。女の浅知恵か。それでもいい。ふたりの友情をもとへもどしたい。梢からの電話を受けた岡田は、過去のわだかまりを捨てきれぬまま見舞いにやってくる。うれし泣きをする梢と、それをやさしく咎《とが》める功。息をひきとったのは、それから四日ののちのことだった。妻が、男の友情に半歩だけ遠慮する。そのつつましさが泣けてくる。

左卜全

歌人の三ヶ島葭子を異母姉にもつ左卜全《ひだりぼくぜん》（一八九四〜一九七一）夫人の三ヶ島糸《みかじまいと》も、文才に秀でた脇役の妻だった。左は、映画でも、テレビでも、ストーリーにあまり関係してこない役どころで顔を出す老優で、卑猥でお下劣な作品にも拒まず出演をした。そのキャリアを誇りとした頑固な役者であり、それが魅力の人であった。糸夫人の著書『奇人でけっこう　夫・左卜全』（文化出版局、一九七七）は、宮口精二の『俳優館』に連載していたものをまとめたもので、脇役本の名著といっていい。

ふたりはもともと、遠縁の間柄にあった。出会ったのは終戦の翌年のことで、左が劇団たんぽぽ（水の江瀧子の劇団）の舞台に立っていたときだった。ルンペンよりひどい汚い姿と、ふと見せた汚れなき笑顔。その精神に気高く、高貴なものを感じた彼女は、そのまま結婚を決意する（《中宮寺の弥勒菩薩を微笑ませたよう》と書いている）。五十代と三十代の遅咲きのカップルで、それからの夫婦生活を思うと、どう考えても過ぎた女房だった。

松葉杖をついて歩いているのに、急に走り出す。老いた宗教家に金をみつぎつづける。まんじゅうはアンコだけ食べて、皮だけを妻に食わす。外出の時にはかならず武器を携帯する。ゴミ同然のガラクタを拾ってくる。奇人ぶりばかりが語られてしまう、左の行状伝説。この本は、そうした奇人伝説がテーマではない。亡きバイプレーヤーの賢妻がつづった、気高くも偽りのない愛の記録なのである。

（文化出版局、1977年）

プライベートでの左は、美しい心根を抱きつつも、傲慢な理想主義者であり、宗教家であった。糸夫人は書く。《夫は、穏やかな反面、また激しかった。時には仙人の如くはあっても、また一面、強い煩悩の人でもあった。王侯貴族のように気位は高くとも、ルンペン乞食のような低さの墜落もあった》。気高くも偽りのない愛の記録……と書くには、あまりにも夫婦生活はすさまじい。美しさのなかに、凡人には理解できないすごみがある。素直に書けば、釈然としない読後感がある。

虚実、美醜、賢愚を超越した純粋さ。卑屈堕落の裏にひそむ崇高さ。平凡な会話をかわす夫婦に、羨望の目を向けることもあった。そしていたった結論が、「過去を正夢と見る中の生きた幻」。後半生を連れ添った妻といえども、あまりにも夫の存在が強烈すぎて、ひとりではかかえきれなくなった。それが本書執筆の動機となっている。

左は、自分にとっていちばんの批評家であることを、妻に課した。付き人として、つねに行動をともにさせ、脇見して仕事をながめていると怒鳴り声がひびいた。そうした経験があったために、本書は「俳優　左卜全論」として読むこともできる。そのいちばんの批評家が愛した仕事に、戦後まもないころのラジオ出演があった。出演料は安く、晩年ほどの知名度もなかったものの、《ある種の美しさと情緒が妙であった》と回想している。

奇人ぶりが語り草となってしまい、役者としてのキャリアが語られないとすれば、さびしいかぎりだ。ひとりの名脇役の生きざまとして、記憶しておきたい一冊である。

## 山本麟一

先の二冊ほどは知られていないが、山本為世子《やまもといせこ》の『愛すべきガキ大将』（彌生書房、一九八四）も、脇役賢妻の名著として書きとめておきたい一冊だ。為世子の夫は、五十三歳で亡くなった名悪役の山本麟一《やまもとりんいち》（一九二七〜八〇）である。

東映の二枚目ニューフェイスとしてデビューし、『警視庁物語』シリーズの刑事役で、中堅の役者となる。そののち、ギャング映画の悪役として重宝されるようになり、任俠映画全盛時代には、ちょっとじゃ死なない、ハングリーかつクレイジーな敵役としてドスをふりまわした。河津清三郎や金子信雄が親分ならば、山本はだいたいその片腕だった。そのキレっぷりには、花田秀次郎もお竜さんも、そうたやすく仕留めることができない。

小松方正いわく、《通称ヤマリン。体軀堂々、ギョロ目の好男子で、相撲と柔道は達人の腕前。根がやさしくて世話好きだったから、仲間うちで年増キラーの異名を奉られたほどで、女性にももてた》（『悪役やぶれかぶれ』文化出版局、一九八三）。内田良平も書く。《ニンニクと肉汁が体中にたまって、ギラギラしてるような感じだ。話半分にしても、彼ならもつぜ》（『内田良平のやさぐれ交遊録』ちはら書房、一九七九）。その素顔も、なかなかユーモラスな人だった。

（彌生書房、1984年）

『愛すべきガキ大将』は、そんな名悪役の素顔と最期を、夫人がユーモアをこめて素描したエッセイ集である。旭川のタウン誌『ほうずき』に連載したもので、旭川は山本の故郷であり、夫婦で愛住した町であった（山本は「侍」という居酒屋を経営していた）。『彷書月刊』（彷徨舎）の田《た》村《むら》治《はる》芳《よし》編集長からいただいたハガキによると、最初は私家版のまんじゅう本として出て、あとから彌生書房版が発行されたという。あまり知られていない版元で発行部数もすくなく、脇役本としても地味だったので、市場に埋もれてしまったのが惜しい。

　ふたりの出会いは、為世子が芸能事務所で働いていたときのこと。二十一歳という年の差カップルで、素朴な雰囲気の彼女に、「年増キラーヤマリン」がひとめ惚れしてしまった。けれども、強引かつ不器用な性格で、スマートに彼女をエスコートすることができない。ほとんど拉致まがいにドライブにつきあわせ、静岡の海岸で立ち小便をする始末だ。為世子は書く。《大将は赤のTシャツにまっ白なズボン、薄手の紺のブレザーでどこかの組の用心棒じゃあるまいし、雪駄をつっかけてピチャピチャと音をさせ、大きな体をゆたゆた揺らせて歩いている。片や、ワンピースにハイヒール。海に似合う格好ではないのです》。

「お前、俺のものになれ！」。無理してリザーブしたロシア料理屋で、突然のプロポーズを受けた。縁は異なもの味なもの。ふたりの生活が、こうしてはじまっていく（山本にとっては再婚だった）。

結婚しても、マイペースな人だった。強引で、亭主関白で、夫の気まぐれに新妻はふりまわされるばかりだ。かといって、浮気狂い、ギャンブル狂いの甲斐性なしではない。ペットのダックスフントを溺愛する愛犬家であり、愛する妻のためにおでんをつくるようなグルメ家でもある（具はさつま揚げのみで、なぜか十人前もあることが、妻には理解できない……）。銀幕では、鋭い目つきの憎まれヒール。その素顔は、天真爛漫で、無邪気で、あまのじゃくだったと、為世子は追憶する。

ふたりのおしどり生活は、わずか七年で幕をおろした。早すぎるガンでの死。それでも愛すべき思い出をたくさん遺してくれた。ここちよい余韻が、この本にはある。

若水ヤエ子
「脇役の賢妻本」としてはほかに、薄田研二、加藤嘉、川谷拓三、高橋悦史夫人による著作がある。それに対して意外とすくないのが、女優の夫が書いた「脇役の賢夫本」だ。

（オリオン出版社、1968年）

ぼくの知るかぎりでは、とてもおもしろい本がひとつある。村上清寿の『笑わせる女　喜劇女優・若水ヤエ子を妻に14年』（オリオン出版社、一九六八）。知名度は低いものの、脇役本のなかでは五指に入れたい迷著（あえて名著とは申さず）で、古本屋で見かけたら、ぜひおすすめしたい。

著者の村上は放送作家で、若水《わかみず》ヤエ子（一九二七〜七三）の旦那である。ただし、「賢夫」かと問われると、クビをかしげたくなる。いっぽうのヤエ子は「賢妻」だったかというと、これもほかに嫁ぎ先がないような豪快な女性で、お似合いのカップリングだった。この本は、こわれ茶碗がくっついた芸能人夫婦の、泣き笑いドタバタコメディとなっている。

いまやわすれられた存在ながら、昭和三十年代のヤエ子は、売れっ子のコメディ女優だった。舞台、映画、テレビ化された柳家金語楼の『おトラさん』に、東北弁まるだしの女中おヤエさんで出演し、人気が爆発。「お晩なりスてござりスてござりスてござりス！」。まるまるとした顔から発せられるズーズー弁は、彼女の専売特許として一世を風靡した。昭和三十四（一九五九）年だけで、『おヤエの……』と題された主演映画が八本も封切られているくらいだ（いずれも日活）。じつは、得意とした東北弁は、造語に近いつくりものだった。東北弁と標準語をチャンポンにして、ズーズー弁をきわだたせた、まぎれもない「ヤエ子弁」なのである。

生まれは東北ではなく、千葉の船橋。父親は国鉄職員で両国駅の助役だった。戦後すぐ、ムーラン・ルージュ新宿座の劇団員として本格的にデビューし、ラジオにひんぱんに出演する。このとき演じた東北弁の漁師女が、ヤエ子弁の土台となった。

ムーラン・ルージュが解散し、昭和二十年代のヤエ子はスランプにおちいる。放送界にいた村上（仙台生まれ）と出会ったのはこのころで、ヤエ子のほうが十歳ほど年上だった。スランプに悩む彼女は、村上をつれて、ムーラン時代の行きつけの飲み屋へ行く。しかし、店の女将も板前も客も、誰ひとりとしてヤエ子の顔を知らず、傷心のあまり涙まじりのヤケ酒をあおる。村上が結婚を決意するこのくだりは、本書の白眉だ。

それからはじまる夫婦生活は、多少の脚色はあるにしろ、おもしろすぎて一気に読んだ。ふたりとも芸能界で生きぬくようなしたたかな人種ではなく、不器用でマヌケなお人好しだった。困窮した生活のなかで、あらゆる人間にだまされ、親類縁者のトラブルに巻き込まれ、夫婦でののしりあう日々をおくる。しかも村上は、ヤエ子の尻にひかれっぱなしだ。カカア天下に肩をすぼめる不甲斐なさに、こわれ茶碗夫婦の軌跡を書きつづけ、それをみずからの慰めとした。

スターダムにのしあがる妻を横目に、一抹の嫉妬を覚えはじめる。男をあげようとプロダクション経営や喫茶店経営に手を出し、大失敗。いくら強がってみても、書けば書くほど不甲斐なさが増すばかりだ。かといって自虐にすぎるわけではない。本人は、《拙ないペンの限りをつくして綴る、これがせめてもの心の指輪である》と読者となる妻に稿を寄せた。いっぽうのヤエ子は、《自分の悪い点は棒を針に、あたしのバカなことは針を棒に書いた》と断言していて、これもある意味では当たっている。

奇しくも、この本が出た年に離婚が成立。昭和四十年代になると、ヤエ子の人気はトーンダウンし、ふたたびスランプにおちいっていく。乳ガンにおかされ、四十代半ばで亡くなったのは、本書刊行から五年のちのこと。「笑わせる女」の結末は、あまりに悲しいものとなった。

# Ⅳ　趣味本あれこれ

# 竿《さお》にも珈琲にもこだわります　山村聰

動作もにぶくなるほどに着ぶくれて、私は船に坐っている。竿を打ちかえしては、魚信《あたり》を待っているのだが、浮子《うき》はぴくりとも動かない。やはり老人の言ったように、急に冷えこんだからであろうか。釣人の姿のほか、小船の往来も殆どない。風は急に絶えた。水は滑《なめ》っこく一筋のひだもない。風が変るのであろう。雨が近いのかも知れない。

（『釣魚名著シリーズ　釣りひとり』二見書房、一九七四）

テレビ時代劇の再放送ばかり見ていたので、ごひいきの役者がいろいろといた。主役にはぜんぜん興味がないので、脇役オンリーである。山形勲のほかには、『大忠臣蔵』（NET）の八代目市川中車（吉良上野介役）、『江戸を斬るⅡ』（TBS）の安部徹（水野忠邦役）、『大岡越前』（TBS）の片岡千恵蔵（大岡忠高役）、出るたびに成敗されていた菅貫太郎などなど、あげるとキリがない。

柳生但馬守や千坂兵部をやらせるとサマになった山村聰《やまむらそう》（一九一〇～二〇〇〇）も、好きなテレビ時代劇の脇役だった。いまでも「山村聰」と聞くと、千葉真一の作品や『必殺仕掛人』（朝日放送）での重厚な役どころを思い出す。大河ドラマ『春の坂道』（NHK）では徳川家康にふんして、原作者の山岡荘八をよろこばした。

さいわいにもこの役者には、二冊の著作がある。エッセイ集『釣りひとり』と、自伝『迷走千里　年々歳々　今を尊く生きる』（廣済堂出版、一九九七）である。山村の人生を俯瞰するなら、後者の自伝がコンパクトでおすすめだ。ただし、ゴーストライターに書かせたようなタレント本なので、本としては前者のほうがおもしろい。

（二見書房、1974年）

『釣りひとり』は、《わが国で初めて企画された釣り人のための文学シリーズ》というキャッチコピーで刊行された《釣魚名著シリーズ》のひとつだった。福田《ふくだ》蘭童《らんどう》や瀧井孝作らにまじって山村の名前があるのは、芸能界随一の釣り狂いだったから。釣り狂いの役者はめずらしくないが、山村のハマりぐあいは趣味の域をこえていた。この本を読むとよくわかる。専門的な内容はあるけれど、魚に興味がなくてもおもしろい。名脇役の知られざる道楽本といえよう。

釣りにハマったのは、戦後になってからだという。大海原でリールを巻き上げ、メートル単位の大物をねらうタイプではなく、好きなのはへらぶな釣りだった。水郷やおだやかな川に小舟をうかべて、ひとりでしみじみと魚信《あたり》を待つ。そんなみずからの釣り姿について、《孤独のやり切れなさと隣り合せのところに、釣りの醍醐味を感じている》と山村は書いている。

「鮒」といえども奥はふかい。竿や餌はいろいろで、幻のへらぶな「今津の源五郎」をしとめるというよろこびもある。手づくりの竿や舟で出かけ、ひとりぼっちの湖面での釣り姿がこの本の外函の写真になっている。へらぶな好きがこうじて、自主記録映画をつくったこともある。題して『へらぶなのすべて』全三部。製作日数は三年以上におよび、予算は千五百万円也。佐分利信が題字を書き、自分でナレーションを吹き込むという、すごい気合の入れようだった。その甲斐あって、全国三百か所で公開され、好評をはくした。機会があったら見たいものだ。

その釣り狂いぶりは、手づくり竿を愛撫したり、記録映画を撮ったりするだけではおわらない。趣味がこうじて、釣具店まではじめてしまった。しかも、釣具店と喫茶店が同居するというユニークなスタイルで、その一部始終をつづった一編「釣りの店『ポイント』の顚末」は、本書の読みどころ。

「ポイント」とは、漁場の穴場を意味する。昭和三十年代のなかば、その店は銀座のみゆき通りにあった。アイビーファッションのみゆき族が闊歩する前の時代で、店舗は、スタイル社の北原武夫・宇野千代夫妻がいとなむ着物店に間借りしていた。家賃も権利金もいらないという契約で、山村は嬉々として、へらぶな釣りの権威や竿づくりの名人をスタッフに招集する。「釣りと珈琲の店　ポイント」は、必然的にへらぶな専門店になってしまった。しかも、銀座のまんなかで家賃と権利金がいらないとは、いささか話がうますぎた。

ときたたずしてスタイル社は倒産。赤字つづきの「ポイント」も、開店から一年半で閉店の憂き目をみる。そんな後味の悪さから、山村はみずから資金を調達し、日比谷映画劇場そばの自転車屋に「ポイント」を新装オープンさせた。道楽ぶりにもますます拍車がかかる。

へらぶな釣具店のオーナーが、竿に凝るのはもちろんだ。山村が凝ったのは、それだけではない。またもや喫茶店を同居させたのである。それも、上品で家庭的なムードをかもし出すために、地方出身のうぶな若者をアルバイトに採用。男子高校生ふたりをバーテンに、中卒の女の子ふたりをウェイトレスに雇い、四人まとめて自宅に住まわせた。

なんといっても珈琲への凝りようがすごい。若いころから珈琲には「信念」があったそうで、釣具とおなじぐらい妥協がなかった。まずこだわったのが、紅茶式のドリップ方式である。これなら有害物資の抽出を抑えることができて、胃にもたれない。

豆は黒焙りではなく、浅焙りのものを注文し、五十杯とれるところを、あえて四十杯分の濃さにした。黒焙りの豆だと濃い味の珈琲がつくり出せるけれど、豆本来の香りを殺してしまうことになる。そのかわり浅焙りの豆だと、コストはかかるものの、香りが抜群の通好みの珈琲ができあがる。山村は、このスタイルを頑固につらぬき、バーテンには入れかたを厳守させた。

しかし、こだわりの珈琲を味わったのは、わずか数人だけだった。客のほとんどは、ポイントの珈琲を、安っぽい味として飲んでいたのである。いくらこだわったところで、浅焙り豆の珈琲だと口あたりが薄くなる。珈琲通の誤算だった。

材料をけちったと思う人さえ珍しくなかった。しかし、考えれば、これは致し方のないことでもあった。珈琲のような嗜好品は、煙草と同じで、慣れ親しんだものが、その人に美味いということになる。誰も、それを誤りときめつけることは出来ない。「ポイント」の珈琲は、色あくまでも透明な琥珀色で、ミルクも砂糖も要らなかった。ブラックで呑むのが最も美味しく、日に何杯摂っても、決して、胃にもたれることがなかった。私は、いまだに、「ポイント」式珈琲を自慢にしているが、多勢に無勢で、いかにも口惜しいことであった。

喫茶店の経営では問題もおきた。バーテンとウェイトレスが、男女の垣根を越えてしまったのである。オーナーの面目はまるつぶれだ。さすがに頭をかかえたものの、そのうち一組はめでたくゴールインし、山村が結婚式、新居、就職先の一切の面倒をみた。「釣りの店『ポイント』の顚末」では、こうした失敗談が淡々とつづられ、著者のまじめな人柄に心惹かれてしまう。

（前掲書）

いっぽうの釣具店も経費はかさむばかりで、資金を捻出するため、松竹、東宝、大映、東映、新東宝、独立プロと、ひたすら映画出演に励んだ。それでも根本的な解決にはならず、山村はついに閉店を決断する。「釣りと珈琲の店　ポイント」は、七年の歴史に幕をおろした。いさぎよくやめることも、彼がこだわった「美学」なのである。

まこと、花の命は短かったが、苦しきことのみ多かったわけでもない。どうも私という人間は、いとも簡単に物ごとに深入りし、西も東も分らぬまま七転八倒し、文句たらたら喘いでいるくせに、一方、生甲斐につながる幸福感に辿りついて行く。これはもう、仏教でいう、餓鬼のたぐいにちがいないのである。

（前掲書）

「ポイント」が消えて、四十年以上がたつ。山村も五年前に九十歳で亡くなった。しかし、彼がこだわったポイントの珈琲は、じつはいまでも飲むことができる。世田谷区の下北沢駅北口から歩いて数分のところに「珈琲専門店 カフェ タス ヴァリエ」という小さな喫茶店がある。そこに「スペシャル 山村聰の珈琲」というメニューがある。

これもなにかの縁だろうか。ちょうどこの原稿を書いているときに、山村聰の珈琲を飲むことができた。「スペシャル 山村聰の珈琲」。冷静に考えてみたら、ちょっと恥ずかしいメニューだけれど、勇気をもってオーダーしてみる。すると、マスターがとてもうれしそうな顔をしてくれたので、話をうかがってみた。

マスターによると、常連客のひとりが山村の妻と懇意にしていて、生前の焙煎秘伝を参考に、ポイントの味を再現したという。そして、夫人が納得したうえで、メニューとしてくわえたのである。オーダーしてからしばしの時間が流れて、いよいよ「スペシャル 山村聰の珈琲」を味わうときがきた。もちろんブラック、である。

多めの豆で焙煎されながらも、口あたりはさっぱりとしていて、たしかに飲みやすい。そして、豆の香りがいつまでも口のなかにしっとりと残る。いままで飲んだことのない味だった。シモキタの喧騒がうそのように静かで、おすすめの喫茶店である。

マスターからは、夫人から寄贈されたという、山村愛用の珈琲カップを見せてもらった。グリーンの無地に、ふちどりには金色が輝き、柄はない。もし、読者のなかに足をはこぶかたがいらっしゃるのなら、ぜひ「スペシャル　山村聰の珈琲」をご賞味いただきたい。「愛用のカップを見せてください」とこっそりお願いすることも忘れずに。

**文庫追記**　右文書院版が出てすぐ、勝手に本に書いたことを詫びた手紙をつけて「珈琲専門店　カフェ　タス　ヴァリエ」に本をお送りした。とくに返事はこなかった。

しばらくたってお店にうかがうと、店内に『脇役本』が置かれていて、誰でも読めるようになっていた。うれしかった。オーダーはもちろん「スペシャル　山村聰の珈琲」。オーナーはぼくのことを覚えておらず、「スペシャル　山村聰の珈琲」の説明をふたたびしてくれた。いっしょに行った相手から「『脇役本』のこと、言えばいいのに」と冷やかされたけれど、恥ずかしくて名乗れない。ふたたび聰の味をブラックで、こころゆくまで味わった。

それから、どのくらい月日のたったころか。あるとき店の前を通りかかったら、「珈琲専門店　カフェ　タス　ヴァリエ」はもうなかった。あとで調べたら、平成二十一（二〇〇九）年三月に閉店したらしいことがわかった。

山村聰の珈琲よ、さようなら。

# 廓《くるわ》の通人　二代目市川小太夫

鳶の若い衆が遊びにあがったのですが、酒癖でも悪くって嫌がられたのか、または花魁が余程いそがしかったのか、一回のおめぐりにも授からず、文字通り見事に振られてしまったのです。この男余程腹に据えかねたのでしょう。明朝になると、お帳場へ乗り込んで、くるりと尻をまくってどっかりと大あぐらになり、「おい番頭、よく見なよ。ゆうべ倅がお役に立ったか立たなかったか、とっくりとつらを実検した上で挨拶してもれえてえ」

（『吉原史話』東京書房、一九六四）

『菅原伝授手習鑑　寺子屋』より、松王丸の首実検のパロディである。うまいものだ。いまだと公然ワイセツでお縄になるけれど、昔は女あそびにも野趣があった。そうかと思うと、難くせをつけられた番頭の応対も粋なものだ。「これはどうも、飛んだ粗そうな事で、確に拝見致しました。どうぞもうおしまい下さいまして」。『吉原史話』には、そうした遊郭の息づかいやユーモアが、いっぱいつまっている。

著者の二代目市川小太夫《いちかわこだゆう》（一九〇二〜七六）は、歌舞伎俳優である。梨園の四兄弟の末っ子で、いちばん上が、戦後の演劇界を牛耳った初代市川猿翁《えんおう》。早くに亡くなった初代市川寿猿《じゅえん》が次男、すごみのある名悪役で、ラジオの名語り手でもあった八代目市川中車が三男にあたる。

歌舞伎界では、いまひとつ目立たない存在で、名優になりきれないバイプレーヤーだった。各社のチャンバラ映画に出ているし、テレビ時代劇に顔を出すし、商業演劇の舞台にも立っている。シブくて、重厚で、格調は高い。ただそれだけでは、名悪役になりきれない。大悪にはなりきれず、脇役としても二番手、三番手の印象がぼくにはある。老獪にして滑稽味もあった中車とくらべて、どこかものたりない芸風だった。

（東京書房、1964年）

役者としては消化不良の人ながら、物書きとしてはユニークなキャリアの持ち主である。日本推理作家協会の会員になるほどの推理マニアで、小《こ》納戸《なんど》容《いる》というペンネームをもつ。戦前の『新青年』（博文館）に「餅代金五百円事件」などの短篇を寄せ、乱歩の『陰獣』を自主上演したこともある。さらには琴吹千草という美しい舞踊家の名があり多彩な役者であった。

小太夫にはもうひとつ、吉原遊郭の研究者としての顔がある。『吉原史話』は、その集大成というべきもので、『邦楽と舞踊』（邦楽と舞踊社）に連載されていたものをまとめた。限定千部、二重函、肉筆署名・落款入りという豪華仕様で、写真集はべつとしても、歌舞伎の大幹部でもここまで立派な本を出した人はすくないはず。推薦者の顔ぶれも、秋山安三郎、三代目市川寿海、一龍斎貞丈、江戸川乱歩、大谷竹次郎、河竹繁俊、川口松太郎、衣笠貞之助《きぬがさていのすけ》、三遊亭圓生、戸板康二、真弓芳雄（邦楽と舞踊社の社長）、舟橋聖一と大物が名をつらねている。

吉原研究に没頭したことには理由があった。明治四十四（一九一一）年の大火で、江戸の名所であった吉原遊郭は灰燼に帰す。幼年期の小太夫は、焼失前の吉原で育ったことがあり、それが執筆のきっかけにもなっている。みずからのあわい思い出にいざなわれ、置屋のしきたりのこと、有名花魁のこと、芝居になった殺戮事件のこと、行灯や提灯、女郎部屋のしつらえや小物のことまで、あらゆるよもやま話が膨大な資料とともにつづられる。古い文献を引っぱり出してくれば、吉原の史実は誰にも書けないものではない。ただし小太夫には、歌舞伎俳優という本職の強みがあった。吉原を舞台にした演目はそれこそきりがないほどで、芝居とはいえ廓の追体験をしている。史実の裏づけをしたうえで、うしなわれた廓の面影をよみがえらせる。野暮も、粋も、舞台のうえでは観察ずみだ。

吉原の通人が、のろけまじりに回想するような軽みも出せるわけである。

たとえば、こんなモデルケースが紹介されている。季節は冬。暮六つの鐘が鳴るころ。割り勘仲間の三人が、遊郭の通りをぶらぶらと歩いている。「どこぞに、かわいい女の子はおらんかいな」と。それを見つけた妓夫（客引き）が、妓夫台から声をかける。

いくらお歩きになってもおんなじでござんすよ。風は北ですよ。風邪を引くといけません。そろそろ碇を下して頂きやしょう。御覧の通り上玉の子供衆がこんなに揃ってます。別嬪さんがこんなに残ってるなんて本当に珍らしい。あんた方はおしあわせだ。多分の御散財は掛けやせん。御見積りをうけたまわりやしょう。是非御相談を。（前掲書）

さも見てきたような客引きのセリフながら、あくまで史実と創作をないまぜにしたものである。小太夫はこのあと、三人が具体的にどのように接待され、廓あそびに興じるのか、仔細につづっていく。上草履にはきかえ、大太鼓が響き、心おどらせて登楼する。二階の引き付け部屋に通され、座ったとたんに遣り手婆さんが入ってくる。前金を払う、酒を飲む、このあたりでかなりの予算オーバーとなっている。

そこへ、お目当ての遊女が入ってきて、ドンチャン騒ぎをして、酔っぱらう。そのまま床をともにして、夜が明けて、夢見ごこちにご帰還、となる。だいたいがこうしたしきたりらしいが、「初会には器を貸すと思うなり」という川柳があるくらいで、さんざん金を使わされ、なんのかのと廓の人間が出入りして、なにも酔えずにご帰還というパターンもあったそうだ（基本的には、一度は客の相手をするのが規則だった）。客に金をつかわせるからくりは、歌舞伎町のあくどいキャバクラと、あまり変わりばえはしない。こうした廓のからくりも、おもしろおかしく紹介されていて、飽きさせない。

そのいっぽうで、花魁のほうから惚れられてしまうパターンがある。小太夫の言い草がいい。《只事では済まなくなると覚悟をして頂かなければなりません》。どう只事では済まなくなるのか。これもまた創作をまじえつつ、仔細きわまる筆でつづられていく。歌舞伎役者としては堅実な芸風ながら、本を書くと、どうしてこんなにたのしげになるのか。道楽のために役者をしているような感じすらうかがえる。この本は好評だったようで、のちに『続・吉原史話』（邦楽と舞踊社、一九六八）が上梓されている。歌舞伎役者ではなく、吉原研究者として名を残すことは否めない。

戦後、赤線の灯が消えた吉原は、ネオンまたたく遊興のトルコ街となってしまった。《今は敢えなく逆さくらげやトルコ風呂のペンキ塗りに残影を止どめて、強者どもの夢の跡と儚ない幻となり果てました》。明治生まれの通人にとって「線後の吉原」は、なじめない世界だったのか。

# やまとやの晩餐　八代目坂東三津五郎

どうも子供の時から食べ方が違っていたのか、洋食も帝国ホテルや精養軒のフルコース。当時ディナーというと十一皿出たとか十三皿出たとか喜んでいたが、いろんな人がいろんなところへ連れて行ってくれて口がおごってしまった。

日本橋・村井銀行の地下室の東洋軒、銀座・皆川ビルの地下室なぞは十四、五歳のころ一人で行くようになった。田端の天然自笑軒の懐石料理を十七歳の時一人で食べに行ったのが父に知れて、生意気だとしかられた。銀座の風月の洋食も一人で食べに行った。ボーイが全部和服で前掛け、ていねいなのだが、まわりの人たちが一人で食べている私をジロジロ見るので困った。

（『食い放題』日本経済新聞社、一九七五）

戦後歌舞伎の名脇役といえば、八代目坂東《ばんどう》三津《みつ》五郎《ごろう》（一九〇六～七五）をわすれてはなるまい。屋号は「やまとや」。こってり濃厚スープのような芸風で、とくに敵役で定評のあった役者である。すごみのあるタレ目と長くのびた口で、玄人ごのみのする大悪の

（日本経済新聞社、1975年）

人として、舞台だけではなく、映画やテレビドラマにもシブい役どころでひんぱんに出演した。『忠臣蔵』だと吉良上野介もいいけれど、それを籠絡する柳沢吉保のような大物をやらせると、とてもうまかった。

舞踊坂東流の家元にして人間国宝。茶事、骨董、文学に造詣がふかく、歌舞伎評論家としての顔もある。武智鉄二との共著による『芸十夜』（駸々堂出版、一九七二）のほか、著書は数多く、劇壇きってのインテリだった。舞台でのキャラクターもあいまって、どこか近寄りがたい雰囲気があった。伊藤雄之助への「大根発言」に代表されるように、ことのほか芸や後輩にはきびしい人で、おそれられていたとの噂もきく。石川達三が、何度か会ったことのある三津五郎のことを日記（昭和五十（一九七五）年一月十七日）に書いている。《多芸多才であり博識でもあった。そして少し気障であった》（『流れゆく日々Ⅵ』）。

三津五郎にはもうひとつ、大食通、美食家、グルメエッセイストとしての顔がある。劇壇、文壇とわず、知らぬ者がいないほどの有名人で、グルメであることを若い役者に強いた人でもある。著書『食い放題』は、そんな食通ぶりをいかんなくつづった食のエッセイ集だった。「日本経済新聞」日曜版に連載された「食い放題」十八編にくわえ、新聞・雑誌に寄せた食べものエッセイが十八編おさめられている。

「とざい、とーざい、グルメでござーい」。軽妙洒脱な文体ながら、なんといっても演劇界きっての食通だから、いささか自慢げなところは多い。高い、もったいない、バカバカしいと、さんざんフォアグラのことをけなしておいて、團伊玖磨にちゃっかりご馳走してもらったり。油揚げをおろしじょうゆで食べるのは絶品と書きつつ、油にこだわった豆腐屋をえらべと講釈をたれたり。伊勢志摩の水上レストランで、生きたままのあわび、伊勢えび、ウニ、黒ダイをたらふく食べて、《こんなにおいしいものは他では食べられない》と書いたり（そりゃ、そうだわね）。

そんな大食通「やまとや」は、ただ食べることだけを至上のよろこびとはしなかった。最高級の器を京より取り寄せ、京懐石のフルコースをつくってしまうほどの料理人なのだ。「料理は食べるもの」という一編では、丹精をこめた京懐石のコースメニューが紹介されている。婦人雑誌の秋号に特集掲載されたので、趣向を「名残り」とした。

向付け（さば　一塩　五、六切／きゅうり糸切り　わさび　大根おろし　二杯酢）、汁（八丁みそ　青味入り団子　みょうがきざみ）、煮物（木綿豆腐　のり　あんかけ）、炊き合わせ（小芋　ずいき）、焼き物（豚ヒレ　網焼き　レモン）、八寸（さけいぶし木こしょう）、香の物（白瓜　たくあん　なすからし漬け）。料理だけではなく、高麗、唐三彩(ペルシャササン朝ローマングラス)、古染付、有田焼、猿投鉢、志野陶板、信州出土須恵器などなど、器への凝りようも尋常ではない。こうした手料理は、三津五郎がお気に召した社会的地位の高い人たちをとくにお招きして、腕をふるったそうだ。

個人的には、「あいがも」の章で紹介されているレシピがとてもおいしそう。材料は、あいがものロース、ねぎ(下仁田産を!)、大根おろし、しょうゆ、鉄鍋。あいがもは、刺し身包丁を使って皮を下にして切ると、たいへん具合がいい。

まず、あたためた鉄鍋にあいがもの脂を入れ、いいころあいにロース肉を一、二切れと、三、四センチに切った下仁田ねぎを二、三切れならべる。肉をうらがえしながら焼き、皮が焦げないうちに、おろしじょうゆでいただく。ねぎの焼きすぎには、くれぐれも注意すること。おとものお酒は、メルシャンのぶどう酒を。もちろん、白いごはんにもよくあう。ぼくもやってみたくなった。が、フライパンと安物のステンレス鍋しかないし、おろし金や刺し身包丁もない。住んでいる武蔵小金井の西友には、あいがものロースはならんでいなかった。

昭和五十(一九七五)年一月十六日。京都南座の舞台をおえた三津五郎は、なじみの割烹でフグのコースを食べた。その席で、美味であると思われるトラフグの肝を所望し、誰も手をつけないことに嘆息し、ひとりで四人前も平らげてしまった。これが大食通「やまとや」にとって、最後の晩餐となってしまう(翌日死去)。その四か月後、皮肉にも食のエッセイ集『食い放題』が発行された。かの御仁にふさわしい幕切れといえよう。

日経新聞の連載は、著者本人がフグ中毒死したため、打ち切りとなってしまった。最後のエッセイは「牛肉」。滋賀の大津にあるなじみのお肉屋さんにわざわざ出向き、最高級近江牛のステーキ用、網焼き用、刺し身用、それぞれの部位をもらってきた。肉屋の社長みずからが包丁をにぎり、ていねいに切り分けていく。機械で切った近江牛だと、肉の旨みが殺されてしまうからである。三津五郎は、嬉々としてさっそく南座の楽屋へもどり、最高級近江牛の刺し身をまず食べた。生肉のくさみや、あぶらっこさはない。驚き、興奮した。弟子たちにも、ひとくちずつ食べさせた。

世の中にうまいものはあるものだ。けれどすわっていては食べられない。届けてもらえば機械で切られる。自分で行ったから社長が切ってくれたのだ。やはり努力しなければ。（前掲書）

これが、絶筆となった。

**文庫追記**　『食い放題』は、『八代目坂東三津五郎の食い放題』（光文社文庫、二〇〇七）として文庫化された。五年前には、歌舞伎研究者の田口章子が評伝『空前絶後の人　八代目坂東三津五郎』（ミネルヴァ書房、二〇一三）を出した。フグで死んだ三津五郎のイメージはいまなお払拭されないものの、歌舞伎界きってのインテリ、名文家、美食家としての顔はちゃんと受け継がれている。

「職場の食事　ちきん・かれーらいす　坂東簑助さん」『アサヒグラフ』1935年2月13日号（筆者蔵）

# 花のパリのカタツムリ　高橋豊子（高橋とよ）

エトランジェ相手の、手れん手くだと知りつゝ、そのウインドウの飾りつけの美しさ、色とり〴〵の藤椅子を道路に出したカフェ、地下室のキャバレーの音楽、シャンソン、セーヌの河、マロニエの並木、劇場、カジノなど、なお裏に廻ればそれ以上、いわゆる人間の弱い所を刺戟する仕組もあるらしく、こんなことで、パリに遊んだ幾月、幾年かは、生涯忘れられない、思い出のパリ、花のパリとなるのではないかと思われます。

（『パリの並木路をゆく』學風書院、一九五三）

陽光うららかな公園。風船を売っているおばあさんと、焼き栗を売っているおばあさんがいる。ママに風船を買ってもらい泣きやむ子どもを横目に、彼女は焼き栗を買い、噴水のそばのベンチに腰をかけた。花壇に咲き香る花々、池に浮かぶ子ども用の貸しヨット。編み物をしている婦人や居ねむりをしている老夫婦がいる。焼き栗をほおばりボ〜ッとしていると、知らないあいだに洒落たファッションの老人がとなりで寝ていた。

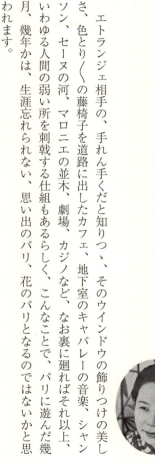

（學風書院、1953年）

なにげないパリでのひとコマ。焼き栗を手にボ～ッとしているのが、女優の高橋豊子《たかはしとよこ》（一九〇三～八一）で、となりで寝ている老人は、《髪と頭の様子が徳川夢声さんに似ている》というフランス人である。パリというより、巣鴨か板橋にある児童公園のようだ。

古本には「パリ本」というジャンルがある。現地での滞在記をつづったもので、高峰秀子の『巴里ひとりある記』（映画世界社、一九五三）や越路吹雪の『井の中の蛙』（創藝社、一九五五）など、女優が書いたパリ本もすくなくない。『パリの並木路をゆく』はそのひとつで、デコちゃんやコーちゃんにくらべると、豊子のパリ本は知られていない。古書価もリーズナブルだ。でも、大女優のパリ本に負けず劣らず、ノーテンキな内容でたのしめる。

築地小劇場出身の舞台人で、蝶ネクタイの似合うダンディな伊達信《だてしん》がもとの旦那さま。新劇の出ながら、細川ちか子とは味わいのことなる芸風で、善悪をとわない「おばちゃん女優」として重宝、戦後の日本映画で大活躍した。とくに小津安二郎のお気にいりのバイプレーヤーで、のちに「高橋とよ」と改名している。石堂淑朗は書く。《小津組の常連とあらば大船では立派なステータスの持ち主、小津への敬意からしばしばB級メロドラマ専門の群小監督たちが彼女に出演を慫慂《しょうよう》した》（「友人鬼居る　高橋とよ」『ノーサイド「戦後」が似合う映画女優』文藝春秋、一九九四）。

まずしい家に生まれた彼女は、おさないころから海外旅行を夢みていた。戦後、海外渡航への規制が緩和され、長年の想いを結実させていく。熱海か、草津か、尾道の似合いそうな女優が、花のパリへのひとり旅に出たのである。本書は、そんな往年のおばちゃん女優が書いた、気どらないパリのお散歩エッセイである。越路吹雪のように買い物やシャンソンに興じるわけではなく、これといった目的がないまま、八か月ほど滞在している。

新劇女優の目でつづられたパリでの点描、と書くには、あまりにも地味な日常で、これといった事件はおこらない。地方のご婦人が東京に出てきて、目をシロクロさせるようなもので、かえってそれが「女優のひとり旅エッセイ」にありがちな嫌味な味を薄めていた。「たべもの」という一文のなかに、高橋が舌つづみをうった食事の感想が寄せられている。

エスカルゴ
カタツムリです。殻の入口にニンニクとパセリーとなにやらとねり合わせたものがつめてあります。味はさざえにも似ています。

馬の引肉

余り上品な食べものではない様ですが、大変精力がつくとか云って学生等がよく食べているのを見かけます。作りかたは生の馬の引肉に玉ネギをみじんに切ったものをまぜ合せて生卵を落して、暖い御飯にのせて食べるのです。まるでおさしみの様だと云って、是を大好きな日本人がありました。

（『パリの並木路をゆく』）

以下、マグロ、ムール貝、赤かぶ、ハマグリの思い出を書いていて、たべものの話はそれでおしまいである。シャンソンが奏でられるレストランで、馬肉ユッケを白飯にぶっかけて食べていたのだろうか。エスカルゴの味を「さざえ」と書いてしまうところが、いかにもこの女優の芸風にピッタリだ。ホテルや花屋のマダムから、「エキゾチックな女性だわ」と妙な褒められかたをしたという話もある。

高橋は、チャーチル会（各界の著名人による洋画の愛好会）の会員であったので、パリに滞在する日本人画家や芸術家との交流が紹介されている。彼らは、パリでもマイペースを崩さず、パリ本の魅力も、こうしたところにあるのだろう。藤田嗣治から手料理をふるまわれる話や、中原淳一のアパートに遊びにいくエピソードがいい。このなかに、佐野繁次郎とのちょっとしたエピソードが紹介されている。デパートへ買い物に出かけたとき、佐野とばったり会ったのである。

こゝが世界一の手袋屋だよ。覚えとくとい、ぜ。これは、少し色がつくけど安いんや、這入って左の方の箱に入れてあるのが割引のもの。カフェもほら、あんな田舎のばあさん達の居る所は安いと思っていれば間違いなしや。さ、お茶でも飲むか。（前掲書）

ふたりはカフェに入って、ひとときのおしゃべりに興じる。佐野の口調は、東京弁と大阪弁がチャンポンになったもので、花のパリのカフェの光景とは思えない。しゃべりたいことだけをしゃべって、レディを置き去りにしたまま、さっさと帰ってしまう。《このギリシア劇氏は瞬時もじっとしていない、全くつかみどころのない怪物といった感じ》。パリのカフェも、サノシゲにとっては《田舎のばあさん達の居る所》でしかないのか。

十五代目市村羽左衛門がパリを歩いたとき、そこにさまざまなエピソードが生まれたことは有名である。そのことは、同行した渡辺紳一郎が創作をまじえて『花の巴里の橘や』（イヴニング・スター社、一九四七）という本にした。くらべて『パリの並木路をゆく』

（東峰出版、1962年）

には、そうしたおもしろエピソードがあまりない。「おばちゃん女優」のパリでの日常は、かろやかに、ここちよく、うそいつわりなく、あたたかな陽だまりに満ちていた。

**文庫追記**　映画ファンには小津安二郎作品などのイメージがあり、「高橋豊子」より「高橋とよ」になじみがあるかもしれない。高橋とよ名義の著書もあって、タイトルは『沸《たぎ》る』（東峰出版、一九六二）という。前著のパリ本とはちがい、生い立ちから舞台歴、映画・テレビの仕事、身辺雑記、余技、パリばなし余話など、もりだくさんな内容となっている（パリ旅行のくだりが「羽をもがれた赤とんぼ」という意味深なタイトル）。序文を獅子文六が寄せ、巻末には式場隆三郎がエッセイを書いた。

『沸る』の出版をすすめたのは、絵画好き文化人の集まり「チャーチル会」で親しくしていた式場だった。高橋は当時、東急線の洗足でひとり暮らしをしていた。

俳優が改名することはめずらしくない。ただ、昭和三十年代になって、高橋豊子がなぜ高橋とよになったのか疑問だった。本人はおなじことを訊かれたようで、『沸る』には「豊子ととよ――改名のこと――」と題した一文がある。もともとの本名は「高橋とよ」だったのを、舞台女優をこころざした若いころ、ご令嬢風に「子」をつけたいと願い、「豊子」にしたそうだ。

それから三十年、雇っていた運転手が高橋の車で大事故を起こしてしまう。高橋自身もその後、修理したその車に乗ってタクシーにオカマをほり、さんざんな目に遭ってしまう。そんなとき、かつての女弟子が「心配なので有名な方に占ってもらうと、こんどは先生、片足をうしなうそうです」と告げられ、あれやこれやで本名に戻した。

この改名について、ややこしいことを言ってきたのが、姓名判断が好きな花菱アチャコだった。「前の豊《ゆたか》という字は大へんよろしい字でっせ。運がよろしい。なぜ変えたのか」。アチャコとおなじ意見のファンもいた。賛否両論のあるなかで、豊子は「とよ」をえらぶ。

《くどくどといろいろ述べましたが、私はこの改名によって、また娘時代にかえった気持になり、一筋の道を懸命に歩みつづけて参りたいと考えております》

# 鉄路はかの地へつづく　天本英世

汽車で長駆五時間。聖週間に入るせいか珍しく汽車は混んでいた。助手を何とか坐らせて、私はコムパートメントの外の通路に立って窓外を見ていた。緑の多い、雨の多い、スペインで一番美しいと言われるあの椿のガリシアをいま去っていくのだ。退屈しのぎに先刻の貝の袋を取り出して、ゲルニカで助手に買ってやったフォーク付ナイフを出して調理にとりかかった。ひとつひとつナイフでこじ開けて中身を取り出し紙コップに入れる。これに熱中してふと気がついたら窓ガラスは貝の汁のしぶきで斜めに白く曇ってしまった。皆が何をしてるのかと私を見ていた。

（『スペイン巡礼　スペイン全土を廻る』話の特集、一九八〇）

ぼくの母は病弱だったこともあって、あまり海外に行くことはなかった。でも、亡くなる数年前に父とふたりで出かけたスペインには、ずいぶんとハマったようだった。五年前の夏に亡くなったときも、スペインへのお盆旅行をひかえていたと、あとから父に聞いた。そのことが妙にわすれられず、ぼくも一度くらい、スペインをゆっくり歩いてみたいと思っている。願わくば、気ごころの知れた女性とふたりで……。

スペインにハマる日本人は多いときく。天本英世《あまもとひでよ》（一九二六〜二〇〇三）はそのひとりで、著書『スペイン巡礼』を読んで、かの地への想いのふかさに感銘を受けた。この本を読んだ多くの人が、一度は行きたくなるのではないか。ガイドブックとしても説得力のある一冊なので、これからスペインを歩く人には、ぜひおすすめしたい。

東大の法学部を中退した天本は、青山杉作に師事し、新劇の人となる。役者としてのイメージは「妖優」といったところで、岡本喜八作品での芝居や、子ども番組での悪役がよく知られている。最晩年は、クイズ番組のユニークな回答者としてブレイクし、若い天本ファンはいまでも健在だ。そんな悪役俳優が、終生こよなく愛したのがスペインだった。一九七〇年代にたびたび旅をしながら、その想いをじっくりとふかめていく。むかえた昭和五十四（一九七九）年、七か月半もかけて全土をまわる大旅行へ出立し、『スペイン巡礼』はそのときの体験がもとになっている。

（話の特集、1980年）

のんびりとパリの街角を歩いた高橋豊子とは対照的に、天本の旅は行動的で、ハードスケジュールである。ひとり旅と思いきや、「助手」と称する謎の女性を連れている。写真を見るかぎり、かなりの美少女で、なかなかミステリアスな関係であった。

旅は、フランスから汽車で国境をこえ、エンダーヤからはじまる。そこから、バスク、ガリシア、レオン、ラ・マンチャをへて、アンダルシーア地方にあるグラナダで長期滞在。最終目的地のバルセロナでスペインに別れをつげ、全行程を終えている。そのあいだ、飛行機や自家用車にはほとんど頼らず、移動手段は鉄道とバスばかりだった。清貧旅行とまではいかないものの、つとめて現地庶民の目線で旅をつづけた。

この本がいささか難解なのは、やたらと地名や人名が羅列されることで、旅先で出会う人びとについても、すべて実名が書かれている。ことさらわかりやすく読ませようとせず、旅の備忘メモをそのまま本にしたようなものだ。著者の目線で読まないとおもしろくないし、そうした目線がイメージできれば、すぐにでもスペインに行きたくなる。こういうのを、いい紀行文というのであろう。

七か月半におよぶ旅に、それほどの大事件はおこらない。旅のさきざきでいろんな親切を受け、スペイン人の親日ぶりに感じいるばかりだ。パエリアを好んで食べ、路上の子どもたちとじゃれあい、ガウディの建築に感嘆し、フラメンコのレコードを街角でさがしつづける。一期一会の精神で、その日その日の出来事を淡々とつづっていく。天本と助手は、芭蕉と曽良のような関係であって、体調をこわして日本へ帰りたいと弱音をはく助手に、困惑するくだりがある。そんな旅のさなか天本は、父親が亡くなったことを妹からの手紙で知る。それでも日本には帰らない。父の死を背負って、巡礼の旅をつづけていくのである。

天本は、スペインという国にハマっただけではない。スペイン語も堪能で、フェデリーコ・ガルシーア・ロルカ（スペインの内戦で殺された詩人）の詩を、スペイン語と日本語で朗誦するという特技まであった。その姿は、現地のテレビ番組で放映されたことがあり、あちこちで「ロルカを読んだ日本人でしょ?」と声をかけられて、天本本人も驚いている。グラナダで一か月の長期滞在をしたのも、そこがロルカ生誕の地であり、終焉の地でもあったからだ。すでに助手は帰国していたので、ひとり生家をたずね、処刑された刑場を歩いた。このあたりのルポルタージュは、ぼくも徳川夢声ゆかりの山陰の町でしているので、なんとなく親近感がもてた。

グラナダを去り、旅はいよいよエンディングにさしかかる。バルセロナから、国境の町のポールボウへ。旅のはじまりが汽車なれば、終わりもまた汽車だった。国境のトンネルをぬけると、フランスはコリウールの町へと近づく。

スペインよ、お前の道を、のろのろとでもいい、着実に進んでいってくれ！　澄み切ったお前の国の空のように明るい子供達よ、ああ、いつも孤独な私の旅を勇気づけてくれたスペインの子供達よ、これから先の難しいスペインを背負って立ってゆけ！

さようなら《アディオス》……私のスペイン。

私を乗せた汽車はするすると動き出し、あっという間にトンネルの闇の中に入っていった……。

（前掲書）


『スペイン巡礼』は、圧倒的な支持をもって読者に受けいれられ、のちに続編の『スペイン回想「スペイン巡礼」を補遺する』（話の特集、一九八二）を出している。これだけの大旅行はこれきりとなったものの、そののちもスペインへは何度となくたずねている。《スペイン人はほとんど精神的にアナーキストですからね。ぼくは心情的なアナーキストだ》（『中洲通信』平成十三〔二〇〇一〕年三月号）。亡くなる二年前には、そう語っていた。

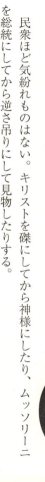

# 銀幕の黒幕《フィクサー》　菅原通済

民衆ほど気紛れものはない。キリストを磔にしてから神様にしたり、ムッソリーニを総統にしてから逆さ吊りにして見物したりする。
だからこつちもいつ吊し上げを喰らつて、橋の上からオッポリ込まれんでもないから、先手を打つて、辰年にちなみ、龍にでもなり昇天してしまはうかしらと思つてたが、昇り龍では上等すぎるから、最下等の土龍《もぐら》になつた。
だのに、元旦早々いやに暖いので、ノコノコ這ひ出してヒナタボッコとしやれこんだ。これが〝土龍の日光浴〟とでもいふんだろう。

（「黒幕から銀幕に」『菅原通済集』駿河台書房、一九五三）

JR中央線の車内にぶらさがっている『週刊新潮』（新潮社）の広告に、なつかしい名前を見つけた。平成十七（二〇〇五）年一月二十七日号掲載の「尖閣諸島のオーナーは政界フィクサー〝菅原通済《すがわらつうさい》〟の元秘書だった」という特別読物で、さっそく買って読んでみた。菅原通済（一八九四〜一九八一）の運転手兼秘書をしていた男が、なぜ、尖閣諸

（駿河台書房、1953年）

島のオーナーになったのか？　そんな内容だったけれど、「菅原通済」といっても、政界の黒幕というイメージはあまりない。戦後の雑本好きとしては、粋人エッセイストとしての印象のほうが強い。

ぼくはここ何年も、通済の評伝が出ることを心待ちにしている。それくらいこの人物の生涯はおもしろく、わけがわからない。徳川夢声が芸能界の〝雑の人〟なら、通済は実業界の〝雑の人〟であり、昭和の大通人だった。馬賊を夢みて満洲へわたり、シンガポール、インド、イギリス、アメリカなどを流浪したすえ、関東大震災の復興事業で大もうけ。菊フィルム、大日本セロファンなど、数十におよぶ会社の代表をつとめ、若くして実業の世界から引退する。そののち、芦田均のパトロンとして内閣樹立につくし、昭電疑獄事件の陰の主役として名をはせ、「政界の黒幕《フィクサー》」と呼ばれるにいたった。

これだけのキャリアだと、ただの大実業家にすぎない。通済は、道楽もすごかった。

女道楽はもちろんのこと、薬師寺から国宝級の仏像をまきあげたほど、書画、骨董、ダイヤモンドのコレクションには金に糸目をつけなかった。エッセイストとしても有名で、出したエッセイ集は五十冊ほどにおよぶ。晩年は、三悪（麻薬、売春、性病）追放キャンペーンの先頭に立つなど、湯水のごとく金をつかい、やりたい放題な一生をおくった。

こうした道楽のさいたるものが、《土龍の日光浴》だと自嘲する役者稼業だった。道楽に金をそそぎこむ役者はめずらしくない。しかし、道楽で役者をやっていたのは、通済ひとりくらいのものだ。道楽気分がぬけきれない徳川夢声や三國一朗の役者稼業とくらべても、ずっとお気楽なものだった。

手元にある通済のエッセイ集を読むと、役者道楽がらみの文章がいろいろと目につく。そんななか、『現代ユーモア文學全集15　菅原通濟集』のなかに、役者道楽の原点というべき一編を見つけた。デビュー作の撮影秘話をつづった「黒幕から銀幕に」である。

長唄が大好きだった通済は、劇場やラジオに出演することはあった。しかし、映画には縁がなかった。そんなとき、永井龍男の小説『風ふたたび』（朝日新聞社、一九五一）が、東宝で映画化されることになる。『風ふたたび』は「朝日新聞」の連載小説で、林芙美子の急逝により打ち切られた『めし』のあとを受けてスタートした。この作品のなかに「道原敬良」なる実業家が出てくるが、これは通済本人をモデルとしている。映画では山村聰が道原を演じ、どうせならホンモノも出しちゃえということで、その友人の菅原役で通済に出演依頼がきた。これが、役者道楽のそもそものきっかけとなる。

特別出演の端役といえども、政界にその名をとどろかす黒幕である。しかも、東宝の小林一三《こばやしいちぞう》とは親交があった。東宝の大番頭である森岩雄としては、絶対に失敗はゆるされない。砧《きぬた》の撮影所では、プロデューサーの本木荘二郎、監督の豊田四郎、共演の原節子らが顔をそろえ、新人俳優となる政界の黒幕を出むかえた。すかさず原とのツーショットがニュース映画に撮影され、楽屋も彼女のとなりに用意されるという周到ぶりだった。通済は、たいへんご満悦である。

撮影がスタートした。お正月の宴会シーンでは、通済ひとりだけにビールやウイスキーがふるまわれ、したたかに酔っぱらって、杉村春子にセクハラ行為を連発。あげくのはてに長唄まで披露するありさまで、スタッフの苦労がしのばれる。もちろん、通済本人はやる気まんまんだ。紀貫之やマイヨールの真筆をわざわざ持参して、撮影の小道具として提供するような気くばり（?）もみせた。「黒幕から銀幕に」では、こうした愛すべき行状ぶりが、なんの遠慮もなくつづられ、おもしろい。ただ、実際に映画を観てみると、通済は芝居らしい芝居をしていない。必要以上に杉村にからんで、彼女に嫌がられているくらいで、はじめての役者稼業がよっぽどうれしかったとみえる。

未知の人も、このオッカない親爺にニコニコして、映画でお目にかかりまして、と挨拶してくれる。女学生はサインして下さい、といふ。妻女まで、夕餉《ゆうげ》に一品よけいつけるやうになつた。なんだか皆んなと親しめてよろしい。

土龍の日光浴も案外わるくはないものだ。

（「黒幕から銀幕に」前掲書）


すっかり役者にハマってしまった通済は、こののちも映画やテレビドラマに出演する。おなじ鎌倉の住人だった小津安二郎の作品にはレギュラー登板し、堂々たるバイプレーヤーぶりを発揮している。そのほかにも各社の映画に顔を出しており、どこに出ているのかわからないようなチョイ役も多かった。自作の小説『昭和秘録　大蒙古《ダイヤモンド》の行方』（常盤山文庫、一九五六）が東映で映画化されたときは、抜け目なく出演していて、片岡千恵蔵とがっぷり四つに組んだ風格ある芝居を見せていた。

セリフが棒読みでダイコンではあるけれど、なんといっても素材がすばらしいから、和服や高そうな背広姿で登場するとサマになった。存在感のある脇役俳優であったことはたしかだ。それにお金持ちの道楽といえども、大矢市次郎や久松保夫にくらべると、この人のほうが映画の出演本数は多かった。戦後の日本映画をひもとくうえで、ぜひとも記憶しておきたいバイプレーヤーのひとりである。

# 屑屋の囈言《たわごと》　松本克平

マイルームは六畳一間で、本棚には紙袋や古雑誌が手当り次第につめこまれ、すり切れた畳の上には俗に古本《ふるほん》と言われる余り高級でない類の本がうず高くつまれていて足の踏み場もない状態である。ホコリっぽくて薄汚く、とうてい書斎などといえるものではなく屑屋の仕切場といった方がいい。

だがこの貧しい部屋に入ると私は不思議に落着くし、この屑屋の仕切場に布団を敷いて寝るのである。

（『私の古本大学　新劇人の読書彷徨』青英舎、一九八一）

文学座、俳優座、劇団民藝。これら新劇の三大劇団のなかで、コッテリ風味のバイプレーヤーをいちばん多く輩出したのは、俳優座ではなかったか。千田是也、東野英治郎、小沢栄太郎、三島雅夫、永田靖、東山千栄子、岸輝子……いずれも戦後の邦画には欠かせない顔ぶれである。

俳優座の幹部である松本克平《まつもとかつぺい》（一九〇六〜九五）は、善悪どちらの役もこなすうまいバイプレーヤーだった。しかし、俳優座系の役者のなかではやや地味な存在で、小沢や三島にくらべると影はうすい。当たり役としては『警視庁物語』シリーズ（東映）の捜査一課長があるけれど、事件現場にちょっと顔を出すていどで、役どころとしてはあまり目立たないものだった。

　むしろ松本の名は、役者ではなく、名うての古本マニアとして知られている。神田神保町かいわいでは、知れた顔のひとりだった。『日本古書通信』（日本古書通信社）の常連執筆者であり、同社から出た『こつう豆本90　克平交友記』（一九九〇）もある。また、

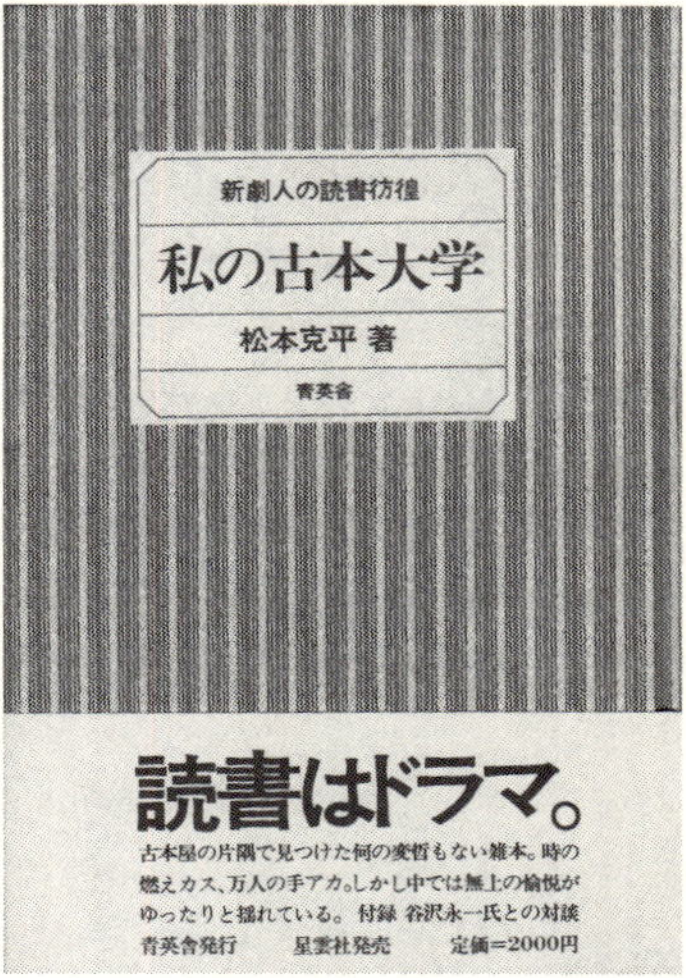

（青英舎、1981年）

『彷書月刊』の創刊には協力を惜しまず、「古書展は私の大学」という連載をもっていた。エッセイ集『私の古本大学　新劇人の読書彷徨』も、好事家にとっては必読の書となっている。新劇史についての著作は多く、活字の分野で名前を残す人であろう（松本自身はこの本のなかで、《物を書く俳優は芸がうまくならないというジンクスは残念ながら真実であっ

た》と書いている)。

この本は、宮口精二の『俳優館』に連載された「新劇屑屋の囈言《たわごと》」をまとめたもので、大正、昭和初期の新劇資料コレクションが紹介されている。松本が求めるものは、作家や役者の著作はもちろんのこと、プログラム、チラシ、写真、新聞切り抜き、生原稿、手紙など、紙モノにまでおよぶ。自称「新劇屑屋」。その多くは二束三文の「屑物」ばかりだ。そんな「屑物」のなかには、ちょいと自慢したくなるような珍本もある。松本の本のなかであっさりと触れられている上山草人の自伝小説だって、そうたやすく入手できる代物ではない。言及される「私の古本」は、読みたくても読めないレアものばかりだ。

古本で新劇史を俯瞰するという意味あいがあるので、読んでいて勉強になる。いきなり一冊目から佐々木孝丸の訳書が出てくるので、そのレベルでつまずいていたら、先へ読み進むことができない。紹介される古本は、ぼくには未知のものばかりで、なじみのない役者の名前が容赦なく飛びだしてくる。「村田栄子は、浪花千栄子の最初の師匠だったなあ」「武田正憲《たけだまさのり》って、東映の時代劇に出ていた人だ」などと、学びながら読んでいく。「古本大学」たるゆえんだ。

松本が新劇関係の資料を蒐集するのは、あくまでも新劇正史の執筆のためで、「屑屋」を自認するくらいだから安くないといけない。旅公演で地方に出かけるときは、自宅あての古書目録を転送させたほどで、蒐集狂いは筋金入りだった。しかし、二束三文のはずの「紙屑」も、店によっては法外な値段をつけるところがある。各所で催される古書展は「新劇屑屋」にとってのオアシスでありながら、憤慨することもあった。池袋のデパートで催された古書展での出来事として、こんなエピソードを紹介している。

> 近頃の古書展では新築地劇団の『ゴー・ストップ』公演（昭和五〔一九三〇〕年八月、定価十銭）のパンフレットが一冊千円で展示され、俳優座で私が主演した『巨人伝説』（安部公房作）のパンフが二千五百円している。パンフ一冊の値段がですぞ、諸君！三島由紀夫、安部公房ブームのせいであるとは云え、全く気違い染みている。古書展はも早や屑屋風情のウロック場所ではなくなってしまった。そんなわけでスッカリ厭気がさして実は、〝古書展奴、糞喰らへ〟と秘かに罵倒しつづけてきた。
>
> （前掲書）

かといって、このまま帰ってしまうと「屑屋」の名がすたるというもの。ちゃんとおなじ会場の二百円均一コーナーで、ものすごいレア本をゲットしているのである。それは、土方与志《ひじかたよし》と佐野碩《さのせき》の共著『藝術は民衆のものだ』（モスコー外国労働者出版部、一九三五）という文献だった。伯爵の位にあった土方は、築地小劇場の創立者である。彼は、ソ連作家同盟第一回大会に、「日本プロレタリア作家同盟」の代表として佐野と出席。伯爵の位にありながら、天皇政府を批判する大演説をぶった。これはすぐさま内務省と宮内庁の知るところとなり、のちに爵位を剝奪されるという事件にまで発展している。

松本が見つけた『藝術は民衆のものだ』は、その大演説を日本語訳にしたものだった（奥付はロシア語）。現地で刊行された禁断思想の文献が、日本に輸入されるはずはない。それがなぜか日本に輸入され、二百円均一にならんでいたのだ。興奮した松本は、さっそく六畳一間のマイルームでむしゃぶりついて読んだ。尾崎宏次と茨木憲の共著『土方与志―ある先駆者の生涯』（筑摩書房、一九六一）も読んだ。するとナント！ 自分しか持っていないはずの禁断の書が、ちゃんと紹介されているではないか‼《なんたる事だ、尾崎、茨木両氏はすでにこの本を読んでいたのか、知らないのは私だけだったのか――と実はガッカリしてしまった》。それでも屑屋はへこたれない。このあと松本は、いかなる行動に出たのか？ それは本書を読んでいただきたい。

なおこの本には、谷沢永一との対談リーフレット「読書人の饗宴」が、「屑物」としてついてくる。松本が目録注文した珍本で、藤村操の『煩悶記』（也奈義書房、一九〇七）が谷沢に当たってしまい、くやしがるというエピソードがおもしろい。じつは、ぼくが脇役本のミニコミをつくったとき、同好の編集者の藤田晋也さんと「脇役本閑話《つれづればなし》」なる対談をやったのは、この「読書人の饗宴」を意識したものだった。「あの対談って、

『古本大学』のパクリでしょう?」。誰もそう言ってくれなかったのが、ちょっとさびしかった。

**文庫追記**　松本克平旧蔵の演劇資料は、古本市場にずいぶんと流れて、二束三文で売られてしまった。そのなかに、世田谷区成城町の滝沢修から、杉並区永福町の松本克平に宛てた封書が売りに出た。

封書には写真が二枚同封され、もとからないのか、事前に誰かがぬきとったのか、手紙の類いは同封されていない。一枚は松本克平と久板栄二郎《ひさいたえいじろう》のツーショット、もう一枚は松本、久板、俳優座の内田透のスリーショット、いずれも滝沢が撮影したものである。昭和四十三（一九六八）年五月十一日夜、東京大手町の農協ホールで催された「久板栄二郎劇作40年記念の夕べ」での撮影で、うれしそうな松本と恥ずかしそうな久板、どちらもいい表情である。

写真の仕上がりからみて、滝沢がみずから現像したのではなく、どこか信頼のおける写真店で現像したのだろう。それでも、カメラ狂いの滝沢が撮った生写真であることにまちがいはなく、滝沢ファンとしてはうれしいもの。撮りっぱなしにせず、わざわざ現像して送っているのだから、親切な人ではないか。

久板の七回忌に遺族が編んだアルバム『久板栄二郎の思い出』（久板好子、一九八二）に

松本克平（左）と久板栄二郎（右）。滝沢修撮影（筆者蔵）

は、「久板栄二郎劇作40年記念の夕べ」の様子が紹介されている。滝沢が撮影した松本、久板、内田のスリーショットのほか、久板と松本のそばでカメラをいじっているべつの滝沢の写真も掲載されている。

# 絵番附、買います　柳永二郎

私のところへ番附を持って来るように、号令を掛けておいた古本屋が四、五人あって、もし探し出して来たら二十円まで出そうなどといって探させたが無かった。当時、つまり昭和七、八年頃は、新派の番附はたいてい一枚十銭から二十銭くらいが相場だった。私が買いあさりだしてから、年代の古いもの、つまり明治二、三十年代のもので、保存のいい奇麗なものなら、一円から一円五十銭くらいになって驚いた時分だったので、古本屋も躍起で探したようだが無かった。

（『青蛙選書22　絵番附・新派劇談』青蛙房、一九六六）

新劇史の研究者にして、古本マニアの松本克平を紹介したのだから、柳永二郎《やなぎえいじろう》（一八九五～一九八四）を書きもらすことはできない。タラコくちびるとイヤラシイ眼光、タンのからまったようなネトついたセリフまわし。いわゆる「大悪」ではなく、ちょっと気弱な小悪党の似合う名悪役だった。大芝居というより、ステレオタイプかつ緻密な演技で、どこへ出ても、「おっ、ヤナギだ！」とすぐわかってしまう。戦後の映画、テレビ、

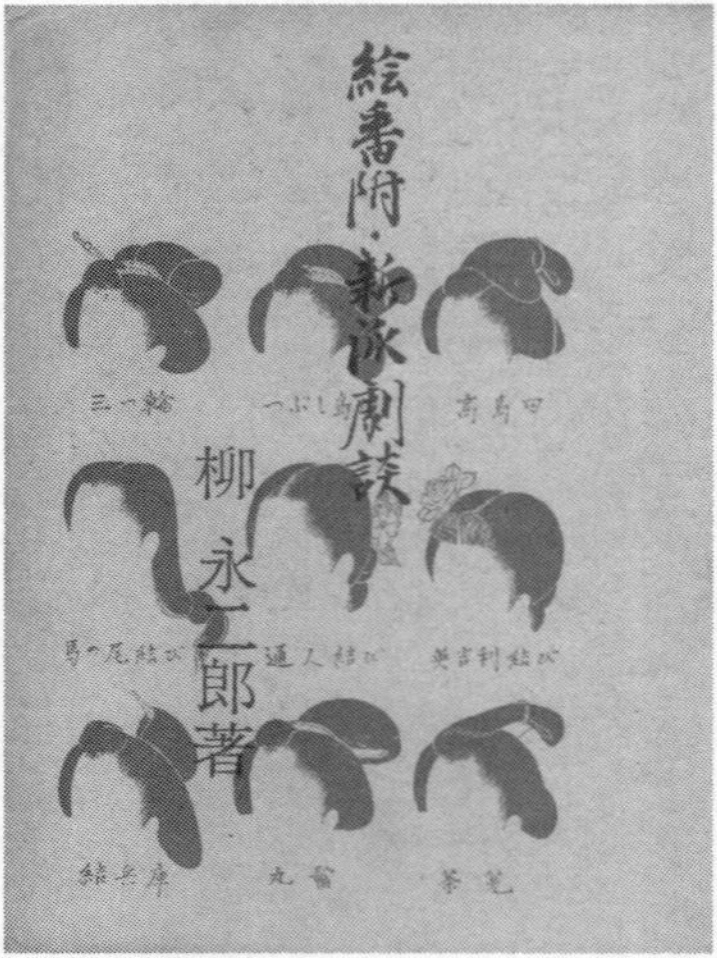

（青蛙房、1966年）

ラジオには欠かせないバイプレーヤーで、おびただしい数の作品に出演した。紋切り型の悪役のイメージがあったけれど、昭和三十年代のＮＨＫドラマ『汚れた小さな手』で演じた零細町工場の社長役を見たとき、この人は本当にうまい役者なんだと感じ入った。

もともとは舞台の人、劇団新派の役者である。ずっと新派に属していたわけではなく、映画稼業に没頭していた時期があったし、長谷川一夫に乞われて東宝歌舞伎にひんぱんに出ていたこともあった。それでも流れる血は新派ひとすじで、感情のゆきちがいで距離を保ちながらも終生、劇団の行く末を見守った。

根っからの新派役者にはもうひとつ、劇壇きっての新派史研究者としての顔があった。三十代のころから新派の正史を編纂する作業をはじめ、処女作となる『新派五十年興行年表』（双雅房、一九三七）を皮切りに、『新派の六十年』（河出書房、一九四八）、『絵番附・新派劇談』、『木戸哀楽　新派九十年の歩み』（読売新聞社、一九七七）などを単著として上梓。久保田万太郎や北條秀司をはじめ、演劇史家として高く評価する人たちは多く、いずれも資料的には貴重なものとなった。なかでも『絵番附・新派劇談』は函入り、二百八十九ページの大冊で、いちばんの労作となった。

柳はまず、先人たちの文献や談話筆記をあさり、劇壇の長老たちに取材をした。さらに、当時の新聞記事に目を通して、角藤定憲《すどうさだのり》や川上音二郎からはじまる新派の大河史を俯瞰することをこころみる。こうした先人たちの情報は、記憶ちがいや誤報が混じっているので、鵜呑みにすることはできない。信頼すべき文献資料も数があまりない。そこで目をつけたのが、「絵番附」と呼ばれるプログラムの類いだった。

「絵番附」には、演目、作家、出演者、劇場名、初日の年月日が記され、演目や主演俳優にまつわる浮世絵やイラストが添えられていた。女性を相手にするプレスシートなので、絵の比重が大きく、縦は二尺、横は三尺ほどの横長のものが多かったという。

新派の歴史がはじまったのは明治二十年代で、絵番附が消えたのは関東大震災からのちのことなので、発行されていたのは三十年ほどになる。当時の観客の誰もが保存したわけではなく、そのほとんどがうしなわれてしまった。そして柳は、絵番附コレクションの鬼となっていく。

その蒐集狂いは、業者のあいだでは有名だった。神田神保町の古書会館で催される古書展にはちゃんと顔を出し、なにかいい出物がないかと紙屑の山を物色する。松本克平が「新劇屑屋」なら、柳永二郎は「新派屑屋」なのだ。あのキャラクターで古書展を徘徊し、しゃがみこんで紙屑(お宝)をあさっている姿を想うと、なんだかチャーミングでさえある。

こうして蒐めたコレクションは、早稲田の演劇博物館もうすらいでしまうほど、バラエティに富んだものとなった。歌舞伎座、新富座、明治座、本郷座、宮戸座、市村座、鳥越座、浅草座、真砂座などで上演された壮士芝居、書生芝居、新演劇、正劇、新派劇の番附については、その半分以上を蒐めたという。名古屋、京都、大阪の劇場の番附も蒐集のテーマとなり、知らないうちにまったくおなじ番附が何枚もたまってしまうコレクターにありがちな失敗もしている。枚数にしてざっと千枚。久保田万太郎からあずかった「伊井蓉峰の番附揃い、二百七十二種」という貴重なセットものもある。

そんなコレクターにも幻の逸品はあった。川上音二郎の一座が中村座で旗あげしたときの絵番附。これがどうしても欲しい。でも、見つからない。出入りの古本屋に、二十円という当時破格の報奨金を提示しても、出てこなかった。そんなとき、顔なじみの経師屋のおやじが、表装した絵番附を買ってくれと楽屋にきた。「新派のものじゃないから、いらないさ」「一杯飲めればいいんだ。安く買っておくれよ」。そんなやりとりのすえに買い取ってみたら、表装の裏面に逸品があるではないか！　柳のコレクター人生のなかで、これが最大の椿事となる。下半分が破れていて、「川上音二郎」が「川上音」

になっていたけれど……。

戦争中は、京都・嵯峨野の別邸にある防空壕にコレクションを「疎開」させ、命がけで守りぬいた。さいわいにもB29の襲来はなく、別邸にひきこもり、粗悪な紙に刷られた絵番附を愛でながら、新派史執筆に没頭する。戦後すぐに『新派の六十年』を発表できたのは、そうしたいきさつがあったからだ。それから十八年。ふたたび研究者として、新派に相対する機会がめぐる。愛する絵番附を手がかりに、前作をしのぐ新派の大河史を書きたい。それが三十年来あたためつづけてきた夢だと、本人は書いている。

悩みもあった。《老いた柳が、また番附をちちくりあって、オッペケペーを回顧しようってのかい。まっ、芸がないわね》。そう思われるんじゃないか。懐古趣味で、うしろむきで、新派の本なんか、誰が読んでくれるのか。困りはてた柳は、旧知の仲の川口松太郎に相談にいった。「新派劇の記録なんてものは、お前のほかに書く奴がいるか」。弱音をはく研究者に、川口はしごくもっともな励ましをした。そうして上梓された『絵番附・新派劇談』は、コレクションもふんだんに図版掲載され、ライフワークの集大成となった。コレクター冥利につきるというものだ。

柳本人の言によれば、心血をそそいだコレクションは晩年になって、松竹大谷図書館に寄贈したという。もし、それらの絵番附をひもといて、先人の遺志をつごうという若人がいるとしたら、一夜の杯をともに語りあかしたいものである。

# 盆栽に恋して　中村是好

私は盆栽をやって幸福でした。あなたも幸福になりたかったら、盆栽をおやりなさい……と。盆栽は人生の我慢、忍耐から、正直、率直の尊さ、詩情の美しさなどありとあらゆるものを教えてくれます。そして何よりも自然という大きなものを教えてくれます。太陽のもとに土に親しみ、木を育て、草を愛することは、ひいては人をも愛し、広く世界を愛する心となるのです。

（『小品盆栽』鶴書房、一九六八）

エノケン生誕百年にあたる平成十六（二〇〇四）年、うしなわれたはずの『らくだの馬さん』（松竹）のフィルムが発見されて、リバイバル上映された。エノケンの久六に対して、フグにあたって死んでしまう馬さんを中村是好《なかむらぜこう》（一九〇〇〜八九）が演じた。どちらも十八番《おはこ》の役どころで、このコンビがおおいに笑わせる。小島政二郎は書く。《松助（四代目尾上松助）を理想としてゐる是好さんのワキ役が、エノケンを引き立てながら、いかにうまかつたか領ける気がする》（前掲書）。考えてみれば、お山の大将だったロッパには、是好ほどの相手役がいなかった。「脇役」という点においては、ロッパより、エノケンに分があったといえよう。

戦後になって是好は、エノケンにつきあいながら、枚挙にいとまのない映画、テレビに出演した。喜劇畑の人ながら、下町の哀歓をにじますことのできるバイプレーヤーで、悪役を得意とした山茶花究とは好対にあった。それにしても出演本数が多すぎる。なぜか？　それは盆栽の魅力にとりつかれてしまったからだ。著書『小品盆栽』は、ひとりの名脇役がつづった盆栽愛の軌跡、そして、コレクション自慢の本である。

みずからの道楽のために、出演料のすべてをそそぎこむ役者といえば、大河内傳次郎がそうだった。晩年、東映のチャンバラ映画に脇役で出まくったのは、京都の嵯峨野にある造園道楽のためだった（「大河内山荘」と名づけられ、一般公開されている）。是好も、「役者が内職で、盆栽が本業です」と言いきってしまうほどの人で、一に盆栽、二に盆栽、三、四がなくて、五に芝居といったところか。

ひとくちに盆栽といっても、いろんなタイプがある。是好が愛したのは「豆盆栽」や

（鶴書房、1968年）

「小品盆栽」と呼ばれるもので、大きさにして十センチ前後のかわいらしいもの。小さいものだと五センチほどの作品もある。そんな小さな盆栽でも、樹齢三十年はあたりまえで、なかには百年近いものもある。お値段のほうは、縁日で売られる数百円、数千円単位のリーズナブルな小品から、数十万、数百万といった芸術品までさまざまだ。こうした小品盆栽の愛好家にとって、中村是好はバイプレーヤーではなく、大スターであった。日本小品盆栽協会の会長を二十年以上にわたってつとめ、展示会ではサイン大会が催されるほどだった。会報誌を発行するかたわら、小品盆栽の実用書を出版し、ここに紹介する『小品盆栽』がその集大成となる。

小島政二郎の序文「二度生きる」にはじまり、コレクションから厳選した六十四点を美しいカラーグラビアで紹介した「小品盆栽の四季」、みずからの盆栽遍歴をたどったエッセイ「盆栽と芸と人生」、是好が心酔する名人たちとの座談会二編、そして、初歩的な心得をつづった「小品盆栽作法」まで、本のつくり、内容ともに申しぶんない。神保町の鳥海《とりうみ》書房さんにうかがうと、小品盆栽マニアにとっては必須のテキストだそうで、有名な本だと教えてもらった。

僧侶の家に生まれた是好は、そのまま仏門の道を歩みはじめ、十九歳のときに挫折する。仏門を捨てて、役者となった。新派新声劇、道頓堀山長一座、神田劇場中村歌扇一座、浅草根岸大歌劇団、曽我廼家十吾一座などをへて、エノケンのカジノ・フォーリーで、ようやく頭角をあらわす。こうした流転の日々のなか、若くしてハマってしまったのが盆栽だった。大きな盆栽は高くて買えず、つつましい長屋ぐらしでは置き場所もままならない。小さいものであれば、縁日で買えるし、なにより安かった。役者として、いつ芽が出るのかわからぬ青春のころ。物干し台にならんだ盆栽たちは、悶々とした売れない役者をやさしくなぐさめた。そんなときである。舞台装置・大道具方の杉本佐七から、自宅にまねかれたのは。

驚いた。まず、その数に。そのすべてが小品盆栽だった。小さな鉢にこんもり木が生えて、ザクロがみのる。梅がある。桜もある。この出会いが、自慰的に盆栽いじりをしていた是好を瞠目させることになる。おのれの心根の甘さを自省し、すぐさま杉本佐七に弟子入りした。盆栽をみずからをうつす鏡だと考え、佐七を師として終生仰いだ。

仏門の道は捨てたけれど、盆栽道のふかみにはハマるばかりだった。有楽町の日劇に出ていたときは、浅草の自宅まで盆栽の水やりに、日に何度も帰宅していたという。戦火がはげしくなり、下町が火の海になろうとも、是好と佐七は、ともにコレクションを愛でる。《つまり盆栽と心中する気だった。これはシャレや冗談でなく、当時はホントだった》。

なにをそこまで盆栽に駆り立てたのか。「是好さん。あなたにとって、盆栽とはなんですか？」。それは野暮な問いというもの。是好はだまって小品盆栽。鉢のひとつを、相手に差し出すだけの境地なのである(内心では、盆栽で世界平和がくると思っていた)。「是好」という名前は、「日々是好日」から由来している。一年三百六十五日、しあわせな毎日だった。春夏秋冬、わびしい部屋のなかで盆栽たちが四季のいろどりを見せてくれるのだから。春になれば緋桃がつぼみをのぞかせる。夏がくれば、ほたる草が青くかすかに輝き咲く。秋がくれば、もみじの葉が紅《くれない》にそまる。《春を呼び、夏を迎え、秋を送り、冬にはまた来る春を待ち、わが一代、盆栽とともに生きていれば最高のしあわせだと思います》。役者として大成したとはいいがたいけれど、もって瞑すべしと書くべきであろう。

いい本である。これほど説得力のある道楽脇役本はなかった。「是好にも、盆栽にも、ぜんぜん興味ないや」。そんな先入観を抱かずに、心しずかに読んでもらいたい。ディープな小品盆栽の世界にいざなわれること、まちがいなしである。

かわいらしい草や花、木もいい。それよりも魅せられたのが盆栽鉢で、ぼくもひとつ欲しくなった。徳川夢声の本を出したとき、記念に夢声の俳句色紙を買いもとめた。せっかくだし『脇役本』が出たあかつきには、是好みずから焼いた盆栽鉢を記念に買いたいと思っている。それを夢みて、原稿書きに余念のない宵のころ。春はもう近し、か。

**文庫追記**　『小品盆栽』はさほどレアな本ではなく、いまではネットオークションで見かけるが、当時はなかなか見つからなかった。さがしていた『小品盆栽』は、『彷書月刊』編集長で「なないろ文庫ふしぎ堂」の田村治芳さんに譲ってもらった。田村さんとはほとんど面識がなかったけれど、徳川夢声の本を通じてぼくの名は知っていたらしく、『小品盆栽』とともに独特の手書き文字で書かれた一筆箋が添えられていた。
《御注文ありがとうございます。そういえば中村是好もエノケンの仲間　徳川夢声とエンがなくもないかなァ　それとも盆栽趣味の方かなァなどと　今年もよろしくおねがいします　（七）》
右文書院版が出たとき、田村さんは『彷書月刊』に書評を書いてくれた。その前後だったかにおハガキをいただき、「『小品盆栽』を注文した理由がわかりました」みたいなことが書かれていた。田村さんが亡くなられて、今年で七年になる。
本文に書いた「是好みずから焼いた盆栽鉢」は縁がなく、まだ入手できていない。ときどきネットオークションに出品されても、けっこうな値がいつもついてしまい、手が出せない。

# 日真名氏こけし狂　久松保夫

〈こけし〉は、手も足もない、不思議な〈にんぎょう〉である。

その体臭は、まさに〈木偶《でく》〉と呼ぶにふさわしい。

だが、それを掌《て》にとり、肌にふれてみるとき、少しの不自然さも感じさせぬばかりか、ぬくもりをすら覚えしめ、心なごむ……何故なのであろう。

それは作った者が庶民であり、もち伝えた者も庶民であり、わたし自身がまた庶民であることの、紛れもない証左であろう。

わたし達は、今、このすぐれて土俗的な一片の〈木偶〉を、わが国の「人形の歴史」の中に、どのように位置づけるか……まず、その作業から始めねばなるまい。

(『こけしの世界―木偶《でく》と木地師たち』グラフィック社、一九八三)


放送局の社史は、概してつまらないものが多い。例外として『ＴＢＳ50年史』(東京放送、二〇〇二)だけが、手元においておきたい労作だった。本文もさることながら、四百タイトルにおよぶラジオ音源やテレビ映像を、五時間三十分の長さにおさめたＤＶＤがすごい。伝説の生ドラマ『日真名氏飛び出す』が収録されているのが、なによりうれしかった。このドラマの映像はすべてうしなわれていると思っていたけれど、ちゃんと残されていたのだ！

『日真名氏飛び出す』は、ラジオ東京テレビ（現・TBSテレビ）時代の大人気ドラマで、生放送だった。頭脳明晰なカメラマンの日真名（暇なし）進介と、ちょいとマヌケな助手の泡手（慌て）大作が難事件を解決するというのが、毎度おなじみのストーリーである。日真名氏を久松保夫《ひさまつやすお》（一九一九〜八二）が、泡手を文学座の高原駿雄が演じた。このドラマで久松は、スターダムにのしあがるものの、スターとしてはそれでおわってしまった感じは否めない。

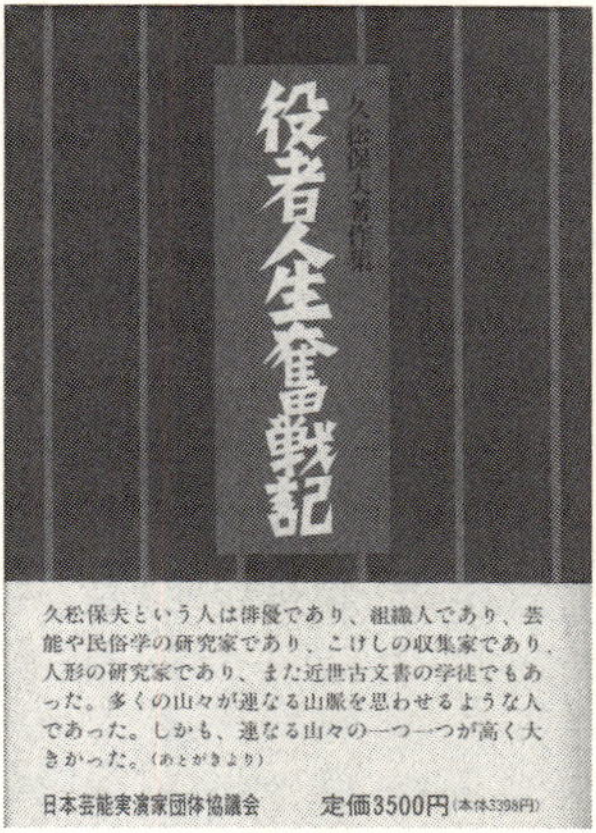
久松保夫著作集
役者人生奮戦記
久松保夫という人は俳優であり、組織人であり、芸能や民俗学の研究家であり、こけしの収集家であり、人形の研究家であり、また近世古文書の学徒でもあった。多くの山々が連なる山脈を思わせるような人であった。しかも、連なる山々の一つ一つが高く大きかった。（あとがきより）
日本芸能実演家団体協議会
定価3500円
（日本芸能実演家団体協議会、1995年）

いまやわすれられてしまった俳優ながら、そのキャリアはユニークだった。牧師を夢みた神学生が新劇俳優となり、戦後のレッドパージでNHKから追放され、不遇の日々がつづく。東宝での脇役稼業や、森永のタイアップラジオ『エンゼル・タイム』（ラジオ東京）の司会などで糊口をしのぐうち、テレビの本放送がスタート。日真名氏という当たり役にめぐりあう。そののちは目立たない役者人生を歩み、海外ドラマの吹き替えやアニメの声優として名声を得た。知的な二枚目なので、『三匹の侍』（フジテレビ）などのテレビ時代劇で冷静沈着な悪役をやると、けっこうサマになった。

後半生は芸能人の権利保護の活動に心血をそそぎ、日本放送芸能家協会（現・日本俳優連合）の設立に尽力する。徳川夢声（初代理事長）と石川達三（日本著作者団体協議会初代会長）とのトップ会談をお膳立てしたのも、久松の尽力によるところが大きい。最晩年は文化庁の著作権審議会委員をつとめ、それらの活動については、『役者人生奮戦記　久松保夫著作集』（日本芸能実演家団体協議会、一九九五）として一冊にまとめられている。

こうした多忙な毎日を癒したのが、わが娘のように愛した、チャーミングなこけしたちであった。久松は、こけし界きっての研究者であり、日本屈指のコレクターでもある。ギャラのほとんどはこけしにそそぎ、コレクションは四千体におよぶ。それも、大量生産される観光こけしには興味がなく、木地師が精魂をこめた手づくり品しか蒐めない。こけしマニアの同人誌『木の花』（こけしの会）の中心人物であり、各地のこけしコンクールやイベントでは審査員をつとめていた。

「木偶坊《でくのぼう》」。久松のコレクションルームには、そんな門柱がかかっている。いそがしい日々のなかで「でくのぼう」でありたいとする気持ちと、彼女たちの古里でのなつかしい呼び名。それが「木偶坊」の由来だった。こけしに魅せられたのは二十一歳のとき。

著作権にはうるさい彼も、「娘」のことになると人が変わったという。

亡くなった翌年に出た著書『こけしの世界』は、久松が三年をかけて書きあげた大労作だった。それも、原稿のほとんどを病院のベッドでつづり、外出届を出しては「木偶坊」へ帰り、娘たちとの残りすくない時間をともにした。亡くなる前の日も病床で原稿を整理し、発行を待たずして六十三歳で逝った。

その遺志は、こけし友だちの植木昭夫が受けつぎ、そのままのかたちで発表された。こうして完成した本書は、久松の単著による『人形の歴史―こけし系譜考』と、植木との共著による『こけしの世界―木偶《でく》と木地師たち』の二冊からなる。B４判、限定八百部、定価三万五千円の豪華本で、ライフワークの集大成と呼ぶにふさわしいものとなった。植木は書く。

全点、久松蒐集品をもって構成することを決意したのは、第一に、その質と量とが、主題をほぼ十分にカバーし得る、唯一のコレクションである、と確信したためである。そして、第二には、蒐集は人である、との観点から、植木を含めて余人の所蔵品を混じえず、「木偶坊」主人の半世紀に近い知的活動の全貌を、単一純粋に展示することの客観的意義に想到し得た故であった。

（『こけしの世界』）

この本はまだ入手できていないので、国会図書館で一読してきた。ひとことで言って、おそろしく難解な内容である。『人形の歴史—こけし系譜考』を例にすると、Ⅰ「先史・原始時代」、Ⅱ「古代・中世」、Ⅲ「近世・近代」の三部で構成され、縄文時代からの人形の正史がつづられていく。

こけしの本だからといって、鳴子温泉の店先で売っているみやげものは出てこない。土偶、埴輪、仏像、石像から、嵯峨人形、市松人形、博多人形まで、あらゆる人形の歴史が俯瞰されている。奈良の大仏から呪いの人形まで論じられ、あまりに専門的すぎて読破できなかった。ここに紹介した脇役本のなかでは、豪華さ、難解さ、いずれをとっても『こけしの世界』に勝るものはない。万人に受けるつくりではなく、ハードルの高い学術書となっている。いっぽうで平凡社カラー新書として出た『こけしの旅』（こけしの会編、一九七六）はこけし入門書としてわかりやすく、もちろん久松も執筆者のひとりで参加している。

久松はけっして、ただのこけしコレクターではない。こけしに愛着を寄せるとともに、それをつくりあげた無名の作者たちに愛情を寄せた。東北六県のみでつくられた、見ばえのいい人形ばかりを愛でるコレクターとは、距離を保った。《こけしを相手に一人で時間を過していますとねえ、このこけしの一つ一つがみんなお位牌に見える時があるんですよ》（『まんだら』昭和三十七〔一九六二〕年七月号）。雑誌のインタビューでは、そう語っている。娘たちへの愛情は、生みの親である木地師への追憶でもある。こけしが位牌に思えたゆえんであろう。

**文庫追記**　亡くなってはや三十六年、久松保夫の名を新刊で見かけることはほとんどない。と思っていたら、勝田久の著書『昭和声優列伝　テレビ草創期を声でささえた名優たち』（駒草出版、二〇一七）の目次に、久松の名があった。勝田は昭和二（一九二七）年生まれの声優界の大ベテランで、お茶の水博士の声で知られている。

久松について書かれたのは全七ページとわずかながら、生い立ちから『日真名氏飛び出す』でお茶の間の人気者になるまでの下積み時代、声優の仕事、日本芸能実演家団体協議会時代までがまとめられ、ひとつの資料になっている。俳優・声優の権利獲得に奔走した久松に敬意を表し、勝田は《彼の業績はあまりにも偉大であり、まさに異色の声優であったといえるだろう》としめくくった。

本列伝には久松だけではなく、ルパン三世の山田康雄、アラン・ドロンの野沢那智《のざわなち》、『ぶらり途中下車の旅』の滝口順平、カツオの高橋和枝、ハクション大魔王の大平透《おおひらとおる》、ヒッチコックの熊倉一雄、ジャイアンのたてかべ和也、次元大介の小林清志などなど、おなじみの声優、総勢三十二名がとりあげられている。〝声の昭和テレビ史〟として、興味ぶかく拝読した。

# 賢治追慕　内田朝雄

上屋根に保護された井戸のふちを撫でながら私は賢治に会った。会って話をした。胸にあふれる思いを誰に話しても通じなかった賢治の辛さを私は聞いた。イメージし調べて確信した世界について、嚙みくだいた言葉で説き聞かす話が、瞳だけ一杯に大きくひらいたいがぐり頭の少年たちの頭上を越えて、北上川の流れの音に溶け入って消えてしまうはがゆさを、彼は私に語るのだ。

巨大な荷物を背負ったまま誰にも知られず、うめいている青年教師のその顔を見ながら私は泣けてしかたがなかった。私は木の椅子に坐りこんで嗚咽していた。

（『人間選書46　私の宮沢賢治―付・政次郎擁護―』農山漁村文化協会、一九八一）

昭和四十一（一九六六）年の夏。３６０ccの軽自動車でひとり旅をしていた内田《うちだ》朝雄《あさお》（一九二〇～九六）は、岩手県水沢のあたりを走っていた。青くひろがる麦畑、見わたすかぎりの空、三陸の海波。内田はそこに、夭折の人、宮沢賢治を見た。車は、水沢、平泉、北上をぬけ、花巻の町へとたどりつく。屋根のついた井戸、五、六本のひょろ長い松、百日草が咲いている花畑、高村光太郎の筆による「雨ニモ負ケズ」の石碑。それらを前にしながら、おのれのなかに賢治がよみがえったことを悟るのだった。

内田朝雄。この名前を聞くと、多くの人が東映のヤクザ映画を思い出すだろう。組の幹部クラスをあごでつかう大悪で、詩人の石碑を前に泣きじゃくるタイプではない。

『日本暴力団　組長』（東映）のクライマックス。黒ずくめの手下をしたがえ、右翼の大物（佐々木孝丸）、関東ヤクザ（河津清三郎）、関西ヤクザ（内田）の三人が歩いてくる。そこへ、ドスを手にしたセビロ姿の鶴田浩二が、正面きって歩いてくる。紋付袴《はかま》が鮮血に染まり、めめしく叫び声をあげながら絶命する内田。《ほんとうに強くて悪い人には、悪役の芝居はできない》（内田朝雄『のびのび人生論46　悪役の少年時代　ガキ大将がおしえるワンパクの道』ポプラ社、一九八五）。それが名悪役と呼ばれた役者の、終生の哲学であった。

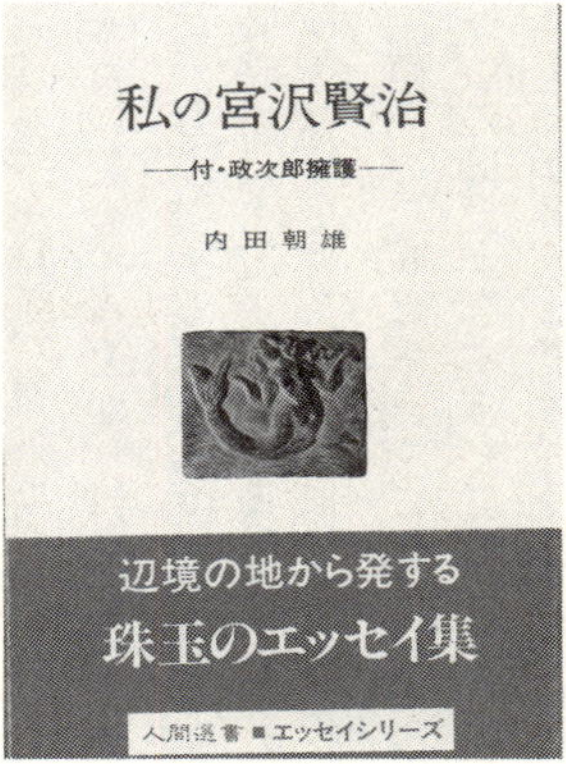

（農山漁村文化協会、1981年）

七十六歳で亡くなったとき、テレビのワイドショーで自宅が紹介された。あまりにもつつましいマンションぐらしで、得意とした役どころとのギャップがはげしく、いまさらながらに好感を抱いた。その数か月前には、ゲスト出演したテレビのトーク番組『達人たちの玉手箱』

（NHK）を見て、意外な素顔を知ったばかりだった。賢治ゆかりのオルゴールをうれしそうに紹介する姿が、ぼくにとって生前最後の内田朝雄となってしまう。

平壌生まれ、まずしい六人兄弟の四番目だった。中学卒業とともに炭鉱労働者となり、戦時中は久留米の戦車連隊に入隊し、死線をさまよう。戦後、信州の開拓村に入り、そののち大阪の宇部興産へ入社。そのころから演出家、役者としての活動をスタートさせ、関西発のテレビドラマに脇役、端役として出演した。名悪役として顔が知られるようになるのは五十をすぎたころで、それまでは無名に近い人だった。

キャリアとしては、役者よりも文学者としてのほうが長い。詩誌『山河』の同人をへて、詩劇制作室「根の花社」を主宰。あわせて『根の花通信』というミニコミ誌を発行している。童話や詩への造詣は若いころからふかく、四十六歳のときに賢治と運命的な再会をはたし、賢治研究を後半生のライフワークとしていく。著書『私の宮沢賢治』は、その集大成といえる一冊である。

宮沢賢治の研究者は多く、それにまつわる研究書は膨大な冊数となる。そのなかで研究者としての内田のスタンスは、素人の域をこえていない。『銀河鉄道の夜』の初期稿と最終稿における、加筆箇所と削除箇所を論じた考察も、研究としての新鮮味はうすい。賢治の研究書としては、それほど画期的なものと思えなかった。それは内田みずから認識するところであって、《徹底して常識人の宮沢賢治論である》とあとがきには書いている。そのうえで、素人くさい拙論のなかに、賢治論の核心があるのではないかとも思っている。著名な評論家や文壇に認められた研究者に対する、卑下した気持ちはどこにもない。

この本について書きもらせないのは、『私の宮沢賢治』の下につく「付・政次郎擁護」というサブタイトルである。巻末に「付章」として寄せた四十ページほどの小論「父・宮沢政次郎」が、内田賢治論の本質でもあった。宮沢政次郎は賢治の父親で、夭折した息子とは対照的に八十三歳まで生きた。

ぼくは賢治について無知なので、この先の文章はまちがっているかもしれない。それを承知で書くと、政次郎は浄土真宗で、賢治は日蓮宗だった。父と子のあいだには、そうした精神的なゆきちがいがある。しかも、教師として清貧に生きた賢治とはちがい、政次郎は地元でやり手の名士であった。こうした事実だけがひとり歩きしてしまい、いつしか研究者のあいだに、「賢治＝善」「政次郎＝悪」とする考えが蔓延していった。内田はそこに、なじめぬ気持ちを抱きつづける。

一般に、日本の家長は、天才に対して無理解だと指弾するのが、日本の文芸評論の常道のようだが、これが私にはどうも、高い金網の向うの観覧席で野球の解説でもやっているような、のんきな風景にみえてしかたがない。

賢治研究なるものがはじまって四十年、こうもたくさんの父親憎しの黒い糸屑が、太い糸玉のようになってくると素直に呑みこむわけにはいかぬ、むほん気のようなものがおきてくるわけだ。　（前掲書）

そこでまず内田は、青江舜二郎の『宮沢賢治　修羅に生きる』（講談社、一九七四）をやりだまにあげた。政次郎は賢治にとっての反面教師だとする青江の論考を、《弱いものいじめが過ぎる》と書き、精いっぱいの擁護論をつづっている。晩年の政次郎が、賢治の墓を改葬したのは、みずからに賢治という人間を見いだしたからではないか。老いて知った亡き息子への共感や、多くを語らない明治人のいさぎよさに、内田は心惹かれていく。それが「政次郎擁護」の結論となり、『私の宮沢賢治』のしめくくりとなった（この七年のちには、同版元より『続・私の宮沢賢治―現代というベンチに賢治と並んで坐る―』が刊行されている）。

内田が最後に入院したのは、亡くなる二か月前のこと。看護師に賢治のことをしゃべっていると急に意識がなくなり、そのまま息をひきとったという。

文庫追記　朝日放送の『部長刑事』をはじめ、内田朝雄は昭和三十年代から、関西発のテレビドラマに出ていた。俳優兼大阪円型劇場月光会の演出家であり、東映の任俠映画に悪役として出ていた時代にくらべると、顔はまだ知られていなかった。

そのころの内田が書いた紀行文を見つけた。近畿日本鉄道宣伝課が出したPR誌『真珠』の第三十号（昭和三十四〔一九五九〕年四月号）掲載「芳野回顧」、同三十七号（昭和三十六〔一九六二〕年一月号）掲載「奇妙なお水取り紀行」の二編である。

「芳野回顧」では、終戦の翌年、冬の奥吉野を歩いたことをふりかえる。この地で詠んだ芭蕉の句や西行法師の遺蹟を想いつつ、敗戦で先ゆきに不安を覚えた若き日の自分のことを書いた。「奇妙なお水取り紀行」では、内田と友人の画家と詩人、それぞれ妻を伴っての六人で、奈良・東大寺のお水取りに出かけた話をつづった。お水取りで出会った、奈良女子大学の学生との一期一会のふれあいがほほえましい。

いずれも肩書きは俳優ではなく「演出家」としている。どちらも味のあるエッセイで、とくに前者は思索に満ちた紀行文で読ませる。四十代の内田朝雄が、こんなしみじみとした文章を、近鉄電車のPR誌に書いていたとは知らなかった。宮沢賢治論を書き下ろすのは、それから二十年のちのことである。

# 童話を書く女　志賀暁子

私は神話が大好きでした。心佗しき世に生きて私は打算と不徳とを孕むこのみにくい世の中をこの上もなく嫌わしく思いました。そして私はいつも美しい天上の神々の物語に限りない憧憬を寄せるのです。私はいつも窓辺に寄ってうっとりと空を眺めながら、ヴィーナスや数多くの天使たちを夢見ました。目には涙さえ浮べて……。
こうして私の貧しい童話は生れたのです。

（『われ過ぎし日に──哀しき女優の告白──』學風書院、一九五七）

宮沢賢治のことを書いたので、ある女優の童話のことを書いておきたい。といっても、作品集は出ていない。自叙伝のなかに、みずからを投影したような短篇が一作、おさめられているだけである。『われ過ぎし日に──哀しき女優の告白──』。著者は、エキゾチックな美貌をもちながらも男運がなく、転落と貧困の人生をたどった志賀暁子《しがあきこ》（一九一一～九〇）、本書はその自叙伝である。

古くは宮本百合子（「『女の一生』と志賀暁子の場合」）が題材にし、のちに澤地久枝（「志賀暁子の『罪と罰』）もテーマにした前半生は、ドラマチックなものだった。愛欲とセックスにまみれ、男にもてあそばれ、失意のなかでスクリーンから消えていったひとりの女優。『われ過ぎし日に』は、言い寄ってきた男どもの行状をすべて実名で暴露するという、衝撃的な内容となっていた。

名士だった父と、クリスチャンの母とのあいだに生まれたお嬢さまで、暁子（本名は悦子）は若くして洗礼を受けている。美しき文学少女であり、早熟な女でもあった彼女は、十代にして性にめざめる。その第一の男が、正岡容《まさおかいるる》だった。

正岡の小説に夢中になった暁子が、大阪にいた彼にファンレターを投函し、ふたりのあいだで文通がはじまる。そんなとき正岡が、暁子のいる長崎へ会いにきた。花街にある旅館ではじめて会った美少女に、正岡はフランスの翻訳本を語って聞かせる。街は、知らぬあいだに夜となっていた。うっとりしている相手の不意をついて、いきなり唇をうばう男。それを不潔に感じて、屋根につばを吐きすてる少女。

（學風書院、1957年）

十七歳で上京した暁子は、こう書く。《乙女の夢は次々にうちこわされ、女として目ざめて行くのでした》。それからのちの男性遍歴は、なんともすさまじい。またしても接吻を強要してくる、作家の橋爪健。あわい初恋の相手となった、金井という共産党員の青年。日活スターの中野英治に「花の蕾」をうばわれ、ロナルド・アデーアなるイギリス人青年と恋に落ち、皇族の宮様からは愛人の申し出を受ける。宮様（実名を伏せている）との関係では、とんでもない結末が用意されているが、あまりに破廉恥なのでここではふれない。

そののち川崎肇（川崎財閥の御曹司）の愛人となったものの破綻。そのあと映画女優となり、監督の阿部豊との関係をふかめていく。そのころ彼女は妊娠するものの、阿部につめたく捨てられてしまい、妊娠七か月のときに中絶をしている。しかも、中絶にかかわった産婆の恋人が、それをネタに川崎を恐喝し、そのために暁子は裁判にかけられ、懲役二年、執行猶予三年の判決を受けている（戦前はまだそういう時代だった）。そのほかにも、菊池寛や尾崎宏次、古垣鉄郎（のちにＮＨＫ会長）など、言い寄ってきた男のことがれんめんとつづられていく。

ショッキングな本である。自分だけを正当化しているように思えて、読後感はよくなかった。美貌で男をまどわした自慢ばなしにしか読めず、恋愛遍歴をテーマにしたとしても手前味噌にすぎる。ジャーナリズムからさんざんイジメられ、映画界から干され、落ちぶれていったのも、当然のことのように考えてしまう。ごくごく素直な感想を書かせてもらうと、あまり共感はできなかった。

悲劇のヒロインを決めこむしか、生きるすべはなかったのか。そんな暁子が心のよりどころとしたのが、童話の執筆だった。ようやくめぐりあえた伴侶が、彼女の作品に感動したのがきっかけだという。夫は福島の旧家の御曹司で、佐藤誠三といった。その関係は高村光太郎と智恵子のようだったと、自叙伝にはある。

ある夜、ふたりはアパートの屋根にのぼり、星空をながめた。暁子は、心に思いえがいた童話を語りはじめる。星空の下、誠三が言った。「そのままを紙に書いてごらん。きっとすばらしいよ、美しいよ」。そして生まれたのが、童話「エリザベスとキューピッドの物語」だった。

夜道をいそぐ、主人公のエリザベス。不潔で異様な臭いがただよう路地に迷いこみ、エリザベスはひとりの占い師と出会う。そして、だまって手を差し出した。


あなたは優しく、愛がふかくて正しい人です。あなたは親や兄妹に縁が薄い人です。あなたはあまりにも正直過ぎていつも損をして人から悪くいわれ、敵をつくります。あなたは今まで人のためにつくしても、いつも裏切られてきました。あなたは孤独の人です。けれども未来を信じて下さい。あなたは、あなたの才能と、教養で、立派な

芸術家になる人です。それがあなたの未来です。（前掲書）

占い師の言葉を受けて数日のち。暴風雨の晩があけて、朝になった。誰かが家のドアをたたいている。青空のもとに、ひとりの子どもが立っている。愛らしく、品のある少年。愛の神、キューピッドだった。それにつづくストーリーは紹介するほどでもないので、割愛させていただく。エリザベスが誰なのか、それは書くまでもない。

戦後まもなく、誠三は若くして病没する。ふたりのあいだに生まれた子をかかえ、暁子は貧困にあえぎながら、娼婦宿にやってくる兵隊相手の通訳をこなす。スクリーンにカムバックしたのちも、過去の呪縛からは逃れられない。いい役をあたえられぬまま、昭和三十年代のはじめには、その姿を消したのである。『われ過ぎし日に』が刊行されたのは、女優を引退してすぐのちのこと。赤裸々な履歴書を残して、市井の人となっていったらしい。

引退してからも、童話は書きつづけた。「趣味」と書くにはしのびないそれらの作品を、機会があれば読んでみたいと思う。生々しい自叙伝と、出来のあまりよくないたったひとつの童話。これだけで半生が論じられるのは、あまりに不幸なことである。

# カウンターの詩人《ポウエト》　内田良平

だいたい、昔から文学者が政治家や官僚よりもえらい勲章を貰ったためしはない。少くとも生きてるうちは、である。だからわたしもその点、勲章、つまりこの国の政府から与えられる名誉への情熱ははじめから持たないことにした。

だから必然的に、その反動として勲章をくれない階層を相手にするべく努力しなければならないと思ったのである。わたしに勲章をくれない相手は子供である。わたしが童謡をそれも、もっとメチャクチャに書こうと思ったのは、そのためである。

（『内田良平詩集　おれは石川五右衛門が好きなんだ』サンケイ新聞社出版局、一九七四）

スナックに入る。好みにぴったりの女の子を見つける。終始、その子だけを目で追いつづける。女の子は、その熱い視線を感じはじめる。帰りぎわ、カウンターにある伝票やメモ用紙にこう書く。「君の着ているグレーのセーター、今のぼくの心の色だ」。もし、セーターが赤色なら、こう書けばいい。「君の着ている赤のセーター、今のぼくの心の色だ」。それが、内田良平《うちだりようへい》（一九二四〜八四）のくどきのテクニックだった。内田の古く

（サンケイ新聞社出版局、1974年）

からの演劇仲間である小松方正が、そんなことをエッセイに書いている（『悪役やぶれかぶれ』文化出版局、一九八三）。

日活や東映のギャング映画で、冷たくすごみのある悪役を得意とした内田は、公私ともにハードボイルドだった。実生活でも刃傷沙汰を起こされるなど、話題にこと欠かない二枚目で、女性にもモテた。スナックのメモ用紙に詩を詠んで、一輪のバラとともにプレゼントしてサマになる役者は、内田くらいだろう。それも銀座というより、大森や赤羽にあるような場末のスナックがよく似合う。

千葉県の銚子に生まれた彼は、若いころから詩を書くことを愛した。昭和二十四（一九四九）年に創刊された同人誌『浪曼群盗』を発表の場とし、新劇俳優としてデビューしたのちも詩作にはげんだ。そのころの作品は、『浪曼群盗叢書Ⅻ　内田良平R・G遺作品集　ねむの花』（文芸旬報社、二〇〇二）としてまとめられている。

詩人としてブレイクしたのは、一九七〇年代のはじめ。ハチ（蜂）のミヤモトムサシが、照りつける太陽と果し合いをして死んでしまう詩「ハチのムサシ」が、歌謡曲になったのがきっかけだった。平田隆夫とセルスターズの『ハチのムサシは死んだのさ』（ミノルフォン）。これが空前の大ヒットを記録し、七〇年代テイストのあふれる名曲として、いまでもCDやネットで聴くことができる。

詩集『おれは石川五右衛門が好きなんだ』は、『ハチのムサシは死んだのさ』のヒットを受けて上梓され、元ネタとなった「ハチのムサシ」も収録されている。内田の詩には、虫や動物がひんぱんに登場してくるのが特徴だ。たたかいにやぶれ、人間どもに食われ、未来をうしないつつも、たくましく生きていく彼らの孤独、無力感、怒り、悲しみ。こういったものが、熱っぽく表現され、ひとつの世界をつくりあげていく。子門真人の『およげ！たいやきくん』の悲しい結末。あれをイメージしていただくといい。ぼくの好きな詩を、ふたつ引用させていただく。

「くじら」
婆《ばばあ》になった
だんまりくじら
いつまでたっても
だんまりだ
息子は殺され

娘は家出だ
もう　どこにも行かない
ここで死ぬ
のろのろ　ひなたで
ねこ背のくじら
いつまでたっても
だんまりだ
焼芋食って
だんまりだ

「ブタ２」
グチャグチャ
ガバガバ
残飯くって
ブタふとる
あとはドサリンコンと

屠殺場で首を切られて
ブタが死ぬ

なんで
おまえブウブウなくだけ
なんで
食うだけ
なんで
生きてふとるだけ

（いずれも『おれは石川五右衛門が好きなんだ』）

作家の森敦が、詩人としての内田をこう評している。《ハードボイルド（固ゆで）かと思って割ってみると、意外に生ゆでのところがある》（『おれは石川五右衛門が好きなんだ』）。詩友である新城明博も、のちにこう書いている。《格好よく歩きたがったが、究極、ぶきっちょな歩き方だった。演劇界でフリーを通したのもその故だと思う》（『ねむの花』）。カウンターでは粋に見せても、夜道でひとりゲロを吐き、泣いている。そこに女がまた惚れる。そんな男である。若いころの詩を読んでみると、初恋のことや母親の思い出、

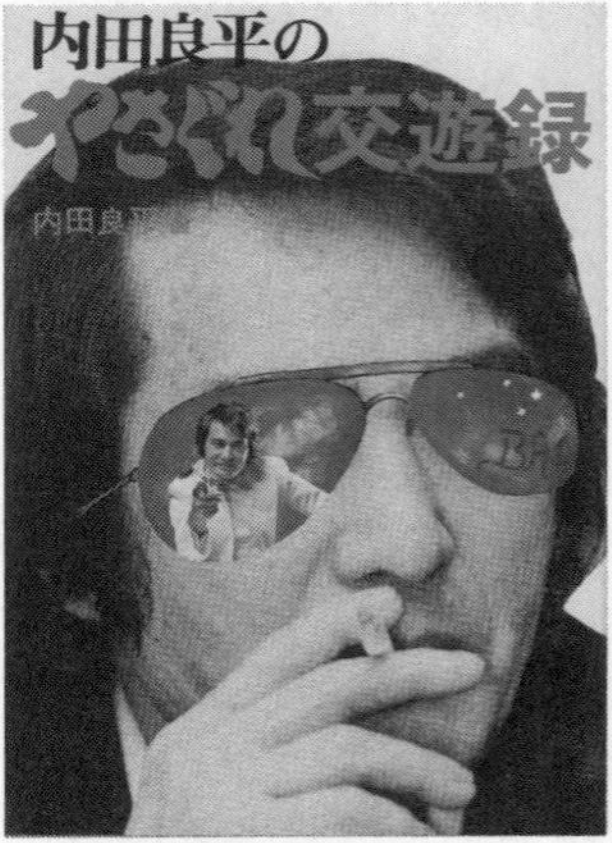


（ちはら書房、1979年）

幼年期をすごした銚子の風土を追憶した、やさしい作品が目立つ。どこか冷たいイメージのある俳優だったけれど、不器用で、心のあたたかい人だったのだろうな。

　このほかに詩集としては、『虫の気持ちがわかるかい』（婦人生活社、一九七六）や『みんな笑ってる』（河出文庫、一九八四）などがあるけれど、詩集だけではなく、内田のエッセイもいい。友人や先輩たちを素描した『内田良平のやさぐれ交遊録』（ちはら書房、一九七九）という好著があって、こちらも脇役本としてはおすすめ。読んでるこちらが恥ずかしくなるような、キザな装幀（内田のかけたサングラスのなかに、赤いバラを持ったもうひとりの内田がいるデザイン）がイカす。高品格《たかしなかく》、山本麟一、安部徹、西村晃、江見《えみ》俊太郎《しゅんたろう》、成田三樹夫など、目次にならぶ名前にもそそられる。詩集とあわせて読んだら、ますますこの役者が好きになった。

　このエッセイ集は、「スポーツニッポン」の連載をまとめたもので、《なるべく素直に、見たまま感じたままをつづったつもりでいる》とプロローグにはある。読んでみるとシモネタばかりで、本人はそうした話題が好きだった。そのなかでも、あこがれの人だった岡田英次から冷やかされるエピソードがおもしろい。「良平の艶聞は聞いてるけど、オレだってまだ毎朝タッぞ」「タタセテ……どうします」「夜までもたせる」。知的な二枚目俳優にあるまじき言動なので、内田本人もおどろいたという。おなじく先輩の清川虹子からは、やんわりとこう誘われた。「あたしこの頃、発情してんだ」。こたえて内田、「でもオレは昨日発情して、もう済んだんだ」。

このエッセイでもわかるように、ハードボイルドな詩人は、じつはユーモリストであった。そういえば最近、『西遊記』（日本テレビ）が再放送されていて、妖怪金角を演じる内田を見た。これが悲しいくらいにカッコ悪いキャラクターで、意外とコミカルな芝居もできる人だと思った。

昭和五十九（一九八四）年六月、公演先の大阪にて急逝。享年六十。カウンターの詩人《ポウエト》は忽然と逝った。

**文庫追記**　内田良平が出した詩集のひとつ『浪曼群盗叢書XII　内田良平R・G遺作品集ねむの花』をやっと入手した。限定百二十部で、いわゆる同人誌レベルの冊子ながら、ひかえめな造本とデザインが瀟洒ですばらしい。発行者の新城明博は、若いころから内田らと詩誌『浪曼群盗』（R・Gはその略）を編集し、長いつきあいがあった。

本詩集には、若いころに詩作した初期作品三十三篇と、壮年期から亡くなるまでの二十二篇をおさめた。巻末には「附記」として、五篇の童謡(「春」「夢の馬」「はさみ」「ぼうし」「くるみ」)が入っている。茂田井武《もたいたけし》の絵を思わせる牧歌的な世界で、これがいい。そのなかの一篇「ぼうし」から。

パパのぼうしは
おばけ。
かべにかかって
鬼になって、蚊取線香の毛皮着て
熊になってにらんでいる。

なお、内田みずから監修したLPレコード『イソップなんかこわくない　内田良平童謡集』(日本クラウン、一九七二)が出ている。本項で引用した「くじら」のほか、十八編の詩と童謡にジャズ、ロック、フォークと詩に合うように曲をつけ、シャンソン歌手の藤田順弘がヴォーカル、内田と左時枝が朗読を担当した。〝脇役盤〟として特筆しておく。

# 綴りの余白に　成田三樹夫

川や海に
つまりは動ける水に
いよいよかたぶいてゆく命

冬の空に
揺れている雑木林が
この俺にそっくりだ

興にのってみつめていたら
やがてあやしくなってきた

むかってくる鴉《からす》の翼のおゝきさに
呆然としてうらがえしにされている神経

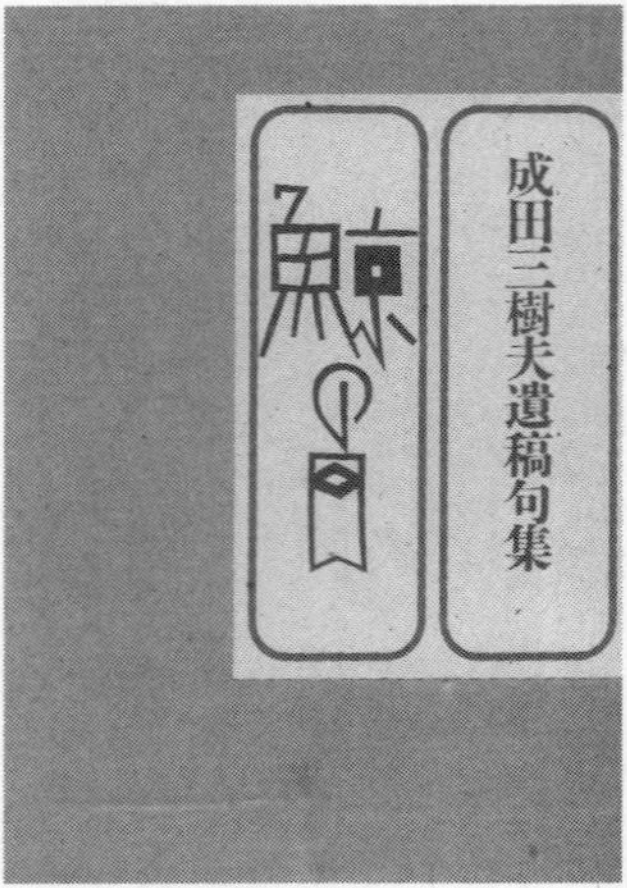

（無明舎出版、1991年）

（『鯨の目　成田三樹夫遺稿句集』無明舎出版、一九九一）

『彷書月刊』の編集者としゃべっていると、「成田三樹夫の特集をやりたいと思っているんです。俳優ではなく、文学者である成田三樹夫として」と言われた。「それはぜひ、やるべきですよ。さがせば寄稿者はいるでしょう」とぼくは本心からエールをおくった。

成田《なりた》三樹夫《みきお》（一九三五〜九〇）は、昭和四十、五十年代の映画やテレビには欠かせぬバイプレーヤーとして人気がある。青白く冷めた大映時代、ドスをきかせた東映時代、ギャグと妖気がないまぜになったおじゃる丸系の公家悪……成田といえば悪役だ。ギャング映画、ヤクザ映画、娯楽時代劇、文芸メロドラマ、特撮大作など、役どころとしても幅がひろく、低くひびくエルキューション（口跡）が魅力的だった。北大路欣也の『ご存知！旗本退屈男』（テレビ朝日）に大悪の老中で出たときは、銀幕時代の山形勲をほうふつとさせ、うれしくなった。五十代なかばの若さで亡くなったのは、そのすぐあとのことである。

そんなキャラクターの役者だから、読書と詩と句作が趣味だと知ると、意外に思う人が多いかもしれない。一周忌を機に遺稿句集『鯨の目』が刊行されたときは、《悪役にかくされた顔　17文字に》として「朝日新聞」（平成三〔一九九一〕年四月十七日付）にとりあげられ、話題となった。『鯨の目』は、昭和五十八（一九八三）年から亡くなるまで、ノートに書きとめた俳句、詩、読書記録、メモがもとになっている。四六判、函入り、三百十ページ。内容もさることながら、造本がとくにすばらしく、愛蔵したくなる脇役本の名著である。

装幀を美しく手がけたのは平野甲賀で、うすい紫色であしらわれた布張りの表紙に、タイトル「鯨の目」のデザインがいい。友人たちが哀悼のエッセイを寄せた栞《しおり》も、読者にはあたたかい心づかいだ。そんなやさしい気持ちでページをめくると、ブルゾン姿でいかつい目つきのポートレートがあって、これから句集がはじまるとは思えない。古書現世の向井透史さんにこの本を見せると、「こんな著者近影のある句集、見たことないや」と笑っていた。

恋猫の声寒夜の空となり
老梅の幹剝落す音もなし

陽をうけて背中をかえす椿の実
あとさきもなき不意打ちの誕生日
寝返れば背中合せに痛むひと

これらの句は独学で、なにかしら寂寥感があった。すでに死期をさとっていたのか、病床でつづった「第五綴」の句は、いずれもせつない。温子夫人による序文によると、病床に野鳥や植物の写真集を持ちこんでは、句作にはげんでいたという。タイトルの由来となった《鯨の目人の目会うて巨星いず》も、水口博也の写真集『巨鯨』(講談社、一九九〇)をヒントに詠んだ句だった。

成田が病床の人となったころ、本人や家族のあいだには、句集にまとめたいという気持ちが芽ばえはじめる。それが具体化したのは没後のことで、温子夫人が成田のノートを、高平哲郎に見せたことがきっかけだった。

ぼくはいちばん新しい友人の安倍さん(筆者注・無明舎出版の安倍甲社長)の顔が浮かんだ。秋田の出版社で酒田生れの成田さんの本が出せたら、とても素晴らしいことだという気がした。興奮気味に安倍さんに電話し、ノートのコピーを送ると中一日で興奮気味の電話が安倍さんから掛かっていた。俳句など知らない自分にも面白いとぼくと同じ意見が返って来た。安倍さんと装丁の平野さんの、もっと早く成田さんに会いたかったという言葉がとても嬉しかった。

（高平哲郎「成田さんについて」『鯨の目』栞）

高平、安倍、平野。ここに故人をかこむ友情のトライアングルが生まれ、珠玉の追悼句集が編まれることになる。こうして完成した『鯨の目』は、生前ゆかりのあった人たちにくばられた。マスコミは「名悪役の意外な素顔」と書いているけれど、意外性をはぶいても、句集としてじゅうぶん通用するものだった。

山形県の酒田に生まれた成田は、山形大学の英文科を中退し、俳優座養成所をへて、映画デビューをはたす。根っからの文学青年で、『鯨の目』の巻末に付してある「綴りの余白から」がおもしろい。自作の詩や読書記録、引用文などがメモ書きされ、冒頭に引用した詩も、そこからえらんだ。文学者としての特集を組みたいと言った編集者も、おそらくこれを読んだのであろう。古今東西、哲学書からエッセイ、詩集まで、かなりの読書家であり、勉強家であったことがわかる。温子夫人が「序にかえて」に、若いころの成田の言葉を紹介している。

「何でも一生懸命読まなきゃ駄目だ。詩でも小説でも作者は命懸けで書いているんだ。

だから読む方だって命懸けで読まなきゃ失礼なんだ」
そして、
「そうでなければ字面ばかり追うだけで本当の宝物は作者は見せてくれないんだよ」（前掲書）

存命であれば、平成十七（二〇〇五）年で古稀となる。老境の悪役は、どんな芝居を見せ、句や詩を詠んだのか。志なかばでの死が惜しまれる。

**文庫追記**　『鯨の目』は平成二十七（二〇一五）年に増刷（第三刷）され、脇役本のなかではロングセラーとなっている。新聞や雑誌でいまもたびたび取り上げられ、成田三樹夫の没後に生まれた若いファンが購入することもある。

本句集には栞が挿入され、故人にゆかりのある四人（居駒俊昭、成田晴夫、高平哲郎、渡瀬恒彦）が追悼文を寄せた。共演経験のある渡瀬恒彦は「成田三樹夫さんの事」と題し、こう悼んだ。

《私が成田さんと共有できた時間の短さに驚きながら、私にとって成田三樹夫さんは何だったのか、どうして成田三樹夫さんの事が気になったのか考えてみました。答えは簡単でした。私は成田三樹夫さんのファンだったのです。古武士を思わせる風貌と失われつつある日本人の原点を持っていた成田三樹夫さんに魅了されてしまった一ファンだったのです。先輩としてみたこともなく、同業者として見たこともなく、いつもファンという立場で、成田三樹夫さんの事を見ていたのです。残念です》

その渡瀬もすでに亡い。

## 万太郎大山脈　中村伸郎、龍岡晋、宮口精二

いい格好をひけらかそうとしない肚芸だけの存在感が、宮口精二の芸風に貫かれていたと私は思っている。

隅田川の橋桁にぶら下って命拾いをした彼は下町育ちで、久保田万太郎の劇中にそのまま生きた。久保田先生、龍岡晋、宮口精二、そして私の四人は、芝居の上だけでなく俳句の師弟でもあったが、四人とも蕎麦が好きでなにかと言うとよく蕎麦を食い、うまい蕎麦屋を見つけると報告し合ったりもした。

（中村伸郎「悼　宮口精二」『おれのことなら放っといて』早川書房、一九八六）

句作をたしなむバイプレーヤーは、成田三樹夫ひとりではない。新派の伊志井寛や高橋潤がそうだし、市川小太夫の『吉原史話』の巻末には、吉原を詠んだいくつかの句がおさめられている。いまは亡き中村伸郎《なかむらのぶお》（一九〇八～九一）、龍岡晋《たつおかしん》（一九〇四～八三）、宮《みや》口精二《ぐちせいじ》（一九一三～八五）の三人も、句作を趣味としたバイプレーヤーたちであった。い

ずれも東京で生まれた名脇役であり、粋人たちである。ただし、俳句ひとすじなのは龍岡ひとりで、中村はエッセイの執筆に興じ、宮口はミニコミ誌づくりにみずからの余暇をささげた。

ぼくはもともと関西の人間なので、東京下町の風情にはほとんど縁がない。そんななかで中村、龍岡、宮口の作品を読むことは、ありし日の東京を知るひとつの手がかりになっている。そしてこの三人の役者には、おなじく東京生まれの久保田万太郎が、つねに寄り添っていた。

中村伸郎

中村は、宮様、高級官僚、医学部教授、日銀総裁、裁判長など、社会的地位の高い役どころがまず思い出される。瘦軀にして、葉巻の似合う静寂の至芸で、滝沢修や山形勲の押しだしのよさとは対極にある名悪役でもあった。プロフィールを読むと、生みの父は小樽で銀行の経営をしており、育ての父は小松製作所の初代社長であった。母親の虚栄心を満足させるために、意識的に地位の高い役を演じていたこともあるという。

いっぽうでエッセイストとしても知られており、その持ち味は、品とユーモアの結晶にある。無頼な持ち味には欠けるものの、ひょうひょうとした文体のゆるさは、草野大悟と似たところがある。「俳優　中村伸郎」のファンは多かったけれど、「エッセイスト

（早川書房、1986年）

中村伸郎」のファンも多かった。

老境での処女出版となった『おれのことなら放っといて』は、みずから詠んだ句《除夜の鐘おれのことなら放っといて》に由来している。駄句をひねり、セーヌの河岸でスケッチをし、逗子の浜辺で釣れない釣りに興じる。小唄をうなるかと思えば、ピアノでショパンを奏でることもある。かざらない演劇人の身辺雑事が、淡々とつづられていく。

ひょうひょうとした内容のなかでは、第三章の「先生や仲間たち」を好ましく読んだ。亡き先輩への追憶と、先立つ友をつづった追悼文が八編おさめられている。先に引用した蕎麦を食べにいく話も、この章におさめられた一文「悼 宮口精二」にあるエピソードだ。

宮口と中村は、文学座創立いらいの同志で、中村が劇団NLTに、宮口が東宝演劇部に転じたのちも、その友情にかわりはなかった。《大正、昭和初期の立居振舞いの匂いが、朧気でも躰に残っている役者》と書いているように、中村にとってはライバルであり、よき理解者であった。このふたりにからんでくるのが、おなじく文学座の盟友であった龍岡晋で、この三人が師とする久保田万太郎がいた。久保田という大山脈に抱きかかえられるようなかたちで、三人はふかい絆で結ばれていたのである。

もともと中村、宮口、龍岡といった文学座の男優たちは、どこか地味な印象があった。杉村春子や芥川比呂志に存在感がありすぎたこともあり、映画やテレビドラマでの脇役のイメージのほうが強い。いっぽうで東京生まれの彼らには、「久保田戯曲での演技」という大きな強みがある。その強みが、戦前から戦後にかけての文学座の大きな財産となっていた。

厳密に書くと、久保田、宮口、龍岡の三人は下町生まれで、中村は山の手の出身というう大きなちがいがあった。おぼっちゃま育ちの中村と、若いころから苦労を重ねてきた宮口とは、対照的な印象があったと杉村春子は語っている（大笹吉雄『女優　杉村春子』集英社、一九九五）。そうした生まれのちがいがあって、おなじ蕎麦の食いかたにも、ちょっとした差が生まれてくるのである。四人で蕎麦を食べにいくエピソードには、こんなつづきがある。

私が蕎麦を嚙んで食べるのがオカしいと、その度に笑われた。あとの三人の中でも宮口精二の蕎麦のさばきは一ときわいなせで、蕎麦をつまんだ箸を二、三度上下させてたれを切り、いい音を立てて飲み込む……見ていていなせには違いないが、あれでは消化に良くない、と思うのが山ノ手育ちなのである。なぜ下町ッ子は、蕎麦だけはあわてて、急いで食べるものと決めているのか私にはオカしかった。同じ下町ッ子でも久保田先生の食べ方は、宮口精二よりはもたもたして、むしろ不器っちょなのがほほえましかった。

（『おれのことなら放っといて』）

そうは書いているものの、中村の蕎麦の食いっぷりは粋なものだった。三國一朗のエッセイ集『三國一朗の人物誌』（毎日新聞社、一九八二）のなかに、こんな話がある。ある日の銀座の昼さがり。三國は、背広姿の中村が紳士づれで蕎麦をすすっているのを見かける。そして、服の着こなしに魅せられ、蕎麦の食いっぷりにも魅せられ、《なんだか自分が小津安二郎になったような気がしたものである》と感嘆した。銀座のまんなかで、背広姿で蕎麦をすするところが、いかにも中村らしい芸当である（小津を気どる三國も素敵だ）。

この蕎麦の話を二幕の芝居にして、そのままの顔ぶれで上演すれば、珠玉の名舞台になったはずである。一幕目は、久保田本人をかこんで、中村と宮口と龍岡が蕎麦を食べている場面。二幕目は、中村と名もなき紳士（演じさせるなら芥川比呂志か森雅之かな）が蕎麦をすすっていて、三國一朗がそばを通りかかるというシーン。劇場は、三越劇場か文学座アトリエであれば、なおのこと申しぶんない。さまざまな脇役本を読んできたけれど、これほど読んだあとにイメージを引きずる名場面はなかった。

ほかにも、さまざまな名場面でいろどられる『おれのことなら放つといて』は、日本エッセイスト・クラブ賞を受賞するほど高い評価を得た。しかし、著者本人からすると、ただの雑文集でおわらす気持ちはなかったようだ。この本の巻末には俳句の章があって、《久保田万太郎先生　教えて頂きました句作りが、こんな句集になりました。ご苦笑下さい……》との一文がある。この本を上梓したとき、師である久保田、友だちである龍岡と宮口、いずれもこの世の人ではなかった。そのうえで自分が、演技のうえでも、俳句のうえでも、いちばん師に遠かったことを痛感していたように思える。

中村の久保田への想いは、偽りのないふかさがあった。それ以上に、龍岡と宮口の想いもすごかった。この三名優の師への愛情は、舞台だけではなく、「脇役本」としても結実していくことになる。「山の手の自分だけが残されてしまった」というわびしさにあふれたこのエッセイ集は、そんな文献のひとつと書いていい。

## 龍岡晋

久保田万太郎は、文学座の三幹事（久保田、岩田豊雄、岸田國士）のひとりであり、劇団との縁がふかかった。おなじ新劇の老舗でも、俳優座や劇団民藝との関係はそれほどふかくない。久保田戯曲の持ち味をもっとも生かす劇団が、文学座と新派だけだったということがあり、ほかの劇団より居心地がよかったという理由もある。

中村、宮口、龍岡の三人が、久保田に俳句の手ほどきを受けたのは、昭和十七（一九四二）年からのこと。文学座のなかで句会をひらき、その会を「秋風会」と名づけたのは久保田で、「すぐ飽きるだろう」という意味での命名だった。こうして三人は、芝居だけではなく、俳句のうえでも門下生となっていく。そのなかでもっとも近しい間柄にあったのが、龍岡だった。

師である久保田が、いかに龍岡のことを愛したか。それを裏づけるエピソードを、戸板康二がエッセイ集『思い出す顔』（講談社、一九八四）に書いている。句会で同席した戸板に対して、《「文学座の中で、いちばんもてるのは、森雅之（筆者注・戦前のころ文学座に属していた）なんかじゃない、龍岡だ」》（前掲書）と言ったそうである。しかも久保田は、それとおなじことを中村にも言っている。

しかし、中村の龍岡評はいささかちがっていた。いわく、お金持ちのぼんぼんで、それでいて嫌味がなく女性にも親切だから、もてたのだという。銀座のカフェーで遊ぶと、気持ちのいいくらいに金づかいがきれいだったそうだ。宮口もおなじことを書いていて、《あの顔でどうしてもてるへチマかな》という川柳を詠んだ。

龍岡は、創立の直後から亡くなるまで、文学座にこだわって生きた。中村や宮口とくらべると映画やテレビでの仕事がすくなく、一般的にはあまり知られていない役者かもしれない。終生脇役ひとすじで、芸風は枯淡で目立たず、劇団の看板スターを引き立てることに邁進した新劇界のバイプレーヤーだった。そんな龍岡が得意としたのが、江戸から明治、大正にかけての東京を舞台にした久保田作品での演技だった。それも、芸風を生かして脇で出演するだけではなく、さまざまな戯曲を発掘し、演出も手がけた。

久保田の『大寺学校』が、昭和四十二（一九六七）年十一月、新宿の東京厚生年金会館小ホールで上演されたときには、落語家のしん馬役で出演している。このときの舞台中継の映像がモノクロでＮＨＫに残されていて、それを見ると、甘酒を飲むしぐさにわずかな動きがあるだけで、ただ淡々とセリフをしゃべるだけだった。新派の大矢市次郎が客演した公演だったけれど、映像を見るかぎりでは、龍岡のほうがずっと「新派」に思える。

この公演で共演した加藤武が、扇田昭彦（演劇評論家）との対談のなかで、興味ぶかい発言をしている。

**加藤**　お芝居とか、あらゆることを、久保田先生のいちばん弟子である龍岡さんがのちに、久保田作品、久保田演技ということについて、残していってくれた功績は大きいですね。
扇田 『大寺学校』では落語家の役で、いい演技をしていますよね。
加藤 いいですよねぇ。まさにあれなんですよね。われわれが、たいこもちか落語家の役をふられると、「いよっ！」とか、「どうも、おそれいりましたっ！」とか、たいこもちだか、落語家だかわかんなくなっちゃう。それこそ類型的な、そういう芝居をすぐやります。わかりもしないのにね。龍岡さんを観てみなさい。ムードだけですよね。（龍岡の声色で）「ああ、さようでございますか。参りましたか。それじゃあ……」なんていうようなね。非常に雰囲気というか、「さようでございますか！ へいっ」なんて、そんな芝居をしていない。なんにもしてないですよ。スッピンですよ。カツラもかぶってないし。でも着物をきて来ると、噺家さんになっているんですよね。

（NHK BS2『20世紀演劇カーテンコール』）

師弟の間柄にある文士と俳優には、いくつかの名カップリングがあった。そのなかでも久保田と龍岡との絆はとくにふかく、中村や宮口でさえ数歩あとを歩いているような感じがあった。俳人としてのキャリアも、龍岡のほうがずっと長く、プロとアマほどの差があった。

龍岡はもともと、大橋石虹から俳句を学んだ。そののち石虹が亡くなり、「秋風会」

をきっかけにして久保田から教えを乞うことになる。戦後になると、久保田が主宰する雑誌『春燈』に句を発表。師のすすめもあって上梓したのが、処女句集となる『春燈叢書第八輯　龍岡晋句抄』（春燈社、一九五九）だった。

この句集を読むと、芝居や落語の演目をもじった通好みなものが多いものの、いっぽうで市井の風景を詠んだ親しみやすい句もある。

おでんやの月夜鴉の客一人
豆餅の豆だくさんや酉の市
よび塩をしておく鱈や花の昼
枝豆や死ぬ者貧乏生きて恥

ぼくの好きな句が、いろいろとある。この句集の出版を、龍岡は心からよろこんだ。なにより感激したのは、久保田が書いてくれた序文である。あまりのうれしさに、原稿を手にしたまま、わけもなく豊川稲荷や円通寺坂かいわいを歩いた。それほど感激したという序文の一節を、引用してみたい。

現代の、およそ俳句をつくる人たちのなかから、五人だけ、お前の好きな作者をえ

（春燈社、1959年）

らびだせといはれても、遽《すみや》かにぼくにはできないだらう。

が、一人だつたらできる。

なぜなら

龍岡晋——

と、言下に、躊躇なくぼくにこたへられるだらうから……

それほど、ぼくは、龍岡晋のつくる俳句の内容、構想、表現、そして、その作句精神のそも〳〵に……かれの文学的生命のすべてを託した、市井感情、市井感覚、市井風景への把握に対して、つねに共感と期待とをもちつづけてゐるのである。

（『龍岡晋句抄』）

この一文を読むだけで、久保田がいかに龍岡に目をかけていたかがよくわかる。龍岡もまた、そこまでかわいがってくれる師のことを損得ぬきで慕いつづけた。戦後、久保田の全集が刊行されることになったとき、テキストとなるオリジナル本をまとめて愛蔵していたのは、龍岡ひとりだけだった。戦災のなかで守りぬいた久保田の著書を提供したことについて、安藤鶴夫は《まことにおみそれ申した》（『随筆舞台帖』和敬書店、一九四九）と書き、戸板康二は《これは苦痛だったと、その時も思ったし、いまも思う》（『思い出す顔』）と同情を寄せている。

　ぼくの手元にある『龍岡晋句抄』は、安藤（久保田の門下生だった）への著者献呈本で、龍岡の自宅住所が記された紙きれ、「献呈　龍岡晋」と書かれた肉筆の短冊、往復はがきに刷られた「『龍岡晋句抄』お祝いの会」招待状、それに、龍岡から安藤に宛てた封書といったいくつかの紙ものがはさまっていた。久保田と龍岡の関係をひもとくうえで、興味ぶかいものである。

「お祝いの会」の発起人はもちろん、師である久保田が頭だった。以下、門下生の渋沢秀雄、安住敦、安藤、戸板、それに文学座の仲間である杉村、三津田健、中村、宮口、丹《たん》阿《あ》弥《み》谷《や》津《つ》子《こ》の名が刷られている。安藤に宛てた手紙は、句集から二年のちのもので、消印には「36.9.26　新宿」とあった。悪筆きわまる文面で、すべてを解読することはできなかったけれど、その一部を引用してみたい。

　六句記。およみ下さつたさうで、ありがたうございます。どうも、記録を主にしたものにもならず、中途半端なもので、こんなことを発表することもないぢやないかと思ふものですから、せいぜいよみもの程度かと。それに、メモといふか、日記といふ

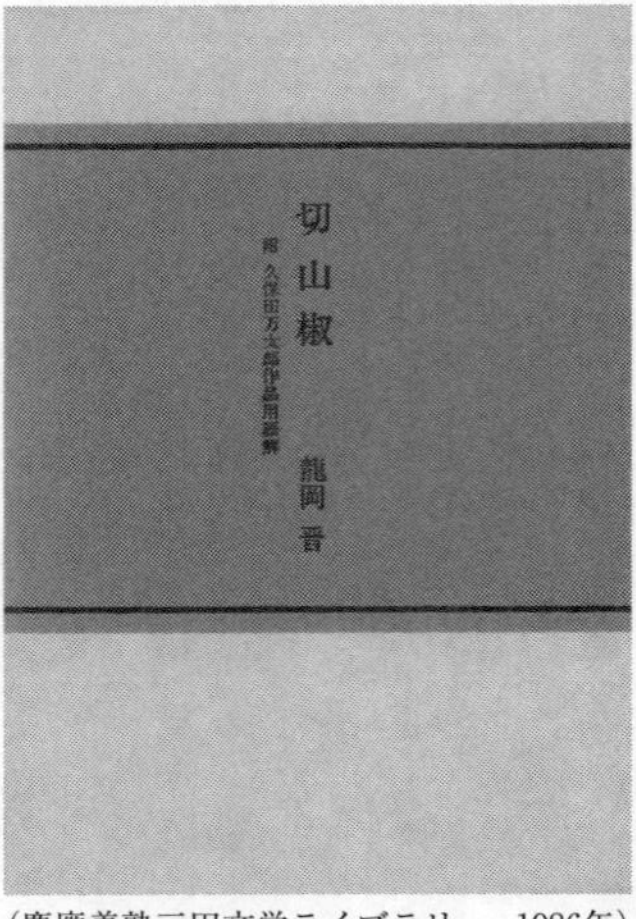

（慶應義塾三田文学ライブラリー、1986年）

か、これが人にみせら□□ものでないか、ヒドイもので。それを、そのまま幾分でもさらけ出した方がいいと□□つたので、文体がメチャクチャで……。
（□は判読不明）
（龍岡晋から安藤鶴夫への書簡）

昭和三十六（一九六一）年の春から夏まで、久保田は慶應病院に入院していた。そのあいだ龍岡は、病室に日参して献身的に看病した。「六旬記」（『春燈』同年十、十一月号所載）は、その病床を記録したもので、それを読んだ安藤が龍岡に感想をおくったらしい。

引用した書簡は、それに対するお礼状で、《すぐ言訳を書きたがる、……これがそもそもよくない根性の。実は、お葉書をいただいたことがたいへんうれしくて、御挨拶まで。安藤様。龍岡晋》としめくくられている。安藤が、どんな読後感を寄せたのか。それはわからないけれど、ふたりの関係に羨望のまなざしを向けたことは否めない。晩年の久保田と疎遠になった安藤が、師弟の関係をあらためた門下生に嫉妬したという須貝正義の説（『私説　安藤鶴夫伝』論創社、一九九四）もある。

「六旬記」は、久保田と龍岡の関係を知るうえで、おもしろいテキストである。久保田の入院は、糖尿病治療という名目ではあったものの、ガン検診というのが本当のところであった。それを知っていた龍岡は気が気でなく、メモ書きにも不安と動揺が入り混じっている。それが一転してガンの疑いがはれると、メモにも安心の表情が出てくる。そうした微妙な心の変化が、ひとつの記録になっていた。

そのあいだ、新派の長老だった喜多村緑郎が亡くなり、ふたりは築地本願寺でいとなまれた告別式に列席。松竹の関係者が、久保田に付き添う龍岡を、慶應病院の主治医とかんちがいしたというエピソードがある。

その二年後。久保田が赤貝のにぎりをノドにつまらせて急逝すると、龍岡は、以前にもまして師の世界にこだわっていく。廃刊の危機にあった『春燈』を守りぬき、入院中の久保田との洒落た会話をつづったエッセイ「切山椒」（「六旬記」の続編）の連載をはじめる。劇壇の大ボスにして、かならずしも人格的に敬愛されなかった久保田ではあったが、「切山椒」ではそうしたイメージを払拭させるような素朴な人柄がつづられ、名文となった。そして、中央公論社版の全集をテキストに、その用語を仔細に解説していく「久保田万太郎作品用語解」の連載を、宮口精二のミニコミ誌『俳優館』ではじめるのである。

「漱石のものでもルビつき解説つきでなくては読めないんだからね」と本人が口にするほど、久保田の文章にはなじみのない言葉がいくつもあった。それを後世に伝えることをライフワークとし、亡き師への想いをいっそうふかめていく。そこに友人であり、おなじく門下生である宮口は、掲載誌の編集長としてかかわっていくことになる。

（俳優館、創刊号、1970年）

宮口精二

久保田大山脈に抱かれる峰には、雑誌『春燈』をはじめ、安藤鶴夫や戸板康二の本、徳川夢声や高田保が参会していた「いとう句会」の句集などなど、さまざまな本という名の名山があった。中村のエッセイ集や龍岡の句集も、そうした名山のひとつと書いていい。なかでもとくに異彩を放っていたのが、宮口が出していた総合演劇雑誌『俳優館』（俳優館、一九七〇〜八六）だった。

宮口といえば、『七人の侍』（東宝）は書くまでもなく、舞台、映画、テレビ、ラジオとさまざまなジャンルで活躍した名優で、多くの観客や視聴者から親しまれた。久保田戯曲に代表される下町の芝居はうまかったし、『生きる』（東宝）や『乾いた花』（松竹）

で演じたような悪役も冷ややかでよかった。そんな往年の名バイプレーヤーが、長年にわたってミニコミ誌を出していたのである。

『俳優館』は、ぜんぶで四十一号発行された、角形判のかわいらしい雑誌だった。ぼくがはじめて現物を手にしたのは、五年ほど前。歌舞伎座の近くにある奥村書店の店先で、一冊二百円、ぜんぶで十九冊ならんでいた。興奮して根こそぎ買ったものの、それからはながらく縁がなく、残りの二十二冊はずっと手に入らなかった。それが最近、さる書友のご厚意で未所持の二十二冊をゆずっていただき、『俳優館』の全貌をようやく知ることができた。

宮口がコンセプトとしてかかげたのは、「役者がつくる役者の雑誌」。それもジャンルの枠をこえて、さまざまな分野の役者が同居し、心ゆくまで語りあかすアパートのような雑誌だった。ゆえに自宅を発行所とし、そこを「俳優館」と名づけた。当初の予定では、「俳優館」という劇場、稽古場、宿泊施設をそなえたビルを建設するつもりだった。しかし、それには億単位の費用が必要で、一介のバイプレーヤーにはかなわぬ夢でしかない。そこで浮かんだアイデアが、ミニコミ誌だった。これならポケットマネーでまかなえるとふんで、さっそく刊行準備に奔走。昭和四十五（一九七〇）年九月に、創刊号が完成する。

創刊号では、七十名をこす寄稿者があつまり、その顔ぶれは多彩なものとなった。早川書房の早川清が、「強力なライバルが出現した」と不安を口にするなど、宮口の思惑どおりにいったように思える。

しかし、現実はそれほど甘くなかった。まず、三千数百人におよぶ芸能・演劇関係者に挨拶状をおくったにもかかわらず、反応がすこぶる悪かった。一万部は売れるとふんで、ひかえめに六千部ほど刷ったものの、まったくの目算はずれとなる。芸能界では話題を呼ぶだろうと意気軒昂な編集長に、利倉幸一はこう失笑した。「役者ほど本を読まない人間はいないんだよ」。

雑誌編集のイロハを知らなかったのも、大きな失敗だった。六千部も刷って、カラーグラビアもいれて、定価がたったの百五十円。あまりいい印刷所に頼まなかったのか、雑誌のできあがりは悪く、広告料までふみたおされる有様である。さすがに宮口は懲《こ》りてしまい、第三号からはプロの編集者に助けてもらった。部数も一千部に決めて、ほそぼそとした刊行ペースを維持させていく。もちろん、連載企画や執筆依頼は編集長の仕事だった。もともと病弱だった老優としては、心労のたまる作業である。しかも毎号、赤字だった。

それでも『俳優館』をやめなかったのは、とりもなおさず雑誌づくりにハマってしまったからだった。奥付にある「着到板」（劇場の楽屋口にある出演俳優の出席簿）欄には、編集長みずから短文を寄せた。発行日が遅れた。定価を上げた。引っ越しをした。

入院をした。誤植があった。道頓堀で飲んだ。日劇が消えた。三津田健と海釣りに出かけた。伊藤雄之助が亡くなった。なにを考え、なにを想いながら雑誌を出していたのか。そのヒントがここにある。

刊行ペースが狂いはじめたり（季刊のはずが、最後は年刊になった）、雑文の寄せあつめで誌面に統一感がなかったり、ミニコミ誌にありがちな弱点はいろいろとある。知り合いにばかり原稿を頼むから、ワンパターンにおちいるという問題もあった。《拘束がなさすぎて、結局書かでものこと書きつらね、でおしまいになるのだろう。稿料ただということも、多分おそらくは、何分か気持をしまらなくさせてもいるだろう》と書いた小沢栄太郎のエッセイ（『俳優館』第六号「あれこれずるずる」、昭和四十七〔一九七二〕年冬号）は、この雑誌の弱点をつく言葉であった。

もちろん、評価すべき点はちゃんとある。役者の道楽雑誌だと、あながちバカにはできないのだ。まず、寄稿者の顔ぶれが多士済々だった。歌舞伎、新派、新劇、商業演劇、軽演劇、新国劇、タカラヅカ、映画、テレビ、ラジオ、能、狂言、人形劇、歌謡界などなど、編集長の顔のひろさがうかがえる。大スターの名もあるけれど、目立つのは往年のバイプレーヤーたちで、それだけでも読みごたえはじゅうぶんだ。

連載の多くが単行本化されていることも、この雑誌のクオリティの高さを物語っている。三ヶ島糸の『奇人でけっこう　夫・左卜全』、松本克平の『私の古本大学　新劇人の読書彷徨』、永井柳太郎の『芸能界今昔　俳優・永井柳太郎の生涯』（大手町企画、一九七八）、『俳優館　宮口精二対談集』全二巻（一巻目・白川書院、一九七六／二巻目・大和山出版社、一九八三）などの著作が、同誌の連載から生まれている。いずれも脇役本としては秀でたもので、安直なタレント本はひとつもない。

特筆しておきたいのが、毎号のように掲載される追悼記事のラインナップである。創刊当初だと、「小杉義男を偲ぶ」（創刊号）での宮口、村上冬樹、「月形龍之介を偲ぶ」（第三号）での片岡千恵蔵、大友柳太朗、「山茶花究を偲ぶ」（第四号）での加東大介、益田喜頓、森繁久彌、「市川中車を偲ぶ」（第五号）での五代目河原崎国太郎、浜木綿子などなど、追悼される役者と追悼する役者、それぞれ魅力的な顔がならぶ。こうした追悼記事をまとめるだけでも、貴重な文献となる。

バックナンバーをあさっていくと、この雑誌の軸が「役者、俳優」にあることに、はっきりと気づく。それとともに、師である久保田万太郎の影が感じられることもたしかだった。龍岡晋をブレーンとして参加させることで、亡き師への想いを宮口なりのかたちで結実させていくのである。

バックナンバーに目を通すと、龍岡の名前は創刊号から確認できる。エッセイ「遅日懐旧」が創刊号から第四号まで連載され、第二号からは同誌の名物企画「俳優館俳句」が龍岡を選者にむかえてスタートしている。そして、久保田研究の集大成というべき

「久保田万太郎作品用語解」が、第十号（昭和四十八〔一九七三〕年冬号）からはじまるのである（全二十三回）。龍岡は連載にあたって遠慮ぎみに口上をつづり、宮口も「着到板」に連載のいきさつを寄せた。

久保田先生の作品に出演していて、先生直々に、先生独特の下町言葉を伺っている時は、判ったような気がしたり、判らない言葉も「こうこうだよ」と教えて頂けば済んでいたことが、先生逝かれてからは、いまさらに「さァ大変なことをして終った、まだまだ判らないことが一杯あったのに」と臍《ほぞ》を噛むおもいだった。（略）

ある日、毎月の「茶の間句会」での席上、そのことを切りだしたら、何と龍岡氏は既にノートもとってあり、カードまで作ってあるとの事、それは是非『俳優館』に発表して頂きたいと御願いしたら、快く承諾して下さった。機運とはこういうものなのだろう。

（『俳優館』第十号、一九七三）

昭和三十八（一九六三）年五月に久保田が急逝し、それに先立つ一月に文学座が分裂騒動をおこした。それからしばらくして、中村は劇団NLTへ、宮口は東宝演劇部へ転身し、古巣である文学座から去っていった。三人のなかで残ったのは、龍岡ひとりきりである。

そうした複雑な事情があるなか、『俳優館』には、劇団や所属会社の面倒な対立がほとんどなかった。杉村春子の証言によれば、宮口は編集長の立場で、たびたび文学座をおとずれていたという。龍岡ほどではないにしろ、中村もエッセイや俳句を同誌に寄せていたし、ミニコミ誌らしい軽いノリで、三人の友情は保たれていたのである。そこに久保田の存在が大きく影響していたことは、書くまでもない。

俳人としての龍岡を激賞したように、自分の作品に出演する宮口を、久保田は高く評価していた。そのことについて戸板康二は、久保田戯曲に目立った「……」というセリフが、宮口の呼吸《いき》と間《ま》の持ち味になったと捉え、《作者自身きわめをつけた、正確な発声があった》（『百人の舞台俳優』）と結論づけている。また、宮入弘光の『役者という存在　宮口精二について』（軌跡社、一九八八）を読むと、宮口の芸の本質を見抜き、それを正しく評価した最初の人は久保田だったという一文がある。それに対して、おなじ門下生でも中村の場合は、ほかのふたりほど久保田戯曲を得意としたわけではない。むしろ十八番《おはこ》としたのは、三島由紀夫や別役実の作品だった。

こうしたことを考えても、宮口がこの雑誌に、師への想いを投影させていなかったとは思えない。そんな愛着のある『俳優館』にも、大きな転機がおとずれる。創刊からずっと支えてくれた龍岡が、亡くなったのである。

晩年の龍岡は、文学座の社長として劇団のマネジメントも手がけ、劇団運営に後半生を捧げた。座内に勉強会をもうけ、久保田戯曲のセリフ術と魅力を後進に伝えることにもつとめている。こうして死の直前まで精力的に活動をつづけ、昭和五十八（一九八三）年十月、七十八歳で亡くなった。奇しくも最後の仕事となったのは、久保田戯曲の演出だった。亡くなる半年前に上演された、『雨空』という芝居である。

『雨空』は、大正期の浅草を舞台にした作品で、四人の若い男女がおりなすあわい恋愛ものだった。公演パンフレットに龍岡が寄せたエッセイ「紺絲の色の褪せ」を読むと、龍岡にとってはじめて読んだ戯曲が『雨空』で、この公演でも本作品が上演されている。このエッセイには、《ぼくには先生の声がきこえてくる。それをそのまゝ口うつしに容赦なく押しつけた》とあり、久保田との縁のふかさを感じさせる。

編集長である宮口にとって、龍岡の死は大きな痛手となった。すでに『俳優館』の発行は途絶えがちになっていたものの、龍岡の死の翌年に出した第四十号（昭和五十九〔一九八四〕年）では「龍岡晋追悼特集」を大々的に組んだ。そのなかには、中村と宮口との追悼対談がおさめられた。このなかでふたりは、久保田戯曲の真髄を伝えていくことのむずかしさについて語っている。

**中村**　うちの「円」（筆者注・中村が中心となっていた演劇集団「円」）の若い連中が久保田

万太郎作品をやりたいから、「中村さん、龍岡さんと親しいから、頼んでくれませんか」と言うんで、龍ちゃんに電話して、言ったら「ああ、いいよ」って言うんだよね。そいで来てもらったら、皆びっくりしたね。一ト言で一時間位かかるって言うんだよ。

宮口　ああ、うん、そうそう。

中村　気に入らねえんだよ。しまいに龍ちゃん興奮して怒り出すんだってさ。

宮口　うんうん、分るなそりゃ。

中村　分るよ、「こんなに言っても、まだ分んねえのか」って怒り出すんだってさ。（略）先生の作品を一本や二本やってたたかれたって、立ち居振舞いが身につく訳じゃないからね。それと、その先生の芝居の時代や、先生の芝居のちゃんとしたものも見たことの無い若い連中を、そりゃいくら龍ちゃんがヒステリックに怒ったってね、だめだよ。

宮口　そりゃ無理もない。あのね僕は、新派の方達が、万太郎先生の作品を取り上げて、戌井市郎あたりが演出してるのを見てもね、やっぱり僕は違う、違うという気持ちで見てましたけども。

中村　違うよ、うん。

宮口　新派の人達でさえもそうですからね。

（『俳優館』第四十号、一九八四）

文学座のなかで、龍岡ほど久保田戯曲に通じている役者はいなかった。彼の死により、文学座と久保田との直接的な関係はおわったかに見えた。それを惜しんだ文学座経理部の岩田初子（龍岡門下の俳人でもある）は、龍岡の遺した句やエッセイを整理する作業をはじめる。そして翌年、久保田の命日にあわせて『春燈叢書第八十二輯　続・龍岡晋句抄』を追悼本として発行し、故人への餞《はなむけ》とした。

そのあと岩田は、未刊のままだった「切山椒」と「久保田万太郎作品用語解」の単行本化に奔走する。しかし、彼女もまた志なかばに亡くなってしまう。結局この企画は、ここまでのいきさつを知る戸板康二らの尽力により「慶應義塾三田文学ライブラリー」のひとつとして、昭和六十一（一九八六）年に刊行された。ただ残念ながら、『切山椒附久保田万太郎作品用語解』は非売品なので、ほとんど世に出まわっていない。商業出版としての刊行を声高に望みたい。

宮口にとっても、「久保田万太郎作品用語解」を上梓することは、見とどけるべき仕事だと考えていたはずである。それとともに、龍岡亡きあとの『俳優館』をリニューアルし、立てなおすことを考えていた。しかし、これも奇縁と書くべきか、「龍岡晋追悼特集号」が、編集長としての最後の仕事となってしまう。龍岡が没して二年後、七十一歳で亡くなったことで、『俳優館』の幕がおりることになった。

編集長を支えつづけた富美夫人は、「もしものことがあったら、精二追悼号で俳優館は終りにしますからね」と本人に語っていた。そこで一周忌にあわせ、昭和六十一（一九八六）年四月にはゆかりのあった人たちの手により「宮口精二追悼特集」（第四十一号）が編まれ、最終号として定期購読者にくばられている。印象に残る舞台、映画、テレビ作品へのアンケート「宮口精二の思い出」には、七十八人もの関係者が回答を寄せ、俳優としての足跡を俯瞰するうえで、得がたい内容となった。

定価を高くしては読者の方に悪いと申し、一号から赤字で十五年間を通しました。特別の道楽をするではなく（趣味は広い人でしたが）家計をつめて生活致しました。本が出来上って来ると待ち兼ねたように目を通した宮口は「ああ面白い。ああ面白い」と声を出して喜びました。家族もその声を聞くのがたのしみでした。

（宮口富美「『俳優館』の発刊から最終号まで」第四十一号、一九八六）

龍岡と宮口がたてつづけに亡くなり、ひとりのこされたのが中村だった。晩年の中村は、小劇場「渋谷ジァン・ジァン」での芝居をライフワークとするなか、心ひそかに宮口との久保田戯曲の上演を考えていたのである。

中村が考えたのは、一幕ものの『月夜』や『大寺学校』の最終幕の上演だった。老優ふたりによる、酔いと哀愁のやりとり。久保田の愛した下町の新劇は、渋谷の観客にも通じると信じていた。なにより、東宝系の舞台で地味な脇役に甘んじる宮口を歯がゆく思った。理解あるジァン・ジァンの支配人にも異論はない。宮口さえその気になれば、上演できない理由はどこにもなかった。しかし、宮口の意外な反応に、中村はかえす言葉をうしなう。

永い付合いで何度も見せた彼の困った時の顔、おなかの痛いみたいな、せりふをど忘れした時みたいな顔で、目を伏せたまま……カッチリした芝居をする気力が、もう失くなったよ、と小さな声で言われては、私も目を外らす他はなかった。その頃から彼の体調は、かなり悪かったのかも知れない。私としては、心残り、という言葉が憎いくらいである。

（中村伸郎「悼 宮口精二」、前掲書）

久保田戯曲の日本語の美しさ、下町言葉の美しさにこだわった龍岡が亡くなり、あとを追うようにして宮口も逝った。中村ひとりでは、久保田戯曲の復活上演はかなわぬことだ。渋谷でやろうとした夢も消えた。それでも芝居熱はさめることがなく、病にたおれるまで舞台に立ちつづける。昭和六十二（一九八七）年十月には、別役実の『諸国を遍歴する二人の騎士の物語』に出演し、かつての盟友である三津田健と、二十五年ぶりの共演をはたしている。その中村も、宮口の死から六年のちに亡くなった。

久保田万太郎、昭和三十八（一九六三）年五月六日死去、享年七十三。
龍岡晋、昭和五十八（一九八三）年十月十五日死去、享年七十八。
宮口精二、昭和六十（一九八五）年四月十二日死去、享年七十一。
中村伸郎、平成三（一九九一）年七月五日死去、享年八十二。

中村のエッセイ、龍岡の句集、宮口のミニコミ誌、いずれも久保田の大山脈のもとでは、ちっぽけな山だったかもしれない。それでも師を慕いつづけた三人の門下生たちが、肩を寄せあいながら仰ぎ見る姿を想うと、やさしい気持ちにさせてくれる。そこに吹くのは、昭和の劇壇を感じさせる一服の涼風であった。

文庫追記　右文書院版が出てすぐ、『俳優館』をゆずってくれた友人が「久保田万太郎、中村伸郎、龍岡晋、宮口精二について書くなら、この本を紹介してほしかった」と一冊の句集をプレゼントしてくれた。高橋潤の『春燈叢書第十七篇　句集　萍《うきくさ》』（竹頭社、一九六二）。この句集、「万太郎大山脈」に当然おさめるべき脇役本ながら、手に入れることができなかった。こうした厚意で入手できた脇役本は、何冊かある。

高橋潤《たかはしじゅん》（一八九五～一九六七）は映画、テレビではなじみのないバイプレーヤーで、戦後は新派の脇役として活躍した。脇といっても、準主役クラスの大矢市次郎や柳永二郎とはちがい、端役にちかい役ばかりであった。昭和十三（一九三八）年ごろから俳句をはじめ、『句集　萍』には二百八十一句をおさめた。巻末には、まずしさのなか、いくつもの新劇の劇団を転々とし、ようやく新派という安住の地を見つけるまでの半生をふりかえる「ある役者の手記」（『春燈』連載）が入っている。師の久保田万太郎は高橋の手記を読み、こう詠んだ。

また逃げし運を追ふ眼や冬帽子

跋文は花柳章太郎が寄せ、《昭和の役者がものした俳句集としては雄なるもの、それは折紙をつけませう》と賛辞を寄せた。高橋の句には、みずからの役者人生を詠んだ句もあり、「ある役者の手記」とともに味わうと、しみじみと胸にせまるものがある。

髭つけてみても端役やちゝろ鳴く
虫の闇生涯のみちふみみちがへ

腑におちぬ役の性根やかたつむり

俳優として大成したとはいいがたいものの、名句を発表する新派の役者として、俳壇ではそれなりに知られた。新派主事の大江良太郎はこう書く。《月々の舞台ではファイトを湧かしそうもない当人が、俳壇では私達の目をひく名句を発表する》（「新派の人々《その十二》高橋潤のこと」『演劇界』昭和三十七〔一九六二〕年七月号）。高橋に句集の出版をすすめたのは成瀬《なるせ》櫻桃子《おうとうし》で、『句集　萍』の刊行にあたっては、安住敦と成瀬が尽力している。ともに久保田に師事した俳人である。高橋の句の魅力、人徳のたまものであろう。

高橋が没して五年後、宮口精二は『俳優館』第六号（昭和四十七〔一九七二〕年冬号）で追悼特集「高橋潤を偲ぶ」を組んだ。大江良太郎、新派女優の阿部洋子、安住敦、そして、龍岡晋の四人が故人を偲んだ。

《泣き言が泣き言でなく、嘆きをさえみごとに歌いあげているのである。だからぼくは毎号〝春燈〟で彼の句をみるのがたのしみだった》（龍岡晋「〝萍〟の著者」）

# V まだまだ脇役本　文庫版増補

# 三代目はバイプレーヤー　野口元夫

ミニコミ版と右文書院版、知っていれば（持っていれば）ぜひ入れたかった脇役本は何冊かある。文庫化にあたり、吉野《よしの》昇雄《ますお》『鮓《すし》・鮨《すし》・すし　すしの事典』（旭屋出版、一九九〇）をまず加えたかった。「はて、吉野昇雄なんて俳優いたっけ？」と思われる方はいるはず。野口元夫《のぐちもとお》（一九〇六～九二）という芸名（野口元雄の時代もあった）を聞くと「ああ～デカい丸坊主顔の人」と思い出す映画好き、ドラマ好きはいると思う。

映画にくらべると、テレビの仕事が多かった。お茶の間にしたしまれたキャラクターとしては、『事件記者』（ＮＨＫ）の山崎部長刑事、通称「ヤマチョウ」がある。日活で映画化された十本には登場せず、後発の東宝映画版の二本には出てくる。旧作邦画好きには、日活版と東宝版の両方に出てくる宮坂将嘉の村田部長刑事（通称「ムラチョウ」）になじみがあり、野口のヤマチョウは印象がないかもしれない。オリジナルのＮＨＫテレビ版は、映像がほとんど消えてしまい、野口の出演回を再見するのはむずかしい。

『鮓・鮨・すし　すしの事典』は、本としては珍しくないけれど、右文書院版を出したあとまで存在を知らなかった。あの野口元夫が吉野昇雄という鮨職人で、明治十二（一八七九）年創業の日本橋の老舗「吉野鮨本店」三代目主人で、カウンターで江戸前の鮨をにぎっていたこと自体、まったく知らなかった。そのことを教えてくれたのは、ブログ「森茉莉街道をゆく」のちわみさんで、タウン誌『月刊日本橋』の編集部で働いていた縁で知ったと聞いた。「吉野鮨の先代のご主人は、野口元夫という俳優さんで、『脇役本』も出しているのよ」と聞いたときはおどろいた。

本来なれば本名の吉野昇雄で書くべきだが、ややこしくなるので本項では「野口」表記で書く。野口の本業は鮨職人で、役者は副業だったようだ。戦時中、信州に疎開したときに食えなくなって、劇団「劇作隊」を組んで慰問にまわったのが縁で、戦後も役者をつづけた。歌舞伎座の舞台で鮨を食す六代目菊五郎の演技を論じたり、ぶり漁の網元にふんした大矢市次郎の芝居に感銘を受けたり、『鮓・鮨・すし　すしの事典』を読むかぎり、かなりの芝居好きだったことがわかる。

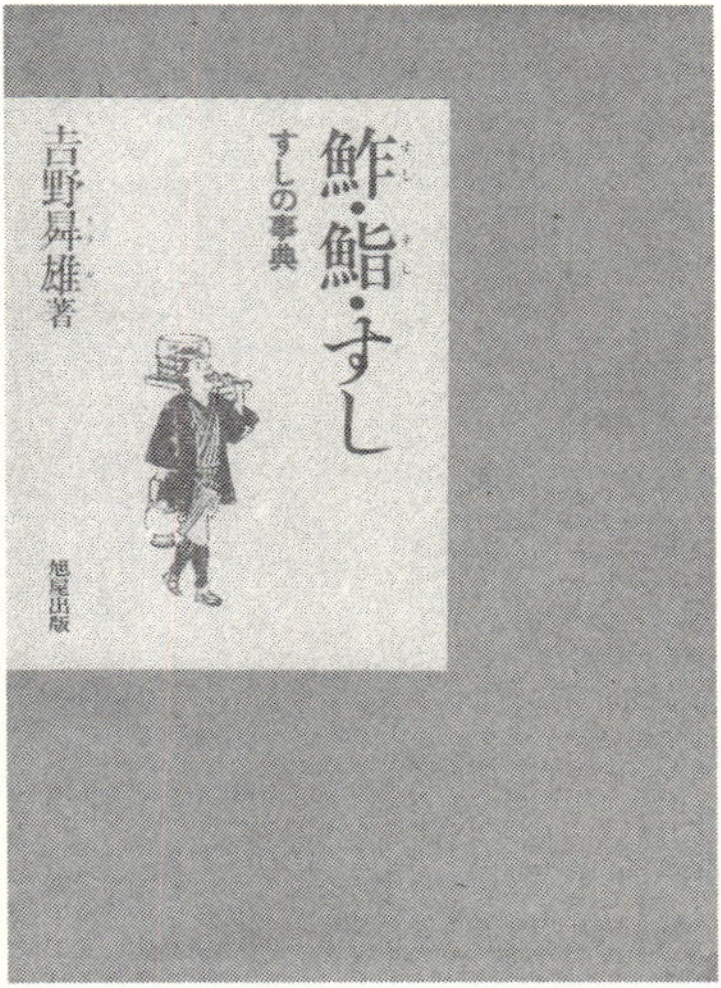

（旭屋出版、1990年）

学究肌のバイプレーヤーが著した

本としては、柳永二郎の新派本、市川小太夫の吉原本、中村是好の盆栽本とならべたい労作である。タイトルそのままでまるごと一冊、鮓！鮨！すし！　いや、それだけでは説明がつかない。鮨の本といっても、山本益博や里見真三が書いた「すきやばし次郎」の本をイメージされてはこまる。A5判、函入りハードカバー、本文二段組、図版多数の全三百七十二ページ、堂々たる鮨学、鮨史の集大成なのだ。

本書の内容は、旭屋出版の月刊誌『食堂界』（のちの『近代食堂』）に昭和四十五（一九七〇）年四月号から連載された「すしの事典」がもとになっている。野口は、この本を出した翌年に亡くなり、最初で最後の著作となった。ただ、平凡社の『世界大百科事典』にある鮨（すし）関係の項目を担当するなど、すでに鮨研究の第一人者として業界では知られていた。『鮓・鮨・すし』の前年には、にぎり鮨レシピの古典的名著『家庭鮓のつけかた』（大倉書店、一九一〇）の復刻本と、野口が執筆した解説書との二冊組『偲ぶ與兵衛の鮓』（主婦の友社、一九八九）を出した。

本書の前半は、鮨の歴史をたどる「太古のすしから平成のすしまで」。後半は、赤身、光りもの、白身、煮物、巻物と五十もの項目がならぶ「タネ別にみるすしのすべて」。前半が圧倒的におもしろく、鮨に多少なりとも関心のある人ならたのしめるはず。「鮨屋の湯のみ茶碗がなぜ大きいのか」「江戸前鮨の屋台はどんなものだったのか」「白木のカウンターとタネケースはいつごろできたのか」などなど、鮨トリビアが満載である。

しかもそれが、ちっとも嫌味じゃない。野口はなかなかの古本・紙ものマニアのようで、レアな鮨の文献や絵をひっぱってくるあたり、学者タイプでもある。

にぎりたてをよしとする久保田万太郎と、すこし時間をおいた出前のものをよしとする永井荷風。鮨のうまさを時間差の視点で論じたくだりは、野口が説く「うまい鮨」の定義につながっていく。ここは野口の鮨哲学のキモで、万太郎ではなく、荷風の意見を支持している。鮨の師である父は、野口につねづねこう言っていたという。

「食べてから店を出て一、二町歩いているうちに、もう一度戻ってさっきのすしを食べたいと思うようなのが本当のすしだ」

（『鮓・鮨・すし　すしの事典』）

おなかが減っているときは、にぎりたての鮨はおいしく感じるもの。本当のうまい、まずいはその場ではわからない、という意味らしい。

江戸前の鮨職人にして、鮨研究の大家でありつづけた背景には、ふたりの師の存在がある。ひとりは吉野鮨本店の二代目、すなわち野口の父。もうひとりは著名な食物史学者で、野口が「先生」と慕った篠田統《しのだおさむ》である。これだけの本を書けたのは、七つ上の篠田の存在が大きかった。『鮓・鮨・すし　すしの事典』を読むと、師ふたりがあちこちに出てきて、とても尊敬していたことがわかる。巻末には野口と篠田（刊行当時は故人）の鮨対談が再録されていて、野口はもっぱら聞き役に徹している。『鮓・鮨・すし』の函に巻かれた帯には、伊丹十三が推薦の辞を寄せた。

書店でこの本を手にとっておられる諸君。とりあえず91ページ「握りずしとつけじょう油」あたりをひもといてみたまえ。君はこの本のただならぬ深さに一驚し、ただちにレジに向かって行進を開始するだろう。君のすし人生のしあわせは、今、花開こうとしている！

さすがは食通の名エッセイスト、うまいものだ。誰かが代わりに書いたゴースト推薦文が多いなか、うそ偽りのない伊丹のことばであろう。

野口元夫と伊丹十三、こう書くとピンとくる方がいるかもしれない。ピンときたら、とりあえずラーメンウエスタン『タンポポ』（東宝）あたりを見てみたまえ。高級ホテルでの接待ランチのシーン。接待する側の部長（田中明夫）のオーダー「舌平目のムニエル、スープはコンソメ、ビール、サラダはいらない」を最初に真似たのが、接待される側の専務、野口元夫その人であった。

# ヴェス単の味　河原侃二

医学界にするどいメスを入れた問題作『白い巨塔』（山崎豊子原作）は、昭和四十一（一九六六）年、山本薩夫監督の手により大映東京が映画化した。東野英治郎、小沢栄太郎、滝沢修、加藤嘉、石山健二郎、見明凡太朗《みあけぼんたろう》、潮万太郎《うしおまんたろう》らのベテラン勢が、善悪とりまぜてさまざまな医師にふんした。

若き日の財前五郎《ざいぜんごろう》（田宮二郎）を支援する篤志家で、村井清恵《むらいせいけい》という田舎の医師が出てくる。演じたのは河原侃二《かわらかんじ》（一八九九～一九七四）である。ポスターに名前はなく、セリフもない。五郎の母（滝花久子）が「財前家に養子へ出す」と話すのを、やさしいまなざしでただ聞いている。重役、教授、医師、博士といった、背広や白衣の似合う品のいい老優だった。

若き日の河原は文学青年で、詩誌の編集人をつとめた。その後、洋画家を夢みて本郷洋画研究所で学んだのち、女子文壇社、報知新聞社の記者をへて、役者の世界へ入る。新劇の劇団を転々とし、草創期の築地小劇場の舞台に立つ。映画の世界に移ったのは大正の末で、昭和の初めから戦時中にかけて、タカマツ・アズマプロダクション、松竹蒲

（光大社、1936年）

田、松竹大船とバイプレーヤーとして活躍した。

トーキー化により松竹蒲田撮影所が閉鎖され、大船撮影所の専属になったころ、河原は著書『ヴェス単作画の実技』（光大社、一九三六）を出した。ヴェス単（ベス単）とはアメリカ発の小型カメラ「ヴェスト・ポケット・コダック」（Vest Pocket KODAK）のことで、「単」は単玉レンズに由来する。ヴェス単はいまでも、骨董市やアンティークショップで見かけることがある。コンパクトデジタルカメラ（コンデジ）くらいの大きさで、本体に収納できる蛇腹式のレンズに特徴がある。河原はヴェス単の名手で、当時のアマチュアカメラ界では有名な人だった。映画史家の田中眞澄《たなかまさすみ》は「ベス単とマンドリン」（『小津安二郎と戦争』みすず書房、二〇〇五）のなかでこう伝える。

後年のライカがマニア向けの高級高額のカメラだったのに対し、ベス単はより大衆的で、カメラ趣味の普及に多大な貢献をしたことで、歴史に記憶される。（略）乾板式カメラと違ってロール・フィルムを使うので、初心者でも失敗が少ないのも人気の理由のひとつだった。

ライカが一眼レフで、ヴェス単はコンデジのようなものか。最近の一眼レフは安いものは十万以下で買えるし、オートモードなら初心者でも簡単に使いこなせる。ライカの時代とくらべるのは、無理があるかもしれない。

骨董市やアンティークショップでヴェス単を手にするかぎり、軽くて、使いやすくて、ピクニックやデートのお供にぴったりである。ヴェス単の愛好者は増え、実用書と写真雑誌がいろいろと出た。『ヴェス単作画の実技』は、ヴェス単人気を反映した実技書のひとつで、田中眞澄は《俳優という以上にベス単の名手として知られ、写真雑誌の常連で》（前掲書）と書く。

そんな河原侃二のヴェス単本をさっそく読んでみた。うーん、さっぱり意味がわからない。ヴェス単のある暮らしが有意義なものであることはわかったけれど、頻出する専門用語がまず理解できない。ヴェス単に縁のない人だと、もらってこまる本である。

カメラの実技書ではなく、戦前モダンの香りただよう写真本として読むと、なかなか味わいぶかい。河原本人をはじめ、塩谷定好《しおたにていこう》や田村榮ら日本近代写真史に名を刻む作家の作品があわせて楽しめる。本書におさめられたヴェス単写真の数々を見て、「ピンボケだろ」と突っ込む読者はいるかもしれない。そのピンボケこそがヴェス単の味、なのである。

ヴェス単の味は「ボケ」の味です。次に此のボケの味が独特の画調を生んでゐるといふ事も見逃せません。

ヴェス単で作画してゐる人達からヴェス単画風といふものが生れたのも、要するに此のボケから来た画調に共通したところがあつたからだと思ひます。

ボケから来た一種暗い憂鬱な画調――しかし此の特有な調子はほんたうにヴェス単に親しんだ者でなければ判らないのです。

(『ヴェス単作画の実技』)

門外漢にはちんぷんかんぷんな実技書でありながら、妙な説得力と行間からの心地よさを覚える。ヴェス単の味が「ボケ」の味であることを知っただけで、買っただけの価値があるというもの。ですます調のやさしい語り口、《一種暗い憂鬱な画調》といった文学的なセンス、それがキャリアの長いパイプレーヤーの著書となれば、脇役本の殿堂入りはまちがいない。

そのかわり、映画界のエピソードを期待して読むとガッカリする。田中絹代も、岡田時彦も、渡辺篤《わたなべあつし》も、この本には出てこない。撮影所につどうヴェス単仲間のあれこれ、ライカ好きの小津安二郎のこと、映画界と写真愛好家のエピソードを書いてくれたら、もっと読みごたえがあったのに。

この本にはプロフィールがなく、知らずに手にしたら著者が俳優とはまずわからない。人物写真の背景について述べた「背景」の項で、河原がみずからモデルになった写真が二点ある。それだけが、著者の俳優らしさを感じさせてくれる。

俳優としては戦後、大映の役者となった。モダンな風合いだったからか、時代劇の大映京都ではなく、現代劇の大映東京でたくさんの作品に出た。『白い巨塔』はかなり晩年の仕事で、昭和四十年代には第一線をしりぞいた。

いまから数年前、河原侃二とある出会いがあった。展覧会図録『ゆかいな木版画―その、柔らかな微笑み』（府中市美術館、二〇〇八）を読んでいたら、河原の創作木版画が載っていたのだ。人気のない池のほとりがモチーフの『晩春池畔』（年代不詳）と橋の欄干ごしに隅田川をえがいた『隅田川雨情』（昭和三十七（一九六二）年）、ふたつの作品が載っていた。いずれもヴェス単のボケの味のような憂鬱にしてあたたかみのある画風で、こころ惹かれた。カメラだけではなく、版画までやっていたことをこのとき知った。

版画の世界ではそれなりに有名な作家で、亡くなる前の年まで日本版画協会の会員をしていた。『ヴェス単作画の実技』の本扉には鹿と果樹の木版画があり、おそらくは本人の作だろう。ヴェス単の名手にして版画家、詩作や編集の仕事もこなす、多芸多才なバイプレーヤーとして記憶したい。

『ヴェス単作画の実技』本扉より

# なるまで、なるには　高田稔

前項の河原侃二『ヴェス単作画の実技』とともに、バイプレーヤーが出した戦前の実用書をくわえたい。『誠文堂十銭文庫94　映画俳優になるまで』（誠文堂、一九三〇）。著者の高田稔《たかだみのる》（一八九九〜一九七七）は当時、松竹蒲田の看板スターのひとりだった。バイプレーヤーが出した本か、と問われるとちがうかもしれない。

東洋音楽学校（現在の東京音楽大学）から浅草オペラの世界へ入り、関東大震災後に映画界へ。帝キネ芦屋、東亜キネマ、松竹蒲田ときて、この本を出した。そのあとも不二映画、新興キネマ、みずから立ち上げた高田稔プロ、P．C．L．、東宝と映画会社を転々としている。戦後は東宝や新東宝の映画のほか、テレビにもたくさん出た。亡くなるまでずっと渋いバイプレーヤーで、終生二枚目をキープした。

好きな高田稔映画として、三人娘（美空ひばり、江利チエミ、雪村いづみ）が初共演した『ひばり チエミ いずみのジャンケン娘』（東宝）を挙げたい。美空ひばり（役どころは舞妓）の母親が浪花千栄子、高田稔は浪花とかつて恋仲にあった、ひばりの実父である。父と娘の対面がクライマックスの新派を思わせるストーリーながら、なかなかよくでき

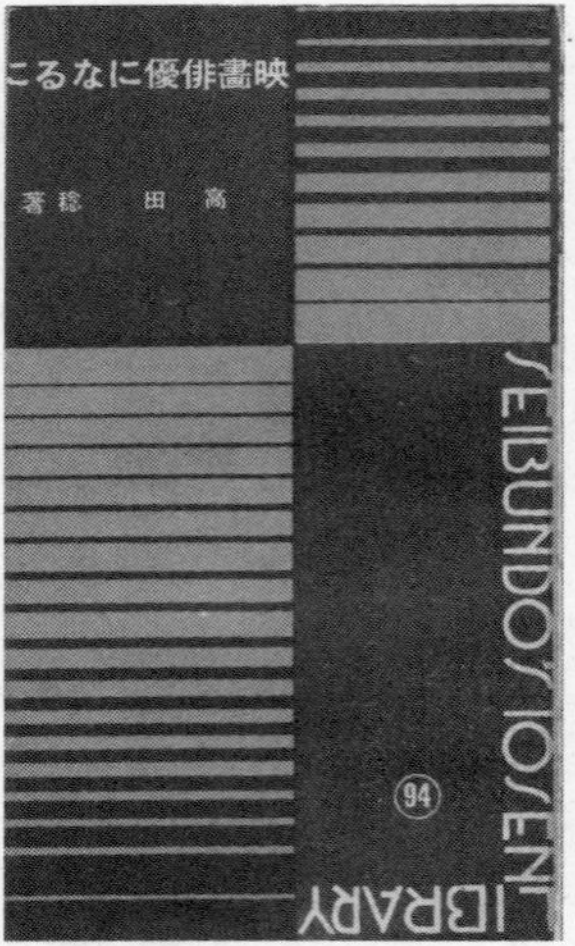

（誠文堂、1930年）

たアイドル映画だった。ガウン姿がバタくさく、上原謙や森雅之のような華には欠けるものの、往年の二枚目の香りがただよう役者である（この作品、高田や浪花だけではなく、龍岡晋、小杉義男、小川虎之助、一の宮あつ子、岡村文子、南美江、沢村貞子ら脇役陣それぞれに見せ場があるのがいい）。

『映画俳優になるまで』は二枚目も二枚目、水もしたたるイイ男の時代に出したもので、扉には蝶ネクタイでキメた甘いマスクのポートレートが掲げてある。タイトルがものがたるように、本書は映画俳優になるまでの高田の生い立ちと、映画俳優になるためのノウハウがコンパクトにまとめられている。ややこしいのがタイトルで、奥付や本扉は『映画俳優になるまで』なのに、表紙と背文字は『映画俳優になるには』となっている（表紙は『映画俳優になるに』でタイトルが欠けてしまっている）。「なるには」と「なるまで」では、ニュアンスがちがってしまう。

このようにいいかげんなタイトルで出した「誠文堂十銭文庫」は、古本の世界ではいまも知られた人気シリーズで、昭和五（一九三〇）年から翌年にかけて百冊ものタイトルが出た。ミニ事典、風俗ルポ、実用書として出されたものが多く、野球、登山、ラグビー、社交ダンス、囲碁、将棋、俳句、短歌、川柳、写真、漫画、釣り、菊の栽培、麻雀、競馬、犬、日常作法、宴会芸、避妊、血圧と動脈硬化、盛り場、食べある記、エロ、共産主義、社会主義、米相場などなど、ようするになんでもあり。文庫本よりちいさい縦長のポケットサイズで、いずれも百数十ページたらずしかない（『映画俳優になるまで』は百十六ページ）。定価はもちろん十銭である。省線の初乗りが当時五銭で、いまのJRの首都圏初乗りに換算すると三百五十円くらいになる。

『映画俳優になるまで』はとどのつまり、誰もが知っている二枚目スターによる映画俳優入門ガイドである。しかも十銭という安さ。脇役本というよりは、アイドル本のさきがけのような一冊で、ゴーストライターに書かせたものかもしれない。

商魂たくましいのは、姉妹編として『誠文堂十銭文庫95　映画女優になるには』を出していること。著者はやはりスターの夏川静江《なつかわしずえ》で、戦後は夏川静枝として名バイプレーヤーとなった。夏川の本が『映画女優になるには』なので、高田のほうも『映画俳優になるには』と揃えるべきところ、本扉と奥付だけ『映画俳優になるまで』のまま出してしまったのか。それにしてもいいかげんな話だ。のちに夏川も名脇役となる意味で、『映画女優になるには』も脇役本にくわえたいところだが、話を高田稔にもどす。

タイトルはいいかげんなれど、『映画俳優になるまで』はひろく浅く、当時のスター事情が語られていて、とてもわかりやすい。「映画俳優の資格」「映画俳優になる準備」「映画俳優になる経路」などスターへのルートを示したうえで、フリーランスのこと、大部屋のこと、下積み時代の給料のこと、スタッフとの付き合い方まで、読者に過度な期待をさせないようにリアルな部分をつまびらかにしている。いきなり映画界入りして、すぐスターになったわけでもないので、上から目線の嫌味さはあまり感じない。本文に挿入される高田のポートレートやスチールがすべて二枚目なので、俳優志望者に対して「これくらいの面構えじゃないとな」ときびしい現実をつきつけているともいえる。

本書でとくに目をひいたのが、後半におさめられた「スターの声」という項目である。『映画俳優になるまで』が出た昭和五（一九三〇）年は、日本はまだサイレント映画が中心で、すこしずつトーキーのあしおとを響かせつつある時代であった。奇しくもこのころ、アメリカ映画『モロッコ』が封切られ、スーパー・インポーズ（日本語字幕）が登場した。昭和六（一九三一）年には松竹が初のトーキー作品『マダムと女房』を公開している。サイレント映画の過渡期に、「スターの声」に着目したのが高田稔だとしたら、映画俳優としての先見の明を感じさせる。

扨て、トーキーの世になつたら――

そして、アメリカ映画のやうに日本の俳優諸君がペラ〳〵喋るとしたら、私達の声はどんな批判を観客から下されるでせうか。
これは〳〵興味のあることであります。
私の知つてる範囲の人で、一寸心当りを考へて見ませう。
（『誠文堂十銭文庫94　映画俳優になるまで』）

高田はぜんぶで十九のスターの声を論評した。いずれもおもしろい。《お国訛りが反つて異様な魅力》（井上正夫）、《金属性の声が如何にセンチメンタルで、如何に魅力があるか》（栗島すみ子）、《容貌と同じ感じの、優しい気品のある声》（岡田時彦）、《甘つたれたやうな関西訛りで、如何にも処女々々しい感じ》（田中絹代）などなど、わかるような、わからないような、それなりにツボはついている。なかでも見事な評がこちら。

大河内傳次郎君
故澤田正二郎氏の弟子だつた人だけに、故澤正張りの声を出します。本当の処、澤正の声だと思へば間違ひありません。
舞台経験もあり、度胸もありますから、素晴らしい殺陣と一緒に名台詞でも聞こえ始めたら、それこそファンは大変な湧きようでせう。
（前掲書）

まさにそのとおり。「シェイは丹下、名はシャゼン」というおなじみの声色芸を予言したかのような文章に、おどろいた。

この本はそこそこ売れたのか、戦後になって高田は、似たような本をふたたび出した。『芸能入門選書　映画俳優篇』（新灯社、一九五四）がそれで、著書ではなく「高田稔監修」となっている。脇役として、戦記モノや昭和史モノに出ていたころで、品といい、風格といい、映画俳優になるまでの監修者としてはぴったりである。

# ぼくのパパは野菜人　大泉滉

昔の日本映画に接するようになって、高勢実乗《たかせみのる》、上田吉二郎、左卜全となんとまあ風変わりな役者がいるものだ、とつくづく感じた。それよりずっとずっと前、子どものころから「変わってるなこの人」という印象の役者がいる。ロシア貴族のアレキサンダー・ステパノウイッチ・ワフォウイッチを祖父に、作家の大泉黒石《おおいずみこくせき》を父にもち、アレキサンダー・ステパノウイッチ・ポキャルフスキーを自称する大泉滉《おおいずみあきら》（一九二五～九八）その人である。変わった印象のわけは、はっきりしている。たしか三人目の妻といっしょに出て、恐妻家で胃腸が悪そうなイメージをお茶の間に広めた和漢の生薬「奥田胃腸薬」、あのテレビコマーシャルしかない。

阪東妻三郎の息子を演じた『破れ太鼓』（松竹）やアプレ青年にふんした大映版『自由学校』は、「銀巴里」のステージに立つ美輪明宏もかくやと思わせる美男子で、うっとりした。子役でデビューし、戦後は文学座の二枚目として杉村春子の相手役をつとめ、えっいい男じゃん、と突っ込んだくらいだ。それなのにだんだんと珍優枠、怪優枠の常連となり、昭和四十年代の東映ピンキー・バイオレンス作品での迷演は、よく知られる

（青年書館、1975年）

ところ。やっぱり風変わりな役者だった。

大泉滉には二冊の著書がある。最初の一冊はハレンチ罪すれすれの問題の書、あとの一冊は真摯な姿勢でつづられた食の実用書で、いずれも脇役本として勝手に認定した。脇役本の多くは均一棚にならぶことが多いけれど、この二冊はわりと見ないのか、古書価はそこそこする。五百円、千円で見かけたらセドれます。

まず一冊目、『ポコチン男爵おんな探検記』（青年書館、一九七五）。カバーにはサブタイトルとして《ロシヤ貴族の血をひく芸能界の奇人・変人　大泉滉の自女伝》とある。内容は、タイトルと版元名と著者のキャラクターからご想像されたし。カバー裏には、伴淳三郎と山城新伍が推薦のことばを寄せた。伴淳は《おかしな男が、おかしな本を書きました》と書き、山城は《価値ある喜劇の星、大泉滉の魅力が独占できる男の本である》と書く。推薦が伴淳と山城新伍、これだけでなんとなくどんな本かわかる。

巻頭グラビア「ぼくの芸歴写真の一部です」をめくって、すこしは期待した。各社の映画スチール、文学座の舞台、『11PM』(日本テレビ)、初見の写真がいろいろとある。この調子で本文も思い出ばなし、芸遍歴をおもしろおかしく書いてくれたらよかったのだが、いかんせん《おんな探検記》であって《自女伝》なので、推して知るべし。目次の項目ですら、とても紹介できません。

この本から得た知見は、「一に(上山)草人《そうじん》、二に(江川)宇礼雄《うれお》、三、四がなくて五に馬」ではなく、「一に草人、二に宇礼雄、三、四がなくて五に大泉」なる伝説があったこと。本人いわく、刊行当時は三にディック・ミネが入ることもあったそう。知らなかった。

二冊目にいきたい。これはいい本ですよ。光文社のカッパブックスから出た『ぼく野菜人　自分で種まき、育て、食べようよ!』(光文社、一九八三)。内容はタイトルそのままで、カバー裏には、愛のこもった大泉の息子(小学四年生)の作文が載っている。

ぼくのパパは畑が、大すきです。休みの日は、だいたい畑をやっています。(略)ひりょうは、なんと、くさいくさい、たいひです。

(『ぼく野菜人　自分で種まき、育て、食べようよ!』)

（光文社、1983年）

大泉滉がものごころついたころ、父の黒石は売れっ子の作家ではなかった。まずしい生活を強いられ、野草を食し、自給自足のまねごとをやり、みずから野菜人となる。野菜づくりは趣味の延長ではなく、この珍優の人生哲学、生きる術であった。

人間、いずれは土に帰るのね。いま生きているうちに、土に親しんでおいたほうがいいと思うのね。自分が帰るべきところを知らないなんて、土の神様にもうしわけないと思わない？

（前掲書）

『ぼく野菜人』は大泉の半生と野菜哲学に裏うちされた家庭菜園、昨今の流行りでいけば都市マンションのベランダでやる「プランター菜園」のススメで、実用書としてはなかなかタメになる。

第一章は総論「野菜の性格とつきあいかた」、第二章以降は「○○をつくります」各論として「実もの野菜」「根もの野菜」「葉もの野菜」「ベランダ野菜」となる。伴淳三郎は「ポコチン男爵～」の推薦文に《猫の額ほどの庭先にウンチをまいて百姓の真似をして騒がせたり》と書いているが、実際はそれだけの規模ではない。東京都国立市谷保《くにたちやほ》に自宅があり、大泉の言によれば、ビニールハウスつきの第一農場（自宅の庭）、第二農場（近所の庭）、第三農場（借りている庭）を有していた。育てた野菜は売る用ではなく、自家用とおすそわけ用にした。味はどうだったのかな。

野菜づくりは、土づくりから。大泉家オリジナルの有機肥料のレシピが紹介されていて、これがすごい。乾燥鶏ふんが六、乾燥牛ふんが四、油かすが四、米ぬかが四、骨粉が一、魚かすが一、草木灰が一、発酵促進剤が一。これらをよくまぜて、総量の三倍の水をくわえ、春夏は二十日ほど、冬なら二か月ほど寝かせる（ときどきかきまぜる）。庭でおおっぴらにやると近所めいわくなので、プランターやポリバケツを使うといいそうです。

ぼくはこの十年ほど、ある生協（生活協同組合）で機関誌や商品カタログづくりの仕事をしている。田んぼや畑に行き、生産者にもよく会う。「安全・安心で、化学合成農薬と化学肥料にはできるだけ頼りません」「放射能検査はちゃんとやってます」「子や孫のための食」「生きものと自然をまもる農」。こうしたフレーズを毎日のように書いている。

こうした有機栽培が、ごく一般の子育てママ層にまで浸透してきたのは、せいぜいこの三十年ほどの話。『ぼく野菜人』が刊行された当時、大泉のような有機野菜の発想はめずらしかったように感じる。

有機でありながら、『ぼく野菜人』には前述したような「○○のため」「安全・安心」といったフレーズがほとんど出てこない。押しつけもない。各論の野菜づくりでは「化成肥料」という単語がちょくちょく出てきて、かならずしも化学肥料を否定しているのではない。でも、生きる糧としての野菜への愛情、自然への敬いが感じられる本だと思った。共感、といってもいいのかもしれない。

前著の推薦は伴淳と山城新伍だったけれど、『ぼく野菜人』には文学座でいっしょだった岸田今日子が推薦文を寄せている。《この本を読んだらベランダで、カイワレでも作ってみたくなりそう》。ベランダでカイワレを育てる岸田今日子、わるくない。

# メーク・アップ心得の条　賀原夏子

駄菓子屋のおばちゃん、たばこ屋のおばちゃんをやらせると、賀《か》原夏子《はらなつこ》（一九二一～九二）はぴったりだった。よく覚えているのは、八〇年代の初めに放送された『俺はご先祖さま』（日本テレビ）で、夕方の再放送で見た。雑誌カメラマン（石坂浩二）と二十二世紀からタイムトラベルしてきた子孫（マリアン）が主人公で、ふたりを下宿させる駄菓子屋のおばちゃんを賀原が演じた。石立鉄男主演の名作ドラマを手がけた松木ひろしの仕事で、笑えて、泣けて、ホームコメディとしてはよくできていた。

いまから二年前の春、都立図書館所蔵のフィルムを上映する「短篇映画研究会」で、賀原の主演映画をやると聞き、勇んで出かけていった。タイトルはずばり『下町のおばちゃん先生』（東映教育映画部）。『俺はご先祖さま』の三年前、昭和五十三（一九七八）年の作品で、企画は貯蓄増強中央委員会、柴又でちいさな駄菓子屋を営む主人公を賀原が演じた。

下町のおばちゃんが、近所の子どもをしつける、というよりはあたたかく見守るヒューマンな教育映画である。これがもう、うまい、うまい。近所の悪ガキに本気で向き合

（六本木出版、1956年）

い、逆にほんろうされて疲れはて、つねに本気のおばちゃんを町のみんなが慕う。立派に成長した青年たちが恩返しにと、駄菓子屋の一角をリフォームして、地域のコミュニティースペースにするあたり、現代に通じるメッセージ性を感じた。

おばちゃん、おばちゃんと連呼するのは失礼な言いぐさで、「ざあます高級おばさま」だって難なくこなす、うまい女優さんである。戦前、戦中、戦後と文学座ひとすじに生きた舞台女優で、座の看板こそ女王蜂の杉村春子が担ったものの、賀原の座内での存在感は大きかった。その名女優が、文学座在籍時代に出したのが『メーク・アップの仕方』（六本木出版、一九五六）と題した実用書だった。

化粧のノウハウ本ではなく、舞台化粧に特化した内容となっている。この本が出た当時は、文学座、俳優座、劇団民藝の三大劇団がしのぎを削る新劇全盛時代で、舞台、映画、ラジオ、本放送がスタートしたばかりのテレビと、新劇俳優の顔を見ない日、声を聞かない日はなかった。演劇を志す若人たちは数しれず、三大劇団に入ることができるのはごく一部のエリートだけ。舞台だけでは食べていけない貧乏劇団、学生サークル劇団は多かった。

本書は、演劇（どちらかといえば新劇）を志す若人たち、あるいは若手新劇俳優を読者に見据えたものである。賀原の文体は、メーク・アップの心得をやさしく説き、やわらかな「ですます調」でつらぬかれている。『文学座五十年史』（文学座、一九八七）の年表には《文部省推薦図書となる》とあり、ひろく読まれたことがわかる。

まずあたえられた脚本をよく読んで、その劇をよく理解し、その中での自分の役柄や性格を的確に表現する様工夫する訳ですが、それには普段から心がけて、色々な人物を観察したり、写真を集めるとか、スケッチをするとかして、次の五つの事を研究しておかなければなりません。

（『メーク・アップの仕方』）

賀原が説く五つとは「人種」「時代性」「性格」「職業」「年齢」で、各項へとつづいていく。実用書として企画されただけに、内容はかなり専門的である。百ページたらずの薄めの本ながら、メーク・アップの奥深さを痛感する。第九章「部分の化粧」では頭髪、額、眼、眉毛、鼻、頰、口、歯、顎、髭、耳、頸、手と足について説く。つづく十章「性格表現の実際に就て」では長い、丸い、古風、現代的、病人、商売女、北欧系、南欧系、黒人、狂人、白痴と、これまたいろいろなタイプを解説する。狂人と白痴のメーク・アップの差異など、賀原の独断と偏見がなくはないけれど、そこにまた読みごたえがある。

戦後の新劇好きとしては、グラビア入りの「実例」の章がたのしい。文学座の三津田健と中村伸郎をモデルに、メイクの実際を写真入りで解説している。生涯の当たり役であるシラノ・ド・ベルジュラックのメイクを、三津田にほどこす賀原の写真がほほえましい。さすがに杉村春子にメイクをするわけにいかなかったのか、女性の役のメイク実例は、賀原本人がモデルをしている。

役者のよろこびは、メイクのたのしみ。そう感じてしまうなにかが、この本にはある。劇作家の内村直也は「序にかえて」にこう書いた。

賀原さんのペン先がいかにも楽しそうに踊っている。楽屋で、鏡に向ってメイク・アップをしている時と、同じ表情で、この原稿を書き進められたと想像される。このようにして、舞台の上の自分の顔を作り変えることができるのなら、一生に一度は俳優になってみたい、——そういう誘惑にかられる程、楽しく記述されている。

（前掲書）

この本を手にした多くの演劇青年や女性たちが、自宅で、下宿の鏡台で、あるいは稽古場の隅っこで、メイクの練習をしたのではないか。戦後新劇全盛時代の息吹が伝わってくる名著なのである。

この本が昭和三十一（一九五六）年に出たのは、とてもいい時代だった。これからしばらくのち、六〇年安保で世間は騒々しくなり、新劇運動は安保反対闘争の渦に巻きこまれていく。老いも、若きも、多くの新劇俳優が国会前に馳せ参じた。『メーク・アップの仕方』という演劇本が、政治と演劇の時代のなかで出せたであろうか。

六〇年安保からまもない昭和三十八（一九六三）年、文学座では二度にわたる分裂、座員の大量脱退事件が起こる。賀原は二度目の騒ぎ（三島由紀夫の「『喜びの琴』事件）のとき、文学座創立以来の盟友であった杉村春子、三津田健らとたもとを分かつ。そのあとは、文庫増補で紹介した青野平義らと劇団NLTを立ち上げ、劇団の運営に尽力する。亡くなる一か月前までNLTの主演女優、コメディエンヌとして舞台に立ちつづけた（最後の舞台は、銀座博品館劇場で上演された『毒薬と老嬢』）。

ちなみに、昭和五十八（一九八三）年にはレクラム社から新装版として『舞台技術入門シリーズ2　賀原夏子のメークアップ入門』が出た。舞台女優が出したステージメイク本としては、前進座の深町稜子《ふかまちりょうこ》の『メークアップ　演劇メークの入門から歌舞伎・現代劇まで』（萌文社、二〇〇四）があることもつけくわえておく。

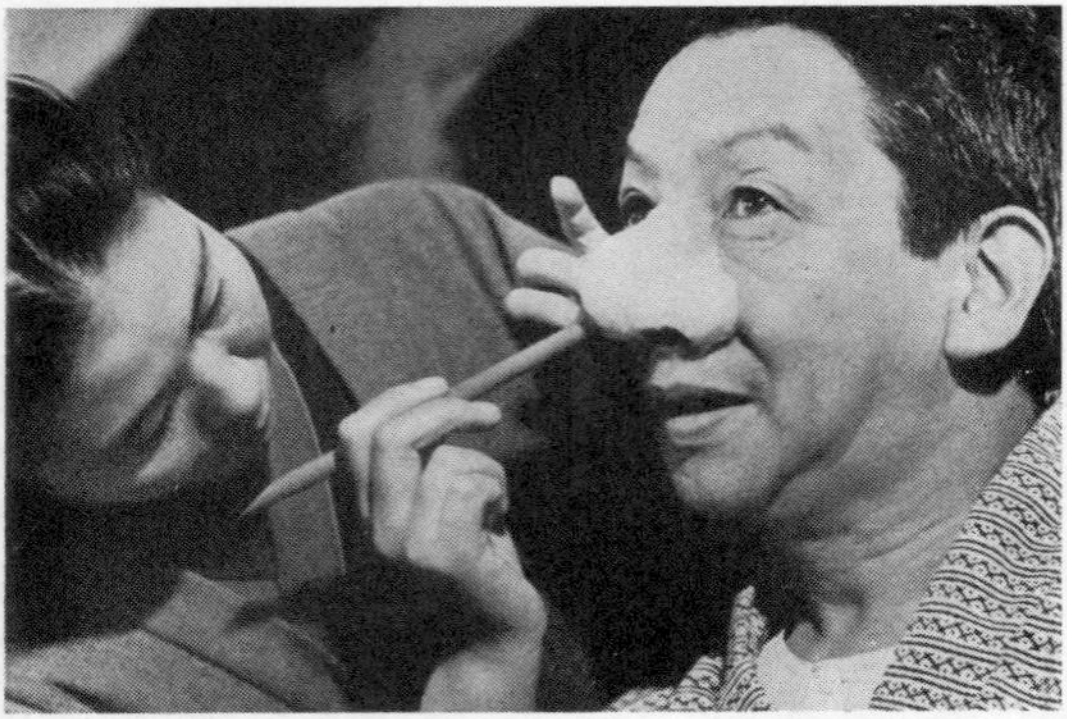

三津田健にメイクする賀原夏子（『メーク・アップの仕方』より）

# 競歩ボーイ　細川俊夫

ぼくはそうとうな運動音痴だけど、競歩が過酷なスポーツであることは、よくわかる。マラソンよりラクそう、とはまず思わない。両足が地面から離れたらいけない、というきびしい掟も知っている。

市川崑は競歩について、どういう見方をしていたのだろうか。五輪担当相の河野《こうの》一郎《いちろう》がクレームをつけたドキュメンタリー『東京オリンピック』（東宝）、このなかに競歩50kmの場面が出てくる。「東洋の魔女」と呼ばれた女子バレーチームの雄姿のあとくらいに、そのシーンがある。黛敏郎《まゆずみとしろう》のコミカルな音楽とともに、スクリーンに大写しにされる競歩選手のお尻ふりふり、苦しそうな選手のアップ、笑みをうかべて応援する沿道の人たち、どこか間の抜けたような三國一朗のナレーション。その演出をどうこう論じるつもりはないけれど、傷ついた競歩関係者がいたのは事実だった。

競歩の日本選手権ほか二十二連勝の記録を保持し、東京オリンピックの競歩コーチをつとめた細川俊夫《ほそかわとしお》（一九一六〜八五）は、新書判の著書『競歩健康法　耐久力とスタミナをつける強い味方』（双葉社、一九七六）でこう訴える。

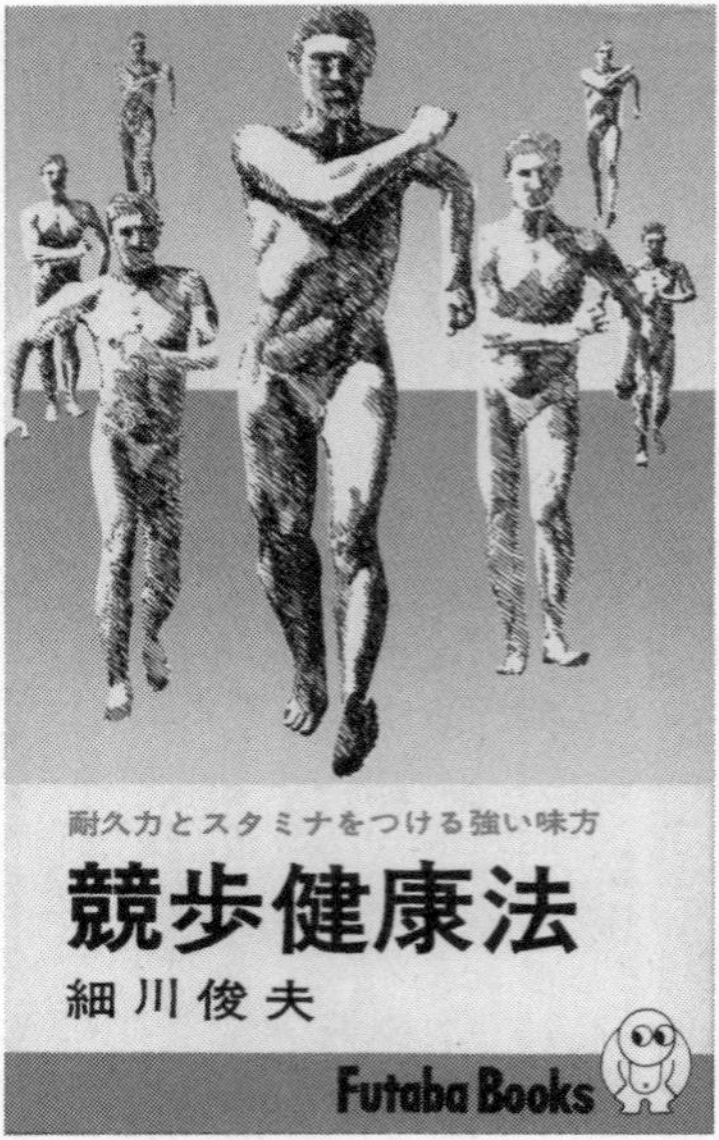

（双葉社、1976年）

あの東京オリンピックの映画を胸をはずませて見に行きました。競歩がどのように写っているか、素晴らしいダイナミックな一流選手の歩く姿が、どんなに感動をよび起こすだろうと。しかし、実にがっかりしました。競歩があのようにコミックにあつかわれているとは、思いもしませんでした。五十キロ競歩のゴールでテープを引きちぎるシーンに笑いがまき起こりました。

（『競歩健康法　耐久力とスタミナをつける強い味方』）

映画に期待しすぎでは、とも思うけれど、さすがにゴールのシーンで笑うのはおかしいよね。金メダルはアブドン・パミッチというイタリアの選手で、あらためて映画を見ても、とても笑うようなところじゃない。ところが当時の客席では笑いが起きた。細川コーチをはじめ、競歩関係者、陸上競技関係者はがっかりしたそうである。

細川のいう《スポーツの中で一番つらい、苦しい、地味な、真面目な真剣な競技》である競歩の魅力、ポイント、足を通した健康法をわかりやすく伝えたのが、この『競歩健康法』だった。「足の強さが健康につながる」「心の準備、身体の準備」「個人差に応じたスケジュール」「健康競歩教室」「競歩泣き笑い人生」の五章から構成されている。

競歩とはどんなものかと読んでみたが、甘くはない。ウォーキング感覚ではつづかない。《毎日欠かさず、少しの距離でもいいから歩くことが第一》とあって、そのあとすぐに《少なくとも、十キロを一時間二十分から三十分》と書かれている。すいません、ここでもう挫折です。

この本を脇役本に挙げているのだから、読者はもうおわかりでしょう。細川俊夫は俳優です。仏文科の学生でマラソン選手という慶應ボーイで、卒業後の就職が決まっているなか、松竹大船撮影所を見学におとずれ、役者の道をこころざす。戦時中は北満の国境警備兵となり、復員後は新東宝の映画で活躍した。戦後もマラソンをつづけたものの、思うように成績が上がらず、五〇年代に入ったころに競歩へ転向した。

『ソ連脱出　女軍医と偽狂人』（新東宝）なるタイトルそのままの主演作もあるけれど、どちらかといえば脇が中心の二枚目役者。精悍な顔だちで、二等兵あたりでは役不足、高級将校の制服がキリリと似合うかっこいい人だった。『叛乱《はんらん》』（新東宝）では、二・二六事件の中心人物である安藤大尉にふんした。「こと破れたり」と泣き言をならべる決起将校役の山形勲や安部徹に対し、「いまさらなんだ！」と徹底抗戦を主張するストイックさには共感した。こういう一本筋のとおった軍人がよく似合う（ソ連脱出をもくろむ偽狂人も、軍人ではあったが）。

本書のカバー袖の推薦文が、競歩の弟子である江戸家猫八と、細川の娘の同級生である佐良直美というのがユニークだった。ただし、松竹大船、新東宝時代のことを期待して読むと、『競歩健康法』はあまりおもしろくない。それでも、ページのところどころに、ぼくのお気に入り役者がちらほら登場してきて読ませる。

京都での撮影を終え、帰りの新幹線の車中では、金田龍之介と出会った。松葉杖をついた金田は、見るからにつらそうだった。事情を訊くと「身体を鍛えようとテニスの練習をしていたら、アキレス腱を切った」とのこと。すごく太っているので、上体の目方に対しての足の準備運動が足りなかったと考えた細川は、金田にこうアドバイスをした。「よくなったらさっそく歩いて、減量なさい」。金田龍之介が、それから歩いて減量したかどうかはわからない。

細川はたしか四谷に住んでいて、近所に住む安藤鶴夫と仲がよかったとなにかで読んだ記憶がある。四谷からほど近い神宮外苑では、日課のように歩き、走っていたそうで、そこには俳優仲間の姿もあった。加藤武、フランキー堺、そして、こんな名優まで。

年輩の方では、柳永二郎さんに外苑でいつかお会いした時、どんな靴が歩くのに一番いいかと聞かれましたので、ゴム底の紳士靴を売ってる店を紹介してやりました。（前掲書）

神宮外苑で柳永二郎が、細川俊夫に「どんな靴が歩くのに一番いいか」と訊ねた。映像で再現してほしいシーンではなかろうか。そもそもあの柳永二郎がウォーキング（競歩？）するとき、どんなファッションをしていたのだろう。まるで想像がつかない（すごくかわいい格好だったりして）。

晩年の細川は、テレビ時代劇の悪役やお殿様、刑事ドラマの黒幕などで、よく顔を出した。『破れ傘刀舟《とうしゅう》　悪人狩り』（ＮＥＴ）で「てめぇら人間じゃねぇ！　たぁたっ斬ってやる‼」と刀舟先生（萬屋錦之介）に成敗されたこともある。おなじ悪役でも嵯峨《さが》善兵《ぜんぺい》や小林重四郎とくらべるとワル度に欠け、せっかくの二枚目の味が生かされず、いまひとつという印象は否めない。

亡くなる三年前には、テレビ東京の『日曜ビッグスペシャル』で放送された「只今現役中！若い奴らをぶっとばせ」に出演した。芸能界のベテランが、若い奴らにモノ申すという謎の番組で、スタジオゲストがディック・ミネ、益田喜頓、宮城千賀子、高田浩吉、吉田義夫、安部徹とすごい顔ぶれである。そのなかに、白い襟シャツ姿で、ひときわ若々しい細川の姿があった。

享年六十八。「人生七十古来稀なり」という時代でもなく、いまの感覚でいくと若くして亡くなった。

# 師、散りて　多々良純

「ニチアサ」ではなく金曜の夕方にやっていた時代、テレビ朝日の戦隊シリーズに『恐竜戦隊ジュウレンジャー』という作品があった。妙に記憶にあるのは、バーザなる仙人のキャラクターで多々良純《たたらじゅん》（一九一七〜二〇〇六）がキャスティングされていたから。特撮ドラマには古《いにしえ》より、上原謙、佐々木孝丸、山形勲、柳永二郎、藤田進、高田稔ら名優、名脇役がたびたび出ていた。リアルタイムの戦隊モノに、当時大ベテランの多々良純がレギュラー出演したことは、この人ならさもありなん、と感じさせるものがあった。

善人、悪人、変人、奇人、賢人、普通人、じつにいろいろな役をこなした。陳腐な言いまわしでいえば、ひとクセも、ふたクセもあるバイプレーヤー。そのことは、多々良本人が書いている。

> みなワキ役ばかり。しかし、まあ、よく出ていたものだ。自分でも感心している。小悪党、滑稽味を持つ庶民、お人よしの好人物、など役柄はさまざまだが、私自身楽しんでやったものばかりだ。

（社会保険広報社、1984年）
（『イキイキ生活提案読本　私は元気だッ！』）

クセのある役が得意な名脇役、名悪役の素顔は、気さくでいい人、おとなしい人、という話をよく聞く。喜劇人のほうが堅物で、とっつきにくい人が多い。多々良はどうかというと、気さくでいい人かもしれないけど、素顔もなかなかの変人らしい。何冊かある多々良の著書のタイトルを読むだけで想像がつく。

『多々良純の催眠体操　ストレスに勝つ』（集団形星、一九七〇）、『相手を説得する催眠法』（グランド・ツーリング社、一九七二）、『多々良純のぐうたら怠操入門　減量しながらタフになる！』（日本文芸社、一九八四）、きわめつきが先に引用した『イキイキ生活提案読本　私は元気だッ！』（社会保険広報社、一九八四）。これら多々良本のなかでは、舞台、映画、テレビのネタが多く、登場人物も豪華な「イキイキ〜」がオススメだ。カバーには南伸坊による似顔絵、帯には芦田伸介が推薦文を寄せた。ひとことで言えば、多々良純の全貌をあきらかにしたムック本とでもいえようか。

全九章からなる本書の章タイトルは「元気」「仕事」「健康」「家族」「旅と趣味」「演劇・映画・舞台・TV」「対談」「自己史」「やればできる！」。定価八百五十円のわりには内容がてんこもりで、よくばっている。項目ごとの見出しをいくつか挙げると、「五円玉であなたの〝潜在能力〟を実験してください」「あなたも一億円預金できる！」「自分の本音を曲げ、いやいや仕事を引き受けるな」……ありがちな自己啓発本である。「あなたも一億円預金できる！」を読んでみると――

手許に百円玉がある。一億円は、一円玉が一億個集まったものだ。百円玉なら百万枚集まったものだ。一円玉も百円玉も一億円へ通じている。つまりたまりつつあるのだ。ここが暗示とたんなる思いの大きな違いである。

（前掲書）

多々良いわく、暗示しろと。漠然と一億円欲しいと思っている人と、一億円に向かいつつあると思っている人とでは、結果的に大きなちがいが出るものだ、と書きたいそう。「健康」の章には、道家龍門派伝的第十三代・早島正雄師直伝の「導引術スワイソウ体操」のフォームが、くわしいコマ割り写真とともに紹介されている。モデルは若い女性ではなく、多々良本人がつとめている。「旅と趣味」の章には、《多々良純情一五〇〇人斬り私のトルコ通いは、大切な健康法のひとつ》との一文がある。どこかの繁華街のトルコ風呂（当時）の前で、「イエーイ」とポーズをキメている多々良の写真がある。インパクトがありすぎ。

読者のなかから「オカルトと自己啓発と下ネタをまぜたネタ本なの？」との声さえ聞こえてくる。ちょっと待ってください。たしかにネタ本だけど、そうとも言い切れない。あんな役、こんな役、なんでもこざれのバイプレーヤー多々良純だからこその一冊と読めなくはない。サービス精神、とも書ける。

「対談」の章では、大先輩の清川虹子とよもやまばなしに花を咲かせた。多々良の人柄を伝える証言コラムには、殿山泰司と千葉真一がそろって登場する。殿山は、多々良の女郎買いを暴露したのち、自分のエッセイ集をちゃっかりアピールする始末。千葉の証言は、この人らしい肉体増強のアピールで、《アクションを要求される役者さんは、ボクも含めて日頃のトレーニングが必要です》と説く。多々良が己に厳しく、毎日欠かすことなく体を動かしていてすごいです、ということを書きたいらしい。

若き日の多々良は、ＹＭＣＡのホテル学校を出たのち、帝国ホテル食堂のボーイとなった。ボーイ時代は、食事におとずれたチャップリンのお給仕をしたそうである。大雪で家に帰れず、翌朝、なんだか騒がしいと屋上から雪の街を見下ろせば、兵士がいっぱいで足がすくんだ。二・二六事件の目撃者でもある。
役者の夢はすてがたく、ボーイをやめて入ったのが新築地劇団だった。これが役者のスタートで、同劇団の看板役者だった丸山定夫を師とあおぐ。通称「ガンさん」。『私は元気だッ！』を通読して感じたのは、広島の原爆で斃れた師への変わらぬ愛情、追憶の念である。

敗戦のショックもさることながら、私にはこのことが一層気持ちをしずませてしまった。茫然自失とはまさにこのことだろう。

（前掲書）

多々良のいう「このこと」とは、隊長の丸山以下、移動演劇桜隊（さくら隊）の悲劇をさす。後述する吉田義夫の本のように、師への想いをれんめんとつづれば、すごい名著になったはず。そうはしなかったところに、この役者のテレ、矜持のようなものを感じた。
戦後は、滝沢修、宇野重吉、清水将夫らが設立した劇団民藝のメンバーとなり、『炎の人　ヴァン・ゴッホの生涯』などに出た。世評に名高い〝滝沢ゴッホ〟に衝撃を受けたのだろうか。《生半可な気持ちで二股をかけられるほど甘いものではない》との理由で、新劇から映画の道に転身する。本人はそう書いていないけれど、戦後新劇界における丸山の不在は大きかったと思う。

毎年八月六日に目黒の五百羅漢寺で営まれる桜隊の法要にはいつも参列し、新藤兼人のドキュメンタリー『さくら隊散る』（近代映画協会）には、参列する多々良の姿がちらっと映る。

新劇から去ったあとの役者稼業は、あらためて書くまでもない。『私は元気だッ！』におさめられた「1936〜1984　多々良純作品リスト　演劇・映画・舞台・TV・ラジオ」にある、あんな作品、こんな作品、知られざる作品。多々良純の役者人生の答えがここにある。

# 文学界のニューフェイス　伊豆肇

昭和五十六（一九八一）年の文学界で話題をさらったのが、女優の高橋洋子だった。小説『雨が好き』で第七回中央公論新人賞を受賞し、マスコミで大きくとりあげられた。それゆえのやっかみは多く、「俳優が小説を書くなんて出すぎたこと」との声が出た。三國連太郎から「あぁ洋子くん、小説書いたんだってね。すごいねぇ」と言われて救われたことを、高橋は「デイリースポーツ」のコラムでふりかえっている。

この年、高橋よりずっと大先輩のバイプレーヤーも、小説を出した。伊《い》豆《ず》肇《はじめ》（一九一七〜二〇〇五）の時代小説『乱世の女　千宗恩』（エイジ出版）がそれだ。東宝の第一期ニューフェイスで、三船敏郎とは同期ながら「世界のハジメ」とはならず、準主役から脇役人生をあゆむ。この小説を出した当時、伊豆はテレビ時代劇や刑事ドラマで悪役、もしくは社会的地位の高いキャラクターでよく顔を見せた。そのかわり、映画への出演はあまりない。

この小説は著者より、推薦者のほうがメジャーである。なんといっても「世界のミフネ」だから。ニューフェイス同期のよしみなのか、三船敏郎は本書のカバー袖にこうコ

（エイジ出版、1981年）

メントを寄せた。

利休の妻が、戦国時代の大波の中に生き抜いたのは、女たちの太閤記のいわば裏話とも言える。松永久秀、宮尾三入中楽師、千利休茶聖と三人にかかわりあい、その男たちと死に別れ、淀君と対立しながら三成や家康に尊敬を持たれた女の一生は、読物として興がつきない。伊豆肇君に、こんな着眼のあったこと意外だ。推薦を惜しまない、面白かった。

（『乱世の女　千宗恩』）

これ、ほんとうに三船敏郎が書いたの？　そのわりには要点がまとまりすぎている気がする。同時代の大河ドラマ『おんな太閤記』（ＮＨＫ）にあてこんだ《女たちの太閤記のいわば裏話》というフレーズも推薦文にあるが、手なれている。たぶんゴーストに……（三船がほんとうに書いていたら、ごめんなさい）。いまひとり、帯には高峰秀子のコメントがついている。書き下ろしではなく「サンケイ新聞」書評の流用で、《『翔んでる女』の時代版。とにかく読んでいて面白かった》とある。デコちゃんが代筆を頼んだとは思えず、本人の筆なのだろう。

千宗恩は、大和郡山《やまとこうりやま》の大名である松永弾正久秀《まつながだんじょうひさひで》、中楽師の宮尾三郎三入《さんにゅう》、そして千利休と生涯に三人の男に嫁いだ。戦国期の有名な賢女で、映画、ドラマ、舞台にたびたび登場する。市川海老蔵が千利休にふんした『利休にたずねよ』（東映）では、中谷美紀が宗恩を演じた。

利休にとっては後妻にあたる宗恩を主人公にした、伊豆肇の小説『乱世の女　千宗恩』。いったいどれほど話題になったのか。手元にあるのは三刷なので、売れなかったわけでもなさそうだが。ただ、受賞後まもなく作品集として世に出て、ベストセラーになった高橋洋子の『雨が好き』（中央公論社）とはくらべるまでもない。伊豆本の帯には《マスコミ絶賛！》とあるものの、大ヒット上映中！　と似たようなものか。

小説としての出来はどうか。三船敏郎と高峰秀子がほめているのだから、期待していいよね。というわけで、さっそく読んでみた。そこそこおもしろかった。時代小説はふだん読まないので、これがどのていどのレベルなのか、高橋洋子のように文学新人賞をねらえる域なのか、そこはよくわからない。

読みやすく、わかりやすい。すぐ読めるので、ラノベの感覚に近い。前半はそれほどでもないけれど、後半の展開にグッと勢いがつく。軸となる千利休・宗恩夫妻を彩るように、信長、秀吉、家康、三成、北政所、淀君、織田有楽斎、有名人がぞろぞろと出るわ、出るわの戦国オールスターキャスト。

「心よせの文」の章にある「信長公のこと」では、女流作家がエッセイをしたためるように信長をこう書く。《信長様は恐ろしい方でした。私は危くお手打になるところで、今おもい出しても、胸のあたりが苦しくなるほど、ぞっとします》。甘い文体でそれらしく、信長とのエピソードがつづられる。

クライマックスは利休を死に追い込み、それでもなお女の嫉妬に狂う淀君が宗恩を蛇ぜめにするシーン。夭折する我が子鶴松《つるまつ》の出生にまつわることで、淀君は宗恩に嫉妬し、金切声をあげ、尋常ではない怒りをあらわにする。宗恩の運命はいかに⁉ とここへ歌舞伎のとめ男よろしく三成が登場してくる。なかなかドラマチックな戦国群像劇で、『東芝日曜劇場』（TBS）や『木曜ゴールデンドラマ』（よみうりテレビ）で映像化すれば、原作はもっと売れたと思う。

伊豆肇はなぜ、これを執筆したのか。『乱世の女』のあとがきに創作動機を書いた。

秀吉が、それまで特別に扱っていた利休を、突然死へ追いやる。死罪と決った夫に、妻はどんな気持であったろう。今日、働き手の夫へ癌と宣告された気持と通じるものではないか。

それが、この本の最初の発想だった。

私には癌と打首は、時間を指定した点で同じに思える。


利休の死後、淀君と宗恩の対決をクライマックスにした構成は、愛する者をうしなうという普遍的なテーマにつらなっていたのか。

本書の帯には「サンケイスポーツ」の記事を流用するかたちで《ベテラン俳優の処女小説》とある。じつはこれより二十年以上も前、伊豆肇はすでに小説を出している。短篇集『風流交叉点』（光書房、一九五九）がそれで、人と人との出会い、すれちがいをテーマにした現代の人情ばなしである。伊豆は、日本テレビで放送された『風流交叉点』の脚本を六十本ほど手がけ、そのなかからセレクトした十五本をおさめている（シナリオではなくノベライズ）。

東宝の俳優として活躍していた伊豆にとって、この経験は物書きとしての自信となった。『風流交叉点』のあとがきに、こんな抱負をのべている。


映画界の話は、スキャンダル、曝露、女優さんのゴシップ、いい加減な話が多い。

私は一度だけ、この素材が、何百枚になるか判からないが、カチッとした物に仕上げたい。

映画が好きだという事を利用されて、資本主義に追いまくられている人々。この近代産業の中に残っている、前時代的な手工業、徒弟制度、商品化に脚光を浴びるスター。

私は、この何処かにレンズを合わせて、彫の深いものを書きあげたい。

実際に書いたものの出版社が見つからなかったのか、俳優業にいそがしく断念したのか、興味の対象が夫婦愛や戦国時代に変わってしまったのか。ご遺族や関係者のもとに原稿がもしあるのなら、ぜひ読んでみたいものである。

なお、伊豆肇の訃報は、新聞などでおおやけにされなかったと思う。ブログ「稀有な映画俳優・伊豆肇と池部良の時代」に、平成十七（二〇〇五）年に亡くなったことを伊豆のご遺族から知らされたことが書かれている。

# おんなひとり空港　丹下キヨ子

いまから二十年前のゴールデンウィーク、実家から東京への帰途、新幹線車内の電光掲示板を眺めながら「えッ！」と声をあげた。「丹下キヨ子さん死去、七十八歳」。丹下《たんげ》キヨ子（一九二〇～九八）が亡くなったことにおどろいたのではない。訃報が電光掲示板のニュースで流れたことにおどろいた。芸能界の第一線からしりぞいて、かなりの年月が経っていたと思う。ちかくの座席の女性が、夫とおぼしき男性に「丹下キヨ子、死んだって」と話しかけたものの、それ以上の会話はなかった。

ハンバーグのようなおおきな顔と独特のダミ声で、女優に司会にと大活躍した。女優というよりは、貫禄じゅうぶんのあねご肌タレントのイメージが強い。昼どきに放送されていた『独占！女の60分』（テレビ朝日）では、水の江瀧子や宮城千賀子とともにご意見番として登板、「アタッカー」と呼ばれる体当たり取材する女性タレントに喝をいれていた。

丹下には、三十代のときに出した『今晩お願い　わたしの告白』（光文社、一九五九）というエッセイ集がある。本を出すまでの前歴をざっと紹介しておきたい。浅草に生ま

（光文社、1959年）

れ、高校三年生のとき日劇ダンシングチームに入って学校を追われ、三年ほど踊ったのち、満洲に渡ってキャバレーの女給に転身。そこで結婚するものの、終戦の前年に夫と愛息に先立たれ、失意のなか帰国する。進駐軍相手のバンドに参加するなかで三木《みき》鶏郎《とりろう》と出会い、その縁でNHKラジオ『日曜娯楽版』に出演、声の人気者になった。

昭和二十六（一九五一）年に民間放送がスタートしてからは、人気番組をいくつも抱えるラジオスターとなり、映画にもちょくちょく顔を出した。丹下が司会をつとめた『素人ジャズのど自慢』（文化放送）の冒頭の音声を誌上再録してみる。

　こんちわ！　よくいらっしゃいました。『素人ジャズのど自慢』、さっそく始めることにいたしましょう。どうぞ相も変わりもせず、拍手だの、ホイホイってなことを、うまくいれてください。ええ……（客席が騒々しい）エヘヘ（丹下のへんな笑いに客席がどよめく）ウヘヘヘヘヘェ〜〜（丹下の奇声に客席が爆笑）。では最初の方どうぞ。
（『ラジオ・デイズ　懐しのラジオ番組オープニング集』日本コロムビア、一九八九）

昭和三十（一九五五）年ごろの録音と思われるが、圧倒的な声援、客席（杉並公会堂での公開放送）の盛り上がりがすごい。それに動じない丹下の司会は堂々たるもので、まさに芸能界のあねご肌だった。昭和三十年の夏にはブラジルへ旅立ち、これもまた話題をさらった。病気がちだった人で、翌年には帰国。その後ふたたびブラジルへ渡り、同国との縁は終生つづいた。

『今晩お願い　わたしの告白』では、あねご肌なキャラクターを逆手にとって、乙女チックな香りを出そうとしている。その意外性をねらったのは、この本の発行人で有名な出版人、神吉《かんき》晴夫《はるお》のアイデアだった。丹下本人が描いた表紙画と本文カットも、繊細なタッチでかわいらしい。濃いピンク色でべったり塗りたくったような装幀、「今晩お願い」という思わせぶりなタイトル、『11PM』も顔まけのお色気ムード満点である。

内容はやくたいもないオノロケばなし、丹下自身の色恋ざんげ録である。口語体でつづられた文体はつかみどころがなく、なんとも不思議な読後感がある。夢うつつのまま書いたような「丹下の小説——うそとほんとの物語」にいたっては、あまりにチープなストーリーに苦笑するほかない。

サンパウロで出会ったギャングのマルコと、ひとり旅の女性・記代とのラブロマンスで、マルコは彼女の目の前で射殺されてしまう。ショックでたおれ、気づいたときには病院のベッドにいた。そこに、サンパウロで薬品会社をやっている堀越という日本人があらわれる。結婚して、いっしょに牧場をしようと提案する堀越に、記代が出した答えは――。よくもまぁこんな小説を載せるよな、と突っ込んでしまった。

今も昔もかわらぬタレント本でありながら、この本にある種の共感をおぼえるのは、そこに丹下の哀愁を感じるから。日劇ダンシング時代に、男たちから受けた仕打ちの数々、終戦前後の混乱した時代の苛酷な体験、彼女はその多くを語らないが、色恋ざんげ録の行間には、おんなの哀しみがあふれている。

「丹下の手紙」の章には、ブラジルから水の江瀧子、宮城千賀子、清川虹子、越路吹雪らに宛てた手紙をおさめた。実際の手紙ではなく、手紙を気どって書いたものだろう。これがいい。水の江に宛てた手紙の冒頭はこんな感じである。

午前八時十分

真夜中の羽田に長いこと立たせてごめんなさいね。あんなにしてもらわなくてもよかったのにサ。

ひとりきりで、トポンと歩いて、飛んでみたかった。

といったって、いてくれたのは、いてくれたで、嬉しいってことは、わかってくれるでしょ。

（『今晩お願い　わたしの告白』）

徳川夢声は、そんな丹下の人柄、愛と哀しみを見抜いている。『週刊朝日』連載対談「問答有用」のゲストに丹下を招いたとき、こうつづった。

私の観るところ、彼女はジキル・ハイドの女性版で、普段はハイド女史がのさばってるが、ジキル嬢がちゃんと裏の方に控えているのである。酔っぱらうと、ジキルが出てきて、めそめそ泣いたりする。

この対談を、よくお読みになって御覧なさい、一寸読みだすと、乱暴千万な放言をしているようで、実は仲々神経の細かい、やさしい心根を、内面に蔵していることがお分りであろう。

（『問答有用Ⅷ　夢声対談集』朝日新聞社、一九五七）

丹下キヨ子は脇役として、映画（おもにプログラムピクチャー）とテレビドラマに出演した。コメディエンヌと呼んでいいものか、嫁ぎそびれたハイミス、ヒステリックな教師もしくは看護婦長、中間管理職のお局さまのような役をやらせるとうまかった。渥美清の『泣いてたまるか』（TBS）の「豚とマラソン」で演じたお料理教室の先生は、〝ザッツ丹下キヨ子〟な役どころで最高だった。

石井輝男監督『異常性愛記録　ハレンチ』（東映）での丹下は意外だった。世にもまれなるド変態社長（若杉英二）にさんざんな目に遭わされるヒロインが橘ますみ、丹下はヒロインを心配する伯母さんの役だった。わずかな出番ながら、人情味あふれる演技で、いい女優さんだなと感じた。

ブラジルと日本を行き来しながら、座長として大衆演劇の劇団を率いる丹下セツ子は、キヨ子の長女である（和太鼓奏者としても活躍）。なん年か前、NHKの『ラジオ深夜便』の「明日へのことば」に出て、亡き母の思い出を語った。丹下キヨ子のことをひさしぶりに思い出した深夜便のリスナーは、多かったと思う。

# 喜劇ごろはち一代　曽我廼家五郎八

芝居の世界には、主役はもちろん、脇にも当たり役がある。藤山寛美の当たり狂言『初代桂春団治』（松竹新喜劇）に出る人力車夫の力やんは、曽我《そが》廼《の》家《や》五郎《ごろ》八《はち》（一九〇二～九八）の持ち役だった。愛する人たちに看取られた春団治を、すでにあの世の力やんが人力車でむかえにくる。ふたりは花道にひっこみ、あの世の旅路へ。

十年ほど前にＤＶＤ化された松竹新喜劇の舞台は、残念ながら五郎八のバージョンではない。寛美主演で映画化された『色ごと師春団治』（東映）では、長門裕之が力やんにふんし、五郎八は出てない。寛美と五郎八、きわめつきの名コンビで見たいと思っていたら、スタジオドラマ『お好み新喜劇　初代桂春団治』（ＮＨＫ）の映像が残っていて、ＮＨＫ放送博物館のライブラリーで見た。ふたりが天へと昇るラストは安っぽい合成映像で、それがかえって古きよき六〇年代スタジオドラマの味になっていた。

曽我廼家五郎八の『ごくどう一代』（ロッキー、一九七九）は、タレント本にありがちなライトなタッチの自叙伝で、ゴーストの手によるものかもしれない。ディック・ミネ著『わがダイナたち　おんな交遊録』につづく「Rocky ドラマブックスシリーズ」の第二

（ロッキー、1979年）

弾らしいが、第三弾以降が出たのかは定かではない（おそらく出てないと思う）。第一弾が「おんな交遊録」で、第二弾が「ごくどう一代」なので、内容はだいたいわかる。

虚実いりまぜた女性遍歴が、おもしろおかしく語られる。しかもそれがゴーストライターの可能性ありとすると、増補してまで紹介する本ではない。と思ったけれど、これがなかなかの読みごたえで、貴重なエピソードがいろいろあった。まずは帯のコピーから。

トコトンやらな気がすまん！
女は軽く千人斬り、ゴルフはなんとハンディ18、世界をマタに568コースめぐりを完遂、オートバイでは陸王、メグロ、スズキ、ヤマハ、ホンダ……を乗りつぶす。
そしてパチンコ、麻雀、野球……となんでもござれ！
劇界の長老が告白するごくどう一代。

（『ごくどう一代』）

どないだ？　読んでみたいと思わへんか？　とあの世の五郎八はんの声が聞こえてきそうなハチャメチャ人生。陸王、メグロ、スズキ、ヤマハ、ホンダを乗りつぶす劇界の長老って何者ぞ。エピソードの皮切りは、先斗町《ぽんとちょう》での筆おろし。つづく逸話は、新国劇の生みの親、「澤正」こと澤田正二郎との出会い。そのきっかけは芝居ではなく、野球だった。

五郎八（本名は西岡幸一）は、大阪・福島の生まれ。若いときは野球選手として活躍し、甲子園のさらに前の時代、鳴尾球場で催された時代の「夏の中等野球」に出場した経験をもつ。そののち大蔵省土木局神戸出張所で港湾土木作業員をしていたころ、旗あげしたばかりの新国劇が野球チームを率いて試合を申しこんできた。澤田は野球が大好きだった。大正九（一九二〇）年というから、おふるいエピソードである。

大蔵省土木局神戸出張所チームvs新国劇チームの試合は、神戸の港公園でプレイボール！　五郎八のいる土木局チームは、肉体労働できたえた猛者ぞろい。かたや澤田がなかば道楽でつくった新国劇チームは、ろくな野球経験者がいなかった。ピッチャーの五郎八が投げる、投げる、投げる。新国劇チームは誰ひとりとして手も足も出ない。「20なんぼ対0」で大蔵省土木局神戸出張所チームが圧勝しておひらき。あくまで五郎八の弁である。

試合後、澤田はすかさず五郎八を、新国劇の神戸公演に招待した。演目は澤正の十八番『国定忠治』、スピーディーな殺陣に五郎八は魅せられた。終演後、楽屋にまねかれ出かけていくと、カレーライスとカツレツでご接待、ようするにスカウトである。役者としてではなく、野球チームの一員として。

澤田が野球チームをこしらえたのは、公演先で地元の人たちと親睦をはかるためだった。でも、こう弱くては相手への非礼となってしまう。そこで野球のうまい人間を、どんどんスカウトしてはチームに加えていった。このあたりの新国劇野球部のエピソードは、どこまで事実かはわからないが、興味ぶかい。名悪役として映画、テレビで活躍した石山健二郎がキャッチャーをしていたとは、知らなかった。五郎八いわく、石山は野球がへたくそで、島田正吾は自分よりうまかったと書いている。

野球ばかりに専念するわけにもいかず、人手がたりなくなると舞台に立った。芸名は三島健之介で、「新国劇では芽が出ない」と悟ってからは、色恋ざたをいくつか抱えながら、劇団を転々とした。たどりついたのが曽我廼家五郎が率いる劇団（曽我廼家五郎劇）で、師匠の名前とおめでたい末広がりの八をつけて五郎八を名乗った。

それからは戦中、戦後と喜劇ひとすじに生きた。五郎亡きあとに松竹新喜劇が旗あげされたあとは、幹部俳優の立場で参加した。その松竹新喜劇を退団したのは、昭和四十一（一九六六）年のこと。ゴルフ狂いの五郎八に、ゴルフ嫌いの先代渋谷天外が「ゴルフをやめろ」と命じたのが原因だった（これも五郎八の言い分）。

女、ゴルフ、パチンコ、麻雀の話題はこれくらいにして、バイク狂いのことを書いておきたい。五郎八がバイクの免許をとったのは戦後、五十代になってから。陸運局の担当者にたのみこんで、ナンバーは「５６８」にしてもらった。趣味で乗るには度が過ぎている。たとえば東京で公演があると、大阪の自宅からヤマハのバイクで下路《したみち》をぶっとばす（東名・名神高速のない時代）。五郎八夫人は、そんな夫のバイクに乗るのが大好きだった。ヘルメットをかぶって、若人顔まけの派手なジャンパーをおそろいで着て、アツアツのツーリングだったそう。

みんなヤングやと思てるでしょう。それがヘルメットぬいだら、ヤングはヤングでも、気の若いほうの五十すぎの夫婦が現れるンやから、たいがいみな、びっくりしよりました。（前掲書）

そんな五郎八だが、愛するバイクに別れをつげるときがおとずれる。愛妻と有馬温泉へのツーリングに出かけたさい、工事中の悪路でバイクにはずみがついた。気づくとうしろに乗っているはずの愛妻がいない⁉　びっくりしたら、少し離れた八百屋の店先に飛ばされて、倒れていた。愛妻は運よく軽傷ですんだものの、さすがに懲りた五郎八はバイクをやめてしまった。そのあと懲りずに、今度はカー狂いになるのだが、このへんでやめておく。とにかくまあ、この一代記を一気読みした。

『ごくどう一代』を出したのは、老境にさしかかるとき。晩年はテレビが中心で、NHKドラマや時代劇のゲストでちょくちょく顔を出した。『鬼平犯科帳』（NET）の「兇賊」では長谷川平蔵（八代目松本幸四郎）の気っぷに惚れる芋酒やの主人にして老盗の鷺《さぎ》原《はら》の九平役で、老喜劇人の枯れ味というよりは凄みを感じさせた。急ぎばたらき、一家皆殺しの大兇賊をやらせたら、かなりのものだったと思う。

九十五歳で亡くなって、今年で二十年になる。

# 未完の続篇　永井柳太郎

多くの人から愛される〝いい映画〟（名作、名画にあらず）は、たくさんある。ぼくがまず思いうかべるのは、成瀬巳喜男監督『おかあさん』（新東宝）。おかあさん（田中絹代）の長女がうるわしき香川京子で、まずしい家計を助けようと屋台で今川焼を売っている。屋台のベンチでは、近所にあるパン屋のせがれ（岡田英次）が読書中で、「ねえ、ねえ」と香川が甘える。いちゃつくほどではないけれど、ふたりはいい雰囲気で、客である屑《くず》やのおじさんが「早くないかい」と香川を冷やかす。この役を永井《ながい》柳太郎《りゅうたろう》（一九〇三〜八六）が演じる。次の場面は夏となり、今川焼がアイスキャンデーに変わるけれど、香川、岡田、永井のシチュエーションは変わらない。ここ、とても好きなシーンです。

永井柳太郎は、バイプレーヤーのなかでも地味な存在で、ポスターに名前がのらないことも多い。彫りの深い顔立ちで、いかめしい古武士の風格で、生涯脇役ひとすじ。華やかなライトにあたることなく、芸能界に生きた人だった。

その永井には『芸能界今昔　俳優・永井柳太郎の生涯』（大手町企画、一九七八）という自叙伝がある。キャリアはすごい。新派を皮切りに、福井茂兵衛一座↓新勢劇↓佐賀新

（大手町出版、1978年）

劇協会↓マキノ映画↓河合映画↓松竹下加茂↓京都のJ・O・スタジオ↓東宝↓新東宝↓日活↓フリー、まさに流転の日々だ。草創期の時代からテレビにもたくさん出た。

このキャリアに目をつけたのが宮口精二で、さっそく執筆を依頼する。宮口が発行する『俳優館』の超大型連載「一老優の遍歴見聞譚」が第八号（昭和四十七（一九七二）年夏号）よりスタートした。その連載をまとめたのが本書で、千代田区神田錦町にある印刷会社「大手町企画」の創業二十周年記念本として世に出た（非売品）。

印刷会社の創業二十周年記念本に、当時すでに渋かった老優の自叙伝をなぜえらんだのか。その経緯はわからない。やたらと古本屋や古書展で見かけることが多く、とくにぼくが追いかけている役者ではなかったけれど、何年もたってやっと買う気になった（たしか五百円だった）。印刷会社の記念出版ということで数千部ほど刷り、配りまくったものの、手元に置いておく人は稀だったのだろう。古本市場に大量に流れた。その結果、古本屋の不良在庫となり、安く均一台にならぶ本となった。買うと安価だけれど、内容が薄いわけではない。ゴーストライターに書かせた自叙伝ではなく、永井本人がちゃんと書いている（と思っている）。

これから、山坂の多い、人生の旅を、とぼとぼ歩きますので、お暇な時、十分でも、二十分でも……たどたどしい、説明付きで御案内いたしますから、御一緒いただけませんか。出立いたします

（『芸能界今昔　俳優・永井柳太郎の生涯』）

キャリアがキャリアなので、おふるい役者がいろいろと出てくる。《歯切れのいい江戸前の啖呵》という伏見直江のこんなエピソードから。

直江さんはこの撮影中（『雪之丞変化』）時間があって長二郎さん（林長二郎、のちの長谷川一夫）の部屋で麻雀をしても女白浪お初、「皆さん御免なさいよ」って大あぐら、麻雀自体は余り旨くなかったが淡泊で小気味のいいパイ捌き、プラスになると子供のように喜びはしゃぎ明けっぴろげ、気っぷのいい型破りの女優でした。

（前掲書）

四六判、活字ぎっしりの三百三十四ページ。登場人物がざっと二千人。自叙伝のボリュームとしてはじゅうぶんすぎるが、「一老優の」と命名されたわりには、話がわずか三十代で終わってしまっている。あとがきの現況には《東宝争議を体験し、天然色映画・テレビの出現、ぐるぐる廻る俳優・永井柳太郎中心のドラマは尽きるところがありません。体力の続く限り書き続けます。ご期待下さい。余生愉しからず哉！》とある。

妻とふたりぐらし。八人の娘と十三人の孫にかこまれ、悠々自適の日々をおくるなか、永井は期待に応えて書きつづける。『俳優館』第二十八号（昭和五十三〔一九七八〕年夏号）から「続・一老優の遍歴見聞譚」が始まっている。

正直なところ、単行本化されていない続篇のほうがおもしろい。世間を震撼させた林長二郎の刃傷事件、戦意高揚映画の時代、一俳優がとらえた東宝争議の人間模様、新東宝の立ち上げなどなど。出てくる役者や映画人の名も、続篇のほうになじみがある。続篇の第九回（第三十六号、昭和五十六〔一九八一〕年秋号）では「三畏友」と題し、山本礼三郎、進藤英太郎、上田吉二郎の思い出ばなしを寄せた。

ある日のＮＥＴテレビ（テレビ朝日の前身）のリハーサル室。永井は、ディレクターと話し込む山本礼三郎を見かけた。山本は大きな声で、ディレクターにこう言った。

「あんたはこのドラマをいい作品《もの》にしたいでしょう。出演する僕も気持は同じだよ。だからそんなでたらめな嘘は出来ない、いい案を考えなさい」

（「続・一老優の遍歴見聞譚」）

山本礼三郎、あつぃな。眼光するどい凄みのある役者で、プライベートでも義侠心のある役者だったそうだが、ディレクターはびびったはずだ。こうしたエピソードが続篇にはたくさんあって、読者としては完結が楽しみだった。ところが、本来あるはずの第三十八号（連載第十一回、昭和五十七（一九八二）年秋号）に永井の名はなく、《筆者の御都合で今号で休載させて頂きます》という宮口精二のお詫びが載った。三十九号、四十号と休載はつづき、四十一号が「最終号　宮口精二追悼特集」となった。

追悼文を書いてもらう筈の、宮口さんの追悼文を私が書かなければならないとは――宮口さんは私より一回り下のはずです。あまりにも早く生涯を閉じられた事を悲しく残念に思います。（中略）正直いって文章の分らぬ私に、宮口さんのライフワークであるこの『俳優館』を通じ教え導いてくれた彼の熱意にかぎりない深謝をささげ哀悼の言葉とします。私もすぐ行きます。また楽しく語り合いましょう。（広尾病院にて）

（『俳優館』四十一号「最終号　宮口精二追悼特集」、一九八六）

本文庫の第四章でくわしく書いたけれど、『俳優館』の宮口追悼号は、こころのこもった一冊となった。これを永井本人が手にし、ページをくることはなかった。間に合わなかったのである。

未完の「続・一老優の遍歴見聞譚」は単行本化されていない。どこかで完全版の発行をのぞみたい。

（俳優館、最終号、1986年）

# 勝鬨《かちどき》慕情　加藤武

右文書院版を出して十三年、脇役本をもつバイプレーヤーが幾人も逝った。このたび増補した多々良純、伊豆肇のほか、児玉清、金田龍之介、土屋嘉男、北村和夫、渥美國泰、米倉《よねくら》斉加年《まさかね》、神山繁《こうやましげる》、岸田今日子、南風洋子《みなかぜようこ》、高千穂ひづる、風見《かざみ》章子《あきこ》……。

文学座代表で、舞台、映画、テレビ、ラジオと大活躍した加藤武《かとうたけし》（一九二九〜二〇一五）は、平成二十七（二〇一五）年七月三十一日、急逝した。享年八十六。秋には主演舞台をひかえ、あまりに元気すぎて、生き急いだ印象さえある。

七月十九日には「お江戸日本橋亭」に出かけ、ライフワークとした高座「加藤武　語りの世界」を堪能したばかりだった。当日の演目は、吉川英治作『新・平家物語』より「牛若みちのく送り」と、八代目市川中車の実体験をもとにした怪談『市川中車の大島綺譚』の二題。まことにけっこうなもので、来年も来よう、秋の主演舞台も観ようと心に決めていた。それから二週間もたたずしての訃報、言葉もない。

フリートークが達者で、トークショーには何度か出かけたことがある。加藤武が語る昭和芸能・人物史は、お金をとっていい名人芸だった。エッセイ集『昭和悪友伝』（話

（話の特集、1976年）

の特集、一九七六）では、その達者な語り口がそのまま味わえる。加藤のまわりを彩る舞台人、映画人がいろいろと出てきて興味ぶかい。「雑色悪友録」「風流サロン」「芝居こぼれ話」「わが楽しき友よ」、章タイトルでなんとなく味つけがわかる。

　序文をかねたエッセイは小沢昭一、本文ネタのトップバッターは殿山泰司、それから仲谷昇、フランキー堺、今村昌平、北村和夫、浦山桐郎、西村晃とつづく。読んでたのしい人物点描で、その文才には舌をまく。

《先生のシタラメタラなお人柄が好きだったのである》と書いた久保田万太郎は、文学座の創立メンバーにして、加藤が頭のあがらない劇壇の大物である。その久保田についての項では、文学座では下っ端も下っ端、ずっと若手だった小池朝雄のエピソードを披露した。《奴などは完全に師よりも三尺前へ出ちまっていた》。久保田を敬い、その想いをつづった作家、評論家、俳優は数多い。加藤のそれは、読者へのサービス精神が旺盛で笑わせる。

人物観察がうまい。文学座の大先輩、三津田健について書いた「〝オトーチャン〟三津田健」では、文学座が分裂し、座員が大量脱退したときのことをこうふりかえる。

人間の結びつきなんてはかないものだと、そんな気がしたものだが、オトーチャンだけは文学座に根がはえたように動じなかった。そんな時、しゃかりきになって体を張って精力的にがん張り抜いてしまう杉村春子とは対照的で、ままならぬ世のありさまを冷然とオトーチャンは見すえていた。

（「〝オトーチャン〟三津田健」『昭和悪友伝』）

このわずか数行のなかに、文学座における杉村春子と三津田健の立ち位置、人柄のようなものがスケッチされている。酒ぐせの悪さをコミカルにふりかえる「へベレケ監督・浦山桐郎《うらやまきりお》」のように映画ネタも多いけれど、エピソードの中心は舞台で、スクリーンより舞台の人だったことを感じさせる。

昭和恐慌のころ、築地の聖路加《せいるか》国際病院に生まれた。歌舞伎をはじめ、小さいときから芝居が大好きで、戦前の文学座の舞台も観ている。戦争をはさんでの青春時代を過ごし、第二早稲田高等学院から、学制の切り替えで新制となる早稲田大学の三年に編入する。ここで交友をふかめたのが小沢昭一、大西信行、今村昌平、北村和夫らで、正岡《まさおか》容《いるる》を師と仰いだのは早稲田のころだった。

芝居の道へすすむ前に、中学で英語教師をしていた時代がある。ずっと年長の保護者や先輩教師から「加藤先生」と呼ばれて、全身に悪寒が走った。そもそも、英語教師に向いておらず、芝居じみたオーバーな授業で生徒の人気を博した。自分は自分で芝居の夢を捨てきれず、劇場に足を運んだ。

ピカデリー実験劇場第五回公演、テネシー・ウィリアムズ作『ガラスの動物園』は、昭和二十五（一九五〇）年春の芝居だった。早稲田の卒論のテーマにテネシー・ウィリアムズをえらんだ加藤は、この芝居の客席で、ひとりの女優に胸をときめかせる。娘のローラにふんした松竹大船の女優、文谷千代子《ふみやちよこ》である。文谷との縁《えにし》をしたためた「夢見る人・文谷千代子」は本書の白眉だ。ほそい糸でむすばれた淡い片想いの幕があく。

私は、ローラと文谷さんの区別がつかなくなっちまった。役としてもローラは私の好きな女性のタイプである。足のわるい事にコンプレックスを感じてすっかり内気になった、恥ずかしがり屋の娘。外に出て人に接するのが嫌いで動物園にばかり行っている。家にいては、小さなガラス細工の動物達とだけ対話しているのが生き甲斐の婚期を失した娘……

（「夢見る人・文谷千代子」『昭和悪友伝』）

ローラのようなこの女優に、加藤は恋をした。五回か六回ほど丸の内にあったピカデリー劇場に出かけ、想いをこめたファンレターをしたため、自宅の住所がわからず劇場の楽屋宛てに投函する。想いは無事に本人の手元に届き、うれしいことに返事がきた。なんと自宅は、加藤が住む小田原町（現在の築地かいわい）すぐそばの月島にあった。「芝居が終わったら、遊びにいらっしゃい」。その言葉を胸に、有楽町のガード下で安いケーキを買い、箱にリボンをかけてもらい、千秋楽の楽屋に差し入れた。千秋楽の幕があいた。

ただもう〝フミヤァー‼　フミヤ‼〟とローラが出て来れば広瀬中佐よろしく声をかけていた。その翌日だ。胸ときめかせて月島を御訪問申し上げたのは……。小津安二郎の作品に出て来るようなお家でした。

（前掲書）

この縁で加藤は、文谷の自宅に通うようになる。やさしい母親と物理学校の教師をしていた兄の三人暮らし。自転車には、すこし前に出た滝沢修の名著『俳優の創造』をはじめ、愛蔵の演劇書を積んだ。彼女に読んでもらいたい一心で……。家庭教師で稼いだわずかなバイト代は、文谷の大好きな夏みかんと化した。夏みかんを積んだまま疾走し、天へとひらく勝鬨橋を加藤の自転車がすりぬける。

文谷千代子は、童謡歌手から映画女優となり、戦前の松竹大船撮影所でデビューした。加藤より七つ年上で、夢をおなじくする姉と弟のようなものか。『ガラスの動物園』の舞台映像はなく、加藤の追体験はかなわないが、この二年前に封切られた小津安二郎の『風の中の牝雞』（松竹）は容易に見ることができる。文谷は、一家の生計を立てるため、やむにやまれず娼婦となった房子を演じた。花柄シャツにスカートの楚々とした衣裳で、勝鬨橋を背景にした主人公（佐野周二）とのふたり芝居はなるほど、若き日の加藤を惑わせるのにじゅうぶんである。

昭和のモダンボーイ、芝居通の粋人は、そのあとの文谷との顚末をつまびらかにしない。《佳人が結婚したと風のたよりに聞いて、眼の前が一瞬暗くなった》とあるのみだ。

くわしい時期は定かではないけれど、文谷には付き合っている人がいた。木下恵介のもとで助監督をしていた小林正樹である。小林はのちに、《とにかく撮影所の雰囲気とはちょっと違った人でした。活動屋に染まらないでぽつんといる、みたいな》（『映画監督　小林正樹』　岩波書店、二〇一六）と話している。小林のこの発言だけで、若き日の加藤がなんとなく恋焦がれたことがわかる。

小林正樹は昭和二十七（一九五二）年、中篇作品『息子の青春』（松竹）で監督デビューを果たす。この年の春、文谷千代子は小林千代子となった。軽井沢の教会の前でふたりだけの式を挙げ、千代子は加藤にとって、遠い遠い想いびととなってしまう。小林はそののち、『人間の條件』『切腹』『化石』などを世に問い、名匠として名を馳せる。千代子は結婚してまもなく女優を引退し、小林が亡くなるまで連れ添った。『ガラスの動物園』から二年のち、くしくも文谷が結婚したその年に、加藤は文学座に入座した。佳人に託した愛蔵の演劇書の行方は、わからない。

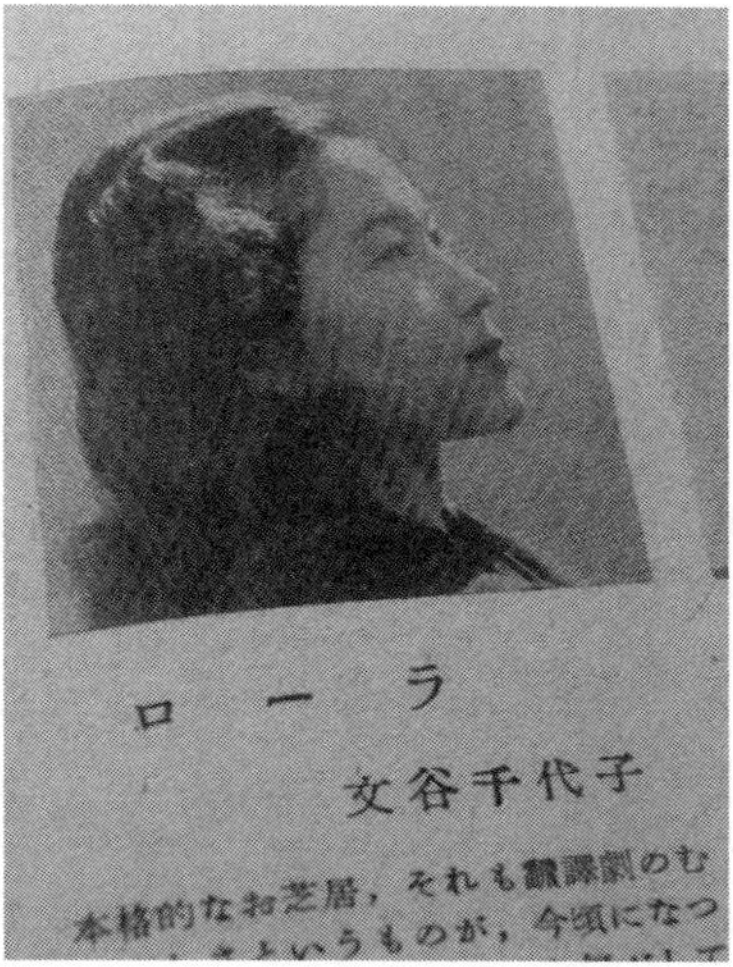

文谷千代子のローラ（当時のプログラムより）

# 松の廊下悲哀　市川百々之助

ＪＲ常磐線の三河島駅ちかくに、稲垣書店という映画文献資料専門の古本屋がある。この店が大好きで、行くといろいろと散財してしまう。帳場のうしろにある棚には、戦前のレアな映画本がずらりとならぶ。戦前は脇役俳優が本を出すことがあまりなかったようで、そのほとんどがスター本である。その棚に川上しろう作並画『漫画漫文　坂妻百々之助大乱闘』（春江堂、一九二七）という子ども向けの本が面出しされていた。表紙のかわいらしさにひと目ぼれした。

「漫画漫文叢書」と題されたシリーズで、作者の川上しろうは、『コドモノクニ』の挿絵などで健筆をふるった童画家の川上四郎と思われる。「坂妻百々之助大乱闘」のタイトルでまぎらわしいが、坂妻こと阪東妻三郎、百々之助こと市川百々之助《いちかわもものすけ》（一九〇六〜七八）、このふたりが主人公である。いずれも大正から昭和にかけて、サイレント映画で喝采をはくしたチャンバラ映画の大スターだ。「坂妻」だったり「阪妻」だったり、本書での名前の表記がバラバラなのはご愛嬌ということで。

市川百々之助は戦後、さびしく脇にまわった。そこでいささか強引ながら、『漫画漫

（春江堂、1927年）

文　坂妻百々之助大乱闘』を脇役本にくわえた。当時のファンは、表紙を見るだけでどちらが阪妻で、百々之助か、すぐに判別できた。百々之助は後年の志村喬、いかりや長介のような大きなたらこ唇がトレードマークで、あだ名が「座蒲団」だった。

『漫画漫文　坂妻百々之助大乱闘』は、弥次喜多をおもわせる珍道中をイメージしてもらえるといい。一ページに一コマずつ、イラストと本文が挿入される絵日記風のスタイルで、ぜんぶで百五十四コマある。このあたりの構成は、往年の活動大写真風である。果たして筋書きはいかに。往年の映画説明よろしく、前説風の「はしがき」からはじまり、はじまり。

ひとりは天下無敵流
その名も高き妻三郎
相手は誰ぞ、市川の
流れを汲《く》める百々之助
ふたり揃ふて勇ましく
旅の草鞋《わらじ》を紐しめて
お江戸を後に志す
雲漠々の奥州路

千住口《せんじゅぐち》を振り出しに
武勇のかず〳〵、人助け
化物退治や敵討
天狗に会ふて脅され
骸骨ダンスに大笑ひ
仙台城下《せんだいじよう》ぢや大暴れ
あゝ勇ましい乱闘の
手に汗握る旅日記

（『漫画漫文　坂妻百々之助大乱闘』）

酔っぱらって愛宕下《あたごした》の屋敷町を歩く妻三郎に、覆面の百々之助が斬りつけ、「おのれ曲者《くせもの》！」となる。名乗りをあげて、いざ尋常に勝負！　喝を入れる妻三郎に、百々之助が《その許《もと》は音に聞えた阪東妻三郎殿でござつたか、イヤそれは何《ど》うも知らぬが佛で飛んだ失礼を致した》と詫びをいれ、ふたりは意気投合する。なかよく目ざすのは東海道ではなく奥州路、千住大橋をわたるといきなりのハプニング、若い男が身投げした。

事情をきけば、かわいい妹が悪人どもにさらわれ、助けにいった父親は殺された。「されば化けて出て、一家の恨みを」と千住大橋からドボンと身投げ。助けたふたりはことの事情を知るや、悪人どもの住まいを急襲し、チャンチャンバラバラの大立ち回り。万事がこの調子で、たのしく、ときには不気味に珍道中が展開する。本書の刊行当時、阪東妻三郎は阪妻プロを率いて、松竹と配給提携をしていた。かたや百々之助は帝キネの看板スター。ふたりががっぷり四つに組む共演作はなく、子ども向けの絵物語だからこその夢の共演であった。

本項の主人公は市川百々之助なので、ここで阪妻にはご退場を願い、百々ちゃんのエピソードをつづけたい。今日では阪妻のほうが知名度バツグンなれど、百々ちゃんもそう捨てたもんじゃない。当時どのくらい人気があったのか。映画評論家でシナリオライターの岸松雄の一文を引く。

百々ちゃんが肌ぬぎになり、ワキの下から黒々とした毛を見せ、前にたれ下がったフンドシを無遠慮に露出したまま、あたるをさいわいかかってくる奴をバッタバッタと薙ぎ倒す乱闘シーンになると見物のミーハー族が、最近のグループ・サウンドの親衛隊よろしく、黄色い声を張りあげ、キャーッキャーッ失神せんばかりの騒ぎだ。

（「渾大防《こんだいぼう》五郎《ごろう》」『人物　日本映画史Ⅰ』ダヴィッド社）

昭和四十五（一九七〇）年に出た本なので、岸はこの少し前が全盛のＧＳ人気を例にしてその人気ぶりを伝えている。ただし、『坂妻百々之助大乱闘』が出た昭和初期が百々之助人気の全盛で、映画がトーキーになりつつある三〇年代、百々ちゃんフィーバーにかげりが見えていく。帝キネから河合映画、往時の勢いをうしなった百々之助プロ、そして、日活京都へ。日活時代は脇の仕事が多く、阪妻とは大きく差がついてしまった。

　声帯模写芸人の桜井長一郎《さくらいちょういちろう》は、「ぼんぼんっ！」と阪妻の声色を得意とした。「またそれかよ」くらいに高座ではいつも「ぼんぼんっ！」を連発していた。でも、百々之助の声色は聞いたことがない。そもそも、百々之助のせりふまわしが思い出せない。日活京都の『忠臣蔵　天の巻・地の巻』に出演し、何度か見たことのあるオールスター大作なのに、百々之助がどの役だったのか記憶にない。

　戦中から戦後にかけて、百々之助は銀幕の表舞台から姿を消した。ふたたび戻ってきたのは、五〇年代のこと。時代劇全盛の東映京都撮影所が、その仕事場であった。当時の東映京都は、大映京都と松竹京都、両時代劇ブランドにおくれをとらない隆盛ぶり。脇には、戦前からの剣戟スターがたくさんいた。重鎮として貫禄をみせた月形龍之介と大河内傳次郎、貫禄のつきすぎた阿部九州男《あべくすお》、立ち回りのうまさで魅せた戸上城太郎、さらには二番手、三番手にならない位置で、河部五郎、沢田清、小金井勝、団徳麿《だんとくまろ》、瀬川路三郎、そして、市川百々之助がいた。名前をあらため「百々《もも》木《き》直《なお》」として。特異なマスクの団や瀬川はそれなりに目立ったものの、百々木は東映時代での印象がない。そもそも「百々木直」という名前が、昔ばなしみたいでパッとしない。市川百々之助のままでは、往時の人気を思い出してつらくなるからか（月形龍之介映画生活三十八年記念映画『水戸黄門』や『任侠中仙道』のように、市川百々之助名義で出ている作品もある）。

百々木直として出た東映の時代劇は数多い。わかりやすいものとして、昭和三十一（一九五六）年封切りの東映創立五周年記念作品『赤穂浪士』を挙げたい。演じたのは梶《かじ》川《かわ》与《よ》惣兵衛《そべえ》、「殿中でござる」と浅野内匠頭（東千代之介）を羽交い絞めにする、あの役である（吉良上野介は月形龍之介）。梶川与惣兵衛はちいさな役ではないし、無名の役者が演じるわけでもない。それでも、百々木の心中はおだやかざるものではなかったはずである。

百々ちゃんの梶川は、かなりの長時間、内匠頭を羽交い絞めにしている。そこへやってくるのが脇坂淡路守（竜崎《りゅうざき》一郎《いちろう》）で、「武士の情けを知らぬたわけ者めが！」と梶川を一喝する。竜崎一郎はずっとずっと後輩なのに、これはつらい。自慢のたらこ唇はいまいち冴えず、あの市川百々之助であることに気づかなかった往年のファンもいたはずだ。

大佛次郎原作の同映画は五年後、東映創立十周年記念作品としてふたたび映画化された。オールスターキャストが延々とつづくタイトルバックに、百々木直の名はなかった。映画界を去り、テレビ時代をむかえていながら、そこにも活躍の場はない。

引退後の百々木について、岸松雄は《半身不随になった百々之助が別府温泉で寂しく療養しているという風聞である》（前掲書）と書いている。『週刊アサヒ芸能』の記者、滝川和巳の労作『往年のスターたち 消えた歌手・俳優を追って』（三田書房、一九六九）には、《現在は都内・世田谷で〝隠居〟しているらしい》とある。いずれも確証のない情報である。

稲垣書店で『漫画漫文 坂妻百々之助大乱闘』を手にしたとき、店主の中山信行さんが言った。

「百々之助もねえ、当時はこういう本が出ていたんだよね」

楽しげで、ほほえましくもある絵物語をつつんでもらい、一世を風靡したチャンバラスターの末路を想った。

# 謹啓　月形先生　月形龍之介

前項の市川百々之助（百々木直）や大河内傳次郎のライバルだった河部五郎のように、花形のトップから存在感のうすい端役にまわったチャンバラスターは幾人かいる。いっぽうで脇にまわったとはいえ、老いてもなお主演をし、まわりから一目置かれづつけたトップスターがいる。月形龍之介《つきがたりゅうのすけ》（一九〇二〜七〇）はまさに、そのひとりであった。

二年ほど前、昭和八（一九三三）年封切りの『海援隊快挙』（朝日映画聯盟）を名画座で堪能した（ラピュタ阿佐ヶ谷、説明は坂本頼光《さかもとらいこう》）。月形ふんする水もしたたる坂本龍馬に、白塗り二枚目時代の華を見た。いい男である。近江屋で刃に斃《たお》れ、「中岡ぁ〜」と絶命するあたり、頼光さんの説明にも熱が帯びる。この色気を、月形はずっとうしなうことがなかった。それは昭和三十年代全盛の東映時代劇を見るとよくわかる。

東映時代劇に出る月形は、シリーズものの『水戸黄門』『一心太助』で主演もしくは準主役をはったものの、数としては脇役のほうが多かった。善悪どちらでもいける役者ながら、ぼくの好みを書くと悪役、それも私利私欲に徹するステレオタイプの悪ではなく、魔剣・邪剣づかいの武士がうまい。敵だろうが、無縁の者だろうが、ストイックな

（活動資料研究会、1967年）

までに相手を斬り、挑まれるとなさけ容赦なくとどめをさす。

『髑髏銭《どくろせん》』の銭《ぜに》ほおずき、『風流使者天下無双の剣』の藤木道満、『新吾十番勝負』の武田《たけだ》一真《いっしん》、東映時代ではこうした作品に印象がある。『新吾十番勝負』では、葵新吾（大川橋蔵）の剣の師で、なかば失明状態の梅井《うめい》多門《たもん》（山形勲）を斬った。へたな役者がやるとギャグになる魔剣のポーズも、月形がやるとサマになる。

　戦前の花形スターから、戦後の東映時代劇の脇にまわった役者としては、月形とともに大河内傳次郎がいる。贅をつくした「大河内山荘」（京都・嵐山）の庭づくりにご執心だった傳次郎にくらべると、月形に分があったし、東映時代劇限定で人気投票をしたら、月形が勝つんじゃないかと思う。

　時代劇界のレジェンドゆえに、ファンはすくなくない。没後三十年をむかえる平成十二（二〇〇〇）年には、映画俳優本をこれでもかと出したワイズ出版が『月形龍之介』

を出した。息子の月形哲之介が監修したもので、いまのところ月形文献としては、この本がもっとも充実している。

ただし、本としての資料性と愛着は別である。ここで紹介する『月形龍之介全作品総目録　龍之介抄』（活動資料研究会、一九六七）は、B5判でモノクロ五十ページの非売品、手にするかぎりではタダでもらえる小冊子に思えてしまう。でもそれは最初だけ。読みすすめると、得がたい一冊であることを痛感した。調査と編纂は御園京平、発行元は活動資料研究会なので、筋金入りである。

御園京平といえば、映画古書の世界では知る人ぞ知る、いや、知ってて当然の有名人、チャンバラ愛好家のレジェンドだ。映画関係の古本を扱っていて、知らない店主や店員がいたら、「ちょっとこっちへ来なさい」と言いたくなる。

御園は、おもに時代劇を中心とした映画史家で、ポスター、スチール、チラシの一枚にいたるまで、チャンバラに関するものはなんでもかんでも蒐めた。平成十二（二〇〇〇）年に亡くなり、その膨大なコレクションは、「みそのコレクション」として東京国立近代美術館フィルムセンターに寄贈されている。その御園が中心となっていたのが「活動資料研究会」である。阪東妻三郎、忠臣蔵、映画説明者、B級・C級会社の三流作品など、テーマを決めてはせっせと研究、資料本をこしらえては世に出した。そのほとんどは、商業出版ではない私家版だった。『龍之介抄』は、御園たちが出した『阪東妻三郎』(阪妻画譜刊行会、一九六二)につづく映画人一代記の第二弾で、「月形先生の目録をつくらないか」という篤志家からの提案がきっかけだった。

月形みずから題字を書いた『龍之介抄』の内容をここで紹介したい。代表作のスチールでたどるグラビア「龍之介画譜」を皮切りに、御園がインタビュアーの「龍之介一問多答」、「年表」、「出演映画総目録」「舞台出演主要記録」「テレビ出演記録」、おすすめの出演作四十五本をセレクトした「月形映画名作選」など、どこを開いても、どこを読んでも、月形、ツキガタ、つきがたのオンパレードだ。

メインとなるのは、二十五ページにわたる詳細な出演映画総目録で、マニアックな愛情が伝わってくる。大正九(一九二〇)年、尾上松之助主演の『仙石権兵衛』(日活関西)で映画デビュー。それからのちは、マキノ等持院→東亜等持院→東亜マキノ等持院→東亜等持院→マキノプロ御室→ツキガタプロダクション→松竹京都→月形プロダクション→東活→フリー→朝日映画聯盟→新興キネマ→フリー→マキノトーキー→フリー→J.O.→フリー→日活京都→フリー→大映→東横→東映→フリーと目まぐるしい。その出演作はざっと五百本を超える。その一本一本をていねいに、御園はリスト化していく。

殊に苦心したところは大正十三年以前の先生がまだ無名時代の頃で、先生ご自身でも記憶がなく、あらゆる資料を動員して調べましたが、結果はここに発表程度しか得られませんでした。

年表その他も、月形先生に直接伺ったり、調べたりして、今までに発表された「月形伝」より正確なものをつくりあげたと思っています。

出来上ってみて、はなはだ満足とまではゆかなくとも、一応は「俳優月形龍之介のすべて」を知り得る好個の資料となれば編者の喜びこれに過ぎるものはありません。

（御園京平「あとがき」『月形龍之介全作品総目録　龍之介抄』）


御園は「月形さん」「月形」ではなく、「月形先生」「先生」と書く。けっして嫌味ではなく、一ファンの敬いを感じさせる。

先述したワイズ出版の『月形龍之介』の情報量にくらべると、『龍之介抄』に物足りなさはある。それはそれとして、熱狂的なファンがこしらえた本冊子には、後年に出た決定版月形本にはない価値がある。それは、月形本人の存命中に刊行され、多少なりとも月形が編集に協力をし、あまつさえ貴重なインタビューまで掲載されている点にある。

若いころの月形は、本人いわく《芸術至上主義》だったそうで、娯楽とは縁遠い、むずかしい傾向の時代劇を好んでいた。その月形に、「芸術至上主義なんて小児病的な考えを捨てろ」と説いたのが直木三十五だった。おなじことを、吉川英治からも言われた。吉川は月形に、描いた作品をことごとくパトロンに買われ、誰にも見せることなく秘蔵されてしまう画家の悲劇を通して、芸術のむなしさを説いた。

ぼくの芸術至上主義的な行き方について愛情のある示唆を与えてくれました。それからのぼくは大衆的な娯楽映画にどんどん出るようになったのです。

（「龍之介一問多答」前掲書）

「一問多答」では、こうしたエピソードがいくつもちりばめられ、本冊子にひとつの品をくわえている。インタビューの後半では、あらたな仕事への意欲を語った。

一寸休み過ぎたかな。今年は（高木）新平が死んだり、回りのものがいなくなったので、ノイローゼになったのだろう。この前、医師に健康診断をして貰ったら大丈夫といわれたし、来年は又、ボツボツやりたいと思う。

（前掲書）

『龍之介抄』が出たころ、月形の体調はいまひとつすぐれなかった。それでも数本の映画とテレビ時代劇に出演している。映画では社会派実録モノの『組織暴力』（東映）で演じた、裁かれることのない暗黒街の黒幕がぴったりだった。時代劇はテレビの時代をむかえるなか、松田定次、近衛十四郎、大川橋蔵といったかつての東映時代の仲間とふたたびテレビで仕事をした。冊子刊行の翌年に放送された連続ドラマ『カッドウ屋一代』（毎日放送）では、月形の役者人生に欠かせぬ大恩人である牧野省三の父、藤野斎を演じている（省三役は長門裕之）。

　六十八歳で亡くなったのは、この冊子が刊行されて三年後のこと。御園の落胆ぶりが想像できるけれど、むしろよかったと思う。大好きな先生へのプレゼントが、間に合ったのだから。

# まんじゅう本　杉狂児、青野平義、小池朝雄、天知茂

佐分利信の項で書いたけれど、いろいろある脇役本のなかでは「まんじゅう本」がいちばん好きだ。「葬式まんじゅう」にかけた古本用語で、故人を偲ぶため、一周忌や三回忌などに遺族、友人、関係者が編んだ非売品の本（配りもの）のことをさす。遺稿、追悼文、生前の写真がセットになったものをよく見かける。

脇役まんじゅう本の魅力は三つある。ひとつは、故人の足跡と仕事が俯瞰できて貴重な資料であること。ひとつは、役者仲間や関係者による故人の逸話が読めること。ひとつは、売るものではないので本のつくりがシンプルかつ瀟洒で、編んだ人たちの愛情を感じること。三点目のポイントは、すべての脇役まんじゅう本に共通する。

書棚にある脇役まんじゅう本のすべては紹介できないので、四冊（杉狂児、青野平義、小池朝雄、天知茂）をえらんだ。

## 杉狂児

まずは杉狂児《すぎきょうじ》（一九〇二～七五）から。ロイドめがねがトレードマークの喜劇人で、若いときに声楽を学んでいたこともあり、コミックソングをたくさん吹き込んだ。松旭《しょうきょく》斎天勝《さいてんかつ》一座を皮切りに、マキノキネマ、東亜キネマ、マキノ御室、河合映画、日活太秦をへて、日活多摩川の作品でブレイクする。戦後からは脇にまわり、大映、東映、さらにはテレビと息のながい活躍を見せた。

七十二歳で亡くなり、その七十七日忌に編まれたのが『杉狂児』（杉義一、一九七五）である。B5判、三十ページたらずの冊子ながら、とても大切にしている。本書には正式なタイトルがなく、国会図書館やフィルムセンター図書室の蔵書検索でも出てこないので、わからない。便宜上ここでは『杉狂児』とつけさせていただく。編集メンバーには、杉の息子である杉義一ら遺族にくわえ、父が映画監督の島耕二で杉とはよく仕事をした片山明彦の名がある。冒頭には、ほほえむ杉狂児の晩年のポートレートとともに、杉本人から

（杉義一、1975年）

こんなあいさつが。

読み終わったら本箱の中え、ほうりこんで下さい。何年か経って大掃除のとき、本と本にはさまって出て来るでしょう。そうしたらもう一度見て下さい。

そしてほんの僅かなことでも私を想い出してください。

(『杉狂児』)

いい文章だな。杉狂児のイメージにぴったり。喜劇人でありながら「俺が、俺が」の前のめりのタイプではない。どちらかといえばいじめられっこキャラで、笑いのなかに、哀愁とペーソスのある役者だった。戦前の学生ラグビーを題材にした千葉泰樹監督の『母校の花形』(日活多摩川)を見ると、この役者の人柄のよさが伝わってくる。チームのレギュラーになれず、チームメイトから雑用ばかり押しつけられてしまう、せつなくて、愛嬌のある主人公だった。

七十七日忌本『杉狂児』には杉の略歴、映画スチール、プライベート写真、杉狂児ソングの歌詞、日活時代の出演作リスト、遺族代表として息子義一のお礼、ゆかりのある映画人、関係者、ファンら十八人からの追悼エッセイ、悼歌がおさめられる。一読して身にしみるのは、多くのファン、映画人から愛された人格者であり、なによりも酒を愛した人だったこと。グラスをかたむける晩年の写真や、酔狂にしたためた徳利と杯を描いた色紙が載せられている。

いずれは君と、あの世とやらで会えるだろうが、その前に一つだけ聞きたいことがある。「そちらにも酒はあるかね」返事次第では今からもっと飲み貯めしとかなけりゃならんから。

（島耕二）

酔えば酔うほどに面白く、酔わないときでも面白く、そして演技をしているときは一層面白かった。

（稲垣浩）

箱根で、鹿児島で、旅先の宿で、夜の明けるまで飲み乍ら話してくれた役者としての人生遍歴の哲学。つくづく教えられました。

（松田春翠）

酒とは、人生とはこんなに楽しいものかと、周囲の者にしあわせをまき散らすような酒でした。

（沼田曜一）

「あーとは云へない、二人は若い——」よく一緒に飲んで……思へば四十年の昔です。

（千葉泰樹）

いずれも『杉狂児』にある追悼文である。いい酒のみ、たのしき酒宴の友、それぞれの悼みは、故人の人柄を偲ばせる。喜劇俳優の丘寵児は、居酒屋の主人から色紙を頼まれ、即興で詠んだ杉の句を追悼文のなかで紹介している。

夜明けまで君と呑もうよ影法師

丘はこの句を気に入り、ずっと大切にしたそうだ。

最晩年は、人柄と手腕をかわれて芸能プロダクション「東京宝映テレビ」の代表をつとめるかたわら、刑事ドラマ『特別機動捜査隊』（NET）にゲストで出るなど役者をつづけた。

亡くなる三年前には、懐メロ番組『なつかしの歌声』（東京12チャンネル）に登場、戦前の大ヒット曲『うちの女房にゃ髭がある』を相方の美《み》ち奴《やっこ》とともに歌った。これはカラーVTRで映像がのこされ、十年ほど前に玉置宏の『昭和歌謡大全集』（テレビ東京）で見た。「オリジナルコンビで歌ってる！」と感激した。若人には呼べど逝にてふたたび帰り来らぬ古の幻を、である。

これとおなじ放送かわからないけれど、作家の色川武大《いろかわたけひろ》はリアルタイムで、この『なつかしの歌声』を見た。その夜のうれしさを色川は、自著『なつかしい芸人たち』（新潮社、一九八九）にある「パピプペ　パピプペ　パピプペポ――杉狂児のこと」にくわしく書き残している。今日、杉狂児の魅力をてっとりばやく知るには、色川のこの文章がいい。

全盛期の日活多摩川時代のフィルムは、その多くがうしなわれ、残された作品もほとんどDVD化されていない。幸いにも杉が吹き込んだSPレコードは、インディーズレーベルの「ぐらもくらぶ」がいくつかのナンバーをCDに復刻していて、聴くことができる。

平成三十（二〇一八）年七月八日がちょうど生誕百十五年。冷や酒で、ひとりしずかに献杯したい。

## 青野平義

脇役まんじゅう本の世界。杉狂児につづいては、青野平義《あおのひらよし》（一九一二〜七四）の一周忌に編まれた『追想　青野平義』（『追想青野平義』出版事務局、一九七五）を紹介したい。

戦前から昭和三十年代にかけては文学座で、晩年は亡くなるまで劇団ＮＬＴの舞台に立った。同時代の新劇俳優とおなじく、映画に、テレビに、ラジオにと舞台の合間をぬって出ていた。おもながの品のある顔立ちで、お公家さん、皇族、高級軍人、宮内庁関係者の似合う人だった。

三島雅夫や小沢栄太郎といった脇で個性を際立たせるタイプではないので、旧作邦画ファンには印象がないかもしれない。有名どころでは黒澤明監督『生きる』（東宝）の新聞記者、岡本喜八監督『日本のいちばん長い日』（東宝）の侍従長がある。これとて両作に出た宮口精二にくらべると、存在感はいまひとつ。映像の世界では地味な役者であり、文学座の舞台でもおもに脇役だった。

『追想　青野平義』を発行した「『追想青野平義』出版事務局」は、友人・知人、関係者がこの本のために立ち上げたもので、六本木五丁目の交差点角にある「青野総本舗」が支援をした。「青野総本舗」は、安政三（一八五六）年創業の老舗の和菓子やで、創業当初は麻布市兵衛町（現在の六本木一丁目駅のあたり）に店をかまえた。ゆえに正式名は「株式会社　麻布　青野総本舗」という。

老舗の和菓子やが、脇役まんじゅう本を出すのには理由がある。苗字がそれをものがたるように、青野平義はこの和菓子やの跡とり息子なのである。初代平九郎の初孫にして、二代目平九郎の長男、大正元（一九一二）年生まれにちなんで元太郎と命名された。和菓子やのサラブレッドは、麻布高等小学校、慶應の商工部と進むなか、和菓子ではなく、芝居にめざめてしまう。自由舞台、中央演劇協会、築地小劇場、そして、開設されたばかりの文学座の第一期研究所へ。ときに昭和十三（一九三八）年のこと。中央演劇協会から文学座研究生のころは「里村元春」、研究所を卒業して座員になってからは「青野太郎」の名で出た。家業のほうは弟の次郎にゆずり、戦中、戦後とずっと芝居をつづけた。

和菓子にはこと欠かないかもしれないが、新劇だけでは食べていけない。父の死後、三代目平九郎を継いではいても、それは名前だけ。そんな兄をずっと支えたのが弟の次郎だった（いっしょに住んでいた）。罪の意識を感じたのか、戦後になって「太郎」から「平義」にあらためた。祖父と父の平九郎に義理を果たすという意味がこめられている。

（『追想青野平義』出版事務局、1975年）

さすがに弟に迷惑をかけるばかりで、兄の平義は新妻とともに六本木にコーヒー店をひらく。名づけて「ルバイヤット」。五〇年代の新劇全盛時代をむかえ、店はサロンのようになった。それでも素人に毛のはえた商いではつづかず、やっぱり弟の世話になった。鮨やの三代目と俳優業を両立させた野口元夫とは対照的である。

愚兄賢弟なのか。いや、それはまったくちがう。弟が兄にずっと変わらぬ愛情を向けたことは、『追想　青野平義』の発行責任者が青野次郎で、冒頭のあいさつを読むとわかる。

私のたった一人の兄へ花むけとして本誌を出版することに致しました。

（青野次郎「発刊にさいして」『追想　青野平義』）

亡兄への思慕の情、兄弟の愛。そんな兄もまた、弟にある恩返しをしているのだが、それはのちほど述べる。

『追想青野平義』出版事務局の竹口隆弘は、編集後記に《冊子》と書いている。これはかなりの謙遜で、杉狂児のページで書いた脇役まんじゅう本の三大ポイントをクリアする立派な本である（全百四十六ページ）。青を基調とし、劇場の幕をあしらった装幀がまずいい。舞台写真、プライベート写真がふんだんに挿入され、なにより追悼文を寄せた三十八名の顔ぶれが華やかで、そうそうたる名がならぶ。

賀原夏子、山田五十鈴、二代目尾上松緑、二代目中村芝鶴《なかむらしかく》、二葉あき子、里見弴、戸板康二、飯沢匡、東山千栄子、小沢栄太郎、殿山泰司、江戸家猫八、めずらしいところでは植草甚一の名がある。情を感じさせるのが、考えのちがいから別れることになった、元・文学座の仲間たちのことばだ。杉村春子、宮口精二、三津田健、龍岡晋、戌井市郎がそろって一文を寄せている。恩讐をこえた故人への想いがここにはある。代表して龍岡の一文から引く。


前日迄は危篤状態だったのがその日、ぼくが行ったときは、苦渋のかげはなく、むしろはればれした顔いろだった。それがなにかなさけなかった中直りというやつ。ぼくはこれが最後だろうとおもいながらそれでも一時間半ばかり、さりげなくわざと大きな声でバカッ話をし、彼もつれて一緒に、かわいそうに笑ったっけ。

竜ちゃんといってくれるひとがまたひとりへった。

（龍岡晋「追憶断章」前掲書）


龍岡の追悼文には、浴衣姿のふたりが肩をつきあわせている写真が添えられている。旅公演での旅館なのか、仲のよいツーショットで泣ける。

昭和三十八（一九六三）年の文学座の第一次分裂については、杉村が退座者（とくに若手や中堅クラス）をずっと許さなかったといわれる。いっぽうで双方の話し合いの結果による二度目の分裂については、感情的なシコリがなかったらしい。二度目の分裂で退座した北見《きたみ》治一《はるかず》が、著書『回想の文学座』（中公新書、一九八七）にそう記している。文学座を去った青野は、後者だった。それでも龍岡の文を読むかぎりは、しこりがあったように思う。そのわだかまりをなくす最期の別れだった。

先日、ちかくで用事をすませたあと、ひさしぶりに六本木の青野総本舗へ寄った。この銘菓『鶯もち』が好きなのである。こしあんを求肥でうすくつつみ、きなこをまぶしたものがひとくちサイズで二個、竹皮で包装されている。山梨の『信玄餅』と似ているが、あれはこしあんの入っていないきなこ餅で、黒みつをかけて食べる。鶯もちと信玄餅は、似て非なるものである。

この鶯もち、四代目平九郎の兄、青野平義が考案した。「楽屋でも汚さず食べられる菓子を」というアイデアがもとで、ひとくちサイズにしたのは、「顔に塗ったどうらん（化粧）が乱れぬように」との心づかいからだった。跡とりとしては不肖の孫、息子、そして兄は、愛すべき銘菓をのこした。新劇俳優と和菓子やの三代目、ここでうまくつながった。

三代目菓子を売らずに芸を売る

弟の次郎が詠んだ、亡き兄への追悼句である。

## 小池朝雄

つづいての脇役まんじゅう本は、活動写真弁士の坂本頼光さんも愛蔵する小池朝雄《こいけあさお》（一九三一〜八五）の『断想』（小池朝雄文集編集委員会、一九八六）を紹介する。小池朝雄といえば『刑事コロンボ』のピーター・フォークの吹き替えで知られ、「うちのかみさんがねえ」の声色は頼光さんお得意の芸である。

頼光さんの小池朝雄愛はすごい。頼光さんが作画、台本、編集、声のすべてを手がける非国民的アニメ『サザザさん』に、胃園家に居候する「小池タマ雄」なる猫が登場する。いちおう猫なんだけど、顔と声は小池朝雄で、ようするに未確認生命猫なのだ。謎だらけのタマ雄は、頼光さんデザイン&監修による陶器「大人の招き猫・小池タマ雄」として商品化（一体一万円）されている。すこぶる完成度が高く、わが家にも鎮座まします（ご本人いわく「売れ行きについては詮索してほしくない」とのこと）。

こんなキャラクターグッズが売られるほど、小池朝雄は多くの人から愛されるバイプレーヤーであった。俳優、ナレーション、朗読とどれもうまくて、舞台、映画、テレビ、

（小池朝雄文集編集委員会、1986年）

ラジオ、レコードとたくさんの仕事をこなした。小池の話芸が堪能できるラジオドラマは、そのいくつかがCD化（『寺山修司ラジオ・ドラマCD』『戦後作曲家発掘集成』）され、聴くことができる。

小池の著書はどうか。知るかぎりにおいて、生前にエッセイ、自叙伝のたぐいを出すことはなかった。五十代の若さでの死、自叙伝を出すにはまだまだ早かった。一周忌につくられた遺稿集『断想』が、最初にして最後の著作となる。

『断想　小池朝雄』と印刷された白い封筒、黒の表紙、フランス装の瀟洒な一冊で、七十四ページという厚みがほどよく、品がいい。小池が生前、公演パンフや演劇雑誌に寄稿したエッセイを中心に編集され、「この役 この作品」「芝居の周辺」「家族」の三章からなる。巻末には「小池朝雄論から」として、戸板康二と矢野誠一による小池論、役者仲間である稲垣昭三の弔辞をおさめた。

生の舞台に接していない世代にとっては、映画、テレビのイメージがつよい。出た本数もさることながら、日活や東映作品で演じた強烈な（ときには異常な）キャラクターは、一本出て、十本分くらいのインパクトがあった。中島貞夫の東映やくざ大作『日本の首領《ドン》』三部作では、「惨殺された愛人の生首を抱えてのたうちまわるやくざの組長」「関東の巨大やくざ組織のスマートな幹部」「赤と黒のネクタイがおしゃれな大阪府警捜査四課の課長」とそれぞれ違う役を演じわけた。うまいものである。

ただし、小池ははっきりと自分についてこう書く。『断想』におさめられたエッセイにある一文から——。

新劇俳優。この肩書きの、新劇、という字は外した方がいいのではないか、と時々思う。テレビやフィルムの撮影、商業演劇の舞台がごちゃまぜになって、どうにも動きのとれなくなった時にそう思う。金を目当ての、馬車馬のような働きを後ろめたく思うその免罪符に、新劇、という肩書きをぶら下げてる、という人もいるけど、それでも私は、この肩書きをかついでいようと思う。

（「『新劇俳優』という肩書き」『新劇』昭和五十三〔一九七八〕年十二月号）

遺稿集『断想』には、新劇以外の記述はあまりない。福田恆存や山崎正和は出てきても、ともに仕事をした石井輝男、深作欣二、菅原文太、橘ますみ、こうした名前は出てこない。映画やテレビの話題を期待して読むと、期待はずれかもしれない。

役者のキャリアは、戦後の文学座からスタートした。分裂事件にともない、福田恆存らと文学座を離れ、劇団雲（のちに劇団昴）の一員となる。舞台のかたわら、映画、テレビ、ラジオといそがしく顔を出し、例にあげた『日本の首領』三部作は「『新劇俳優』という肩書き」を発表した時代と重なる。当時たくさん出ていた東映やくざ映画の仕事が、本人にとって《金を目当ての、馬車馬のような働き》だったのか。『断想』にあるべつのエッセイにはこう書く。

映画やテレビの軽いタッチのセリフに肩までつかっている最近の私に、この細かい心理のぎっしりつまった砂袋の様な、重みのある山崎流のセリフを、久し振りに担ふ力があるのだろうかと……。とにかく、利休の像は、はるかに遠い。

（「利休のセリフ」『木像磔刑　利休と秀吉』）

昭和五十三（一九七八）年の『木像磔刑　利休と秀吉』（手の会プロデュース公演）のパンフレットに寄せた一文である。文中の《山崎流》は、作者の山崎正和のことで、小池が千利休、秀吉は内藤武敏だった。《軽いタッチのセリフ》という言葉からも、映画、テレビの仕事への複雑な想いがうかがえる。遺稿集は編者のセンスに左右されるところがあり、映画やテレビの仕事より、「新劇俳優　小池朝雄」としての名をとどめたい意向を感じる。

映像の仕事で例外としたのが、やはりというか、逃れられないというか、コロンボ警部の吹き替えであった。演劇関係者のあいだでも、小池コロンボは注目をあつめた。田中千禾夫《なかちかお》、福田恆存、飯沢匡らはパーティの席で小池を見かけると、コロンボ、コロンボと声をかけた。当の小池自身、コロンボ愛をつづっている。

翻訳台本片手に、ピーター・フォークのセリフを聞いていると或る興奮を感じて来ます。殊に終盤近く、犯人との最後の遣取りなどは、それしかないと思えるような説得力のある力強いリズムを持ったセリフで迫って来ます。私はそのリズムの強さを損なわないように日本語で再現することに注意をはらいます。

（「『刑事コロンボ』と私」『悲劇喜劇』昭和五十〔一九七五〕年一月号）

犯人役のゲストスターとのヤマ場のやりとりは、長ゼリフでどこか舞台調であった。小池のコロンボの吹き替えへの向き合い方は、新劇のそれとおなじだったのだろう。別の行では、《脚本の仕組まれ方の丁寧さもまた同じ事で、来週撮影分の脚本が未だ出来てないんだ、といった乱暴さは恐らく感じられません》と書く。自分がせっせと出ていた映画、テレビの仕事への皮肉を感じてしまう。

そうは書いても、映画とテレビの小池朝雄がぼくは好きで、コロンボだけでは味気ない。コロンボ門外漢としては「『別れのワイン』は名作でしたね」「『構想の死角』のホットドッグ屋台は斬新でしたね」くらいしか言えない。日本の刑事ドラマに出演した小池について、むしろ熱く語りたい。

つい最近、新劇俳優の小池朝雄と思いがけず出会った。平成二十九（二〇一七）年六月、新宿の高野本店でひらかれた「あ、新宿　アングラ×ストリート×ジャズ展」でのこと。六〇～七〇年代に新宿かいわいで上演されたアングラ演劇のチラシやチケットが、会場の壁一面に埋め尽くされて圧巻だった。そのなかにいた。小池が、朝雄が。それは、東京オリンピックの年、アートシアター新宿文化で上演された、小池と名古屋章《なごやあきら》のふたり芝居『殺し屋』（劇団雲）のチラシと栞だった。新宿のゴールデン街でひらかれる同舞台の写真展の告知を、しみじみと見つめた。

味わえなかった小池朝雄の舞台を知ったような気がして、うれしかった。

天知茂

脇役まんじゅう本のラストは、『写真集　天知茂五十年の光芒』（臼井薫　写真の店、一九八七）にした。天知茂《あまちしげる》（一九三一～八五）の兄で「臼井薫　写真の店」（名古屋市北区）を営む写真家の臼井薫《うすいかおる》が、三回忌にあわせて編集・発行した。A4判、百六十ページの大冊で、奥付には定価八千円とある。書籍流通していない自費出版なので、まんじゅう本といって差し支えあるまい（臼井薫の店に注文すると買えたらしい）。

この本を脇役本に挙げるのは躊躇した。映画、テレビ、商業演劇の座長とずっとトップスター。眉間のしわで世の女性をまどわす永遠のマダムキラーで、民谷伊右衛門《たみやいえもん》、千種悌二郎、会田刑事、雲霧仁左衛門、明智小五郎と目に浮かぶのは主役ばかりだ。

いっぽうで脇もいい。おとなしくひかえめに主役を立てよう、とは考えないのか、これでもかとオーラを出す。好きな一本を問われたら、七〇年代のラストをしめくくる角川映画『白昼の死角』をえらぶ。アウトローのわりには協力者がたくさんいる天才詐欺師、鶴岡七郎を夏木勲（夏八木勲《なつやぎいさお》）が演じた。天知茂は、鶴岡の前に立ちはだかる検事の役で「（特別出演）」とクレジットされた。

パリッとした紺スーツを着こなし、襟のでかいワイシャツに、ぶっといネクタイ、襟もとに輝く検事バッジ。直射日光に手形をかざし、鶴岡の偽造を見抜くするどい視線にはシビれた（天知検事の眉間がピクッと反応し、狼狽する夏木七郎が見もの）。権力の象徴として出てくる検事は、代役がいなかったのか、渡瀬恒彦主演でテレビリメイク（『高木彬光《たかぎあきみつ》シリーズ』毎日放送）されたときも、天知がこの役を演じた。

『天知茂五十年の光芒』を本文庫におさめたのは、バイプレーヤー天知茂のファンであることにくわえ、ふたつ理由がある。ひとつは、前項で紹介した小池朝雄とはおない年で、亡くなったのもおなじ年だったこと。ふたりはテレビで何度か共演（『非情のライセンス』『江戸川乱歩の美女シリーズ　天国と地獄の美女』など）、『断想』をいれるなら『五十年の光芒』は外せない。

もうひとつは、本書にあふれんばかりの天知愛である。故人への愛を感じないまんじゅう本は、そもそも存在しない。それにしてもだ。これほどいろいろ詰めこんだのはなぜか。「写真集」と銘打って、そのじつ全方位的な資料集で、フィルムセンターで「天知茂展」が仮にあったとして、その展覧会図録をイメージしてもらえるといい。

正直なところ、センスのいい装幀、レイアウトではない。そのかわり、資料的価値はじゅうぶんすぎる。天知の遺稿（スポーツ新聞に連載した自叙伝「天知茂の俳優稼業30年＋1」とエッセイ）、ブロマイド、プライベート写真、映画・テレビ・舞台スチールおよびポスター、新聞広告、レコードジャケット、新人時代のスクラップ、後援会誌『天知茂』、天知関連の新聞記事、兄の薫がつづった評伝「弟天知茂の誕生より新東宝まで」など、もりだくさん。

プロデューサー、脚本家、先輩・同期・後輩役者、劇場関係者、マスコミ関係、老若男女さまざまなファンたち、本書に寄せられた追悼文はざっと百人におよぶ。そのなかに、大阪在住の女性ファンによる「あいうえお作文」があった。

あ　哀愁漂う男の背中
ま　眼差しやさしいその瞳
ち　ちらりと見せる照れた顔
し　渋いその声　女を酔わし
げ　芸一筋に生きぬいた
る　類なき名優　我等の天知

（「天知茂を偲ぶファンからの声」『写真集　天知茂五十年の光芒』）

悪役俳優の宮口二郎がつづる追悼ポエム「実《み》」、天知ドラマのシナリオを多く手がけた宮川一郎のエッセイ「天っちゃんのこと」、天知が親友と呼んだ喜劇俳優の茶川一郎《ちゃがわいちろう》があかす「旦那との思い出」……追悼文のいくつかを紹介したいけれど、挙げるときりがない。

この本を語るうえで、発行人にして編集人の臼井薫のことは無視できない。天知茂こと臼井登の兄で、登は四人兄弟の末っ子だった。弟から兄への『追想　青野平義』と、兄から弟への『天知茂五十年の光芒』、まんじゅう本がものがたる兄弟愛がそこにある。

（臼井薫 写真の店、1987年）

辺りの静寂を破って突如「オギャー」と一声！弟天知茂の誕生である。産婆さんは私に「ホラ、兄ィちゃん可愛い男の子だよ」と見せてくれた。用意された産着にくるまれて安らかに眠っていた。十五才になっていた私は、この弟が我が子のように可愛ゆくてならなかった。

（臼井薫「弟天知茂の誕生より新東宝まで」前掲書）

名古屋市の生まれ。母親の影響があり、おさないころから芝居と映画に親しみ、嵐寛寿郎をひいきにした。

戦争をはさんで、臼井家には不幸がつづいた。いちばん上の兄は戦死し、寿司店を営む父も戦後まもなく他界した（寿司店は三男の勲が継いだ）。こうした家庭環境のなか、登（天知）は俳優への道をこころざし、つてを頼って松竹京都の大部屋役者となった。せりふのない端役で何本か出演したのち、無理がたたって体調をこわし、実家へもどる。

母や兄たちの懸命の看護で一命をとりとめた。

　登にとって兄の薫は、父親がわりとなった。登が病気療養をかねて実家でぶらぶらしていたころ、薫はある記事を見つける。昭和二十六（一九五一）年、地元の人気新聞「名古屋タイムズ」とタイアップした新東宝のニュー・スター募集である。兄のすすめで、自信なさげに弟は応募をした。ところが二千人の応募を勝ちぬいて最終予選にのこり、臼井登、森田純代、岡崎清子の三人が採用された。

　芸名は、中日ドラゴンズの天知俊一監督、ジャイアンツの水原茂監督からとって「天知茂」を名乗った。天知は、昭和三十年代に入り、新東宝のチョイ役から性格俳優、看板スターへとのぼりつめていく。新東宝がなくなったあとは、大映、東映、商業演劇、テレビ、レコードと活躍の場を広げていく。

　天知がスター街道まっしぐらのなかでも、兄弟はいつも仲がよかった。仕事が少しずつ増えていくころ、仕事の合間をぬって帰省した天知は、二時間にもおよぶ長篇8ミリ作品『暴力』を完成させた。原作・脚本・演出・主演が天知、撮影は兄の薫、家族や友人も協力を惜しまなかった。この8ミリ映画でヒロインをやった森悠子は、天知とともに新東宝入りした森田純代の芸名で、名古屋人どうし付き合っていた。のちにふたりはゴールインし、終生連れ添うことになる。この本には、そうしたちょっといい話があちこちにちりばめられる。

（臼井薫　写真の店、1973年）

臼井薫を知らない天知茂ファンは、おそらくいないと思う。それほど有名な人である。戦前からアマチュア写真家として活動し、仲間とともに「香風写真研究会」というサークルを立ち上げた。戦後は土門拳《どもんけん》に師事、カメラ雑誌で連続入賞するなど、名古屋の写真界では知られた存在となった。薫が初めて出した作品集が『写真集　海桐花《とべら》の樹の下』（臼井薫　写真の店、一九七三）で、若き日の天知が被写体となった作品が三点おさめられている。刊行当時すでにスターであった天知は、兄の処女出版をこう祝した。

写真一筋に生きて来た兄を見ていると羨ましい気がします。勿論私も芸一筋に生きて来ただけに共通した何かがあります。

（天知茂「兄を語る」『写真集　海桐花の樹の下』）

兄にとって、うれしい言葉ではないか。

薫の師である土門拳が寄せた序文からは、こんなほほえましいエピソードを教えられた。

同君の弟に対する愛情は大変なもので、臼井君の写真における同様に、天知君の後援会の陰の力として、劣らない功績を残している。かくいう僕も引っ張り出されて、天知君のポートレートを撮らされたことがあった。何しろ有名な天知君だけに、トレードマークなのであろうか、レンズを向けるとしかめ面をするのには閉口した。

（土門拳「序」前掲書）

昭和六十（一九八五）年七月二十三日、天知は新宿にいた。臼井薫写真展「街道」に、俳優としてではなく、弟として出向いた。個展に足を運んでくれた弟のために、兄は天知茂の似顔絵入りシャツを着て出迎えた。そんな仲むつまじいツーショットが、『五十年の光芒』のラストにおさめられた。「天知茂　最期の写真」というタイトルで。

同二十七日、天知茂こと臼井登急逝、享年五十四。わが子のように愛した弟との急すぎる別れ。つらい。

薫はその後も「臼井薫　写真の店」を営み、平成二十二（二〇一〇）年冬、亡くなった。亡くなるまでつづけた写真の店には、亡き弟のポスターがいつも貼られていた。

# 絵筆に想う　吉田義夫

五反田の南部古書会館か、神田小川町の東京古書会館か、どちらかの古書展（月の輪書林の棚）で七十ページの薄い本を見つけた。吉田義夫著『波光先生を想う』（吉田義夫、一九七八）。「あの吉田義夫⁉」と思いきや、そうだった。冒頭に美術評論家の田中日佐夫が解説「『波光先生を想う』について」を寄せ、《この本の著者は俳優吉田義夫氏である》とある。

波光先生とは、京都画壇で活躍した日本画家の入江《いりえ》波光《はこう》のこと。薄いこの小伝では、弟子である吉田《よしだ》義夫《よしお》（一九一一〜八六）が、亡き師との思い出を交えてつづった。非売品の自費出版本で、表紙のスケッチ「夜汽車にて……波光先生」は吉田の作である。悪役俳優として有名な吉田義夫と京都画壇の入江波光、意外に思える師弟愛のものがたりをひもときたい。

旧作邦画好き、旧作ドラマ好きとしては、印象ぶかい吉田の役がいろいろとある。『悪魔くん』（NET）のメフィスト、『いただき勘兵衛　旅を行く』（NET）の貧乏神、『男はつらいよ』シリーズ（松竹）の旅一座の座長もしくは寅さんの夢に出てくる多彩なキャラクター。

ひろく親しまれたのはやはり、東映時代劇の悪役だろう。昭和二十九（一九五四）年に東映京都の専属となり、時代劇が衰退する三十年代末まで、百本はゆうに超える時代劇映画に出た。そのすべてが脇役で、吉田義夫主演の東映映画は一本もないはずである。《ひろい額、高くとがったような鼻、こけた頬、ムーッとむすんだ口、それに人の心をさすようなドングリまなこ、いや、その上に、出る映画ごとにどこか変っているメーキャップや髪形》（「悪役天国」『近代映画』昭和三十五（一九六〇）年八月号）。映画評論家の南部《なんぶ》僑一郎《きょういちろう》による人物評である。

（吉田義夫、1978年）

悪役といっても、山形勲の黒幕タイプ、沢村宗之助の商人タイプ、戸上城太郎の剣豪タイプとは立ち位置が少しちがう。浪曲映画『赤穂義士』（東映）では吉良上野介を演じつつ、得意なのは『三日月童子』『風雲黒潮丸』といったお子さま向けの東映プログラムで、おおいに子どもたちへ顔を売った。

南部によれば、チャンバラごっこのとき、じゃんけんに負けたら吉田義夫の役がふられるので、子どもたちは勝つのに必死だったらしい。人気絶頂の中村錦之助をいじめる役を演じたとき、吉田の愛娘は学校でいじめられたそうである。いっぽうでマンガチックなキャラクターが受けたのか、子どもからのファンレターもすくなくなかった。

子どもたちに嫌われ、怖がられ、あるいは喝采をあびたこの名悪役が、日本画家を夢みる若者だったことは、当時わりと知られていた。『別冊近代映画』昭和三十四（一九五九）年九月号「バイプレーヤー名鑑　東映篇その1」には《東映の名物スタアの一人。絵の先生で法隆寺壁画模写技官といういかめしい肩書を持つ》とあり、同三十五（一九六〇）年九月下旬号「東映時代劇脇役ものがたり」には《画の先生から転向していまでは名物悪役スタア》と紹介されている。

この《絵の先生で法隆寺壁画模写技官》という部分が、『波光先生を想う』の主要なエピソードとなる。京都に生まれた吉田の実家は図案画工で、十二歳で京都市美術工芸学校に入学、京都市立絵画専門学校へ進学する。日本画と同じくらい熱中したのが演劇で、京都で活動するさまざまな劇団（エラン・ヴィタール小劇場、くるみ座、喜劇座など）、それもかなりとんがった左翼演劇にかかわっていく。演劇のエピソードは、『波光先生を想う』にほとんど言及がない。一時期上京したり、兵役に服してもいるが、これについてもほとんど書いていない。

　師となる入江波光と出会い、本格的に日本画の道を志すのは、京都市立絵画専門学校の研究科に進んでから。同校の教授であり、風変わりで、あたたかく、若者想いの入江の人柄について、吉田はなつかしく書きつづっていく。ひいきにしていた歌舞伎の名優が多く没し、がっかりする入江に、吉田が新築地劇団や新協劇団の関西公演をすすめる話が出てくる。入江にとって、薄田研二や丸山定夫、滝沢修や宇野重吉の舞台は、興味がもてなかったらしい。それでも気をつかって、吉田には「おもしろかった」と感想を述べた。いい人である。

　昭和十五（一九四〇）年、文部省の法隆寺金堂壁画模写事業がスタートし、四人の日本画家（荒井寛方《あらいかんぽう》、中村岳陵《なかむらがくりょう》、入江波光、橋本明治《はしもとめいじ》）がえらばれた。この壁画模写は、毎日新聞大阪本社の学芸部記者だった井上靖をはじめ、多くの人が書き、論考を寄せ、関係文献がたくさんある。ひとことでいえば、日本美術界が注目する国家レベルの大事業だった。そのメンバーに師である入江がえらばれ、吉田は我がことのように祝った。

　金堂壁画は大小あわせて全十二面あり、どの壁画を担当するかはくじびきで決められた。入江が担当する壁画は、六号大壁と八号小壁で、六号大壁には阿彌陀浄土の図がある。「先生が阿彌陀浄土を手がけられる！」吉田のこころは弾んだ。

まさに天の配剤か、わたしたちは幸せな偶然に感激したのであった。

（『波光先生を想う』）

四人の日本画家にはそれぞれ、助手がついた。吉田は幸運にも、三人いる入江班の助手のひとりとなった（うち一人はまもなく召集され、助手は吉田をふくめ二人になる）。大喜びしたはずなのに、根がテレやなのか、《幸にも末尾に列した》と記すのみである。入江のアイデアで、入江班のコスチュームは白木綿の筒袖の上衣、小紋のモンペ様の袴に決められた。ほかの模写班で、こんな渋い格好をしていた画家と助手はいなかった。

金堂壁画の模写は過酷をきわめた。遅々としてすすまない。模写に没頭することを、時代がゆるさなかった。昭和十九（一九四四）年三月、吉田は召集され、中国へ従軍する。一時中断した模写事業は、戦後ふたたび始まり、吉田も復員する。インフレで混乱する世相とまずしさのなか、病をかかえながら冷然と壁画に向き合う師の姿に、吉田は言葉をうしなう。すでに所帯をもっていたこともあり、吉田は画家としてのプロ意識に自信がもてなくなる。地元京都の高校と中学で美術教師をしながら、生計を立てていくのがやっとだった。新時代の幕開けを告げる戦後演劇に希望は見いだせても、古典主義的な日本画には疑問が芽生えてしまう。師への敬いはべつとして――。

この流れを冷ややかに客観視するにはわたしはあまりにも弱すぎる。苦しかった。なんとかして逃れたいと思った。そうだ平凡な人間の真実もある。それが普遍的に通じるところで自分を生かすこともできる。

そう思いだすと一日も早く新しいところに身を置きたくて、模写の完成も間近いときに申し訳けないと考えられたが、ついに助手を辞退した。

これは病中の先生へかなりショックを与えたようでお詫びのしょうもないが、わたくしも寂しかった。でも先生の信念や識見、人格のみごとさに限りない尊敬をよせていることは変らない。

（前掲書）


模写班の助手を辞退することは、師との別れを意味していた。

昭和二十三（一九四八）年六月九日、入江波光死去、享年六十二。

先生の死を自分が早めたのではないか、吉田は自分を責めた。《わたくしは自分の軽挙を慚愧する》の一文がつらく読み手につきささる。それからまもなく、失火により法隆寺金堂は炎につつまれてしまう。

三十代なかばにしては青くさい熱情を感じつつ、読んでいると泣きそうになってきた。

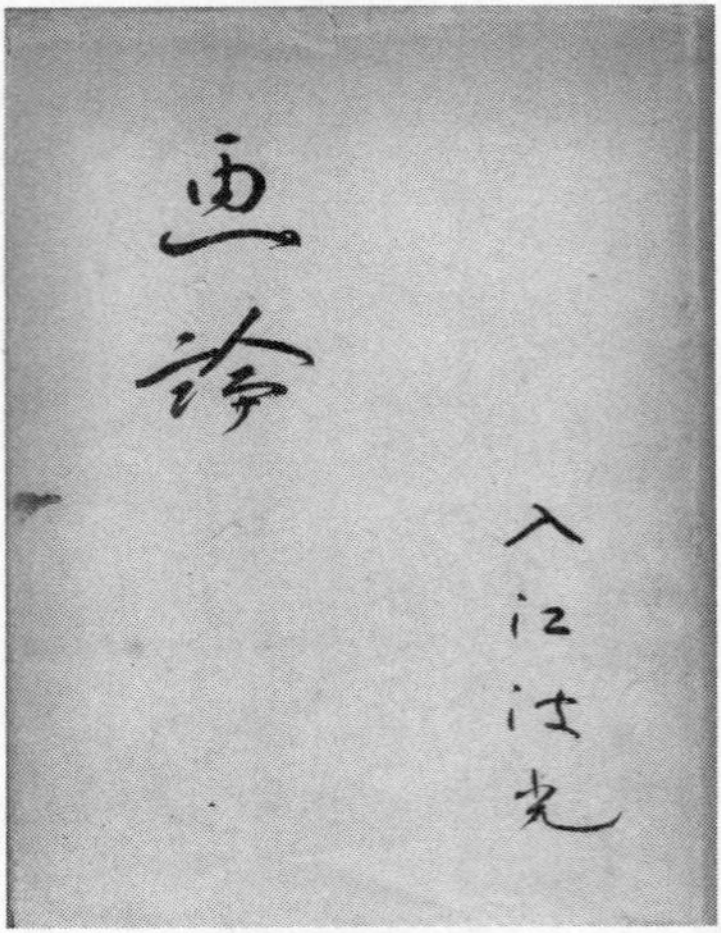

（北大路書房、1949年）

だから、この薄い本をこの文庫本のラストにもってきた。

『波光先生を想う』は、昭和五十三（一九七八）年十月に出ている。吉田が『男はつらいよ』などに出ていたころだった。ただ読んでみると、文章の末尾には「昭和二十四（一九四九）年十二月一日」と記され、師の亡くなった翌年に書かれたことがわかる。

入江が亡くなり、弟子や関係者の手により遺稿集『画論』（北大路書房、一九四九）が出版された。その編集を手がけたのが、師のもとを去った吉田であった。原稿を整理し、清書し、校正し、愛情をこめてまとめたことを、入江の友人である榊原紫峰が序文で、美術史家の中井宗太郎があとがきで、それぞれ吉田の名を挙げて明かしている。『画論』の編集を終えた吉田は、十日あまりで「入江先生を偲ぶ」を書きあげ、その末尾におさめた。この文章が、『波光先生を想う』の元になった。

恩返し、あるいは罪ほろぼしの気持ちがあったのか。戦後まもないころにつづった師への想いを、晩年になってなぜ一冊にまとめたのか。『波光先生を想う』には、あとがきのような吉田の文章がなく、その真意はわからない。

師をうしない、法隆寺は燃え、さりとて演劇だけでは生活ができない。生活苦にさいなまれる吉田は、ここで初めて映画の世界へ飛び込む。京都に生まれた宝プロと縁ができ、加藤泰《かとうたい》の監督デビュー作『剣難女難』で映画初出演を果たす。昭和二十六（一九五一）年、四十歳で遅咲きの役者デビューだった。『剣難女難』には徳川夢声が出ていて、ずいぶんと前にフィルムで見たけれど、吉田がどこに出ていたのかは覚えていない。ほどなくして宝プロは経営がたちゆかなくなり、吉田は東映京都撮影所の役者となる。宝プロ時代からやっていた悪役に、東映でみがきをかけていく。その本心はどうだったのか。吉田の妻は、東映時代劇に出ながらも、画の道に未練を抱いていたことを手記で明かしている。

映画俳優として専心するために、長年、親しんだ画業を離すことのつらさは、私の実家がやはり画家なものですから、主人の気持ちは良く分るのでした。しかし、片岡千恵蔵さんからいろいろとお話を聞いているうちに、主人も決意し、絵道具全部を親しいお友達に差し上げてしまいました。

（吉田喜代子「オンゴの親分はお人好し」『明星』昭和三十三〔一九五八〕年一月号）

画の道を捨てきれない吉田に、千恵蔵はなにを伝えたのか。千恵蔵のどんな言葉が、吉田のこころに響いたのか。東映時代劇での活躍ぶりは、すでに書いた。細川俊夫の項で紹介した『波光先生を想う』を出したのちも、吉田は現役の役者でありつづけた。『只今現役中！若い奴らをぶっとばせ』（テレビ東京）のようなバラエティにも出た。昭和五十六（一九八一）年にはなんと、準主演映画が完成している。認知症をテーマにした『この道はいつかくるみち』（共立映画社）で、認知症の老人を演じた。一般の映画館ではなく、公民館、図書館、福祉施設などで上映される自主映画だった。東京都立多摩図書館に16ミリフィルムがあるので、ぜひ一度拝見したいものである。

こうして役者をつづけながらも、絵筆は離さなかった。ひまを見つけては美術館や画廊をまわった。

この頃は、自分の顔に絵を描く仕事の方が（俳優業）閑になったので、気が向くままに、色紙に風景を描いたり、隆能源氏の色刷を模写してみたりしている日々である。

（吉田義夫「絵筆とり見果てぬ夢を」『前衛』昭和五十七〔一九八二〕年六月号）

絵筆をとおした創造への欲求が、晩年になって高まった印象を受ける。若いころに書いた師への想いを、老境にさしかかって本にまとめた気持ちも、なんとなくわかった。

昭和六十一（一九八六）年公開の林海象《はやしかいぞう》監督『夢みるように眠りたい』（映像探偵社）で、吉田義夫は、謎めいた老女（深水藤子《ふかみずふじこ》）の執事役で出演している。物語の舞台は昭和三十年代の浅草で、「凌雲閣（浅草十二階）」を模した「仁丹広告塔」が印象的に登場する。本作の撮影からまもなく仁丹広告塔は解体され、この仕事が吉田の遺作となった。

平成三十（二〇一八）年二月、東京・恵比寿のＬＩＢＲＡＩＲＩＥ６／シス書店での『夢みるように眠りたい』展」で、リバイバル上映された。シルクハットとコートのいでたちの吉田義夫はモダンで、二枚目である。終演後の林監督のトークショーで、あの役はもともと大友柳太朗にオファーしたことを知った。大友は当初乗り気だったけれど、林監督の手みやげが「大友柳太郎様」になっていたそうで立ち消えに。林監督がファンだった吉田に依頼したという。

現役を退いていた吉田は、林監督と思い出ばなしに花を咲かせ、出演を承諾。俳優人生をしめくくる名演（台詞はない）がフィルムに残った。本書の校了間近のとき、吉田の最後の仕事と思い出ばなしに触れられたのは、なにかの縁だと思っている。

# あとがき（右文書院版）

日記があるのではっきりしているけれど、平成八（一九九六）年十一月十二日、大阪・梅田の「阪急古書のまち」にある杉本梁江堂で、戸板康二の『百人の舞台俳優』をぼくは買っている。昭和四十四（一九六九）年に京都の淡交社から出たもので、そのころ活躍していた百人の舞台俳優を、吉田千秋の舞台写真とともに五十音順につづったフォトエッセイ集である。文章や写真もさることながら、目次にならんだ名優たちの名前にまず感嘆し、ためらわずに買った記憶がある。古書価は二千円だった。数ある演劇書のなかでもとくに好きな一冊なので、いまでも書棚から出しては、ひとりで読みふけることが多い。この本のあとがきに、こんな一文がある。

むろん、ここに書いた百人以外にも、ぼくの好きな俳優がいないわけではない。しかし、ぼくが書く意欲の持てない俳優を省かせてもらったのは事実で、そんな我儘を許してもらった淡交社の寛容に感謝したい。

吉田君の写真を眺めながら、一人一人の舞台を思いうかべ、筆をとる仕事はたのしかった。

初版から三十六年。百人の舞台俳優のうち、存命なのは四十人に満たず、著者である戸板康二もすでに亡い。

好きな役者を、好きなだけならべて、一冊の本にする。それはもう、仕事をはなれてもたのしいことだと思えたし、あこがれのような気持ちを抱いたものだった。だから、時間を見つけて自分でも書いてみると、やっぱり理屈ぬきにたのしかった。いま、こうしてあとがきを書く気持ちは、『百人の舞台俳優』のそれとよく似ていて、古本を愛でながら、亡き名優や名脇役たちを思いうかべ、筆をとることはたのしかった。そんな我儘を許してくれた右文書院の青柳隆雄さんの寛容に感謝いたします。装幀の古舘明廣さんにも、お礼を申しあげます。

古本屋には、まだまだたくさんの「脇役本」が声もなく埋もれている。存在すら知られていないような、まんじゅう本やミニコミ誌はすくなくない。つい数日前、九十歳で亡くなった「二代目おいちゃん」こと松村達雄にも、『のんびり行こうよ』（浪曼、一九七四）などの著書があり、「名バイプレーヤー死すとも、活字は残る」の感慨をふかくしてしまう。この本が、そうした古本や雑本への道しるべになれば、うれしいです。

（平成十七〔二〇〇五〕年六月三十日記）

# 文庫版あとがき

「ふるほん」と呼ぶにはあたらしく、「ざっぽん」とするには格調がありすぎて割愛した書き手のことを、文庫版あとがきに代えて記したい。文学座出身の新劇俳優、神山《こうやま》繁《しげる》（一九二九～二〇一七）である。

神山は晩年、骨董エッセイ集を京都の湯川書房でこしらえ、親しい友人や仲間に贈った。いずれも自費出版した非売本で、『呑んべえのうつわ』（二〇〇四）、『喰いしん坊のうつわ』（二〇〇六）、『物と遊ぶ　そして少し遊芸のこと』（二〇〇八）の三冊を出している。

湯川書房は、限定・特装本で定評がある。京都の嵯峨で暮らしていた神山は、小児科医で陶芸家の加藤静允を介して主の湯川成一と出会い、その縁で生まれて初めての本をつくることになった。装幀、紙、印刷、製本、すべてにこだわり、函には和紙を、表紙には布をあしらった。どの本も瀟洒にして、うつくしい。

若いころから骨董への造詣がふかく、小林秀雄と白洲正子の薫陶を受けた。この三冊には、洒脱な随筆とともに片口、徳利、盃、ぐい呑み、やまと絵といった自慢のコレクションが、カラー図版でおさめられている。『呑んべえのうつわ』には、《骨董道というのは、仲々の人間修行の場》という文人の佇まいを感じる文章があるいっぽう、こんな艶めかしい一文も。

家に連れて帰って土臭を落し、酒風呂に入れ、世に言う味つけをしましたが失敗の連続です。頑強に抵抗して仲々奇麗になってくれません。ボディはオードリ・ヘップバーンのようにスリムで容姿端麗なのですが、腰から下は野性そのもの、高台はあばれにあばれているじゃじゃ馬です。花売娘のイライザ・ドウリトルはやはり貴婦人にはならないのかと、時間と方法を変え、気長に磨きをかけているうちに、何とかマイ・フェア・レイディになってくれました。

（「井戸　釉《うわぐすり》のぐい呑」『呑んべえのうつわ』）

三冊目の『物と遊ぶ』に添えたあいさつ状には、こう記す。《これにて「物遊び」三部作も終わります。後は静かに……となりますかどうか？》。この本を出した年、本づくりを委ねた湯川成一が没した。

ところが〝ほん道楽〟は終わらない。湯川書房本の印刷を手がけた神戸の創文社に委ね、交友録の『佇む』(二〇一〇)、海外旅行記の『異国のひとびと』(二〇一二)、食のエッセイ『旨い物たべあるき』(二〇一三)と『続旨い物たべあるき』(二〇一四)、『住まい』

の計五冊を出した（『住まい』は未見）。

神山は昨年、米寿を前に亡くなった。コレクションの一部は、こころある骨董仲間や後輩に生前ゆずったそうである。これだけの本を自費出版していたことを知ったのは、没後のことだった。ある古書肆の目録でその存在を知り、あわてて注文した。脇役本が墓碑銘となり、偲ぶよすがとなることをしみじみ感じる。

神山繁といえば、山本薩夫の映画で魅せた嫌味な財界人、『ザ・ガードマン』（TBS）での冷静沈着な榊ガードマン、NHK大河ドラマでの好演（『翔ぶが如く』の井伊直弼はよかった）など、いろいろと思いうかぶ。そうした俳優業だけではわからない素顔を知ることは、脇役本のたのしみである。『亀田鵬斎《かめだぼうさい》と江戸化政期の文人達』（芸術新聞社、一九九五）をはじめ、江戸後期の書画芸術に関する研究書を多く著した渥美國泰《あつみくにやす》（一九三三～二〇〇九）とともに、文人バイプレーヤーとして記憶したい。

このたび『脇役本』が十三年ぶりに、増補文庫版として世に出ることになった。出久根達郎さんに解説を、南伸坊さんに装幀をそれぞれ引き受けていただけたのは、身にあまる光栄でうれしかった。文庫化にあたっては、筑摩書房の青木真次さんにご尽力いただいた。青木さんは、限定百部の私家版『脇役本』をお持ちとのこと。「文庫にしたいと前々から考えていました」と聞いたときは、本当にありがたかった。

きらびやかなスター本、タレント本にくらべると渋いかもしれない。でも、ぼくなりのオールスターキャストが組めたように思う。味のある俳優がたくさんいた時代を思い出し、また、知っていただけるとなによりです。

平成三十年二月二十日

濵田研吾

# 著者・書名索引

※原則として本文中に書名として登場するページならびに書影掲載のページにとどめた。解説は省いた。
※カッコ内の名前は著者ではなく、索引の便宜をはかるために筆者がつけた。なお、一部をのぞき新聞、雑誌、パンフレット記事、レコード、CDは省いた。



●あ行

青江舜二郎『宮沢賢治　修羅に生きる』（講談社、一九七四）344
（青野平義）『追想　青野平義』（『追想青野平義』出版事務局、一九七五）488、489、490、501
（青山杉作）『青山杉作』（青山杉作追悼記念刊行会、一九五七）48、49、50、242
阿川弘之『犬と麻ちゃん』（文藝春秋、一九六九）123
秋月正夫『随筆集　蛙の寝言』（堀田金星／山ノ手書房、一九五六）192、193、194、196
芦田伸介『ほろにがき日々』（勁文社、一九七七）122、123、125
芦田伸介『歩いて　走って　止まるとき』（勁文社、一九九六）125
渥美國泰『亀田鵬斎と江戸化政期の文人達』（芸術新聞社、一九九五）521
（天知茂）臼井薫編『写真集　天知茂五十年の光芒』（臼井薫　写真の店、一九八七）242、498、499、500、501、502、505

天本英世『スペイン巡礼　スペイン全土を廻る』（話の特集、一九八〇）306、307、310
天本英世『スペイン回想「スペイン巡礼」を補遺する』（話の特集、一九八二）310
網野菊『一期一会』（講談社、一九六七）176、177、178
有島一郎『ピエロの素顔』（レオ企画、一九八五）116、117、118、119
有吉佐和子『開幕ベルは華やかに』（新潮社、一九八二）119
安藤鶴夫『随筆舞台帖』（和敬書店、一九四九）377
（伊澤蘭奢）『素裸な自画像　伊澤蘭奢遺稿』（世界社、一九二九）247
石堂淑朗「友人鬼居る　高橋とよ」『ノーサイド「戦後」が似合う映画女優』（文藝春秋、一九九四）301
石川達三『石川達三作品集』（新潮社、一九七二～七四）44
石川達三『流れゆく日々』（新潮社、一九七一～七七）103、104、105、106、294
伊豆肇『風流交叉点』（光書房、一九五九）441
伊豆肇『乱世の女　千宗恩』（エイジ出版、一九八一）437、438、439、440
市川九蔵（團蔵）『七世市川團蔵』（求龍社、一九四三）167
市川小太夫『吉原史話』（東京書房、一九六四）288、289、290、366
市川小太夫『続・吉原史話』（邦楽と舞踊社、一九六八）292
市川翠扇『九代目團十郎と私』（六芸書房、一九六六）206
市川中車『中車藝話』（築地書店、一九四三）95
（市川百々之助）川上しろう作並画『漫画漫文　坂妻百々之助大乱闘』（春江堂、一九二七）468、469、470、472、474
伊藤雄之助『大根役者・初代文句いうの助』（朝日書院、一九六八）16、209、210、212
入江相政『入江相政日記』（朝日新聞社、一九九〇～九一）105

入江波光『画論』（北大路書房、一九四九）512
色川武大『なつかしい芸人たち』（新潮社、一九八九）115、116、117、487
臼井薫『写真集　海桐花の樹の下』（臼井薫 写真の店、一九七三）504
臼井吉見編『現代教養全集　第四』（筑摩書房、一九五八）73
内田朝雄『人間選書46　私の宮沢賢治―付・政次郎擁護―』（農山漁村文化協会、一九八一）340、341、342、343、344
内田朝雄『のびのび人生論26　悪役の少年時代　ガキ大将がおしえるワンパクの道』（ポプラ社、一九八五）341
内田朝雄『人間選書127　続・私の宮沢賢治―現代というベンチに賢治と並んで坐る―』（農山漁村文化協会、一九八八）344
内田良平『内田良平詩集　おれは石川五右衛門が好きなんだ』（サンケイ新聞社出版局、一九七四）351、352、353、355
内田良平『内田良平のやさぐれ交遊録』（ちはら書房、一九七九）273、356
内田良平『虫の気持ちがわかるかい』（婦人生活社、一九七六）356
内田良平『みんな笑ってる』（河出文庫、一九八四）356
内田良平『浪曼群盗叢書XII　内田良平R・G遺作品集　ねむの花』（文芸旬報社、二〇〇二）352、355、357
内田礼子『一女優の歩み　井上正夫・村山知義・薄田研二の時代』（影書房、一九九三）97
浦辺粂子「映画こそ我が命」『映画わずらい』（六芸書房、一九六六）202、203、205、206、207
（榎本健一）『喜劇王エノケンを偲ぶ』（榎本健一を偲ぶ会、一九七〇）109
大泉滉『ポコチン男爵おんな探検記　大泉滉の自女伝』（青年書館、一九七五）7、414、415、417
大泉滉『ぼく野菜人　自分で種まき、育て、食べようよ！』（光文社カッパブックス、一九八三）7、415、416、418

大笹吉雄『女優　杉村春子』（集英社、一九九五）369
大矢市次郎『日々願うこと』（六芸書房、一九六五）198、200、203、206
小笠原清／梶山弘子編『映画監督　小林正樹』岩波書店、二〇一六）466
尾崎宏次／茨木憲『土方与志—ある先駆者の生涯』（筑摩書房、一九六一）320
大佛次郎「團藏の死」『石の言葉』（光風社書店、一九六六）175
大佛次郎「左團次」『今日の雪』（光風社書店、一九七〇）132、138
小沢栄太郎『パリの銭湯』（法政大学出版局、一九五九）46
小沢栄太郎『演出記録』（小沢栄太郎、一九六二）46
小沢栄太郎『先祖はモリエール』（講談社、一九七七）45、46、47、49
小沢栄太郎／松本克平／信欣三／嵯峨善兵『四人でしゃべった』（早川書房、一九八七）46
小澤僥謳『火宅の人　俳優　小澤栄太郎』（角川書店、一九九六）51
小澤優子編『小澤栄太郎』（みみずくぷれす、一九八九）51
（尾上多賀之丞）『役者余技　尾上多賀之丞写生帖』（尾上菊蔵、一九九五）247
●か行
勝田久『昭和声優列伝　テレビ草創期を声でささえた名優たち』（駒草出版、二〇一七）339
加東大介『南の島に雪が降る』（文藝春秋新社、一九六一）37、39、42、43、73
加藤武『昭和悪友伝』（話の特集、一九七六）461、462、463、465
加藤晴之『蕎麦打』（ちくま文庫、一九九四）43
加藤雅子『トランクいっぱいの恋文』（シネ・フロント社、一九八三）127
（加藤嘉）『幼児絵本シリーズ　ぼくのおじいちゃんのかお』（福音館書店、一九八六／二〇〇四年復刊）128、129、130
賀原夏子『メーク・アップの仕方』（六本木出版、一九五六）420、421、423、424

賀原夏子『舞台技術入門シリーズ2　賀原夏子のメークアップ入門』（レクラム社、一九八三）423
賀原夏子『明日に向ってねる　賀原夏子が書いたこと、語ったこと』（劇団ＮＬＴ、二〇〇四）242
上山草人『蛇酒』（阿蘭陀書房、一九一七）84、85
上山草人『煉獄』（新潮社、一九一八）84、85
上山草人『素顔のハリウッド』（実業之日本社、一九三〇）83、85、86、89
亀井勝一郎編『世界教養全集37　東西日記・書簡集』（平凡社、一九七四）73
河津清三郎「夢は映画をかけめぐる」『映画わずらい』（六芸書房、一九六六）202、203、205、206、207
河原侃二『ヴェス単作画の実技』（光大社、一九三六）402、403、404、406、407
（河原侃二）『ゆかいな木版画　その、柔らかな微笑み』（府中市美術館、二〇〇八）405
河原崎権十郎『紫扇まくあいばなし』（演劇出版社、一九八七）55、56、57、58、59、60、133、135
岸松雄「渾大防五郎」『人物　日本映画史Ⅰ』（ダヴィッド社、一九七〇）471
木村梢『功、大好き　俳優木村功の愛と死と』（講談社、一九八二）268、269
草野大悟『同志‼　僕に冷たいビールをくれ　「天平の甍」中国ロケはみだし記』（講談社、一九八〇）233、235
草野大悟『俳優論』（晶文社、一九九二）232
邦枝完二『名人松助藝談』（興亜書院、一九四三）57
（岸田森）東大特撮映像研究会編『特集岸田森』（東大特撮映像研究会、一九八九）249
（岸田森）坂本真奈編『吸血鬼は死なず』（坂本真奈、一九九〇）249
（岸田森）日本野獣の会編『岸田森大作戦　ｖｏｌ．１／ｖｏｌ．２』（日本野獣の会、一九九九・二〇〇一）249
（岸田森）小幡友貴／小幡貴一編『不死蝶　岸田森』（ワイズ出版、二〇〇〇）248
（岸田森）武井崇『岸田森全仕事　１９６２～１９８３』（ＳＴＵＤＩＯ28、一九九九）249、250、252、253

（岸田森）武井崇『岸田森　夭逝の天才俳優・全記録』（洋泉社、二〇一七）252、253
北見治一『回想の文学座』（中公新書、一九八七）492
黒鉄ヒロシ『色いろ花骨牌』（講談社、二〇〇四）125
小池朝雄『断想』（小池朝雄文集編集委員会、一九八六）242、493、494、495、496、500
神山繁『呑んべえのうつわ』（湯川書房、二〇〇四）519、520
神山繁『喰いしん坊のうつわ』（湯川書房、二〇〇六）519
神山繁『物と遊ぶ　そして少し遊芸のこと』（湯川書房、二〇〇八）519、520
神山繁『佇む』（創文社、二〇一〇）520
神山繁『異国のひとびと』（創文社、二〇一一）520
神山繁『旨い物たべあるき』（創文社、二〇一三）520
神山繁『続旨い物たべあるき』（創文社、二〇一四）520
神山繁『住まい』（未詳）520、521
木暮実千代『おしゃれ学入門―身も心も10歳若返るための本』（佼成出版社、一九七三）230、231
木暮実千代『生きているって素晴らしい　笑いと涙の闘病記』（アイペック、一九八九）226、227、228
小杉勇『随想　銀幕劇場』（昭和書房、一九四二）185、186、187
越路吹雪『井の中の蛙』（創藝社、一九五五）300
小林重四郎『女　酒ぐれ　泥役者』（三一書房、一九八三）18、29、30、31、33、34
小松方正『悪役やぶれかぶれ』（文化出版局、一九八三）273、352
小松方正『俺は元気な大病人　役者人生50年、笑って祈って闘って』（第三文明社、二〇〇〇）227

●さ行

酒井俊『浅草あれこれ話』（三一書房、一九七九）34
桜井長一郎『花王名人劇場選書4　おのおのがた！　声帯模写30年』（レオ企画、一九八四）25

砂古口早苗『起て、飢えたる者よ〈インターナショナル〉を訳詞した怪優・佐々木孝丸』（現代書館、二〇一六）266
佐々木孝丸『風雪新劇志　わが半生の記』（現代社、一九五九）254、255、256、257
佐々木孝丸（落合三郎）『新・プロレタリア文学精選集11　慶安太平記後日譚』（ゆまに書房、二〇〇四）256、264
里見弴『里見弴全集』（筑摩書房、一九七七）47、50
（佐野繁次郎）『佐野繁次郎展図録』（東日本鉄道文化財団、二〇〇五）95
（佐分利信）『写真集　佐分利信』（石崎二郎／石崎三郎／関岡ユリ、一九八三）242、243
澤地久枝『男ありて　志村喬の世界』（文藝春秋、一九九四）99
澤地久枝「志賀暁子の『罪と罰』」『完本　昭和史のおんな』（文藝春秋、二〇〇三）346
志賀暁子『われ過ぎし日に　哀しき女優の告白』（學風書院、一九五七）346、347、350
島崎政子『美しく老いたし』（講談社、一九九五）99
（志村喬）『記録　志村喬』（黒澤明研究会、一九八九）99、100、103、130、251
志村喬「芝居ひとすじに」『わが心の自叙伝　映画・演劇編』（神戸新聞総合出版センター、二〇〇〇）99、105、130
菅井一郎「映画深なさけの記」『映画わずらい』（六芸書房、一九六六）202、203、204、205、206、207
須貝正義『私説　安藤鶴夫伝』（論創社、一九九四）379
菅原通済『現代ユーモア文學全集15　菅原通済集』（駿河台書房、一九五三）311、312、313
菅原通済『昭和秘録　大蒙古の行方』（常盤山文庫、一九五六）315
（杉狂児）『杉狂児』（杉義一、一九七五）483、484、486
杉良太郎『これこそわが人生』（読売新聞社、一九九一）197
杉村春子『自分で選んだ道』（六芸書房、一九六九）206

（薄田研二）『還暦記念・薄田研二写真集』（劇団中芸、一九五八）90、91、93、94
（薄田研二）『薄田研二還暦祝賀公演　演歌有情　石田一松の生涯』（劇団中芸、一九五八）96、97
薄田研二『暗転　わが演劇自伝』（東峰書院、一九六〇）91、94、95、96
曽我廼家五郎八『ごくどう一代』（ロッキー、一九七九）449、450、451、454
曽我廼家桃蝶『芸に生き、愛に生き』（六芸書房、一九六六）206

●た行

高田稔『誠文堂十銭文庫94　映画俳優になるまで』（誠文堂、一九三〇）407、408、409、410、411
高田稔編『芸能入門選書　映画俳優篇』（新灯社、一九五四）412
高橋悦史『生と死の隣合わせに』（近代映画社、一九九六）227
高橋潤『春燈叢書第十七篇　句集　萍』（竹頭社、一九六二）392、393、394
高橋豊子『パリの並木路をゆく』（學風書院、一九五三）299、300、302、303
高橋とよ『沸る』（東峰出版、一九六二）304
高橋洋子『雨が好き』（中央公論社、一九八一）437、439
高峰秀子『巴里ひとりある記』（映画世界社、一九五三）300
（高山晴子）『ママを偲ぶ』（「ママを偲ぶ会」事務局、一九六六）97、98
滝川和巳『往年のスターたち　消えた歌手・俳優を追って』（三田書房、一九六九）184、474
滝沢修『俳優の創造』（青雅社、一九四八）72、465
滝沢修・文子／古谷綱武編『獄中往復通信　愛は風雪に耐えて』（中内書店、一九四九／東洋経済新報社、一九五三／東都書房、一九六四）71、72、73、74、77、78
（滝沢修）『滝沢修舞台写真集』（劇団民藝、一九七一）72
滝沢荘一『名優　滝沢修と激動昭和』（新風舎文庫、二〇〇四）76
田口章子『空前絶後の人　八代目坂東三津五郎』（ミネルヴァ書房、二〇一三）298

田坂具隆『五人の斥候兵』（モダン日本社、一九三八）189
田崎潤『ズウズウ弁の初舞台　悔いなし、役者人生』（サイマル出版会、一九八三）237、238、239
多々良純『多々良純の催眠体操　ストレスに勝つ』（集団形星、一九七〇）432
多々良純『相手を説得する催眠法』（グランド・ツーリング社、一九七二）432
多々良純『多々良純のぐうたら怠操入門　減量しながらタフになる！』（日本文芸社、一九八四）432
多々良純『イキイキ生活提案読本　私は元気だッ！』（社会保険広報社、一九八四）432、435、436
龍岡晋『春燈叢書第八輯　龍岡晋句抄』（春燈社、一九五九）375、376、377
龍岡晋『春燈叢書第八十二輯　続・龍岡晋句抄』（春燈社、一九八四）389
龍岡晋『切山椒　附　久保田万太郎作品用語解』（慶應義塾三田文学ライブラリー、一九八六）378、389
田中眞澄「ベス単とマンドリン」『小津安二郎と戦争』（みすず書房、二〇〇五）402
谷崎潤一郎「老俳優の思ひ出」『別冊文藝春秋　十一月号』（文藝春秋新社、一九五四）
丹下キヨ子『今晩お願い　わたしの告白』（光文社、一九五九）443、444、445、447
千秋実『生きるなり　脳卒中から奇跡の生還』（文藝春秋、一九七九）227
（月形龍之介）御園京平編『月形龍之介全作品総目録　龍之介抄』（活動資料研究会、一九六七）476、477、478、479、480
（月形龍之介）月形哲之介監修『月形龍之介』（ワイズ出版、二〇〇〇）476、479
ディック・ミネ『わがダイナたち　おんな交遊録』（ロッキー、一九七九）449
戸板康二『六代目菊五郎』（演劇出版社、一九五六）181
戸板康二『久保田万太郎』（文藝春秋、一九六七）181
戸板康二『百人の舞台俳優』（淡交社、一九六九）64、67、223、386、516、517、518
戸板康二『劇場歳時記』（読売新聞社、一九七〇）177
戸板康二『折口信夫坐談』（中央公論社、一九七二）181

戸板康二『団蔵入水』（講談社、一九八〇）177、178、179、180、181
戸板康二『思い出す顔』（講談社、一九八四）372、377
戸板康二『演劇走馬燈』（三月書房、一九八四）181
戸板康二『忘れじの美女』（三月書房、一九八八）181
東京放送編『TBS50年史』（東京放送、二〇〇二）334
東野英治郎『私の俳優修業』（未來社、一九六四）216
東野英治郎『じゃが芋の皮のむけるまで』（未來社、一九七四）216
東野英治郎『漫遊無限「水戸黄門」とともに14年』（講談社、一九八二）214、215、216
（東野英治郎）「特集　東野英治郎」『悲劇喜劇　十一月号』（早川書房、一九八二）218
徳川夢声『くらがり二十年』（アオイ書房、一九三四）143、146
徳川夢声『あかるみ十五年』（世界社、一九四八）140、143、144、145
徳川夢声『親馬鹿十年』（創元社、一九五〇）141
（徳川夢声）『問答有用Ⅳ　夢声対談集』（朝日新聞社、一九五三）140
（徳川夢声）『問答有用Ⅷ　夢声対談集』（朝日新聞社、一九五七）447
徳川夢声『夢声戦争日記』（中央公論社、一九六〇）93
（徳川夢声）『問答有用Ⅻ　夢声対談集』（徳川夢声、一九六一）41、42、84
徳川夢声『徳川夢声のくらがり二十年』（清流出版、二〇一〇）146
徳川夢声『徳川夢声のあかるみ十五年』（清流出版、二〇一〇）146
（徳川夢声）阿川佐和子編『問答有用　徳川夢声対談集』（ちくま文庫、二〇一〇）146
（徳大寺伸）『グリーンスター』（徳大寺伸後援会「グリーングループ」、一九三五）35
徳永直『八年制』（新潮社、一九三九）144

## ●な行

永井龍男『風ふたたび』（朝日新聞社、一九五一）313
永井龍男「九蔵の團蔵」『灰皿抄』（講談社、一九六九）175
永井智雄『レポート　俳優』（新日本出版社、一九七三）259、260、261、262
永井柳太郎『芸能界今昔　俳優・永井柳太郎の生涯』（大手町企画、一九七八）384、455、456、457
長沖一原作、東山こまへい画『アチャコまんが　ほろにが物語』（三島書房、一九五四年頃）163
（永田靖）『新劇人』第七号「永田靖追悼号」（安保体制打破新劇人会議、一九七三）267
中村是好『小品盆栽』（鶴書房、一九六八）328、329、330、332、333
中村伸郎『おれのことなら放っといて』（早川書房、一九八六）366、368、370、371
中原弓彦（小林信彦）『日本の喜劇人』（晶文社、一九七二）117
夏川静江『誠文堂十銭文庫95　映画女優になるには』（誠文堂、一九三〇）409
浪花千栄子『水のように』（六芸書房、一九六五）156、157、159、206
浪花千栄子／市川翠扇／杉村春子／水谷八重子／山田五十鈴／東山千栄子／久松喜世子『七人の女優の生活と意見』（六芸書房、※未刊）206
成田三樹夫『鯨の目　成田三樹夫遺稿句集』（無明舎出版、一九九一）360、361、363、364
日活多摩川撮影所編『日活多摩川誌』（日活多摩川撮影所、一九四二）189
（野口元夫）吉野昇雄『偲ぶ 與兵衛の鮓』（主婦の友社、一九八九）398
（野口元夫）吉野昇雄『鮓・鮨・すし　すしの事典』（旭屋出版、一九九〇）396、397、398、399、400

●は行

橋本治『橋本治歌舞伎画文集〈かぶきのよう分からん〉』（演劇出版社、一九九二）131
花沢徳衛『脇役誕生』（岩波書店、一九九五）6
（英太郎）英つや子編『想い出の英太郎』（英つや子、一九七三）242
濵田研吾『三國一朗の世界　あるマルチ放送タレントの昭和史』（清流出版、二〇〇八）154

阪妻画譜刊行会編『阪東妻三郎』（阪妻画譜刊行会、一九六二）477、478
坂東調右衛門『脇役一代』（新日本出版社、一九七七）259、262、263、264、265
坂東三津五郎／武智鉄二『芸十夜』（駸々堂出版、一九七二）294
坂東三津五郎『食い放題』（日本経済新聞社、一九七五／光文社文庫、二〇〇七）293、294、297
東山千栄子『映画女優』（學風書院、一九五八）14
久板好子編『久板栄二郎の思い出』（久板好子、一九八二）321
（久松保夫）こけしの会編『こけしの旅』（平凡社、一九七六）338
久松保夫／植木昭夫『こけしの世界―木偶と木地師たち』（グラフィック社、一九八三）334、337、338
久松保夫『役者人生奮戦記　久松保夫著作集』（日本芸能実演家団体協議会、一九九五）335、336
土方与志／佐野碩『藝術は民衆のものだ』（モスコー外国労働者出版部、一九三五）319、320
日下令光『話題の新劇人』（集団形星、一九七一）64
深町稜子『メークアップ　演劇メークの入門から歌舞伎・現代劇まで』（萌文社、二〇〇四）424
藤村操『煩悶記』（也奈義書房、一九〇七）320
古川緑波『劇書ノート』（學風書院、一九五三）113
古川緑波『ロッパ　古川緑波〝追善の夕べ〟記念』（喜劇人協会、一九六一）109、110
古川緑波『古川ロッパ昭和日記』（晶文社、一九八八〜八九）109
古川緑波『ロッパ食談 完全版』（河出文庫、二〇一四）114
古川緑波『ロッパ随筆 苦笑風呂』（河出文庫、二〇一五）114
（古川緑波）『古川ロッパ　食べた、書いた、笑わせた！　昭和を日記にした喜劇王』（河出書房新社、二〇一五）114
古川緑波『ロッパ日記代わり　手当り次第』（河出書房新社、二〇一五）114
古山高麗雄「三國一朗　鋭い知性と豊かな人間性」『わが愛する芸人たち』（北洋社、一九七七）149

文学座編『文学座五十年史』（文学座、一九八七）421
北條誠『市川左團次藝談きき書』（松竹本社演劇部、一九六九）133、135、137、138
細川俊夫『競歩健康法　耐久力とスタミナをつける強い味方』（双葉社、一九七六）425、426、427、428
（細川ちか子）『社長への招待　細川ちか子の財界インタヴュー』（評論新社、一九六三）221、222、225
（細川ちか子）『こんちわァ社長さん　細川ちか子・財界50人対談』（評論新社、一九六七）222、225

●ま行

（正邦宏）『オレンヂのかほり　故正邦宏追悼録』（金子英子、一九二八）247
益田喜頓（キートン）『乞食のナポ』（六芸書房、一九六七）206
松村達雄『のんびり行こうよ』（浪曼、一九七四）517
松本克平『私の古本大学　新劇人の読書彷徨』（青英舎、一九八一）316、317、383
松本克平『こつう豆本90　克平交友記』（日本古書通信社、一九九〇）317
（松本克平）『安曇野　松本克平追悼文集』（朝日書林、一九九八）242
三ヶ島糸『奇人でけっこう　夫・左卜全』（文化出版局、一九七七）270、271、383
三國一朗『青蛙選書58　徳川夢聲の世界』（青蛙房、一九七九）50、147
三國一朗『肩書きのない名刺』（自由現代社、一九八〇）148、151、153
三國一朗『三國一朗の人物誌』（毎日新聞社、一九八二）370
三國一朗『もんじゅ選書23　徳川夢声とその時代』（講談社、一九八六）147
三島由紀夫「團蔵・藝道・再軍備」『荒野より』（中央公論社、一九六七）175
水口博也『巨鯨』（講談社、一九九〇）362
（三津田健）『俳優　三津田健　舞台生活五十年記念写真集』（文学座、一九七九）64、65、66、68、91
水上勉『わが華燭』（朝日新聞社、一九七一）126
峰尾静彦『役者の戦死』（講談社、一九八六）227

宮入弘光『役者という存在 宮口精二について』（軌跡社、一九八八）386
（宮口精二）『俳優館』（俳優館、一九七〇〜八六）42、58、270、318、379、380、381、382、383、385、386、387、388、389、390、392、394、456、458、459、460
（宮口精二）『俳優館 宮口精二対談集』全二巻（白川書院、一九七六／大和山出版社、一九八三）384
宮本百合子「『女の一生』と志賀暁子の場合」『宮本百合子全集 第十七巻』（新日本出版社、一九八一）346
村上清寿『笑わせる女 喜劇女優・若水ヤエ子を妻に14年』（オリオン出版社、一九六八）276
森卓也『森卓也のコラム・クロニクル1979-2009』（トランスビュー、二〇一六）28
森繁久彌『アッパさん船長』（中央公論社、一九六一）95

●や行

柳永二郎『新派五十年興行年表』（双雅房、一九三七）324
柳永二郎『新派の六十年』（河出書房、一九四八）324、327
柳永二郎『青蛙選書22 絵番附・新派劇談』（青蛙房、一九六六）323、324、325、327
柳永二郎『木戸哀楽 新派九十年の歩み』（読売新聞社、一九七七）324
矢野誠一『舞台人走馬燈』（早川書房、二〇〇九）219
山村聰『釣魚名著シリーズ 釣りひとり』（二見書房、一九七四）280、281
山村聰『迷走千里 年々歳々 今を尊く生きる』（廣済堂出版、一九九七）246、281
山本為世子『愛すべきガキ大将』（彌生書房、一九八四）273、274
山本一生『哀しすぎるぞ、ロッパ 古川緑波日記と消えた昭和』（講談社、二〇一四）114
吉田義夫『波光先生を想う』（吉田義夫、一九七八）506、507、508、510、512、513、514

●わ行

和多田勝『懐しき大阪の人々 和多田勝イラストレーション集』（和多田勝、一九七二）162

和多田勝『笑芸人生劇場　花月亭九里丸伝』(少年社、一九八一) 156
和多田勝『大阪三六五日事典』(少年社、一九八四) 156、161
渡辺紳一郎『花の巴里の橘や』(イヴニング・スター社、一九四七) 303

# 解説　あなたが主役

出久根達郎

脇役が書いた本なので、脇役本。

当たり前といえば当たり前の名称だが、古書のジャンルの一つと言われると、言い得て妙の命名である。いや、絶妙の名称で、これ以上ピッタリの呼称は見つからない。発案した著者に拍手を送りたい。

ひと昔前までは（と断らなくてはならぬ）、どこの古書店にも映画演劇書のコーナーが設けられていた。売行きのよいジャンルだからでなく、売れない分野なので、溜まりに溜まっておのずとコーナーができてしまったのである。売れるのは主役のもので、脇役の本はいつまでも棚ざらしである。

大体、映画俳優の本は、熱烈なファンしか買わない。それは脇役でも、そうである。脇役の本なら何でも購入するという奇特な人は、いなかった。

あにはからんや、日本にただ一人、いたわけである。それがこの本の著者だった。

脇役本コレクター。著者には収集本の通称を定める特権がある。何しろ日本で最初にこの分野の面白さに目をつけ、一人コツコツと集めて、かつ、研究し体系化し、発掘の意義と貴重な資料であることを、るる説いて自費出版して世間に知らしめたのであるから。

これは壮挙といってよい。雑本の価値を、教え弘めたのである。いわゆる学者にはできぬことである。マニアだから、できた。マニア、バンザイ。それにしても脇役たちの素顔の多彩さよ。いや、本業以外の特技の豪勢さには目をみはる。

たとえば、吉田義夫《よしだよしお》。この脇役俳優は、私が子どもの頃は、東映チャンバラ映画の「怪人」的悪役専門だった。異相異風の、マンガから抜けだしてきたような誇張した悪人を演じた。「男はつらいよ」シリーズの冒頭、寅さんの見る夢に必ず登場するが、あのキャラクターがちょうど昔のチャンバラ映画のそれである。監督の山田洋次は私たち世代を意識して再現しているわけだ。なつかしい俳優である。

特筆したいのは、小学生の私たちが吉田義夫という芸名を知っていたことだ。中村錦之助、東千代之介《あずまちよのすけ》、月形龍之介と共に、おなじみであったという事実、これは凄いことである。

その吉田が日本画家であり、一九四〇年の、文部省による法隆寺金堂壁画模写事業の四人の画家の一人に選ばれた師の入江波光《いりえはこう》の助手をつとめたこと、戦後も続けられた模写事業の助手を思い悩んだ末に辞退したこと、私には初耳の履歴であった。

濱田さんは古書展で吉田の『波光先生を想う』という著書を見つける。吉田義夫という名は、ありふれている。脇役の吉田の素性を知らなければ、同姓同名の別人の著と見逃してしまう。映画の本ならともかく、画家の追憶である。しかも七十ページに満たない小冊子だ。

希覯《きこう》本である。これぞ脇役本の白眉である。

本書の面白さは、脇役本の内容紹介と共に、その本がいかに価値あるものか、熱意をもって語るところにある。読者はどの本にも、読書欲をそそられるはずである（この文庫の巻末には、親切にも著者・書名索引がついている）。

新東宝映画で軍人将校などを演じていた二枚目脇役の細川俊夫が、競歩の選手であり、東京オリンピックでは競歩コーチをつとめていたなんて、これまた仰天の顔であった。『競歩健康法』という本を出版している。

NHKテレビの「事件記者」で、部長刑事役の野口元夫《もとお》が、日本橋の老舗《しにせ》鮨《すし》店の三代目で、店に出て鮨を握っていたなんて、びっくりである。

どころか、鮨の研究書を出版しており、平凡社の『世界大百科事典』の鮨の項目を執筆していたとは。文筆の方では本名の吉野《よしの》昇雄《ますお》を用いている。これでは、わからない。

今井正の「青い山脈」で、ガンちゃんと呼ばれるバンカラ高校生を演じていた伊豆肇《いずはじめ》が、時代小説を出版していたという記述にも驚きだった。

伊豆は物書きとはとても思えない、良家の御曹子《おんぞうし》のようなお人よしの顔をしていた。大林宣彦の映画にも出ている。

テレビドラマの脚本も手がけたらしい。何十本か放映されているという。テレビドラマはともかく、小説は読んでみたい。

脇役の文筆業といえば、これはもう何といっても佐々木孝丸《たかまる》である。小説どころか、戯曲を書き、翻訳をし、「インターナショナルの歌」を訳詞し、雑誌を編集し、舞台の演出をし、映画で政財界人や、フィクサーや顔役を演じる。

若い時には郵便局や電信局勤めをした。夏目漱石死去の電報を受けつけた思い出を、確か記している。

本書の読みどころを挙げていくと、きりがない。どのページを開いても、失望しない。人物のエピソードが生き生きとしていて、退屈しない。小説を読むより面白い。

私の解説に目を通してから本文を楽しむという読者には、第五章の「まだまだ脇役本」から読むことを勧める。この「ちくま文庫」のために増補したページである。実に百数十ページもの大増補である。第五章にこの文庫の面白さが集約されている。

脇役で本を著した人は、まだまだいる。

黒澤明映画の常連の一人、先だって亡くなられた土屋《つちや》嘉男《よしお》は名文家だったし、同じ頃亡くなられたペギー葉山《はやま》の夫、大映の根上淳も、しゃれた文章を書いていた。

西村晃や、沼田《ぬまた》曜一《よういち》や小泉博、三橋達也、丹波哲郎らがいる。

濵田研吾さんには、本書の第二弾、第三弾を期待しよう。こんなにも手間のかかる、興味尽きない仕事をなしとげたのである。そう言ってはなんだが、ものにはついでということがある。そう言ってはなんだが、濵田さん以外に、今のところ適任者が見当たらない。伏してお願いする。

脇役本紹介者の、あなたは主役なのだから。

本書は二〇〇五年七月に右文書院から刊行されたものに加筆・修正および増補したものです。

ちくま文庫

# 脇役本《わきやくぼん》　増補《ぞうほ》文庫《ぶんこ》版《ばん》

二〇一八年四月十日　第一刷発行

著者　濱田研吾（はまだ・けんご）
発行者　山野浩一
発行所　株式会社　筑摩書房
東京都台東区蔵前二―五―三　〒一一一―八七五五
振替〇〇一六〇―八―四一二三
装幀者　安野光雅
印刷所　中央精版印刷株式会社
製本所　中央精版印刷株式会社

乱丁・落丁本の場合は、左記宛にご送付下さい。
送料小社負担でお取り替えいたします。
ご注文・お問い合わせも左記へお願いします。
筑摩書房サービスセンター
埼玉県さいたま市北区櫛引町二―六〇四　〒三三一―八五〇七
電話番号　〇四八―六五一―〇〇五三

ISBN978-4-480-43494-4 C0174